Os Yoruba do Novo Mundo

RELIGIÃO, ETNICIDADE E NACIONALISMO NEGRO NOS ESTADOS UNIDOS

Stefania Capone

Os Yoruba
do Novo Mundo

RELIGIÃO, ETNICIDADE E NACIONALISMO NEGRO NOS ESTADOS UNIDOS

Edição revista e atualizada

Rio de Janeiro, 2011

Pallas

Copyright © 2011
Stefania Capone

Editoras
Cristina Fernandes Warth
Mariana Warth

Coordenação editorial
Silvia Rebello

Produção editorial
Aron Balmas
Rafaella Lemos

Tradução
Márcia Atálla Pietroluongo

Revisão de tradução
Fernanda Pantoja

Revisão
Graziela Marcolin

Diagramação e projeto gráfico de miolo
Ilustrarte Design e Produção Editorial

Capa
Luis Saguar e Rose Araujo

CIP-BRASIL. CATALOGAÇÃO-NA-FONTE
SINDICATO NACIONAL DOS EDITORES DE LIVROS, RJ

C245y   Capone, Stefania
         Os yoruba do Novo Mundo : religião, etnicidade e nacionalismo negro nos Estados Unidos / Stefania Capone ; [tradução de Márcia Atálla Pietroluongo]. - Rio de Janeiro : Pallas, 2011.
         376p. : il.

         Tradução de: Les Yoruba du nouveau monde : religion, ethnicité et nationalisme noir aux États-Unis
         Inclui bibliografia
         ISBN 978-85-347-0434-2

         1. Iorubá (Povo africano) - Estados Unidos - Religião. 2. Estados Unidos - Civilização - Influências africanas. 3. Estados Unidos - Usos e costumes religiosos. I. Título.

10-2310.   CDD: 299.670973
                                                                          CDU: 299.6(73)

Pallas Editora e Distribuidora Ltda.
Rua Frederico de Albuquerque, 56 – Higienópolis
CEP 21050-840 – Rio de Janeiro – RJ
Tel./fax: 55 21 2270-0186
www.pallaseditora.com.br
pallas@pallaseditora.com.br

The deeper the roots, the taller the tree.

Baba Ifatunji, *Ilé Ifá Jalumi*

We are beautiful people with African imagination full of masks and dances and swelling chants, with African eyes and noses and arms.

Though we live in great chains in a place full of winters when what we want is sun. We have been captured brothers and sisters and we labor to make our get away into the ancient image, into a new correspondence with ourselves and our Black family. We need magic. Now we need the spells to rise up, destroy, return and create. What will be the sacred words?

Al Santana, *Voices of the Gods*

Sumário

INTRODUÇÃO, 9

AGRADECIMENTOS, 21

NOTA SOBRE A ORTOGRAFIA, 23

CAPÍTULO I. *O círculo da cultura*, 25
Continuidade e descontinuidade na religião afro-americana, 26
A instituição invisível, 31
Os "africanismos" na cultura americana, 36
O *ring shout* ou as origens africanas da religião negra, 41
Moisés e os filhos de Ham, 48

CAPÍTULO II. *A "Igreja negra" norte-americana e o nacionalismo negro*, 53
"*Going to North*" ou a transformação das igrejas protestantes, 55
Entre religião e nacionalismo ou a busca por um Deus negro, 60
"*Back to Africa*" ou as raízes do nacionalismo negro, 65
Do "*Back to Africa*" ao pan-africanismo, 67
A *Nation of Islam* ou a Batalha de Armagedom, 72

CAPÍTULO III. *O renascimento cultural afro-americano*, 81
O *Harlem Renaissance*, 81
Explorando a herança afro-americana, 87
Da luta pelos direitos civis ao *Black Power*, 90

O nacionalismo cultural e o movimento das *Black Arts*, 98
Da performance artística à performance ritual, 103

CAPÍTULO IV. *A chegada dos cubanos*, 109
A implantação da religião lucumí na Nova York *latina*, 111
Do espiritismo ao *santerismo*, 116
O encontro dos deuses africanos com o nacionalismo negro, 120
A diversificação das linhagens religiosas, 131
Tornar-se "yoruba" ou a redenção cultural dos afro-americanos, 137

CAPÍTULO V. *Oyotunji Village: uma aldeia africana na América*, 143
Rumo ao Sul, 144
O renascimento yoruba, 150
Do *ilé* ao *idilé*, 162
Reviver a história yoruba, 178

CAPÍTULO VI. *Da santería à "religião yoruba"*, 185
Os ancestrais, guardiões de uma ética africana, 190
Purificar as origens ou o *Yoruba Reversionism*, 197
As tensões no seio da "comunidade religiosa", 208
Da *Kawaida* ao *ìwà pèlé*, 219

CAPÍTULO VII. *Da unidade cultural africana ao particularismo étnico*, 225
Mulheres e segredos, 226
Os yoruba da Nigéria e os yoruba "da diáspora", 236
Ser ou tornar-se yoruba, 243
O estabelecimento das linhagens yoruba nos Estados Unidos, 254

CAPÍTULO VIII. *Entre a unificação e a estandardização dos cultos: as bases das redes transnacionais da religião dos* orisha, 267
As COMTOC ou o sonho de uma unidade das práticas religiosas de origem africana, 271
O *National African Religion Congress*, 284
A *Church of the Lukumí Babalú Ayé*, 293
Os *egbé* ou as redes entre as casas de culto, 304

CONCLUSÃO, 313

BIBLIOGRAFIA, 325

LISTA DOS QUADROS, 347

GLOSSÁRIO, 349

ÍNDICE ONOMÁSTICO, 355

Introdução

No dia 11 de fevereiro de 2005, faleceu um dos homens mais marcantes da história afro-americana dos últimos cinquenta anos: Baba Oseijeman Adelabu Adefunmi I, "rei dos yoruba da América". Nascido com o nome de Walter King em 1928, em Detroit, militara no seio do movimento nacionalista negro no início dos anos 1950, tendo se celebrizado mais particularmente no âmbito do "nacionalismo cultural". Seu sonho de reatar com uma cultura e uma ética africanas, a serviço de um projeto político que pregava a criação de uma Republic of New Afrika em solo americano, deu origem a uma das experiências mais interessantes lideradas pelos descendentes de africanos na América: a fundação, em 1970, da aldeia "africana" de Oyotunji na Carolina do Sul. Nessa aldeia, onde os militantes do nacionalismo negro criaram uma comunidade de praticantes da religião dos *orisha*,[1] o religioso e o político, cuja imbricação marcou a história afro-americana, tornaram-se inseparáveis. Desde o início, a revitalização da cultura e da religião africanas constituiu um verdadeiro projeto político para Adefunmi e seus companheiros de aventura. Reatando com sua "verdadeira" origem — a África e a cultura yoruba —, Adefunmi travava um combate que encontra suas raízes na própria história dos negros norte-americanos e na multiplicidade de suas experiências religiosas.

---

[1] O termo português "orixá" é geralmente ortografado *"orisha"* em inglês (do yoruba, *òrìṣà*). Como aqui se trata da tradição yoruba na América do Norte, foi mantida a grafia do termo segundo a língua inglesa.

Pode-se dizer que este livro foi inspirado por meu primeiro encontro com Adefunmi, por ocasião da 5ª Conferência Mundial sobre a Tradição dos *Orisha* e Cultura (COMTOC), que se realizou em São Francisco em agosto de 1997. Havia acabado de defender minha tese de doutorado sobre a busca da África no candomblé e continuava a refletir sobre questões que levantara nesse trabalho, mas que pareciam ultrapassar amplamente as fronteiras brasileiras. A multiplicidade e a polissemia da noção de tradição no universo afro-brasileiro e as diferentes referências a uma pureza africana colocavam o problema da unidade de fundo da cultura e da religião africanas. Seria possível, como pregavam os defensores do movimento de reafricanização no Brasil (*cf.* Capone, 2004*a*), o retorno a uma "pureza" das práticas religiosas, apagando qualquer elemento heterogêneo e, especialmente, a influência da religião católica, considerada o produto de uma história de dominação e de discriminação? O que acarretava, na prática ritual, o processo de reafricanização? Por que o desejo de retorno à pureza original africana se declinava em abordagens "modernizantes", em que primavam a racionalização da tradição africana e a "intelectualização" da religião, expressas pela adoção de um discurso culto, graças ao estudo de textos que podiam ajudar os praticantes a reatar com suas origens?

Minha pesquisa sobre o candomblé brasileiro me familiarizara igualmente com a reivindicação da unidade das religiões afro-brasileiras, que parecia, desde sempre, fadada ao fracasso. As sucessivas tentativas de unificação, graças às federações dos cultos afro-brasileiros, desde a primeira, que datava dos anos 1930, não haviam trazido os resultados esperados. O universo afro-brasileiro parecia oscilar entre um desejo profundo de unidade e uma tendência incontrolável à cisão, à fragmentação. Apesar disso, os Congressos Afro-Brasileiros e, posteriormente, as Conferências Mundiais sobre a Tradição dos *Orisha* e Cultura colocavam em cena essa unidade — sempre desejada, mas jamais alcançada — da "cultura africana". Como um universo tão fragmentado podia sonhar com a unidade? E qual era o preço a pagar para atingir tal unidade, por que mediações e por que modificações? Em que a antropologia, com suas teorias e métodos, poderia exercer uma influência direta sobre o processo de reafricanização? Enfim, por que os textos dos africanistas haviam se tornado tão importantes para os iniciados que ali procuravam tão meticulosamente os elementos que faltavam àquilo que Bastide chamava de "memória coletiva africana"? Como um exercício de "bricolage", por mais "contra-aculturativo" que fosse, poderia fazer ressurgir, em todo seu esplendor, a África imemorial?

O Brasil já me mostrara que essas questões estavam no centro das preocupações tanto das "elites" quanto dos simples iniciados no candomblé. A experiência do Instituto Nacional da Tradição e Cultura Afro-Brasileira (INTECAB), fundado em 1987, em Salvador, que se apresenta como a expressão "das diferentes tradições que perpetuam a herança dos ancestrais africanos no Novo Mundo" (cf. Capone, 2004a: 309-322), oferecia pistas para se compreender como o sonho de unidade podia tomar forma nesse universo. Se os representantes desse Instituto pregavam a "unidade na diversidade" de todas as modalidades de culto de origem africana, eles o faziam evidenciando dois tipos distintos de sincretismo: um, que merecia ser condenado, pois mesclava "variantes heterogêneas" oriundas de universos culturais distintos, como as influências católicas; e outro, não condenável, cuja verdadeira natureza era sublimar a presença da África e sua continuidade, formado por "variáveis homogêneas" que teriam dado origem a um "sincretismo intertribal" (cf. Capone, 2007b). Religiões como o candomblé e a umbanda, uma vez libertas das influências não africanas, seriam apenas expressões de um mesmo "complexo cultural de base", que reunia todas as culturas africanas. Esse discurso parecia retomar, de outra forma, as reivindicações de certas mães de santo que, durante a 2ª COMTOC, realizada em Salvador, em 1983, haviam dado início ao movimento contra o sincretismo afro-católico. Parecia-me, portanto, que os fóruns internacionais, nos quais os praticantes das diferentes modalidades de culto se reuniam para debater a unificação e a preservação das práticas religiosas de origem africana, constituíam o *locus* principal onde era encenada a própria ideia de uma unidade de fundo da "cultura africana".

Foi com esse espírito que decidi ir a São Francisco para tentar compreender como essas questões podiam ser abordadas no contexto norte-americano, tão diferente do brasileiro. Desde o final de 1996, acompanhava na Internet os vivos debates dos iniciados norte-americanos, divididos entre praticantes da santería — religião de origem africana importada para os Estados Unidos pelos cubanos — e praticantes das variantes "reafricanizadas" afro-americanas. Consideradas as diferenças rituais, as trocas no interior do grupo de discussão do principal site da época — OrishaNet (cf. Capone, 1999b) — pareciam reproduzir os mesmos debates que animavam o universo afro-brasileiro. Encontrava-se ali a oposição entre dois modelos de tradição: aquele ligado à "terra-mãe", a África imemorial que subsiste apesar dos desgastes do colonialismo e que legitima o "retorno às raízes" pregado pelas casas de candomblé reafricanizadas, e aquele defendido pelas casas de culto "da diáspora",[2] que se apresentam como as únicas guardiãs de uma herança e de um saber religioso irremediavelmente perdido na África contemporânea. As tensões entre os iniciados na santería, em sua maioria *latinos*, e os praticantes do orisha-voodoo de Adefunmi e de outras variantes afro-americanas da religião dos *orisha*, já eram muito perceptíveis na Internet. Tudo parecia levar-me a continuar minhas pesquisas sobre esse novo campo norte-americano.

Entretanto, se as semelhanças entre os dois campos eram grandes, recolocar os dados norte-americanos em seu contexto de pertencimento também se fazia necessário, pois o processo de reafricanização, encarnado pela aventura "contra-aculturativa" de Adefunmi e da Oyotunji Village, não tem sua origem numa história comparável à dos negros brasileiros. Ao contrário, é produto de um projeto político que se inscreve num contexto particular — a história dos negros norte-americanos —, marcado pela busca de uma cultura africana, cuja expressão mais completa parece ser a religião, e cuja finalidade é reencontrar a grandeza perdida pelos africanos em sua trágica viagem para a América. A observação dos laços que se estabeleciam por ocasião da COMTOC de São Francisco e das tensões que rasgavam a frágil unidade desse universo religioso permitiu-me compreender o alcance das mudanças em ato no contexto norte-americano. Tratava-se ali de uma transformação profunda da relação com a religião, pela importância que os praticantes do orisha-voodoo de Adefunmi atribuíam aos laços com os ancestrais, modificando radicalmente a relação entre o indivíduo e a religião, que se tornava, assim, dependente dos laços familiares. A santería, assim como o candomblé, substituíra o *idilé* (a linhagem) pelo *ilé* (o grupo de culto). Ora, veremos que, graças à revitalização do culto dos ancestrais, os afro-americanos redescobriram a modalidade africana de transmissão da divindade protetora no seio de uma mesma linhagem, uma modalidade que fora destruída pela escravidão. Isso acarretou uma "etnicização" da religião dos *orisha*, que, de "religião

---

[2] A noção de "diáspora negra" é muito problemática, uma vez que remete a uma visão particular da história e do destino dos descendentes de africanos nas Américas. O termo grego *diáspora* (de *dia*, "raiz", e *sperein*, "disseminar") designa a dispersão de um povo, seu exílio da "terra-mãe". Essa noção, sobretudo quando se aplica aos negros norte-americanos, serve geralmente para salientar laços de continuidade com uma cultura original, cuja diversidade é apagada, reforçando, assim, uma espécie de "determinismo das origens", que não dá conta das formas pelas quais os indivíduos se atribuem identidades étnicas e reconstroem ativamente sua ancestralidade, real ou simbólica. Consequentemente, utilizarei o termo "diáspora" entre aspas para significar a complexidade dessa noção, que é, contudo, muito empregada tanto por autores anglo-saxões quanto por meus informantes norte-americanos. Um bom exemplo das armadilhas inerentes à utilização dessa noção é dado por Chivallon (2004).

universal", aberta a todos, torna-se atualmente, para alguns, o apanágio dos descendentes africanos na América.[3]

Com a redescoberta de uma religião "comunitária", as motivações pessoais que geralmente levam à iniciação nessas religiões são postas de lado: da "cura individual", passa-se à "cura coletiva", expressa pela fórmula, muito frequente entre os negros norte-americanos, "*heal the community*". A religião se transforma, assim, em projeto político para o conjunto da comunidade afro-americana.[4] Uma religião que quer ser exclusivamente "negra" e "africana" e que busca, na cultura yoruba, a prova de sua grandeza passada.

O título desta obra — *Os yoruba do Novo Mundo* — remete a essa busca das raízes, a esse incessante trabalho de construção identitária que funda a história dos negros nas Américas. Porém, analisar a elaboração de uma identidade "étnica",[5] intimamente ligada à aquisição de uma identidade religiosa, significava um duplo desafio: como compreender os laços entre identidade religiosa e identidade "étnica" sem levar em conta, a um só tempo, a extrema complexidade do campo religioso afro-americano e suas relações históricas com o nacionalismo negro? A leitura dos estudos feitos nas casas de culto de santería nos Estados Unidos e nas variantes "reafricanizadas" dos afro-americanos dá apenas um breve panorama do papel desses fenômenos religiosos, fragmentados em descrições etnográficas que, apesar de muito ricas, em geral não dispõem de uma visão de conjunto.

Este livro se quer, portanto, uma primeira tentativa de contextualização da implantação, difusão e readaptação da santería nos Estados Unidos e de sua apropriação pelos negros norte-americanos. Não se trata aqui de um simples trabalho de síntese das pesquisas feitas por outros autores, mas de uma reflexão a partir da história afro-americana, alimentada por pesquisas de campo efetuadas de 1997 a 2004. Nesta obra, quis salientar o caráter de continuidade que existe entre as diferentes experiências religiosas afro-americanas, em

---

[3] Emprego aqui a expressão "religião universal", do inglês *World Religion* para salientar a ausência de qualquer particularidade étnica ou racial. Essa expressão não implica absolutamente uma conversão exclusiva em clara ruptura com as práticas religiosas precedentes nem qualquer proselitismo como o das grandes religiões monoteístas.

[4] Emprego aqui o termo "comunidade" no sentido de um grupo de pessoas que partilham uma mesma história e um mesmo futuro. Essa ideia de uma comunidade negra ou afro-americana está muito enraizada no imaginário dos afro-americanos. Evidentemente, trata-se aqui de uma comunidade almejada, cuja unidade precisa ser provada.

[5] O termo "étnico" está entre aspas para evitar toda essencialização e salientar seu caráter de construção identitária.

que a importância atribuída às origens e ao passado africano está bem no centro da história dos negros norte-americanos. Desde o início, a unidade dos afro-americanos parece, de fato, ter tido que passar pela identificação com um modelo cultural dominante que pudesse provar a grandeza perdida do "povo africano da diáspora". A busca dos africanismos, o sonho de uma unidade cultural africana encarnada pelo pan-africanismo, as tentativas de entrar de novo em contato com a terra dos ancestrais, tudo isso encontra sua expressão mais bem-sucedida nas diferentes denominações religiosas afro-americanas, que conjugaram engajamento religioso e político numa mesma busca identitária. Essa busca está fortemente enraizada na sociedade norte-americana, estruturada, desde o início, em torno de duas ideias fundadoras: o nacionalismo e o messianismo, ou seja, a "percepção de uma pessoa ou de um grupo por si mesmo, ou por outros, como tendo um destino manifesto ou um papel atribuído por Deus" (Moses, [1982] 1993: 4). Essa noção está ligada à de povo eleito, unido por uma história, um sangue e uma cultura, e distinto do resto da humanidade. Ora, entre a maior parte dos autores, a religião é geralmente apresentada como sendo o núcleo da cultura africana nas Américas. A busca das provas da sobrevivência do passado africano nas práticas religiosas colocava em evidência a questão, sempre trazida sob ângulos distintos, das origens da cultura afro-americana. É assim que o *ring shout*, uma prática ritual dos escravos norte-americanos, tornou-se a metáfora principal de uma cultura africana unificada, expressão da alma afro-americana. Essa visão romântica da africanidade, que opõe a fecundidade do primitivismo africano à esterilidade da civilização europeia, se encarnou, ao longo do tempo, numa comunidade afro-americana que não pode mais dissociar essa busca das origens de um necessário engajamento político na América contemporânea.

Porém, como saímos do pan-africanismo, fundado numa ideia de unidade de fundo, cultural e religiosa, dos descendentes de africanos, para uma particularização étnica, como aquela colocada em cena pelos "yoruba do Novo Mundo"? Aceitar a ideia de uma unidade cultural e religiosa da África ou, ao menos, como veremos, de uma parte determinada da África — a África Ocidental —, acarreta, como corolário, a ideia de uma unidade de fundo da expressão religiosa afro-americana. Ora, é a multiplicidade que prevalece na "Igreja negra" e não sua uniformidade. Repensar esses laços de continuidade, ao analisar o incessante trabalho realizado pelos intelectuais e pelas vanguardas afro-americanas para reatar com suas origens foi o primeiro objetivo desta obra. Mas isso não pôde ser feito sem a análise de um fenômeno particular, a difusão da santería nos Estados Unidos, que me permitiu ressituar a tensão entre "pan-africanismo" e "etnicização" num contexto muito mais amplo, estruturado pelas relações, quase sempre muito conflituosas, entre grupos "raciais" e religiosos. Na grande maioria das obras que tratam da implantação da santería nos Estados Unidos, essa dimensão conflituosa era evitada. É o caso de Murphy (1983), que fez uma das primeiras enquetes sobre uma comunidade *santera*[6] do Bronx (Nova York), e que nos apresenta essa religião como uma via de integração e equilíbrio individual, deixando de lado a negociação interna das significações atribuídas a cada elemento ritual. Da mesma forma, autores como Gregory (1999), que analisaram a santería nos Estados Unidos como "movimento contra-hegemônico", nem sempre aplicaram essa análise a seu próprio objeto. Muitas vezes esses fenômenos religiosos aparecem como entidades harmoniosas, desprovidas de qualquer tensão, em que os indivíduos não fazem mais do que reproduzir os fundamentos ancestrais da tradição africana. Em contrapartida, são justamente esses fundamentos e sua atualização em papéis rituais específicos que constituem o objeto de uma negociação obstinada no seio do campo religioso. Bem antes de sua chegada aos Estados Unidos, as religiões afro-cubanas já eram atravessadas por tensões estruturais, que opunham homens e mulheres em suas diferentes carreiras religiosas, os *santeros* e os *babalaos*,[7] os iniciados que praticam também o espiritismo de origem europeia e aqueles que defendem uma prática religiosa "puramente" africana. Nesta obra, procurei analisar as variantes afro-americanas da "religião yoruba", desenvolvidas nos Estados Unidos como resultado das interações com outros cultos e, notadamente, com a santería. Ora, pareceu-me que, apesar das tentativas de apagar ou, ao menos, minimizar a influência da religião afro-cubana, de que os "yoruba" da América tiram sua legitimidade, as práticas rituais da "religião yoruba", do modo como foram reativadas pelos afro-americanos, são, em grande parte, práticas afro-cubanas "reafricanizadas".[8] As relações muitas vezes tensas com a santería servirão para esclarecer as mudanças atuais no seio do campo afro-americano.

As escolhas terminológicas não foram fáceis. Nos Estados Unidos, confrontamo-nos com uma multiplicidade de denominações que remetem a uma

---

[6] *Santero* ou *santera* designa um praticante da santería.

[7] O *babalao* é o especialista da adivinhação, iniciado no culto de Ifá. O termo cubano *babalao* corresponde ao yoruba *babalawo*, normalmente utilizado pelos praticantes afro-americanos. Com uma preocupação de uniformização, utilizarei o termo *babalawo*, exceto nas referências diretas ao sistema de culto afro-cubano.

[8] "Reafricanizar" implica aqui o apagamento das influências católicas ou europeias, um processo que procura fazer com que a África original ressurja em todo seu esplendor. Para uma análise da noção de reafricanização, ver Capone, 2004*a*; Frigerio, 2004.

mesma origem: a religião dos yoruba. O termo santería, ainda corrente em Cuba, não tem os favores da maioria dos praticantes. Entrou na literatura especializada a partir dos anos 1940, graças a Rómulo Lachatañeré ([1939] 2001, 1942a), o primeiro a empregá-lo para designar o sistema religioso dos afro-cubanos e associá-lo à cultura lucumí, ou seja, yoruba. Ele criticava, por essa razão, o termo *brujería* ("feitiçaria"), utilizado por Ortiz ([1906] 1995, 1939) para definir essas mesmas práticas. Lachatañeré reconhecia a existência de práticas de "feitiçaria" nos cultos afro-cubanos, porém, as considerava heterogêneas à "natureza religiosa" da santería. A *Regla Conga*, ou seja, as práticas religiosas de origem bantu,[9] era, entretanto, associada em seus escritos à feitiçaria, o que a distanciava das formas religiosas consideradas como legítimas. Para Lachatañeré, a santería, identificada com a religião, era então de origem yoruba e católica, ao passo que a "feitiçaria" era exclusivamente de origem bantu. A extensão desse último termo ao conjunto das práticas cultuais afro-cubanas, como fizera Ortiz, era, portanto, discriminatória.

Hoje, nos Estados Unidos, quase todos os iniciados nas cidades com forte predomínio *latino*, como Miami, dirão ser praticantes da santería, como o faziam em seus países de origem. Porém, nos círculos "reafricanizantes" e em certas casas de culto que tentam apagar qualquer influência católica, esse termo será substituído por *Ocha* ou "religião lucumí".[10] Da mesma maneira, quando passamos das casas *latinas* para as afro-americanas, que evidenciam a origem africana dessa religião, a expressão "religião yoruba" torna-se a mais utilizada, encobrindo, assim, os laços de dependência ritual das casas afro-cubanas. E, no interior da "religião yoruba", há uma abundância de denominações distintas, todas evocando o laço de continuidade com um passado africano: orisha-voodoo, Ifaism, Anago, Ifá-Orisha ou Africanism. Cada uma delas remete a uma prática reafricanizada da "religião yoruba" ou da "religião dos *orisha*". Os praticantes dessas variantes religiosas consideram a santería, a religião lucumí e a religião yoruba sistemas aparentados, cujas diferenças são invocadas apenas em momentos precisos e com finalidades particulares. Marcar a especificidade é, assim, mais um ato político do que o sinal de uma

---

[9] Esse termo encontra sua fonte nos estudos linguísticos (ver, entre outros, Guthrie, 1948 e Greenberg, 1966) que, a partir do modelo das línguas indo-europeias, classificaram as línguas africanas em várias famílias, dentre as quais figuravam as línguas sudanesas e as línguas bantu. Os nomes dados a esses dois grandes grupos linguísticos acabaram por se aplicar aos diferentes povos africanos que falavam essas línguas.

[10] *Ocha* é a contração do termo *oricha,* correspondente cubano do yoruba *òrìṣà,* palavra que, como dissemos, foi aqui uniformizada de acordo com a grafia inglesa *orisha,* termo que mantém a pronúncia do original yoruba. A "religião lucumí" é o nome dado à santería cubana quando se quer evidenciar suas origens africanas, o termo "lucumí" designando em Cuba os escravos yoruba.

real distinção interna. O recurso, de forma intercambiável, aos termos "santería" e "religião lucumí", ou o abandono do primeiro em favor do segundo, depende, na realidade, da posição ocupada por aquele que fala e da ideia que este faz do papel do catolicismo nas práticas afro-cubanas. Não empregar o termo "santería" é, em si, uma tomada de posição política contra a "tradição da diáspora", modelada sob o peso do escravagismo. Eis por que, quando falar dessa religião, utilizarei o termo genérico "santería", consagrado pela literatura especializada apesar da tensão entre as duas *Reglas* que a constituem: a *Regla de Ocha* e a *Regla de Ifá*.[11] Deixarei para cada ator ritual a escolha de se situar, pela definição de suas próprias práticas religiosas, sobre esse *continuum* que liga a santería à "religião yoruba". A expressão "religião dos *orisha*" hoje parece ser a única capaz de reunir as diferentes modalidades de culto, todas reivindicando, e por vezes de forma paradoxal, uma mesma origem yoruba.

Uma outra dificuldade terminológica incide sobre a determinação dos grupos em questão e, notadamente, dos negros norte-americanos que reivindicam laços ancestrais com os yoruba. Como definir os afro-americanos que enfatizam essa ascendência africana? Robert Farris Thompson, de quem tomei emprestado o título deste livro, fala de *"New World Yoruba"* (1983: 17) e de *"Yoruba-Americans"* (*ibid.*: 18). Outros os qualificam de *"New Yoruba"* (Eason, 1997: 117), *"children of Yoruba"* (Davis, 1987) ou simplesmente de *"Yoruba"* (Clapp, 1966: 1; Hunt, 1979: 36), naturalizando, assim, uma identidade étnica que resulta de um longo processo de construção identitária, em que religião e política estão estreitamente intrincadas. Como, de fato, passamos de uma definição em termos de cor ou "raça" (*"Colored"*, *"Negro"*, *"Black"*) para outra, em termos de origem cultural, primeiramente, ao nível nacional (*"Afro-American"* ou *"African-American"*), depois, ao nível étnico (*"Yoruba"* ou *"Yoruba-American"*)? Como se estabeleceu esse deslizamento de sentido que vai de uma percepção do negro norte-americano como membro, embora de status inferior, da nação americana para um negro que traz inscrita em si uma especificidade cultural e social que faz dele um estrangeiro em seu próprio país? Como passamos de uma identidade partilhada pelo conjunto do povo negro "da diáspora", fundada nas ideias de negritude, *blackness* e pan-africanismo, para uma identidade

---

[11] Apesar do estigma que pesa sobre as práticas do palo monte, a *Regla Conga* é também associada ao que, popularmente, se chama, em Cuba, de santería. Na prática, essas diferentes *Reglas*, às quais seria preciso também acrescentar o espiritismo, estão ligadas, uma vez que os iniciados na *Regla de Ocha* são quase sempre também iniciados na *Regla Conga* e, no caso dos homens heterossexuais, na *Regla de Ifá*.

"étnica" que remete a uma origem e a um passado africanos específicos? Essas são algumas das questões que serviram de base para a escrita desta obra. Frente a essa complexidade, decidi utilizar indiferentemente as expressões "negros norte-americanos" e "afro-americanos" para designar os descendentes de africanos nos Estados Unidos, embora a primeira não evidencie uma identidade africana, mas uma identidade "negra", produto da história americana. Se a expressão "africanos-americanos", corrente nos Estados Unidos, só figura em algumas citações, isso se deve a suas implicações políticas, que tendem a fazer dos negros norte-americanos "africanos na América". Quanto ao termo "santería", deixarei para os atores rituais a escolha de se autodefinir segundo seu percurso e seu engajamento político e religioso.

A classificação racial nos Estados Unidos é particularmente problemática, na medida em que a "linha de cor" nem sempre é percebida da mesma forma por um negro norte-americano ou por um negro-cubano ou *latino*[12] em geral. O que pode parecer "negro" aos olhos de um americano não o será necessariamente aos de um cubano. Essa classificação racial está ancorada na história americana e resulta da abolição da escravatura nesse país. Após a Guerra de Secessão, o período da Reconstrução viu a adoção progressiva de uma nova legislação segregacionista que eliminava dos censos a categoria "mulato". Foi a partir de 1880 que negros e brancos começaram a ser considerados dois grupos estanques, em que "uma única gota de sangue negro" bastava para fazer de um homem com aparência branca um "negro". Essa nova legislação foi implementada após uma decisão, em 1896, da Corte Suprema dos Estados Unidos, por ocasião do processo *Plessy vs. Fergusson*. Homer Adolphe Plessy, de aparência branca, mas tendo um oitavo de "sangue negro", registrou sua ocorrência após ter sido proibido de entrar num vagão de trem reservado aos brancos. A Corte Suprema se pronunciou contra seu pleito, afirmando, pela primeira vez, a doutrina do "separados, mas iguais", que abriu as portas para a segregação. Essa legislação, posta em questão pelo movimento dos direitos civis, permanecerá em vigor por muito tempo.[13]

Hoje, um "negro" norte-americano que reivindique sua essência "africana" pode ser tão "branco" quanto um cubano que se diga herdeiro de uma longa

---

[12] Nos censos norte-americanos, não é feita discriminação por "raça" dos hispânicos ou latinos. Os dois termos são utilizados de forma intercambiável, segundo a terminologia escolhida pelo *Office of Management and Budget* em 1997, que se tornou efetiva em 1º de janeiro de 2003 (*cf. Revisions to the Standards...*, 1997). O termo "*latino*" surgiu pela primeira vez nos formulários do censo de 2000. Os de 1990 e de 1980 perguntavam simplesmente se o interessado era "de origem ou descendência hispânica", categoria que tinha sido utilizada pela primeira vez no censo de 1970 (*cf.* Chapa, 2000).

[13] No caso da Louisiana, os negros serão definidos por 1/16 de "sangue negro", chegando a 1/32, em 1970. Será preciso esperar até 1983 para que a autoidentificação seja finalmente autorizada (Le Menestrel, 1999: 101).

linhagem europeia. Nesse contexto, a cor da pele nem sempre é determinante, pelo fato de que não é percebida da mesma forma pelos diferentes atores sociais. Ser "negro" nos Estados Unidos resulta também de uma escolha política e identitária. Assim, um afro-americano criticará os negros originários de países latino-americanos, como Cuba ou Brasil, por sua falta de "consciência racial", que os levava até recentemente a se definirem como cubanos ou brasileiros, em vez de enfatizar sua origem africana.[14] A redescoberta de uma ancestralidade africana permite, em contrapartida, que o negro norte-americano reconstrua seu passado para construir seu futuro. Assim, ele pode restaurar o que a escravidão suprimiu, refazendo o laço com o passado para reviver, nas práticas religiosas e sociais, a "memória da África". Uma África que, muitas vezes, é mais mítica do que real e cujos vínculos com os "africanos da diáspora" são geralmente questionados e constantemente renegociados. As tensões "raciais", ausentes do universo religioso afro-cubano ou afro-brasileiro, em que a religião de origem africana é aberta a todos, brancos, negros ou mulatos, ocupam um lugar central num contexto como o dos Estados Unidos, profundamente marcado por décadas de discriminação e segregação raciais.[15] Isso é expresso pela tensão que existe entre uma religião "universal", acessível a todos, independentemente da cor da pele ou da origem dos iniciados, e uma religião "re-etnicizada", patrimônio exclusivo dos descendentes de africanos.

A escolha dos exemplos apresentados também merece explicação. A análise da implantação e da difusão da santería nos Estados Unidos, a partir de Nova York, se justifica de várias formas. Primeiramente, porque as primeiras iniciações no solo americano foram realizadas nessa cidade, e não em Miami, outro grande centro da santería nesse país. Embora os praticantes da "religião lucumí" ou da "religião yoruba" sejam recenseados em vários locais do território americano, as duas grandes concentrações de praticantes continuam sendo em Nova York e Miami. Entretanto, a predominância de cubanos nessa última cidade, que representam com os outros hispânicos 65,8% da população (*cf.* Argyriadis e Capone, 2004: 102), deixava menos evidentes as tensões entre os practican-

---

[14] As tensões raciais podem também tornar difícil o trabalho de campo do pesquisador que não tem a "cor de pele certa". Um pesquisador afro-americano será mais facilmente aceito no interior dos grupos de culto afro-americanos, enquanto um branco será visto sob suspeita e seu interesse pela religião será questionado. Minha longa experiência no Brasil e a familiaridade adquirida com essas práticas religiosas ao longo de 25 anos de pesquisas me facilitaram amplamente o trabalho de campo, por ser geralmente identificada como uma "brasileira". Minha "brancura" era encoberta por minha suposta "latinidade".

[15] Isso não significa que em Cuba ou no Brasil não tenha havido discriminação racial. O que muda são as políticas dos diferentes governos e a presença de uma mestiçagem racial e cultural muito maior nesses países latino-americanos.

tes da "religião lucumí" e os da "religião yoruba". Em segundo lugar, porque a história do nacionalismo negro e sua influência nas escolhas religiosas de seus militantes encontram um terreno privilegiado na cidade de Nova York, onde foi fundado o primeiro *Yoruba Temple* e onde as divergências entre os praticantes afro-americanos e a comunidade *santera* se intensificaram. Se a afirmação de John Mason (1998: 129), que considera a atual Nova York "o centro da tradição dos *orisha* nos Estados Unidos", deveria ser relativizada em relação à importância adquirida por Miami, ao menos no que tange aos praticantes cubanos-americanos, por outro lado, aderimos a essa prevalência quando analisamos o processo histórico que permitiu a difusão dessa religião nos Estados Unidos. É de Nova York, mais precisamente do Harlem e de seu *Yoruba Temple*, que Adefunmi, o futuro "rei dos yoruba da América", partiu para criar um "território africano livre" na Carolina do Sul. A Oyotunji Village, fundada por ele em 1970 e cujo objetivo é ser "um pedaço da África na América", é certamente uma pequena comunidade, mas ela possui uma influência muito grande sobre o conjunto dos praticantes da "religião dos *orisha*". Este trabalho, não trata apenas dessa comunidade, mas também das redes de praticantes que se originaram a partir dela e que se estendem de uma costa à outra dos Estados Unidos. Portanto, a Oyotunji e seus habitantes não são os únicos protagonistas desta obra, que tenta fazer com que os "irmãos inimigos da diáspora" dialoguem: os *santeros* e outros praticantes da religião lucumí com os iniciados afro-americanos na religião yoruba, aos quais seria preciso acrescentar os iniciados "euro-americanos" que se iniciam no culto de Ifá na Nigéria.[16] Outro polo indispensável para apreender a complexidade desse campo religioso é representado pelos *babalawo* yoruba e os chefes tradicionais nigerianos, que desempenham, como veremos, um papel fundamental na produção de novas elites religiosas "no seio da diáspora", pois estabelecem, pelo viés das iniciações realizadas na África, linhagens yoruba na América. Tanto as crispações identitárias que resultam das diferentes visões do que é "ser um yoruba" quanto as tentativas de unificação e de estandardização dos cultos, feitas por afro-americanos, cubanos e pelos yoruba da Nigéria, encenam de forma exemplar as tensões estruturais que fundam o universo dos praticantes da "religião dos *orisha*".

---

[16] Emprego a expressão "se iniciar no culto de Ifá" para traduzir a expressão cubana *hacer Ifá* ("fazer Ifá"). *Hacer santo* significa se iniciar na religião lucumí, assim como *coronar el santo* ("coroar o santo"). Consequentemente, expressões como *hacerse Ogún* serão traduzidas por "se iniciar no culto de Ogún", embora o culto de cada *orisha* propriamente dito não constitua uma prática independente das outras.

Agradecimentos

Este livro é resultado de muitos anos de pesquisas, que foram possíveis graças a sete períodos de trabalho de campo, de um a três meses cada, financiados pelo Laboratório de Etnologia e Sociologia Comparativa da Universidade de Paris X-Nanterre e pelo CNRS. O apoio dos colegas de meu laboratório me ajudou a concluir este trabalho nas melhores condições.

Faço questão de agradecer também aos colegas de outras instituições, francesas e estrangeiras, que contribuíram para este trabalho com seus comentários e informações preciosas e, particularmente, Jean-Pierre Albert, Kali Argyriadis, David Brown, Kamari Clarke, Daniel Dawson, Henry J. Drewal, Alejandro Frigerio, Nahayeilli Juarez Huet, Lisa Knauer, Sara Le Menestrel, John Mason, Bárbaro Martinez-Ruiz, André Mary, Ari Pedro Oro, Stephan Palmié e Robert Farris Thompson.

Sou igualmente grata a todos os praticantes da "religião dos *orisha*" que generosamente partilharam comigo suas histórias, contribuindo, assim, para o sucesso deste empreendimento e, muito especialmente, a Miguel "Willie" Ramos, Ernesto Pichardo, Rolando Rodriguez e Maria Junqueira.

Este livro não teria sido possível sem a ajuda amigável e indefectível de Marie-Hélène Delamare, que gentilmente releu as diferentes versões desta obra, e o apoio incondicional de Elliott Laffitte e do pequeno Alexandre, que suportou as ausências reiteradas da mãe. A eles, dedico este trabalho.

Nota sobre a ortografia

O yoruba, língua utilizada nos rituais da santería e de suas variantes afro-americanas, é uma língua tonal. Um tom é uma mudança de altura do som da voz, utilizado com fins morfológicos e semânticos. Todas as vogais têm um tom. Os tons baixos são marcados com um acento grave; os tons altos com um acento agudo; e os tons médios não são destacados graficamente. Somente os casos em que a pronúncia é diferente do português serão especificados:

Vogais
e = como em *elevado*
ẹ = como em *leque*
o = como em *bolo*
ọ = como em *bola*

    A vogal nasalizada *ọn* é pronunciada *an*.

Consoantes
g = som *guê*
h = h aspirado
j = dj, como em *adjetivo*
p = kp, som explosivo
ṣ = x

Alguns desses sons, como os que correspondem às consoantes yoruba *j* et *ṣ*, não existem em espanhol. Assim, na língua ritual da santería cubana, termos yoruba como *mojúbà, òrìṣà, olóòrìṣà, Yẹmọnja* e *Ṣọ̀ngó* tornaram-se, respectivamente, *moyuba, oricha, oloricha, Yemayá* e *Changó*. Com uma preocupação de unificação, escolhi utilizar os termos geralmente encontrados na literatura norte-americana, preferindo a ortografia inglesa à cubana. Eis por que o plural dos termos como *babalawo, orisha, olorisha* ou *odú* não será marcado, enquanto palavras cubanas, que não têm correspondentes em yoruba, como *oriaté, lucumí* ou *abakuá*, manterão suas formas plurais respectivas.

Certos termos serão apresentados das duas formas, pois sua ortografia não obedece a simples regras de pronúncia, mas é emblemática de uma escolha política determinada. É o caso do cubano *Eleguá*, o *trickster* divino da santería, que retoma sua forma yoruba, *Elegbá*, entre os norte-americanos. Da mesma forma, *lucumí*, que se aplica aos descendentes dos yoruba em Cuba, se metamorfoseia em *lukumí* entre os praticantes cubanos-americanos em via de "reafricanização". A transformação do *c* em *k* parece marcar um "surplus" de africanidade, uma vez que os praticantes afro-americanos oriundos do nacionalismo negro se definem geralmente como "*Afrikan-Americans*", expressão que designa "os africanos da diáspora" em seu desejo de resgatar sua cultura original.

CAPÍTULO I

O círculo da cultura

A relação com a África no processo de formação das culturas afro-americanas sempre constituiu a questão central dos estudos científicos sobre os negros. A força variável das "sobrevivências africanas", também chamadas de "africanismos", no seio das diferentes culturas negras no continente, está na origem de teorias, mais ou menos elaboradas, que ordenam essas culturas segundo sua proximidade, real ou imaginária, com a África.[1] Nos Estados Unidos, o que deu origem a esses estudos foi o debate sobre a continuidade ou a descontinuidade da religião negra norte-americana em relação a seu passado africano. Segundo Melville J. Herskovits ([1941] 1990: 232-234), se no momento da abolição, em 1865, a maioria dos escravos no Sul dos Estados Unidos era membro de igrejas batistas, deixando para o segundo plano as igrejas metodistas e presbiterianas, isso se explicaria pelo batizado por imersão total na água praticado pelos batistas, que teria sido interpretado pelos escravos como a reprodução dos rituais destinados aos espíritos das águas, muito difundidos nas religiões da África Ocidental. A predominância das igrejas batistas seria, assim, a prova da persistência de crenças religiosas originárias dessa parte da

---

[1] Na literatura afro-americana, somos frequentemente confrontados com a utilização da expressão "cultura negra" para designar o que seria um patrimônio cultural comum, partilhado pelo conjunto dos descendentes de africanos nas Américas. Apesar da evidente multiplicidade de suas manifestações culturais, manterei essa expressão quando for empregada pelos diferentes autores citados, pedindo, entretanto, ao leitor que relativize o alcance de sua significação.

África. Essa ideia de uma continuidade cultural com a África já fora defendida por W.E.B. Du Bois (1898), segundo o qual a "Igreja negra" fora a única instituição que conseguiu preservar "os restos da vida tribal africana". Outros autores, como Franklin Frazier ([1963] 1974), criticavam, em contrapartida, as teses de Herskovits, afirmando que a escravidão minara completamente as bases sociais da religião africana, não sendo possível que qualquer continuidade fosse ser estabelecida entre as práticas religiosas africanas e a "Igreja negra" norte-americana. Segundo Frazier, foi a religião cristã que forneceu os novos fundamentos da coesão social no seio da comunidade negra, e não as supostas sobrevivências da cultura e da religião africanas (*ibid.*: 14). A escravidão teria, assim, acarretado a perda total da memória coletiva africana.

Continuidade e descontinuidade na religião negra norte-americana

O debate entre Herskovits e Frazier retoma uma questão central que estrutura os estudos sobre as religiões e as culturas negras desde seu início, a saber, a presença de sobrevivências africanas nas Américas. O continente americano foi dividido em duas partes: uma, caracterizada pela preservação das culturas africanas, a que pertencem Brasil e Cuba; a outra, marcada pela perda das raízes culturais, que inclui os Estados Unidos.[2] Tanto numa quanto na outra, os "africanismos" foram meticulosamente procurados na cultura de cada país. As populações negras do norte do continente se tornaram exemplos de perda de uma história e de uma cultura africanas partilhadas, e foram estudadas em termos de ruptura e anomia. Os primeiros estudos sobre escravidão nos Estados Unidos, como por exemplo o de Ulrich B. Philips (1918), já eram marcados pela ideia de uma perda total de qualquer referente cultural africano entre os escravos norte-americanos. Sem passado e sem memória, eles só podiam "evoluir" adaptando-se à cultura dos brancos. Os anos 1930 viram uma mudança radical, graças a Melville J. Herskovits, que ofereceu uma base teórica às reivindicações dos intelectuais negros ligados aos movimentos do *New Negro* e do *Harlem Renaissance*.

---

[2] Retomando essa distinção, Bastide ([1967] 1996) falava de "religiões em conserva" para designar o candomblé brasileiro e a santería cubana, e de "religiões vivas" para qualificar o vodou haitiano, religião supostamente mais "permeável às influências externas", e as práticas religiosas dos negros norte-americanos.

Essa divergência de posições teóricas sobre a preservação das raízes africanas na cultura negra norte-americana encontrou sua expressão maior na polêmica que opôs o antropólogo Herskovits e o sociólogo Frazier. Diferentemente de Philips (1918), que tentava demonstrar as virtudes positivas da instituição escravagista, Frazier, que era um intelectual negro, via na perda da cultura africana uma possibilidade única para a população negra se integrar verdadeiramente à sociedade branca. Na realidade, Frazier — que publicou sua obra sobre a "Igreja negra" norte-americana em 1963 — parece reproduzir em seu trabalho o discurso integracionista dominante do início dos anos 1960 no seio do movimento negro e, notadamente, da NAACP — *National Association for the Advancement of Colored People* (Associação Nacional para o Progresso das Pessoas de Cor) e do movimento pelos direitos civis liderado por Martin Luther King Jr. Para Frazier, a perda dos laços culturais com a África não era uma marca da inferioridade do negro, mas uma oportunidade real de melhorar seu status social na América branca.

A oposição entre Frazier e Herskovits mereceria, contudo, ser relativizada, uma vez que Melville J. Herskovits defendera em sua juventude posições muito próximas das de Frazier. Assim, num artigo publicado em 1925, ele afirmava que a cultura dos afro-americanos nada fazia além de reproduzir a da maioria branca:

> Todos os elementos raciais e sociais que vivem aqui entre nós há muito tempo se aculturaram, até se americanizar, no sentido próprio do termo. Eles aprenderam nossa cultura, reagindo segundo seus modelos culturais (*patterns*). Frente a essa situação, qualquer protesto que reivindique a posse ou o profundo desejo de uma cultura específica não tem nenhum sentido.
>
> Herskovits, 1925: 678.

Herskovits modificou consideravelmente sua posição quando foi chamado a participar do projeto de pesquisa da Carnegie Corporation sobre o negro americano, que deu origem à publicação de seu livro *The Myth of the Negro Past* e de *An American Dilemma*, de Gunnar Myrdal, economista sueco que dirigia o projeto (Mintz, 1990: xv). Se o artigo de 1925 sugeria a erradicação das culturas africanas na América, *The Myth of the Negro Past* (Herskovits, [1941] 1990) salientava a maneira pela qual os afro-americanos haviam preservado sua cultura apesar da opressão e da discriminação dos brancos. O objetivo não era defender simplesmente a igualdade racial, mas desmistificar os principais mitos associados aos afro-americanos, por exemplo, de que só os africanos menos hábeis haviam sido capturados; de que os escravos americanos no Novo Mundo vinham de toda a África e não podia, portanto, haver continuidades culturais específicas; de que as culturas africanas eram, de qualquer maneira, tão fracas que jamais teriam podido sobreviver ao contato com as culturas europeias. Herskovits procurou, então, identificar as origens africanas das práticas dos negros norte-americanos e analisar os fatores históricos da mudança cultural, utilizando os dados etnográficos africanos a fim de determinar os "africanismos" que haviam sido preservados.

Contudo, sua análise não visava mostrar que os "africanismos" eram reproduzidos identicamente, mas como o encontro entre africanos, europeus e ameríndios havia acarretado "uma adaptação e uma integração culturais" (*ibid.*: xxxvii). As noções de sobrevivência e reinterpretação permitiam estabelecer "um *continuum* aculturativo", entre práticas tipicamente africanas e comportamentos marcados pela cultura europeia. Ora, na época do estudo de Herskovits, o ponto de vista preponderante nos estudos científicos defendia que o desaparecimento de qualquer africanismo nos Estados Unidos era resultado da pressão exercida pelo sistema escravagista, as únicas exceções sendo os trabalhos de Du Bois e Carter Woodson. Assim, segundo a maior parte dos autores, os comportamentos dos negros mostravam os mesmos modelos culturais (*patterns*), com muito poucas diferenças, do resto da população branca, hipótese também sustentada por Herskovits, como vimos, em sua juventude. Em sua nova obra, ele, em contrapartida, se opunha de forma clara às teorias defendidas pelos *race-crossing-studies*, notadamente por Park, Reuter e Frazier, substituindo a análise sociológica pela análise das relações entre raça e cultura. Era necessário descobrir um passado africano, um orgulho de sua ancestralidade, para lutar contra a afirmação discriminatória da inferioridade negra na sociedade norte-americana. O destaque dado aos "africanismos" foi, portanto, a resposta ao ponto de vista etnocêntrico que quer que toda cultura "inferior", posta em contato com a cultura europeia, desapareça. Ao contrário, o trabalho de Herskovits visava mostrar como as civilizações africanas haviam contribuído, e de forma substancial, para a construção da cultura americana. Os "africanismos" exerciam, assim, a dupla função, tanto prática quanto política, de resposta à falta de autoestima do negro: "Um povo que nega seu passado só pode duvidar de seu valor atual e de suas potencialidades futuras" (*ibid.*: 32).

Como observa Albert J. Raboteau (1978: 86), as posições teóricas tanto de Herskovits quanto de Frazier apresentam lados positivos.³ Herskovits teve certamente razão em demolir o mito da ausência de um passado africano entre os negros norte-americanos, mostrando como vários elementos da cultura africana haviam sido preservados durante a escravidão. Entretanto, as críticas de Frazier tiveram igualmente o mérito de relativizar certas posições, por vezes excessivas, de Herskovits sobre as influências africanas na vida dos negros norte-americanos. De fato, vários autores questionaram as teorias de Herskovits, mostrando especialmente como o laço estabelecido entre o culto voltado aos espíritos das águas e as práticas religiosas batistas era fundamentalmente arbitrário.⁴ Porém, a maioria deles concordava ao salientar a presença de influências africanas nas formas de culto desenvolvidas pelos escravos. Entre elas, o *ring shout*, a dança em círculo, ocupa uma posição emblemática, no que é considerado a expressão mais bem-sucedida da reinterpretação da religião protestante segundo um modelo africano, em que se venera Deus pela dança, pelo canto e por uma oração ritmada por uma sequência de apelos e respostas.⁵ Veremos como o *shout* é tomado como o sinal da comunicação com Deus e a expressão maior da emoção religiosa dos negros norte-americanos.

Essas práticas eram frequentemente apresentadas como uma simples reinterpretação da religião dos brancos, segundo uma lógica africana, mais do que como uma prova real da preservação das práticas religiosas africanas no solo americano, retomando a distinção operada por vários autores entre a América católica e a América protestante. Nesta última, a evangelização teria sido exercida em profundidade, acarretando o desaparecimento de todo vestígio de uma cultura e de um passado africanos. Assim, segundo Roger Bastide ([1967] 1996: 158), o escravo norte-americano teria reinterpretado o protestantismo e a Bíblia "através de sua própria mentalidade, de seus sentimentos e suas necessidades afetivas", criando um "cristianismo negro mais do que africano". Ele citava, em apoio à sua teoria, o exemplo da reinterpretação do êxtase religioso nas igrejas negras norte-americanas, que não reativariam um real costume africano, uma vez que "a religião afetiva" não seria, para esse autor, característica da religião africana: "A África

---

³ As posições teóricas de Frazier não tiveram muita repercussão no panorama intelectual norte-americano. Pat Ryan (1970) mostrou que, paradoxalmente, quem mais influenciou os *Black Studies* norte-americanos não foi o intelectual afro-americano Franklin Frazier, mas o intelectual judeu Melville Herskovits.

⁴ Ver, entre outros, Genovese, 1974: 233; Fauset, [1944] 1971: 101-102.

⁵ Alan Lomax (1970) atribui uma origem africana a esse modelo de oração. Ver também Work, 1940; Swed, 1969.

não procura a emoção no transe, exceto onde é tocada pelos contatos culturais" (*ibid*.: 213). Essa "religião afetiva" seria então uma reinterpretação da religião branca do Despertar, segundo uma lógica africana, "uma vez que essa afetividade não é, como nos encontros de brancos, busca individual da salvação, mas busca de uma comunhão de todo um grupo, reagindo solidariamente" (*ibid*.). Seria, portanto, esse aspecto comunitário que ligaria a religião negra norte-americana a seu passado africano, em clara oposição com o Ocidente, dominado pelo individualismo e pela perda de qualquer ponto de referência coletivo. Apenas a América católica, que fornecera um nicho aos deuses africanos sob a máscara dos santos católicos, soube perpetuar um passado e uma cultura africanos.

No entanto, essa oposição entre a América católica e a América protestante deve ser questionada quando se considera o desenvolvimento das religiões afro-americanas em um contexto continental. Na Jamaica, por exemplo, os cultos pocomania, cumina e os grupos revivalistas são claramente o fruto de uma síntese entre o protestantismo e as religiões africanas. Paralelamente, e apesar da presença do catolicismo durante a colonização francesa, os negros da Louisiana não preservaram, de forma completa, suas crenças religiosas. Certos autores, como Albert J. Raboteau (1978), sugerem que essa diferença regional não estaria ligada ao tipo de religião dominante, mas aos modos de exploração econômica no seio das colônias americanas. Herskovits ([1941] 1990) e Frazier ([1963] 1974) já haviam mostrado como a proporção de brancos em relação aos negros era muito maior nos Estados Unidos do que nas plantações da América Latina ou no Caribe:

> De fato, nos Estados Unidos, a mais forte incidência de sobrevivências africanas é encontrada nas Sea Islands, onde condições contrárias haviam prevalecido, ou seja, uma importante população escrava impedida de qualquer contato com a cultura branca.
>
> Raboteau, 1978: 89.

As grandes plantações, nas quais trabalhavam centenas de escravos, eram mais a exceção do que a regra. Noventa por cento dos plantadores possuíam menos de vinte escravos (Franklin e Moss, [1947] 1988). Porém, um outro elemento contribuiu igualmente para diferenciar os Estados Unidos dos outros países americanos: o número reduzido de escravos africanos vindos da África ou das Antilhas. Segundo Philip Curtin (1969: 88-89), de um total de 9,566 milhões de escravos africanos que chegaram ao continente americano, somente 427 mil desembarcaram nas colônias inglesas e francesas da América do Norte. Os Estados Unidos e o Canadá teriam, assim, recebido somente 4,5% do total dos africanos trazidos para o Novo Mundo.[6] Além disso, o tráfico de escravos foi declarado ilegal nos Estados Unidos muito cedo. A primeira lei antitráfico foi promulgada no estado de Nova Jersey em 1788, bem antes da abolição do tráfico pelo Parlamento inglês em 1807.[7] Entretanto, a característica principal da escravidão norte-americana foi o crescimento extraordinário da população escrava, que havia atingido em 1865, no momento da abolição da escravidão, um total de 4 milhões de indivíduos, ou seja, 10 vezes mais do que seu número inicial. Em meados do século XIX, 31,1% da população norte-americana tinha uma ascendência africana, apesar do percentual muito reduzido de escravos que chegou aos Estados Unidos durante o período em que havia o tráfico negreiro (Raboteau,1978: 91). De forma geral, a religião dos negros norte-americanos teria sido dominada por essa proximidade com a cultura branca, paralelamente à perda dos laços com a cultura africana, ocasionada pelo fim do tráfico de escravos e pela multiplicação da população escrava, nascida em solo americano.

A instituição invisível

Apesar de os primeiros africanos terem chegado na Virgínia em 1619, foi somente a partir da segunda metade do século XVII que a escravidão foi legalizada nas colônias inglesas da América do Norte. Até então, os africanos eram submetidos a um regime de "servidão sob contrato" durante vários anos para reembolso de suas viagens para a América. Os africanos não eram os únicos nessa situação: milhares de brancos, voluntários ou sequestrados nos bairros populares de Londres ou de outras cidades inglesas, trabalhavam nas mesmas condições. Assim, durante os primeiros anos das colônias, os negros ficavam livres para comprar ou vender terra, dar testemunhos em tribunais e, uma vez liberados de suas dívidas, podiam comprar os serviços de outros africanos ou mesmo de brancos que viviam nas mesmas condições (Christian, 1999: 6). Mas

---

[6] Esses dados devem, contudo, ser considerados com uma certa prudência, dada a dificuldade de calcular o número exato de escravos que chegaram ao solo americano. O que é necessário observar aqui é o percentual extremamente limitado de escravos africanos transportados para a América do Norte.

[7] Apesar da abolição do tráfico de escravos, em 1808, em todos os estados norte-americanos, as importações clandestinas de escravos africanos prosseguiram no Sul do país, que era completamente dependente da mão de obra cativa.

isso não durou muito. Em 1641, Massachusetts foi a primeira colônia a fazer da escravidão uma instituição legal. A última foi a Geórgia em 1750. O tráfico de escravos com a África se iniciou oficialmente em 1645.[8]

Num primeiro momento, o impacto da religião cristã sobre os escravos não foi muito importante. O ensino religioso que lhes era dispensado era muito limitado, uma vez que a maioria dos proprietários de terras recusava uma instrução religiosa para seus escravos, com medo de que o batismo os emancipasse. De fato, a tradição inglesa considerava o batizado cristão um ritual que liberava automaticamente o recém-convertido. Mesmo depois de as autoridades coloniais terem declarado que o batismo não questionaria o direito dos proprietários de possuir escravos, a instrução religiosa continuou a ser considerada pelos proprietários das plantações como uma perda de tempo e dinheiro, e também como uma fonte eventual de rebeliões. Em 1701, a Coroa Inglesa enviara a suas colônias a Sociedade para a Propagação do Evangelho nos Territórios Estrangeiros (*Society for the Propagation of the Gospel in Foreign Parts*), que tinha por missão educar os escravos africanos e os ameríndios. A Sociedade era muito ativa em certas colônias como a Virgínia ou o Maryland, mas em outras, como a Nova Inglaterra, a educação dos escravos dependia inteiramente da boa vontade dos proprietários. Porém, essa situação não era limitada às regiões protestantes. Os plantadores da Louisiana francesa também não permitiam facilmente que seus escravos tivessem uma formação religiosa. Além disso, os esforços dos missionários para converter os escravos africanos haviam obtido pouco sucesso em função sobretudo das dificuldades de comunicação com os escravos da primeira geração, que raramente dominavam a língua inglesa. Contudo, apesar das evidentes diferenças entre o cristianismo protestante e as crenças religiosas africanas, certas semelhanças permitiam que os escravos criassem pontes entre suas práticas e as dos colonos brancos.[9]

Nas colônias norte-americanas, a instituição escravista estava no cerne das preocupações de vários grupos religiosos, como os puritanos, os anglicanos e os *quakers*. A maioria dos escravos se concentrava no Sul do país, onde a economia era fundada nas culturas de exportação, como o arroz, o tabaco e o algodão. A Carolina do Sul, a Geórgia e, sobretudo, a Virgínia, que, no fi-

---

[8] Sobre a escravidão nos Estados Unidos, ver, entre outros, Genovese, 1974; Rawick, 1972; Sobel, 1987; Kolchin, 1998.

[9] Ver especialmente Herskovits, [1941] 1990: 214 *sqq*. Segundo Raboteau (1978: 127), a teoria de acordo com a qual a conversão ao cristianismo teria obrigado os escravos africanos a adotar uma visão de mundo completamente estrangeira mereceria ser completamente repensada.

nal do século XVIII, reuniam sozinhas a metade da população escrava norte-americana, eram as colônias do Sul mais dependentes do trabalho escravo. A Virgínia havia, aliás, elaborado o primeiro *Código dos escravos,* inspirado no *Código negro* em vigor no Caribe, que servira como modelo para as outras colônias. A instrução religiosa dos escravos se tornara, desde o final do século XVII, uma das preocupações principais das diferentes denominações religiosas protestantes. Os esforços dos presbiterianos, batistas e metodistas para converter os escravos eram o resultado do fervor revivalista do *Great Awakening* (o Grande Despertar), que teve início em 1740. Em 1786, os metodistas recensearam pela primeira vez os negros que pertenciam a suas igrejas: eram 1.890 negros de um total de 18.791 membros. Em 1790, já se contavam 11.682 e, em 1797, 12.215, ou seja, um quarto do total de fiéis (Raboteau, 1978: 131). Quando os negros se tornaram numerosos demais, foram organizados serviços religiosos separados, dando origem às "igrejas negras". As primeiras igrejas batistas sob a direção de pastores negros foram fundadas entre 1773 e 1775 em Silver Bluff, na Carolina do Sul (*ibid.*: 139).[10] Apesar de as igrejas negras implantadas no Sul terem, a partir de 1770, limitado o número de seus membros a fim de evitar as insurreições de escravos, elas representaram os verdadeiros centros das comunidades negras, e os pastores negros contribuíram ativamente para a formação de uma síntese cultural que dará origem à cultura afro-americana.

Os metodistas americanos haviam herdado o elã antiescravagista de seu fundador, John Wesley. Em 1784, o Congresso das Igrejas Metodistas Episcopalianas da América condenou o escravagismo enquanto prática contrária ao Evangelho e declarou que qualquer membro da igreja tinha a obrigação de libertar seus escravos, decisão que, após protestos, foi suspensa um ano mais tarde. Entretanto, os laços entre os bispos metodistas e os antiabolicionistas permaneciam muito fortes (*cf.* Richardson, 1976). Porém, os metodistas não foram os únicos a condenar o sistema escravagista. Os *quakers* foram os primeiros na história americana a adotar, em 1688, uma resolução antiescravagista, o que, contudo, não os impediu de tratar separadamente negros e brancos em suas reuniões religiosas ou ritos funerários (Cowing, 1971: 114). De fato, apesar das boas intenções, as condições de vida na América de antes da Guerra de Secessão levavam os membros dessas igrejas a reproduzir o sistema segregacionista no seio de suas próprias comunidades

---

[10] Christian (1999: 33) fala de uma primeira igreja batista negra que teria sido fundada em Williamsburg, Virgínia, em 1725, mas que não teria estado sob o comando de um clérigo negro. Sobre a conversão dos escravos às igrejas batistas, ver Sobel, 1978.

religiosas, levando à criação de uma "Igreja negra". A reação a essa política de segregação foi imediata. Em 1777, um escravo, George Leile, fundou a *First African Baptist Church* (Primeira Igreja Batista Africana) em Savannah (Geórgia), apesar da oposição dos brancos, que temiam a influência revolucionária das igrejas negras sobre os escravos (*cf.* Foto 1). Essa igreja, cujo imóvel foi comprado de uma congregação branca e reconstruído, tijolo por tijolo, pelos fiéis negros, foi a primeira edificação da Geórgia possuída pelos afro-americanos. Em 1788, a igreja passou ao controle de outro escravo, Andrew Bryan, que se tornou o segundo pastor da *First African Baptist Church*. Em 12 de abril de 1787, Richard Allen e Absalom Jones fundaram, na Filadélfia, como sociedade de ajuda mútua, um grupo religioso e político, a *Free African Society*, uma das primeiras organizações negras do país, logo seguida por outras em Nova York, Boston e Newport. Em 1791, Allen e Jones criavam a primeira *African Church,* que se afiliou à Igreja episcopaliana. Alguns anos mais tarde, em 1794, Allen deixará o grupo para fundar a *Bethel African Methodist Episcopal Church* (Christian, 1999: 60). A *Free African Society* fundou as bases de uma organização social das comunidades negras em torno das igrejas negras, que se tornaram rapidamente verdadeiros viveiros de líderes. Depois dela, uma grande quantidade de associações surgiu na América, como o *Negro Masonic Order* (*African Lodge No. 459*), instituído por Prince Hall, em 1787, em Boston, e que se difundiu em vários lugares do país, ou a *African Free School*, primeira escola laica para negros, aberta em Nova York naquele mesmo ano.[11] Esse movimento separatista prosseguiu ao longo do século XIX.[12]

Alguns autores tentaram demonstrar que o cristianismo teria sido rejeitado pela maioria dos escravos, composta de praticantes do islã e das religiões africanas (Raboteau, 1978: 126). W.E.B. Du Bois ([1903] 1989: 138) chegou mesmo a declarar que a "Igreja negra" só se tornara cristã ao cabo de várias gerações, e que inicialmente se praticava ali o que ele chamava de "voduísmo" (*Voodooism*), mescla de rituais pagãos adaptados ao cristianismo e sobrevivência, embora vaga, do "grande poder do sacerdote" africano. Porém, como salienta Olli Ahlo (1980: 190), não se pode falar de uma real oposição

---

[11] Prince Hall era um negro livre que lutara ao lado dos ingleses. Foi iniciado, com outros 14 militares negros, à franco-maçonaria na *British Military Lodge No. 441*, em 6 de março de 1775 (Christian, 1999: 48).

[12] Em 1809, 13 negros conduzidos pelo reverendo Thomas Paul deixaram a *First Baptist Church of Gold Street* de Nova York em razão da discriminação no seio dessa igreja dominada por um clero branco, para criar a *Abyssinian Baptist Church,* que se tornou uma das mais importantes igrejas negras de Nova York. Em 1815, metodistas negros fundaram na Filadélfia a *African Methodist Episcopal Church*, totalmente independente da igreja metodista branca.

entre escravos cristãos e não cristãos. Na realidade, no final da Guerra Civil, as igrejas negras independentes já eram muito disseminadas no Sul dos Estados Unidos,[13] permitindo a formação e a manutenção de uma cultura afro-americana, a criação de redes de ajuda mútua para seus membros, a elevação do status social dos negros e a possibilidade de que exercessem papéis de liderança, que deram origem ao ativismo social dos negros na sociedade branca norte-americana.[14]

Albert J. Raboteau, em sua obra *Slave Religion. The "Invisible Institution" in the Antebellum South* (1978), analisa o papel central da religião na formação da cultura afro-americana. Retomando as teorias de Du Bois ([1903] 1989: 136), que via na "Igreja negra" (*Black Church*) o centro social da vida dos negros nos Estados Unidos e "a expressão mais bem-sucedida do caráter africano", Raboteau se dedica ao estudo da religião negra durante a escravidão, e a define como sendo uma "instituição invisível" (1978: ix). Essa invisibilidade, já discutida por Frazier ([1963] 1974), seria a consequência do pouco interesse manifestado pelos historiadores pelas narrativas dos escravos e suas autobiografias, o que lhes teria levado a subestimar a importância da religião durante esse período.[15] Entretanto, diferentemente de outros autores, Raboteau não se mostra interessado pelos "africanismos" ou pelas "sobrevivências arcaicas". Para ele, as religiões de origem africana foram preservadas como "tradições vivas", que se enraizaram no solo americano e produziram novas formas, "híbridos de origem americana": "Estilos de culto, sistemas rituais de crença e perspectivas fundamentalmente africanas persistiram desse lado do Atlântico não por terem sido preservados numa 'pura' ortodoxia, mas por terem sido transformados" (*ibid.*: 4). No início do século XIX, a maioria dos escravos havia, desde então, nascido na América. As barreiras linguísticas, que haviam freado sua evangelização, não constituíam mais um real obstáculo. A vida deles nesse período é bem documentada, especialmente graças aos depoimentos de escravos fugitivos ou libertos, que mostram que a comunidade escrava possuía uma vida religiosa própria e em parte independente do controle dos senhores:

---

[13] Baer e Singer (1992: 15) propõem uma classificação dos diferentes graus de autonomia dessas igrejas durante os séculos XVIII e XIX. Sobre as igrejas negras do Sul dos Estados Unidos, ver igualmente Mathews, 1977; Boles, 1988.

[14] No final do século XIX, Frederick Douglass ([1849] 1962) já havia ressaltado o papel central desempenhado pelo pastor negro no seio das comunidades negras.

[15] Recentemente, várias obras foram editadas a partir de depoimentos de ex-escravos sobre sua experiência religiosa. Ver, entre outros, Johnson, 1993; Sernett, 1999.

A religião dos escravos era, a um só tempo, institucional e não institucional, visível e invisível, formalmente organizada e espontaneamente adaptada. O culto dominical na igreja local existia paralelamente às reuniões ilícitas ou, ao menos, informais durante a noite, quando os escravos rezavam juntos em suas cabanas. Os pregadores, autorizados pela Igreja e contratados pelos senhores, eram assistidos pelos pregadores escravos, autorizados somente pelo Espírito Santo. Os textos da Bíblia, que a maioria dos escravos não podia ler, eram explicados pelos versos dos *spirituals*.

Raboteau, 1978: 212-213.

Incapazes de ler a Bíblia sozinhos, uma vez que lhes era proibido aprender a ler, a maioria dos escravos assimilava a mensagem do Evangelho e a traduzia em cantos, adaptando-a, assim, a suas próprias experiências. Os *spirituals* foram, dessa forma, um meio de apropriação da mensagem da Bíblia, associando a ela comportamentos motores, supostamente de origem africana:

Os versos de certos *spirituals* adquirem uma nova significação assim que compreendemos que não eram apenas *cantados* nos campos ou durante as sessões de orações ou culto, mas que eram *shouted* — ou seja, dançados no *ring shout* —, o que levava à representação ou à dramatização pelo grupo de *shouters* das letras dos cantos. O *shout* iniciava com o líder entoando um verso de um *spiritual*, ao qual os *shouters* respondiam descrevendo um círculo. Quando os cantores, que estavam em pé fora do círculo, retomavam o coro, o *shout* propriamente dito começava. O grupo no interior do círculo andava rapidamente, arrastando os pés ao ritmo das batidas de mãos e pés dos cantores do coro, que deviam "apoiar" os *shouters*.

Raboteau, 1978: 245.

Desde o início, a religião dos negros parecia, assim, profundamente marcada pela "memória da África".

Os "africanismos" na cultura americana

Segundo Raboteau, a religião dos escravos resultava do encontro e da assimilação de diferentes heranças religiosas dos africanos no Novo Mundo. Isso tornava impossível a atribuição de "sobrevivências africanas" a áreas específicas, como a Nigéria ou o Daomé (atual Benin). Confrontado com a dificuldade de determinar a origem africana de certas práticas dos escravos e de seus descendentes norte-americanos, Herskovits propusera que se apreendesse o conjunto das culturas da África Ocidental como uma área cultural única, que apresentava uma grande similaridade e uma profunda unidade, apesar das diferenças locais. Para Herskovits, como antes para Du Bois, o foco dessa "cultura partilhada" pelos diferentes povos da África Ocidental era representado pela religião. Bem antes de Stuckey (1987), Herskovits vira nas práticas religiosas das igrejas que praticavam o *ring shout* a prova principal da sobrevivência de "africanismos". A possessão pelo Espírito Santo reproduzia comportamentos motores que não eram europeus, mas africanos. Essa teoria foi questionada por Raboteau, que não vê nessa prática um verdadeiro desvio das crenças dos batistas brancos ou de outros cristãos:

> O papel do Espírito Santo como mensageiro é um conceito que não parece estranho às crenças cristãs. As batidas de mãos e as respostas da congregação não deviam surpreender em nada os membros da igreja branca pentecostal. O mesmo se pode dizer para a "possessão pelos espíritos".
> Raboteau, 1978: 57.

Entretanto, Herskovits via na busca pela origem dos "africanismos" o corolário indispensável de seu trabalho de reconstituição de um passado africano de que os negros poderiam se orgulhar. Para isso, ele se esmerava em demonstrar que os escravos que chegaram aos Estados Unidos vinham de uma zona muito mais restrita do que se pensava: a costa ocidental da África. A influência muito limitada, segundo ele, dos bakongo, unida à raridade das informações sobre a região da África Central, que teriam permitido a identificação de outros "africanismos" norte-americanos, tornava inútil o desenvolvimento das pesquisas nessa "área cultural" (Herskovits, [1941] 1990: 37).[16] Para esse autor, a predominância dos negros originários da África Ocidental não deixava dúvidas. O grande número de escravos bantu (ou congo) trazidos aos Estados Unidos teria tido uma influência insignificante, limitada a "alguns raros nomes tribais, a algumas raras divindades e a algumas sobrevivências linguísticas" (*ibid.*: 50). Ora, segundo Elizabeth Donnan (1930-1935), à época do fim do tráfico, os escravos que chegavam aos Estados Unidos provinham, em sua maioria, da região do Congo. Em resposta à predominância bantu entre

---

[16] Herskovits faz referência às pesquisas desenvolvidas por Lorenzo Turner nas Sea Islands da Carolina do Sul, onde o dialeto fora identificado como sendo de origem congo. Apesar disso, algumas páginas adiante, ele cita *Sir* Harry Johnston (1910), que afirmava que as raras palavras que vira escritas, nessas ilhas, pareciam ser "de origem yoruba ou do delta do Níger" (Herskovits, [1941] 1990: 43).

os escravos norte-americanos, Herskovits trouxe um argumento que contradizia aquele geralmente utilizado quando se tratava de explicar a preeminência dos yoruba no Brasil e em Cuba: os últimos a chegar teriam sido obrigados a se adaptar aos africanos já presentes em solo americano.[17] Além disso, frente à extrema pobreza das fontes etnográficas sobre os bantu, Herskovits procurava demonstrar o "alto grau de tenacidade" presente nas culturas da África Ocidental, especialmente dos akan-ashanti, dos yoruba e dos bini da Nigéria oriental, ressaltando os "traços culturais" comuns entre eles. Essa continuidade entre culturas de uma mesma região teria permitido que os escravos recém-chegados se adaptassem facilmente aos costumes criados no Novo Mundo por seus companheiros de infortúnio. Herskovits escolheu, então, falar de uma *"West African-Congo area"*, onde os traços culturais dominantes proviriam da África Ocidental e o culto dos ancestrais seria predominante (*ibid.*: 81). A unidade de fundo dessa área cultural se exprimiria pela homogeneidade das línguas bantu, faladas na região do antigo reino do Kongo, que apresentaria grandes semelhanças com as línguas sudanesas faladas pelos povos da África Ocidental (*ibid.*: 295). Essa continuidade cultural e linguística teria permitido a preservação de certos "africanismos" nos Estados Unidos.

Ora, é na religião que se concentrou a maior parte das "sobrevivências africanas" e das "reinterpretações" de elementos advindos da cultura branca segundo uma lógica africana, e isso, graças à "predisposição dos negros ao sincretismo", particularmente nos povos da África Ocidental, que seriam, segundo Herskovits, caracterizados por uma "tradição de adaptabilidade" (*ibid.*: 142). Os "africanismos" eram encontrados em certos "comportamentos motores", nos códigos de polidez e em certas instituições, como os "governadores" negros, eleitos entre os escravos. Porém, a maioria era ligada à vida religiosa dos negros nos Estados Unidos, como o exemplo já citado do batismo por imersão entre os batistas, que era aproximado dos rituais destinados aos espíritos das águas entre os ashanti, os yoruba e os "daomeanos" (*ibid.*: 233). Restabelecendo o laço entre a cultura negra norte-americana e a cultura africana, embora restrita a uma África Ocidental considerada uma área cultural homogênea, Herskovits questionava a justificativa do preconceito racial nos Estados Unidos. Os negros eram portadores de uma cultura, enraizada num passado glorioso: eram descendentes de nobres e de membros das classes superiores,

---

[17] Paradoxalmente, Herskovits (*ibid.*: 52) acrescentou que os "congo" eram conhecidos por serem "mais complacentes" do que os outros africanos e que, por isso, eram desprezados pelos outros escravos que não aceitavam docilmente sua condição servil. Analisei em outro trabalho (Capone, 2007a) os estereótipos associados aos escravos nas colônias americanas e sua influência nos estudos afro-americanos.

reduzidos à escravidão, e não apenas elementos "menos inteligentes" pertencentes às classes inferiores, como fora afirmado até então (*ibid.*: 294).

Quase cinquenta anos após a primeira edição de *The Myth of the Negro Past* (1941), Joseph Holloway dedicou-se a reconsiderar o impacto das sobrevivências culturais africanas nos Estados Unidos. Retomando o modelo proposto por Herskovits, ele salienta os limites das teorias deste último e questiona a suposta homogeneidade cultural da África Ocidental, invalidada pelos estudos mais recentes (Holloway, 1990*a*: x). Diferentemente de seu predecessor, Holloway escolheu não deixar de lado as influências culturais bantu presentes na cultura negra norte-americana, ressaltando a origem bantu de inúmeras práticas. Ele retoma, assim, as análises de Lorenzo Turner (1949), que havia sido aluno de Herskovits, sobre os africanismos no dialeto gullah. Apesar das inúmeras provas da origem bantu das "sobrevivências linguísticas" na Carolina do Sul, Turner concluíra sua obra afirmando, a exemplo de seu mentor, que as culturas da África Ocidental haviam sido predominantes na constituição da cultura afro-americana. Citando os estudos sobre essa mesma população desenvolvidos por Vass (1979), Joyner (1984) e Creel (1988) e, sobretudo, os de Robert Farris Thompson (1981 e 1983), pioneiro nesse campo, Holloway (1990*b*: 1-2) defende, em contrapartida, a tese de uma origem bantu da cultura afro-americana. Ele sugere, invertendo inteiramente o modelo explicativo de Herskovits, que, embora os africanos advindos da África Ocidental tivessem prevalecido numericamente nos Estados Unidos, os bantu da África Central teriam tido uma cultura mais homogênea e exercido uma influência mais forte sobre o futuro desenvolvimento da cultura e da linguagem afro-americanas. Além disso, uma vez que os bantu estavam principalmente concentrados nos campos, teriam sido menos submissos ao processo de aculturação do que os africanos ocidentais, que eram preferidos para os trabalhos domésticos e para o artesanato:

> Como viviam num isolamento relativo em relação aos outros grupos, os bantu foram capazes de preservar uma maior unidade e uma tal vitalidade cultural que ela deu origem ao desenvolvimento da cultura afro-americana (*ibid.*: 9).[18]

Segundo Holloway, as colônias do Sul, que concentravam a maioria dos escravos, teriam sido principalmente marcadas pelas culturas bantu.[19]

---

[18] É interessante notar que se trata aqui de uma inversão completa dos argumentos levantados por Bastide (1960) em favor do predomínio yoruba entre os escravos brasileiros.

[19] Em sua obra, Littlefield (1981) analisa a forma pela qual os proprietários selecionavam seus escravos segundo certas preferências étnicas. Ver também Capone, 2007*a*.

Segundo a mesma abordagem, Margaret Creel (1990: 70) mostrou como a língua dos negros gullah era influenciada pelo kikongo, afirmando que o próprio nome gullah poderia ser uma adaptação de *Ngola*, que designava o rei mbundu e donde derivaria o termo Angola, dado a esse território pelos portugueses. A influência bantu teria sido igualmente muito forte nos ritos funerários dos gullah. A língua, os rituais funerários e a dança são alguns dos campos em que essa influência apareceu nitidamente na análise da cultura negra na Flórida (*ibid.*), na Carolina do Sul (Thompson, 1990) e na Louisiana (Mulira, 1990). Outros autores, como Robert L. Hall (1990: 99), também questionaram a referência à África Ocidental, quando se tratava da origem dos escravos norte-americanos. Hall ressalta com pertinência que o termo "África Ocidental" nem sempre foi utilizado como é compreendido hoje, uma vez que durante o tráfico de escravos designava toda a costa atlântica, do rio Senegal a Angola. Apesar disso, a maioria dos autores tira seus exemplos etnográficos da região que vai do Senegal até Camarões, deixando de lado a região Congo-Angola.[20]

Essa discussão sobre a origem dos "africanismos" norte-americanos parece não levar em consideração as críticas formuladas nos anos 1970 por Sidney Mintz e Richard Price ([1976] 1992) em sua obra de referência sobre o nascimento da cultura afro-americana. Eles já questionavam a própria ideia de uma homogeneidade cultural dos escravos herdada da África Ocidental, defendida entre outros por Herskovits. Tratava-se de repensar não apenas aquela pretensa unidade cultural, mas também os níveis nos quais procurar uma confirmação dessa unidade.[21] Levar em consideração as "orientações cognitivas" devia permitir identificar as tendências comuns que levariam africanos de diferentes proveniências a se interessar pelos mesmos tipos de eventos, embora a forma de geri-los pudesse variar consideravelmente. O que não implica, de modo algum, para esses autores, o fato de postular a existência de uma unidade profunda no seio da comunidade negra:

> Sem minimizar a importância provável de um núcleo formado por valores partilhados, [nem contestar] a ocorrência de situações que reuniam escravos advindos de uma mesma origem, o fato é que não se pode falar de comunidades preexistentes, uma vez que elas só se tornaram *comunidades* através de processos de

---

[20] Foi o caso de Herskovits e de Rawick (1972), por exemplo.

[21] Numa interessante análise do culto a Ogun na Nigéria, Peel (1997) questionou completamente a ideia de uma uniformidade "pan-yoruba" das práticas religiosas.

mudança cultural. O que, sem dúvida alguma, os escravos partilharam, desde o início, foi sua escravidão; todo o resto — ou quase todo — teve que ser *criado por eles mesmos*.

Mintz e Price, [1976] 1992: 18.

Segundo Mintz e Price, nenhuma instituição africana foi transportada sem modificações para a América. Assim, no que tange à religião, não seria possível identificar costumes originários de uma área cultural bem determinada, pois os escravos adotaram inúmeras práticas culturais "estrangeiras", que gradualmente remodelaram suas tradições (*ibid.*: 47).[22] A heterogeneidade inicial dos escravos teria, de fato, acarretado uma necessária abertura a práticas e ideias advindas de outras heranças culturais. A cultura negra não se caracteriza, portanto, pela preservação dos "africanismos", mas por sua criatividade e adaptabilidade. Apesar disso, o modelo bipartite de contato cultural, analisado e criticado por Mintz e Price, segundo o qual um povo específico teria imposto sua cultura ao resto dos africanos, continua a ter seus defensores entre os especialistas das religiões e das culturas afro-americanas.

O ring shout *ou as origens africanas da religião negra*

A dança religiosa mais descrita pelos autores que trataram da religião dos negros durante a escravidão é o *ring shout* dos escravos das Sea Islands na Carolina do Sul. Alguns autores, como Frazier, relegaram essa prática unicamente a essa região, considerada o "berço" dos africanismos nos Estados Unidos. Entretanto, ela parece ter sido muito mais difundida. A autobiografia do bispo afro-americano A.M.E. Daniel Alexander Payne mostra o quanto ela ainda era presente em 1878, uma década após a abolição da escravatura:

> Em torno dessa época, eu participava de um *bush meeting* [reunião de escravos na floresta] [...]. Após o sermão, eles formaram um círculo e [...] batiam as mãos e pés da forma mais ridícula e mais pagã. Eu exigia do pastor que fizesse com que eles parassem essas danças. A seu pedido, pararam de dançar e bater as mãos, mas continuaram a cantar e balançar o corpo de frente para trás. Fizeram isso du-

---

[22] Um dos exemplos mais marcantes da elaboração de uma cultura afro-americana durante a escravidão nos é oferecido pelos negros marrons saramaka do Suriname, estudados por Price ([1983] 2002). Sua cultura, hoje um dos símbolos da preservação da África nas Américas, traz a marca da experiência da escravidão nas plantações.

rante quinze minutos aproximadamente. Em seguida, peguei o chefe deles pelo braço e pedi-lhe para parar, se sentar e cantar de forma racional. Disse-lhe que aquilo era uma forma pagã de rezar e que era vergonhoso para eles, para sua raça e para [todos] os cristãos. Diante desse exemplo, desfizeram o círculo, mas não se sentaram, e foram embora tristemente. Após o sermão, à tarde, tive outra chance de conversar a sós com o jovem líder desse círculo de cantores e batedores de mãos. Ele me disse: "Os pecadores não se converterão sem o círculo." Respondi: "Você poderia cantar até cair morto no chão e não conseguiria converter nem um único pecador, porque nada além do espírito de Deus e da palavra de Deus pode converter os pecadores." Ele replicou: "O Espírito de Deus trabalha nas pessoas de diferentes maneiras. Nas reuniões nos campos, é preciso ter um círculo aqui, um círculo ali, e um outro lá, ou os pecadores não se converterão." Essa era sua ideia e também a de muitos outros.

Payne, [1886] 1969: 253-255.

O bispo Payne não via com bons olhos a prática do *ring shout*, que considerava um "africanismo primitivo", próximo demais de um ritualismo antinomianista.[23] Apesar da proibição da dança, prática pagã condenável, os escravos haviam reinterpretado e "santificado" a tradição africana no *shout*. Assim, segundo Raboteau (1978: 72-73), se as "massas ignorantes" de que falava Payne consideravam o *ring shout* "a própria essência da religião", e se a afirmação do líder do *shout*, segundo o qual "sem o *ring shout* os pecadores não se converteriam", pode ser generalizada ao conjunto da comunidade negra, então, a "dança sagrada" do *shout* poderia constituir uma verdadeira ponte entre a possessão religiosa africana e a conversão ao protestantismo evangélico. O fato de raspar a cabeça dos escravos que desejavam adotar a religião protestante seria, assim como a preservação de certas cerimônias funerárias, uma outra prova da sobrevivência de práticas africanas entre os escravos norte-americanos.

Sterling Stuckey, em *Slave Culture: Nationalist Theory and the Foundations of Black America* (1987), propõe uma reinterpretação das informações disponíveis sobre a escravidão nos Estados Unidos à luz dos escritos dos africanistas e dos antropólogos que estudaram as "sociedades tradicionais africanas" no Novo Mundo. Comparando os dados disponíveis sobre o folclore dos

---

[23] O antinomianismo é a doutrina luterana formulada por Johannes Schnitter, apelidado de Johann Agricola (1492-1566), que afirma que somente a fé, e não os atos, é a condição da salvação. O antinomianismo americano nasce da doutrina, segundo a qual "o amor por Jesus" seria mais importante do que "a ordem moral de Deus" (Moses, 1998: 138). Obtém-se então a salvação através da emoção religiosa experimentada através da conversão e da prática do *ring shout*.

escravos norte-americanos com os estudos antropológicos sobre os povos da África Ocidental, Stuckey procura demonstrar como a influência africana sobre a cultura dos escravos foi muito mais importante do que se crê.[24] Sustentando a ideia da elaboração, durante a escravidão, de uma cultura única graças à interação de grupos étnicos diferentes, ele defende a identificação de práticas e elementos culturais que seriam associados a etnias africanas bem determinadas, o que provaria a presença de certos povos africanos nas regiões americanas onde essas práticas foram preservadas. Stuckey procura, antes de tudo, mostrar como, no processo de formação de uma cultura negra nas plantações norte-americanas, os esforços empreendidos para ultrapassar qualquer diferença étnica eram, na realidade, o resultado de "um elã pan-africanista". Isso o leva à

> inevitável conclusão de que o nacionalismo no seio da comunidade escrava era essencialmente um nacionalismo africano, baseando-se em valores que uniam os escravos e os reconfortavam nas brutais condições de opressão que enfrentavam.
>
> Stuckey, 1987: ix.

Stuckey tenta, assim, mostrar, com base em documentos do século XIX, como o nacionalismo negro norte-americano encontra suas raízes nas aspirações de uma boa parte das comunidades de escravos e negros livres à criação de uma "nação negra" — *"the will to be a nation"* — na América de antes da Guerra de Secessão. Os escravos eram obrigados a deixar de lado suas especificidades culturais para privilegiar sua experiência comum. Contudo, uma vez que esse processo de "pan-africanização" não estava concluído quando a escravidão foi abolida, os escravos teriam sido sempre conscientes de pertencer a um grupo étnico particular, cuja língua teriam conservado (*ibid.*: 360).

Para Stuckey, como para quase todos os autores que o precederam, a prática mais emblemática da influência africana entre os escravos é o *ring shout*, a dança em círculo praticada durante as cerimônias religiosas. A maioria dos africanos levados aos Estados Unidos provém, segundo esse autor, das regiões centrais e ocidentais da África, e mais precisamente "do Congo-Angola, da Nigéria, do Daomé, de Togo, da Costa do Ouro e de Serra Leoa" (*ibid.*: 10-11), onde o elemento central das práticas religiosas e, particularmente, das cerimônias dedicadas aos ancestrais seria o movimento em círculo:

---

[24] Em sua obra, Stuckey retoma a definição clássica da África Ocidental, que inclui os povos que habitam a costa oeste, do Senegal a Angola, aos quais se acrescentam certas etnias da África Central, como os bakongo.

> Dispõe-se de provas substanciais da importância do círculo nos rituais destinados aos ancestrais na África Ocidental. Entretanto, o ritual do círculo, importado pelos africanos do Congo, marcou tão fortemente a elaboração de uma visão religiosa que contribuiu de forma desmedida para o papel central do círculo na escravidão. A utilização do círculo com fins religiosos foi tão profunda que se pode afirmar que deu forma e sentido à religião e às artes negras.
>
> Stuckey, 1987: 11.

Tomando para si as análises de Robert Farris Thompson em *The Four Moments of the Sun* (1981), Stuckey mostra como o círculo era ligado às cerimônias funerárias dos bakongo, durante as quais se girava em torno do defunto no sentido anti-horário:

> Representado por uma cruz, um círculo dividido em quartos ou um diamante, uma espiral de concha ou uma cruz especial com símbolos solares em cada ponta, o símbolo das quatro etapas do movimento do sol é o símbolo kongo da continuidade e do renascimento espirituais.
>
> Thompson, 1981: 54.

O círculo se torna, assim, para Stuckey, o símbolo da unidade dos escravos na América. Os rituais baseados na dança num círculo também estão presentes no Daomé e em Serra Leoa. O laço entre o culto aos ancestrais, o símbolo do círculo e os rituais destinados aos espíritos das águas, que constituem para Herskovits a prova principal da continuidade das práticas africanas na religião negra, é igualmente postulado por Stuckey, a partir dos estudos de Thompson sobre os rituais kongo para os ancestrais. O símbolo da cruz no interior de um círculo figura ali de maneira constante. A barra horizontal da cruz, chamada de "linha de Kalunga", marca para os bakongo o limite entre o mundo terrestre e o além, simbolizando também a superfície de uma extensão de água — rio ou mar — onde residem os ancestrais. Isso explicaria, segundo Stuckey, "por que a dança no sentido contrário dos ponteiros do relógio é geralmente associada aos rituais da água" (1987: 13). Em apoio a suas afirmações, cita os trabalhos de Herskovits sobre os "africanismos" nos Estados Unidos:

> Sacerdotes africanos, especialmente aqueles que presidem os cultos dos rios, foram considerados os mais irredutíveis entre as pessoas conquistadas pelos daomeanos. [...] No Daomé, crê-se fortemente que a conquista do país pela França se deve principalmente à vingança dos deuses das águas, uma vez que todos aqueles que poderiam tê-los apaziguado haviam sido vendidos como escravos.
>
> Herskovits, [1941] 1990: 106-107.

É a presença desses sacerdotes que teria levado os escravos norte-americanos a atribuir uma grande importância ao ritual do *ring shout*.

É verdade que a dança em círculo é apresentada, na maior parte dos depoimentos sobre a escravidão norte-americana de que dispomos, como uma das principais características da religião dos escravos. Harold Courlander ([1976] 1996: 365) define o *shout* como "uma atividade religiosa ou semirreligiosa, combinando música, devoção e movimento". Em sua obra sobre o folclore afro-americano, ele retoma uma descrição desse ritual, publicada em 30 de maio de 1867, no jornal *New York Nation*:

> Primeiramente, eles andam, depois começam a arrastar os pés, um após o outro, no círculo. Só levantam um pouco os pés e progridem principalmente por sacudidelas, por saltos num só pé, que agitam o *shouter* por inteiro, e rapidamente provocam filetes de suor. Por vezes, dançam em silêncio, outras vezes, quando andam arrastando os pés, cantam o coro do *spiritual* que, de vez em quando, também é entoado pelos dançarinos. Porém, mais frequentemente, o grupo, composto pelos melhores cantores e de *shouters* cansados, permanece no lado do cômodo para "apoiar" os outros, cantando as respostas e batendo as mãos ou os joelhos. Canto e dança são, ambos, extremamente enérgicos e, com frequência, quando o *shout* dura até o meio da noite, o barulho surdo e monótono, aquele barulho dos pés, impede que se durma num raio de quase um quilômetro em torno da casa de culto (*praise-house*).
>
> *In* Courlander, 1996: 365-366.[25]

O ritual do *ring shout* resulta geralmente no êxtase ou na possessão, em meio a gritos que invocam o Senhor e outras demonstrações de fervor religioso — influência direta, segundo Stuckey, dos rituais africanos dedicados aos ancestrais. Os movimentos em círculo efetuados durante essas cerimônias constituiriam, assim, o verdadeiro elemento unificador das diferentes etnias levadas para os Estados Unidos, a base comum capaz de apagar os particularismos e elaborar uma cultura partilhada por todos. Os "pontos essenciais de convergência cultural" seriam os cantos, a dança em sentido inverso ao dos ponteiros do relógio e a possibilidade de se comunicar com os ancestrais

---

[25] Marshall Stearns, em *The Story of Jazz* (1956), nos oferece a descrição de um *ring shout* realizado na Carolina do Sul, em 1950. O ritual é muito próximo da descrição retomada por Courlander. Contudo, diferentemente desse último, Stearns salienta sua origem da África Ocidental e seu caráter sagrado. Alguns anos mais cedo, no final dos anos 1940, John e Alan Lomax assistiram a *ring shouts* no Texas, na Louisiana e na Geórgia, que descrevem em *Folk Songs U.S.A.* (1947).

(Stuckey, 1987: 23). Isso questionaria completamente, segundo Stuckey, as teorias que atribuem um lugar importante ao cristianismo entre os escravos, que ocultam os componentes africanos do ritual (*ibid.*: 27). Além disso, os *spirituals* teriam sido frequentemente estudados fora de seu contexto cerimonial, dissociados da dança e das práticas rituais, como as cerimônias funerárias a que são ligados. A variante negra do cristianismo seria, na realidade, profundamente marcada por sua origem africana, tendo encontrado no ritual do *ring shout* seu elemento unificador e "pan-africano". Stuckey dedica-se, então, a demonstrar a origem africana de práticas religiosas aparentemente cristãs. As cerimônias protestantes seriam apenas a readaptação do ritual do círculo e da cruz, que simboliza a passagem de uma forma de existência a outra, na religião kongo. Em apoio à sua tese, ele retoma a "teoria da máscara", desenvolvida, entre outros, por Fanon e Bastide:

> O cristianismo, tal como era praticado pelos escravos, era quase sempre apenas a manifestação exterior de um profundo sentimento religioso africano, de uma forma aceitável pelos senhores que, de outro modo, poderiam se mostrar hostis. Sob a máscara do cristianismo, os aspectos fundamentais da africanidade, considerados por alguns como excêntricos no que concerne ao movimento, ao som e ao simbolismo, podiam, assim, ser mais abertamente colocados em prática.
>
> Stuckey, 1987: 35.

O símbolo da cruz cristã teria sido imediatamente percebido pelos escravos de origem bantu como relacionados com sua cosmologia.[26] Tal como concebido por Stuckey, o *ring shout* é o símbolo da resistência, física e espiritual, à escravidão:

> O movimento em sentido anti-horário [efetuado] ao lado das sepulturas era inverso ao do sol. Para a primeira geração de africanos, provindos do Congo-Angola, e para aqueles que partilhavam sua tradição, cada nascer do sol era a lembrança dolorosa de que eles se encontravam realmente num novo mundo. O movimento deles em sentido anti-horário era uma forma de resistência espiritual e física a essa realidade.
>
> Stuckey, 1987: 40.

---

[26] Na realidade, a maioria dos escravos bantu já conhecia os símbolos da religião cristã, pois o reino do Kongo fora o primeiro a adotar o cristianismo na África (*cf.* Thompson, 1992).

Porém, outros elementos da cultura negra forjada nas plantações e, mais tarde, nas cidades americanas, demonstrariam igualmente a "unidade essencial da religião da África Central e Ocidental", como as mascaradas chamadas de "John Kunering", quando os negros vestidos com panos coloridos e usando máscaras desfilavam nas ruas da Carolina do Norte no dia de Natal. Stuckey vê nisso "a rememoração das sociedades secretas africanas, nas quais as máscaras representam os ancestrais" (*ibid.*: 69). As celebrações de Pinkster, em Albany, chamadas de "carnavais da raça africana", e as paradas dos "governadores" na Nova Inglaterra são outros exemplos dessa "vasta configuração cultural", que serviria de base ao processo de formação de uma cultura "pan-africana" na América. Stuckey conclui afirmando que, embora o peso das "nações" africanas tenha sido mais forte no Brasil e em Cuba, "a africanidade" não era menor nos desfiles nos Estados Unidos do que naqueles organizados pelos *cabildos*, as associações afro-cubanas. O pano de fundo comum que resultou disso teria facilitado a elaboração de uma cultura partilhada pelo conjunto dos escravos e dos negros livres na América.[27] No decorrer dos anos, o racismo dos brancos, sua ignorância dos fundamentos da cultura africana, assim como as políticas segregacionistas teriam paradoxalmente contribuído para a preservação da cultura africana (*ibid.*: 83).

Essa continuidade das práticas religiosas africanas sob a máscara cristã já fora postulada por uma das pioneiras dos estudos afro-americanos, Zora Neale Hurston:

> O negro não foi cristianizado de forma tão extensiva como geralmente se crê. A grande massa [dos negros] se curva sempre diante de seus altares pagãos, clamando aos deuses antigos pelos novos nomes [...] assim, com o nome de Cristo, a congregação é trazida diante desses altares primitivos. O que chamamos de "*shouting*" não é nada além da continuação da "possessão" africana pelos deuses. As divindades possuem o corpo de um adepto, e este supostamente não é consciente de seus atos até que o deus vá embora. Isso ainda existe, de forma predominante, na maioria das igrejas negras protestantes e é geral nas igrejas santificadas.
>
> Hurston, 1981: 103.

---

[27] A esse respeito, ver o trabalho fundador de Mintz e Price ([1976] 1992) sobre a elaboração de uma cultura afro-americana nas plantações americanas, assim como os trabalhos de Genovese, 1974; Levine, 1977; Blassingame, 1979; Abrahams, 1992.

A "Igreja negra" americana não faria nada além de reproduzir os fundamentos da religião africana, caracterizados pelo contato direto com o divino através da possessão.

Ora, nessa tentativa de encontrar a origem do nacionalismo negro norte-americano no início da colonização, Stuckey retoma um tema já desenvolvido por Eugene D. Genovese, em sua obra de referência *Roll, Jordan, Roll. The World the Slaves Made* (1974). Segundo esse historiador, os escravos estabeleceram as bases de uma cultura negra "nacional e separada, que sempre foi americana, embora tenha sido marcada por suas origens africanas, uma vez que ela é o reflexo do desenvolvimento distintivo do povo negro na América" (Genovese, 1974: xv). Entretanto, contrariamente a Stuckey, Genovese salienta a influência predominante da religião cristã, apesar dos "traços africanos" preservados nas práticas religiosas:

> Se, hoje, na religião negra na América, a África ainda ressoa, expressando algo do destino partilhado pelo povo negro nos quatro continentes, nem por isso ela é menos o produto da experiência americana durante a escravidão. Não poderia ser diferente (*ibid.*: 162).

Assim, se é possível falar de uma "consciência negra protonacional" entre os escravos, ela não teria podido se formar fora do protestantismo (*ibid.*: 168).

Moisés e os filhos de Ham

Os *spirituals* constituem uma das principais fontes para se compreender como os negros adaptaram o cristianismo às suas vivências, dando voz a seus sentimentos religiosos. Já no começo do século XX, Du Bois ([1903] 1989: 177) mostrara o quanto esses cantos eram profundamente religiosos, constituindo uma forma de "música primitiva africana". Do mesmo modo, Frazier ([1963] 1974: 20), geralmente muito crítico em relação às teorias que pregam a manutenção de elementos originários da cultura africana entre os negros norte-americanos, reconhecia a existência de um laço com o passado africano nos *spirituals* e, particularmente, nas *shout songs* da Carolina do Sul. Lawrence Levine (1977) ressaltou o processo de reativação de um tempo sagrado nos *spirituals*, que tornava extremamente atuais os acontecimentos do Antigo e do Novo Testamento e ajudava os escravos a se identificarem com o povo judeu em sua luta pela liberdade. Paradoxalmente, este era também um tema central para os cristãos brancos que haviam interpretado a viagem dos pais fundadores para a América como o êxodo da Nova Israel, os filhos de Israel libertando-se da submissão europeia. Em contrapartida, para os cristãos negros, esse imaginário se invertia: a escravidão dos negros na América estava associada à escravidão dos judeus no Egito dos faraós. Os cristãos brancos se identificavam, assim, com a Nova Israel e os cristãos negros, com a antiga (Raboteau, 1978: 250-251).

Privados de sua história, os escravos se apropriaram da dos judeus na Bíblia.[28] A imagem de Moisés, o libertador do povo oprimido, e a de Jesus, o redentor dos pecados, fundiram-se no mesmo tema: o da libertação da escravidão. O herói principal dos *spirituals* negros se tornou o libertador do povo oprimido. Os escravos adotaram o cristianismo como religião de resistência em que a figura do Cristo se tornou o símbolo do calvário vivido na terra por cada um deles. A assimilação das figuras de Moisés e de Jesus permitiu igualmente conciliar a aspiração legítima à liberdade com o desejo de redenção no além. O imaginário bíblico, do Antigo e do Novo Testamento, alimentou a aspiração a se reconhecer como um só povo que, apesar dos sofrimentos vividos, realizaria seu destino e se libertaria das correntes. Porém, havia ali uma contradição, pois, se os escravos se identificavam com os judeus reduzidos à escravidão no Egito, a maioria dos intelectuais negros do século XIX procurava justamente no Egito as provas da grandeza da civilização africana. Em sua análise das raízes do afrocentrismo e das teorias que pregam uma origem egípcia da cultura afro-americana, Wilson J. Moses (1998) evidenciou, com pertinência, a relação paradoxal que a cultura negra norte-americana tece com a história bíblica: desde o século XIX, pelo menos, os negros americanos desejaram ser os filhos do faraó, bem como os filhos de Israel. Não se pode, portanto, falar de um fenômeno recente associado ao desenvolvimento das teorias afrocentristas (*cf.* Asante, 1980, 1987). De fato, a primeira referência a esse passado glorioso surgiu em 1827, num editorial do *Freedom's Journal*, primeiro jornal negro publicado nos Estados Unidos. Durante o século XIX, as elites da comunidade negra, quando se tratava de definir a origem de sua cultura, não se referiam à África Subsaariana, mas ao Egito do tempo de sua magnitude. O texto mais citado era a obra de 1792 do conde Constantin-François Volney sobre os antigos impérios (Moses, 1998: 6). Ao menos entre os ministros da "Igreja negra", o orgulho do negro não parecia depender da mera recuperação de um passado africano, mas de sua identificação com uma civilização superior. Da mesma forma, as lojas maçôni-

---

[28] Ver a esse respeito as análises de Powdermaker, 1967: 231-232; Genovese, 1974: 252-255.

cas negras difundiam novas interpretações da cultura egípcia, independentes das doutrinas cristãs que se acrescentavam àquelas contidas no Antigo Testamento.[29]

Raros eram os autores negros que atribuíam, no século XIX, uma virtude qualquer às culturas da África Ocidental. Um deles era Alexander Crummell (1882), que havia projetado o mito do "bárbaro viril" germânico sobre a imagem do "bárbaro viril" da África Ocidental. Na realidade, a relação com a África se encarnava no mito do etiopianismo, a Etiópia representando o continente africano inteiro.[30] Esse mito oferecia uma resposta ao declínio da grandeza africana e alimentava a esperança de uma redenção racial. Tal decadência permanecia a questão central nos escritos dos intelectuais negros e dos abolicionistas do século XIX. Os defensores da escravidão justificavam constantemente essa instituição pelas narrativas bíblicas que diziam respeito à maldição de Caim, que teria ocasionado o atraso da raça negra. Os africanos eram os filhos do primeiro assassino e, consequentemente, haviam sido condenados à selvageria e à submissão à "raça" branca. Mas, segundo a Bíblia, os filhos de Caim foram mortos durante o dilúvio e apenas os filhos de Noé haviam sobrevivido. Foi, portanto, na história de Noé que os exegetas da Bíblia procuraram uma justificativa para o comércio de carne humana. Eles a encontraram na história de Cham ou Ham, o filho de Noé, que teria zombado de seu pai por tê-lo visto adormecido, nu e embriagado. Noé, ultrajado por essa afronta, teria amaldiçoado o mais jovem filho de Cham, Canaã, condenando-o à escravidão eterna.[31] A maldição se estendeu, em seguida, a certos descendentes de Coush ou Kush, o filho primogênito de Cham.[32] Entre os filhos de Coush estava Nemrod, rei de Babel (nome hebraico da Babilônia) e fundador de Nínive, antiga cidade da Assíria situada no Tigre e capital do antigo Império Assírio.

Desde a Idade Média, a descendência de Cham era, de fato, associada ao tema da maldição dos negros no imaginário dos três grandes monoteísmos: judeu, cristão e muçulmano. Até o século XIX, os textos bíblicos haviam servido para justificar a dominação de uma "raça" por outra. M. D'Avezac, vice-presi-

---

[29] Não se pode subestimar o laço entre a maçonaria e as igrejas cristãs afro-americanas. Vários maçons negros, como Prince Hall, que fundou o *Negro Masonic Order* em 1787, eram também ministros de igrejas cristãs.

[30] O etiopianismo é uma corrente de pensamento surgida no século XVIII, quando a Bíblia foi levada para a Jamaica pelos batistas. No salmo 68, lia-se: "Príncipes sairão do Egito e a Etiópia estenderá de novo as mãos a Deus". Os escravos se identificaram, assim, com os judeus, escravos dos faraós, em marcha em direção à terra prometida. Na Bíblia, a Etiópia era também chamada Kush ou Coush.

[31] *Gênesis* 9, 18-28; 10, 6-20.

[32] Coush era também chamado de "Etíope" e "província de Coush" era o nome dado à região compreendida entre o deserto da Núbia e o Nilo, ou seja, os países dos negros, os nubianos.

dente da Sociedade Etnológica de Paris e membro das Sociedades Geográficas de Paris, Londres e Frankfurt, nos oferece um panorama das ideias dominantes nessa época sobre os povos africanos. Seu *Esquisse générale de l'Afrique et Afrique ancienne* faz parte do debate sobre a "multiplicidade das raças humanas". Frente aos defensores da unidade da raça humana, justificada pelos escritos bíblicos,[33] ele afirma que a Bíblia só fala de três grandes ramos da "raça branca", encarnados pelos três tipos — grego, egípcio e siríaco —, "cujas tradições respectivas conservaram através dos séculos, como um testemunho indelével da veracidade de Moisés, os nomes de Japhet, de Ham e de Shem [*sic*]" (D'Avezac, 1844: 17).[34] A "raça branca" se dividiria, assim, em três "variedades": "japética" ou indo-germânica, "hamítica" ou "fênico-egípcia" e "semítica" ou "siro-árabe" (*ibid.*). A raça africana era chamada por D'Avezac "a espécie etíope". Essa classificação influenciou amplamente os escritos dos autores do fim do século XIX e do início do século XX. Assim, A. Hovelacque (1889) considerava os fulani, ou peul, uma "raça" superior aos outros negros, porque eram de "cor menos negra" e "de espécie superior em inteligência e em beleza física" aos outros africanos (*in* Ortiz, [1916] 1975: 71). Ele os considerava os africanos mais afastados das "raças negras" e os incluía mesmo entre as "raças brancas" por causa do seu sangue hamita (D'Avezac, 1844: 19). Trata-se da tese "chamita", ou "hamita", que estabelece a superioridade de certas culturas africanas em razão de sua suposta origem médio-oriental.

A origem hamita de certos negros levados ao Novo Mundo tornou-se, assim, sinônimo de superioridade racial e cultural. Para Raymundo Nina Rodrigues, o precursor dos estudos afro-brasileiros, o tráfico conduzira ao Brasil "alguns negros dentre os mais evoluídos, bem como mestiços hamitas convertidos ao islã que provinham de Estados africanos bárbaros, evidentemente, mas dentre os mais evoluídos" ([1932] 1988: 268-269).[35] Essa ideia da superioridade dos negros descendentes de Cham conheceu um grande sucesso entre os intelectuais brasileiros. No início dos anos 1930, o sociólogo Gilberto Freyre, que fora aluno de Franz Boas nos Estados Unidos, reivindicou para o Brasil um lugar especial dentre as outras nações americanas, graças à valorização dos aportes de negros "menos negros" e "mais evoluídos" à cultura nacional:

---

[33] Na realidade, a Bíblia, ao menos na versão de Jerusalém, não faz nenhuma referência à cor da pele.

[34] Os filhos de Noé são Sem, Cham e Japhet. Segundo os textos medievais, Sem teria recebido como herança a Ásia, Cham, a África, e Japhet, a Europa.

[35] Mostrei, em outro trabalho, como nos estudos afro-americanos o discurso sobre o negro passou da valorização de um povo africano considerado como "não negro" (os povos hamitas, tais como os peul ou fulani), para a valorização do caráter insubmisso dos muçulmanos e de algumas etnias africanas, especialmente os yoruba. Passa-se assim de uma superioridade "racial" para uma superioridade "moral" e "cultural", que se inscreve num imaginário de resistência negra (Capone, 2007*a*).

> Fique bem claro, para regalo dos arianistas, o fato de ter sido o Brasil menos atingido que os Estados Unidos pelo suposto mal da "raça inferior". Isto devido ao maior número de fula-fulos e semi-hamitas — falsos negros e, portanto, para todo bom arianista, de stock superior ao dos pretos autênticos — entre os emigrantes da África para as plantações e minas do Brasil.
>
> Freyre, 1943 [1933]: 481.

O mito da superioridade dos descendentes de Cham, sem laço algum com os filhos de Canaã, alvos da maldição bíblica, foi igualmente muito poderoso nos Estados Unidos dos séculos XIX e XX. Membros do movimento de Marcus Garvey, um dos mais importantes líderes do nacionalismo negro norte-americano do início do século XX, fundaram a *Hamitic League of the World*, tendo por objetivo evidenciar o papel desempenhado pelos hamitas no desenvolvimento da civilização humana (Moses, 1998: 89). Os filhos de Cham teriam dado origem às civilizações egípcia, etíope e babilônica. Contudo, diferentemente das teorias evolucionistas do século XIX, os hamitas estavam reintegrados ao conjunto das "raças negras", respondendo às críticas de Du Bois, que via nessas teorias, e, especialmente, na de Gobineau, o meio de transformar milhões de negros em membros, ainda que inferiores, da "raça branca". Essa hipótese foi aperfeiçoada nos anos 1930 por Seligman (1930), que fez dos hamitas um povo semítico do Oriente Médio. Eles teriam imigrado para a África, trazendo sua influência civilizadora e, por sua união com africanos, teriam dado à luz mestiços de uma cor mais escura. Segundo Seligman, toda cultura, toda civilização africana resultava dessa injeção de sangue hamita nas veias africanas. Os hamitas, a despeito de uma certa semelhança física com os outros africanos, não eram verdadeiros "negros". No imaginário europeu, eram, a um só tempo, "arianos da África" e "mestiços oriundos das linhagens de Sem e de Cham": uma raça ambígua, nem branca, nem negra, portadora de uma maldição, a maldição proferida contra os construtores da Torre de Babel como punição por seu orgulho. As teorias de Seligman foram retomadas por W.E.B. Du Bois (1946), fundador dos congressos pan-africanistas e um dos mais importantes intelectuais negros norte-americanos. Como salienta Moses (1998: 91), a valorização de uma origem "asiática" ou "egípcia" dos negros mais evoluídos encarnava o desejo dos negros norte-americanos de serem novamente orgulhosos de suas origens, identificando-se com antigas civilizações, afastadas do "tribalismo" africano. Em resposta ao modelo americano, que segregava os negros com base em sua ascendência "racial", a preocupação principal dos intelectuais negros era provar seu valor, o passado glorioso dos negros norte-americanos, pela redescoberta de sua ancestralidade.

CAPÍTULO II

A "Igreja negra" norte-americana e o nacionalismo negro

Apesar das recorrentes tentativas que visam provar a suposta unidade cultural dos descendentes de africanos na América, a expressão religiosa dos negros norte-americanos se caracteriza, desde o início, por sua multiplicidade, e não por sua uniformidade. Isso não impediu que as igrejas protestantes negras fossem reunidas sob a denominação genérica de "Igreja negra" (*Black Church*), uma instituição considerada, como já afirmava W.E.B. Du Bois, no final do século XIX, o verdadeiro centro da vida social afro-americana.[1] É verdade que as igrejas negras serviram, cada uma a sua vez, como sociedades de ajuda mútua, protegendo seus membros na necessidade; como centros de lazer, organizando quermesses ou festas comunitárias; e centros educacionais — várias delas deram origem à criação de escolas, universidades e seminários destinados à população negra norte-americana. Além disso, o laço entre prática religiosa e engajamento político caracterizou a "Igreja negra" desde sua fundação, o que levou Robert B. Fowler (1985: 311) a definir as igrejas afro-americanas como o "setor mais ativista" do panorama religioso americano. De fato, desde a Reconstrução, período que se segue à Guerra Civil Americana e vai de 1865 a 1877,

---

[1] Em 1899, Du Bois ([1889] 1996: 197) escrevia que a "*Negro Church*", como era chamada nessa época a "*Black Church*", era "tudo o que havia sobrevivido da vida tribal africana". Sobre a *Negro Church*, ver Du Bois, 1903; Woodson, 1921; Mays e Nicholson, [1933] 1969; Fauset [1944] 1971; Drake e Cayton, [1945] 1962; Drake, 1970.

inúmeros militantes, que lutavam pelo fim da segregação e pelos direitos civis, também foram ministros de igrejas negras. Na realidade, o papel desempenhado por ministros protestantes negros se mostra central desde, ao menos, o início do século XIX. É o caso de pastores escravos, como Nat Turner, que declarava ter recebido de Deus a missão de libertar os negros e que guiou a rebelião de 1831 na Virgínia,[2] ou de abolicionistas como Henry Highland Garnet, um dos fundadores do Liberty Party, o primeiro partido político antiescravista criado em Nova York em 1839, e, no início dos anos 1960, de líderes da luta pelos direitos civis, como Martin Luther King Jr. e Andrew Young, diretor da *Southern Christian Leadership Conference* (SCLC). Outros líderes religiosos, como Elijah Muhammad, Malcom X e Jesse Jackson, também influenciaram a vida política afro-americana. Política e religião sempre estiveram estreitamente ligadas à vida das comunidades negras norte-americanas.[3]

Entretanto, embora a maioria dos autores que analisaram a religião afro-americana concorde em falar de uma "Igreja negra" que reúne as diferentes denominações religiosas afro-americanas, não se deve pensar a experiência religiosa dos negros norte-americanos como algo uniforme ou monolítico. Ao contrário, a riqueza e a heterogeneidade da "religião negra" são a expressão principal da experiência afro-americana nos Estados Unidos. Se o denominador comum das diferentes igrejas negras sempre foi uma mescla de protesto e acomodação em relação à sociedade branca, a conotação fundamentalmente política da religião negra não pode ocultar sua diversidade interna: não se deve, portanto, falar de uma "Igreja negra", mas de várias igrejas negras. Retomando a tipologia proposta por Baer e Singer (1992), pode-se classificar os grupos religiosos negros em quatro tipos: as igrejas protestantes "clássicas", isto é, as batistas, metodistas ou presbiterianas; os grupos "messiânico-nacionalistas", como os *Black Jews* ou a *Nation of Islam*; os grupos "conversionistas", como as *Holiness Churches*; e os grupos "taumatúrgicos", como as igrejas espiritualistas. Apreender a multiplicidade da "Igreja negra" exige ressituar esses diferentes grupos religiosos em seu contexto histórico.

---

[2] Sobre as rebeliões dos escravos nos Estados Unidos, ver entre outros, Genovese, 1980; Wood, 1974.

[3] Para uma análise das relações entre "religião negra" e política, ver, entre outros, Childs, 1980; Wilmore, [1972] 1998, 1989; Lincoln, [1984] 1999.

"Going to North" ou a transformação das igrejas protestantes

O sistema racial imposto no Sul logo após a abolição da escravatura, em 1865, reproduzia um verdadeiro sistema de castas, impedindo qualquer mudança nas condições de vida dos negros. Os postos de trabalho nas usinas do Norte do país, deixados vazios pelas partidas para a Primeira Guerra Mundial, e a prosperidade econômica dos anos 1920 contribuíram consideravelmente para o êxodo rural dos negros. No momento da Emancipação, menos de 8% da população negra americana vivia no Nordeste e no Meio-Oeste. Até o início do século XX, a grande maioria dos negros residia, de fato, no Sul. O primeiro "êxodo negro" data de 1879, quando aproximadamente 60 mil negros americanos emigraram para o Kansas e para os territórios indígenas de Oklahoma. O principal líder desse movimento foi Benjamin "Pap" Singleton, que se apresentava como o "Moisés do êxodo negro". O final do século XIX viu a elaboração de vários projetos que visavam criar um território independente para os negros. Diferentemente das primeiras reivindicações "protonacionalistas" da parte de negros livres em fins do século XVIII,[4] esses projetos não tinham necessariamente uma relação direta com a África. Os militantes nacionalistas do final do século XIX procuravam, ao contrário, edificar uma "nação negra separada" no próprio seio dos Estados Unidos. Em 1886, líderes negros, como Isaia Montgomery, fundaram cidades exclusivamente negras no Sul, como Mound Bayon, no Mississippi. Outros tentaram transformar Oklahoma num estado exclusivamente negro. Vinte e cinco cidades surgiram, dentre as quais Langston, oriunda de um projeto do político Edwin P. McCabe, que emigrou para Oklahoma, em 1887, onde comprou 160 acres de terra de um proprietário branco. Após ter criado a McCabe Town Company, lançou uma campanha entre as famílias negras do Sul para atraí-las à sua cidade. Entretanto, o governo federal se opôs a esse projeto de um estado exclusivamente negro, levando o movimento à falência. Apesar disso, a cidade de Langston entrou na história americana como a sede de uma das primeiras universidades negras, fundada em 1897.

Nas primeiras décadas do século XX, as partidas para o Norte se intensificaram consideravelmente, dando lugar ao que se chamou de a "Grande Migração". Por essa razão, entre 1940 e 1970, a população negra americana, que era eminentemente sulista e rural, passou a ser majoritariamente nortista

---

[4] É o caso de Prince Hall, fundador da primeira loja maçônica negra que, liderando uma delegação, dirigiu-se à Assembleia Parlamentar de Massachusetts para expressar, entre outros, o desejo de retornar à África, "nosso país natal [...] onde poderemos viver entre nossos iguais" (Moses, 1996: 9).

e urbana. Essa mudança ocasionou o declínio da "Igreja negra" rural tanto em participação quanto em recursos. Além disso, em função do sistema segregacionista em vigor no Sul dos Estados Unidos, as igrejas negras eram mantidas sob controle dos brancos, ainda que indireto. Sua economia frágil dependia, de fato, da ajuda de benfeitores brancos. As relações paternalistas, que haviam caracterizado as relações entre brancos e negros durante a escravidão, perduravam na América pós-Emancipação. Assim, se é verdadeiro que, desde o início do século XX, a "Igreja negra" se tornara o centro institucional do movimento dos direitos civis, esse movimento concernia, sobretudo no início, às igrejas negras urbanas, mais do que às rurais.

Diferentemente do Sul, cujo leque de comunidades religiosas era relativamente limitado, o Norte conheceu uma multiplicação de igrejas que atingiu um alto nível de heterogeneidade.[5] A proliferação de denominações protestantes era consoante com o processo de diferenciação social no seio da população negra, igualmente perceptível, ainda que numa menor medida, em certas cidades do Sul. Assim, entre o final do século XIX e o início do XX, as congregações presbiterianas e episcopalianas contavam com uma maioria de diplomados em seus recintos e, dentre eles, inúmeros profissionais e empresários negros. Em contrapartida, os membros das igrejas metodistas e batistas tinham origens sociais muito variadas.[6] Segundo Du Bois (1903), as pequenas igrejas metodistas de Atlanta recebiam, sobretudo, trabalhadores não especializados e pobres, ao passo que as congregações mais importantes contavam igualmente com artesãos e empresários. Da mesma maneira, as igrejas negras sempre exerceram uma função educativa muito importante no seio das comunidades negras. Comparada com a situação que prevalecia no Sul do país, a mudança de status social no Norte era considerável. Enquanto os pastores constituíam aproximadamente a metade dos profissionais negros no Sul, nas cidades do Norte, só um profissional negro em dez era pastor (Frazier, [1963] 1974: 55). Isso acarretava um processo de secularização das igrejas negras, que começaram a se interessar mais especialmente pelas condições de vida de seus adeptos.[7]

---

[5] A "Igreja negra" do Norte dos Estados Unidos foi objeto de inúmeros estudos, dentre os quais os de Fauset ([1944] 1971), Drake e Cayton ([1945] 1962), Washington (1964), Ottley e Weatherby (1969) e Lincoln e Mamiya (1990).

[6] Sobre as igrejas metodistas, ver Richardson, 1976.

[7] Para uma análise do papel desempenhado pelo pastor negro nos Estados Unidos, ver Hamilton, 1972.

Os negros emigrados do Sul do país buscavam encontrar nas cidades do Norte o mesmo tipo de experiência religiosa que haviam conhecido. Ao se afastarem das congregações institucionais clássicas, começaram a fundar igrejas independentes, chamadas *storefront churches* (Harrison, 1971). Essas igrejas, como o nome indica, ocupavam geralmente lojas abandonadas, nos bairros pobres habitados quase exclusivamente por negros. De fato, a urbanização acelerada acarretou um processo de segregação racial na ocupação do tecido urbano. Os primeiros negros, que se instalaram no início do século XX no bairro do Harlem, em Nova York, atraídos por casas modernas e confortáveis, pertenciam à pequena burguesia. Assim, em 1900, os ministros das igrejas negras contribuíram para o desenvolvimento do movimento batizado de "*On to Harlem*", que levou inúmeros negros das comunidades deterioradas do sul de Manhattan para as zonas exclusivamente brancas do Harlem. Nessa época, esse bairro atraía a elite negra do país inteiro, como o intelectual e militante negro W.E.B. Du Bois, que ali se instalou em 1910 (Watkins-Owen, 1996: 2). Porém, a fuga dos brancos, assustados com a "invasão dos negros", transformou rapidamente esse bairro num gueto, onde se concentravam os emigrantes mais pobres. De enclave irlandês e alemão, as ruas situadas entre as avenidas Fifth e Lenox se metamorfosearam numa comunidade de negros norte-americanos e de imigrantes provenientes do Caribe. As igrejas eram as instituições negras que se reproduziam mais rapidamente, contribuindo para fazer do Harlem o símbolo da nova comunidade negra urbana. Além disso, as *storefront churches* permitiam que seus membros reencontrassem o fervor religioso que havia caracterizado a "Igreja negra" no Sul, com os cantos dos *spirituals*, a dança e o *shouting*. Durante os anos 1920, dentre as 140 igrejas que existiam no Harlem, apenas 54 eram instaladas em locais edificados com essa finalidade. As outras haviam sido abertas em antigas lojas e tinham como líderes pastores negros, frequentemente acusados de charlatanismo (Frazier, 1974: 59).

As igrejas protestantes tradicionais — batistas, metodistas, presbiterianas e episcopalianas — estavam engajadas numa estratégia reformista que visava integrar o negro nas instituições sociais, políticas e econômicas da sociedade branca. Apesar de os ministros protestantes terem se engajado muito na luta pela abolição, seu ativismo político havia sido consideravelmente reduzido na América da pós-Emancipação. Foi então que surgiram nas grandes cidades novas igrejas cujo objetivo imediato era resolver os problemas cotidianos de seus adeptos, submetidos a condições de vida que não eram muito diferentes das existentes no Sul, posto que a segregação não era limitada aos estados sulistas e que os motins contra a discriminação, o racismo e os linchamentos também causavam estragos no Norte. Segundo Frazier (*ibid.*: 60-61), das 475 igrejas de Chicago, 107 eram *Holiness Churches*, e 51, igrejas espiritualistas. As "igrejas da santidade" ou igrejas "santificadas" visavam restabelecer a pureza da igreja, tal como fora oferecida aos homens pelos santos, sobretudo através do culto "extático", encarnado pelo *shouting* ou o "devir feliz" (*getting happy*), em que os fiéis dançavam e cantavam ao som de tambores, guitarras e tamborins. O exemplo mais célebre desse tipo de igreja é o do *Father Divine Peace Mission Movement,* que conheceu um enorme sucesso nos anos 1930 no Harlem. Para seus fiéis, Father Divine era Deus, o "Pai divino", e era imortal. De fato, a imortalidade estava ao alcance de todo verdadeiro adepto, a doença sendo apenas o sinal de seu distanciamento da fé. Father Divine atraiu inúmeros crentes, brancos e negros, tratados no mesmo pé de igualdade, recusando todo tipo de discriminação racial, bem como inúmeros imigrantes do Caribe que começavam a frequentar as *storefront churches* (Weisbort, 1983: 61). Em 1937, lançou um semanário *The New Day*, que substituiu a Bíblia como texto sagrado, uma vez que reproduzia a "palavra divina revelada". O movimento do Father Divine é constantemente citado como representativo das *Holiness Churches.* Segundo a tipologia proposta por Baer e Singer (1992: 147), tratava-se de uma "seita conversionista", que enfatizava a experiência da conversão, que se traduz por uma mudança brutal e súbita de atitude, acompanhada por uma profunda regeneração emocional.

Paralelamente a essas igrejas que buscavam reproduzir as experiências de êxtase vividas nos *ring shouts* do Sul, outros grupos religiosos surgiram no Norte, como as igrejas espiritualistas, que se tornaram muito populares em grandes cidades como Chicago. Segundo Frazier ([1963] 1974: 67), o culto espiritualista teria sido importado de Nova Orleans e teria se propagado no Norte na época da Grande Depressão. As igrejas espiritualistas propunham consultas a seus fiéis para ajudá-los a resolver todo tipo de problema, o que era designado pela expressão "*healing advice*", na qual *healing* faz referência a qualquer cura, tanto física quanto espiritual ou moral. Essas igrejas reproduziam os hinos batistas e metodistas, associando-os a símbolos católicos, como as estátuas de santos e os círios. Assim, era possível ter "boa sorte" pelo preço de uma vela ou de um pouco de água benta. Segundo a tipologia de Baer e Singer (1992: 179), trata-se de igrejas "taumatúrgicas", que enfatizam o reordenamento das vivências de cada um por meio de rituais mágico-religiosos e de um saber esotérico. Pela importância que atribuíam ao sucesso e aos ganhos materiais como indicadores do avanço espiritual do indivíduo, elas invertiam completamente a relação com o mundo pregada pelas igrejas "conversionistas", que menosprezavam as riquezas materiais. Frente à discriminação e às possibilidades reduzidas de ascensão social, as igrejas taumatúrgicas afro-americanas prometiam a seus adeptos uma melhoria de seu status social por meio de uma mudança de atitude fundamental — o *"positive thinking"* — e da realização de rituais específicos. Porém, o que mais caracterizava essas igrejas era seu sincretismo. Os rituais espiritualistas combinavam, de fato, elementos oriundos do protestantismo negro e do catolicismo, bem como práticas que poderiam ter sido assimiladas do vodou de Nova Orleans.[8] Algumas congregações chegavam mesmo a acrescentar a suas práticas elementos advindos do islã, do judaísmo, do etiopianismo ou da astrologia (*ibid.*: 180). Na realidade, a maioria das igrejas espiritualistas negava qualquer associação com a prática do vodou, considerada feitiçaria. Entretanto, em suas pesquisas sobre o *hoodoo*, outra denominação do vodou na Louisiana, Zora Hurston (1931: 318-319) afirma que o espiritualismo oferecia uma verdadeira tela protetora aos *"hoodoo doctors"* e a seus adeptos. Como no vodou, as igrejas espiritualistas salientavam a importância dos "mistérios" e dos "segredos" na religião.[9]

A maioria delas era exclusivamente negra, exceto as de Nova York, em que os porto-riquenhos e os hispânicos se somaram aos negros norte-americanos, formando grupos hispânicos espiritualistas. Da mesma forma, durante os anos 1920 e 1930, algumas igrejas de Nova Orleans acolhiam também um grande número de ítalo-americanos (Baer e Singer, 1992: 193-194). Diferentemente das outras igrejas protestantes, as igrejas espiritualistas não eram centralizadas nem estruturadas de forma rígida. Todos aqueles que eram tocados pelo Espírito Santo podiam reivindicar um acesso direto à verdade, ao conhecimento e à autoridade religiosa. O controle sobre os fiéis era, assim, muito fraco. Além disso, a presença de médiuns, também chamados de "mensageiros", entre os fiéis aproximava essas igrejas do espiritismo.[10] Os médiuns possuíam o dom da profecia e tinham notadamente a capacidade de "ler" (*read*) as pessoas, revelando-lhes aspectos de seu passado ou de seu futuro. Transmitiam mensagens durante as sessões religiosas, chamadas *"prophecy and healing services"* (sessões de profecia e de cura) ou *"deliverance services"*

---

[8] Retomo aqui a ortografia atual desse termo na literatura especializada sobre Haiti (*cf.* Hurbon, 1988).

[9] Sobre o vodou em Nova Orleans, ver também Tallant, [1946] 1983; Mulira, 1990; Ward, 2004.

[10] Há dois termos em inglês para designar o espiritismo: *spiritualism* e *spiritism*, o que contribuiu para aumentar a confusão entre os dois movimentos.

(sessões de libertação). Davam também consultas privadas a pessoas que não eram membros da igreja, respondendo a qualquer tipo de problema. Durante os anos 1930 e 1940, em reação à confusão entre essas igrejas e o espiritismo, muitos grupos mudaram seu nome de "*spiritualist*" para "*spiritual*", para se diferenciarem claramente das práticas espíritas (*ibid.*: 196). Contudo, as semelhanças permanecem muito fortes, uma vez que, ao menos nas igrejas de Nova Orleans, o médium podia ser possuído não apenas pelo Espírito Santo, mas também por uma variedade de "espíritos guias", entre os quais se encontravam "parentes falecidos, personagens do Antigo e do Novo Testamento" e até mesmo espíritos de ameríndios, como o espírito guia Black Hawk (Jacobs, 1989: 47).[11] As igrejas espiritualistas, bem como as igrejas da santidade, não pregavam um questionamento do *status quo*. Muito pelo contrário, o conflito político era encoberto pela ênfase no indivíduo e em suas relações com seu meio. As dificuldades cotidianas dos negros norte-americanos não resultavam mais de um sistema perverso, como a segregação racial, mas eram a consequência do desequilíbrio espiritual do indivíduo.

Entre religião e nacionalismo ou a busca por um deus negro

A "Igreja negra" nem sempre foi sinônimo de coesão da comunidade afro-americana. Franklin Frazier ([1963] 1974: 90) considerava essa instituição fundamentalmente autoritária, responsável pelo atraso dos negros norte-americanos. Somente aqueles que haviam conseguido escapar do controle da igreja puderam, segundo ele, se desenvolver intelectual e artisticamente. Dessa forma, para este autor, a *Negro Church* constituía "a mais importante barreira institucional contra a integração e a assimilação dos negros" (*ibid.*: 75). A fusão da "instituição invisível" — a "Igreja negra" dos escravos — com a igreja surgida entre os negros livres do norte havia provocado uma profunda mudança desta última. Quase trinta anos mais tarde, Hans Baer e Merrill Singer (1992: 91) retomam algumas das formulações de Frazier em sua análise das principais igrejas protestantes, o que chamam de "*Black mainstream churches*". Segundo eles, as igrejas metodistas, presbiterianas ou batistas abandonaram sua crítica às relações raciais no seio da sociedade americana

---

[11] Em seu estudo sobre as igrejas espiritualistas afro-americanas de Nova Orleans, Andrew Kaslow (1981: 64) afirma que o espírito Black Hawk era um guerreiro e um defensor da justiça, encarnando "uma expressão de protesto contra a posição de inferioridade na sociedade ao redor". Ver também Kaslow e Jacobs, 1981.

para desempenhar o papel de "agências de hegemonia ideológica que legitimam o sistema social em vigor" (*ibid.*). Eles veem nas igrejas que classificaram como "messiânico-nacionalistas" a única crítica real ao tratamento infligido aos negros norte-americanos. Em grupos religiosos como os *Black Jews* ou a *Nation of Islam*, os negros podiam finalmente encontrar uma resposta para seus problemas pela rejeição total aos modelos integracionistas propostos até então.

As igrejas "messiânico-nacionalistas" constituem uma variante do nacionalismo afro-americano, por combinarem crenças religiosas e a luta por uma autonomia política, social, cultural e econômica. Elas rejeitam uma identidade que liga o negro norte-americano a seu passado de escravo em prol de uma nova identidade, que enfatiza sua missão espiritual única. Os elementos principais que caracterizam esses grupos religiosos são: a crença num passado glorioso e sua consequente degradação; a oposição à sociedade americana em geral e à sociedade branca em particular; a ideia de uma punição que atingirá os brancos opressores; a espera messiânica de uma nova idade de ouro para os negros; a afirmação da soberania negra através da adoção de rituais e símbolos, como a bandeira do nacionalismo negro e, mais recentemente, o uso de roupas africanas; o desenvolvimento de uma economia paralela e a elaboração de projetos visando o separatismo territorial ou a emigração para a África. Além disso, a maioria desses grupos recusa o cristianismo, considerado uma falsa religião, e vê Jesus como um falso messias.

Contudo, outras igrejas pregaram uma mudança de fundo nas crenças cristãs, descrevendo Jesus como um messias afro-americano. A mais conhecida era a *African Orthodox Church*, fundada por George Alexander McGuire, sob a tutela da *Universal Negro Improvement Association* (UNIA), criada pelo nacionalista negro jamaicano, Marcus Garvey. McGuire nasceu em Antigua, no Caribe, e foi educado no *Nisky Theological Seminary*, nas Ilhas Virgens. Emigrou para os Estados Unidos em 1894 e se tornou ministro da *Protestant Episcopal Church* (Watkins-Owen, 1996: 63-64), da qual se afastou, em 1919, para lançar um movimento de negros episcopalianos que deu origem a uma nova igreja no Harlem, a *Church of the Good Shepherd*. Em 1920, esta adotou o nome de *African Orthodox Church*; ela conservava as grandes linhas do ritual episcopaliano, ao qual se acrescentou uma consciência racial muito forte, e conheceu uma grande difusão no Caribe, chegando mesmo a abrir uma sucursal na África do Sul.

Nos seus sermões, McGuire declarava que, se um dia Jesus Cristo decidisse vir a Nova York, residiria sem dúvida no bairro do Harlem "por causa da cor de sua pele". A *African Orthodox Church* venerava, de fato, um *"Black Man of Sorrows"*, um Jesus negro que substituía a imagem de um Deus branco. Outras igrejas, como as *Shrines of the Black Madonna*, adoravam uma Virgem negra, o que marcava o distanciamento definitivo dos membros dos movimentos nacionalistas negros das igrejas protestantes "clássicas". Ora, essa ideia de um Deus negro não era completamente nova no panorama religioso norte-americano. Em 1898, o bispo Henry McNeal Turner, da *African Methodist Church*, foi o primeiro homem de Igreja a definir Deus como negro (Lincoln, 1974: 148).[12] A natureza de Deus, tal como era revelada por sua cor, torna-se, assim, uma das preocupações maiores dos teólogos afro-americanos. Se Deus fosse branco, deveria necessariamente ser associado ao mal e não podia zelar pelos negros, oprimidos pelos brancos. Pela primeira vez, nos anos 1920, Marcus Garvey associou essas especulações teológicas a seu projeto nacionalista, declarando que somente um Deus negro podia reunir os povos negros do mundo numa única "Nação Negra". A reprodução de uma Virgem negra com um Menino Jesus negro e a de um Jesus negro acompanhado de uma ovelha negra tornaram-se símbolos muito populares da consciência racial nas casas afro-americanas. Os movimentos nacionalistas foram, assim, desde o início, caracterizados por uma mescla de ativismo político e engajamento religioso. Assim, quando o movimento de Marcus Garvey elaborou uma Declaração dos Direitos dos Povos Negros do Mundo, que encerrou a primeira convenção anual da UNIA, em 1920, várias passagens dessa declaração foram reproduzidas no *Universal Negro Ritual*, elaborado por McGuire, bem como no *Universal Negro Catechism*, o catecismo negro utilizado pela *African Orthodox Church*. Segundo os membros dessa igreja, Garvey era "a reencarnação do Anjo da Paz que desceu do Paraíso para trazer a salvação política" a seu povo oprimido (Van Deburg, 1997: 11). Nacionalismo e religião estavam definitivamente ligados.[13]

Os *Black Jews*, judeus negros, eram outro grupo religioso que pregava a existência de um Deus negro (Brotz, 1970). Seu texto sagrado era o Talmud, considerado a fonte suprema da autoridade religiosa. Para eles, os judeus brancos eram usurpadores, uma vez que Jesus era negro, como era também o Deus bíblico, e a identificação do povo afro-americano com os hebreus escravos no Egito dos faraós justificava a adoção de uma identidade israelita. Várias congregações de judeus negros surgiram nas cidades de Washington,

---

[12] Esse bispo foi igualmente muito ativo nas campanhas para o retorno à África (Moses, 1993: 127).

[13] Para uma análise do garveysmo como movimento religioso, ver Burkett, 1978.

Filadélfia e Nova York a partir de 1915. Com os *Black Jews*, os negros norte-americanos tinham pela primeira vez a possibilidade de escapar de seu destino, identificando-se com um povo eleito, o "primeiro povo da terra". Alguns chegaram mesmo a aprender o hebraico a fim de marcar mais sua rejeição à identidade afro-americana.

A exemplo dos *Black Jews*, outros grupos, tomando clara distância das igrejas protestantes, constituíram-se nessa mesma época. O *Moorish Science Temple of America* foi fundado, em 1913, em Newark, no estado de Nova Jersey. Esse movimento foi essencialmente religioso, apesar da elaboração de um discurso político que visava a libertação do negro. Segundo Frazier ([1963] 1974: 69), o *Moorish Science Temple* teria sido o primeiro exemplo de "religião nacionalista". Seu fundador, Timothy Drew, um negro nascido na Carolina do Norte, estudara as filosofias orientais, o que o convencera de que a única saída para os negros norte-americanos era a redescoberta de sua verdadeira identidade e de sua cultura ancestral, que haviam sido apagadas durante a escravidão. Suas pesquisas deram lugar à elaboração do *Holy Koran of the Moorish Holy Temple of Science*, que não deve ser confundido com o Alcorão muçulmano, pois é uma mescla de misticismo islâmico, gnosticismo e doutrinas maçônicas. Segundo Gardell (1996), esse livro sagrado era permeado de citações do *The Aquarian Gospel of Jesus the Christ*, escrito em 1907 pelo místico cristão Levi H. Dowling. Para Timothy Drew, mais conhecido pelo nome de Noble Drew Ali, os negros americanos eram, na realidade, "afro-asiáticos", que deviam obedecer às leis corânicas e se libertar da tutela da religião cristã.[14] Ele retomava as posições defendidas por Edward Blyden em sua obra de 1887, que considerava o cristianismo uma religião que ia contra a natureza dos negros, contrariamente ao islã que era, a seus olhos, a religião "natural" dos africanos e dos negros "da diáspora". A adoção do islã permitia, assim, dissociar o negro da imagem de pagão fetichista que lhe era normalmente associada, ao libertá-lo da religião de seus carrascos, os senhores brancos. Contudo, apesar dessa mudança de identidade, os membros do *Moorish Science Temple* não sustentavam um discurso abertamente separatista contra a América branca e jamais reivindicaram a constituição de um governo exclusivamente negro. A reivindicação de uma identidade muçulmana lhes permitia, de forma geral, apagar o trauma da escravidão para resgatar a identidade original do homem africano, a identidade "afro-asiática".

---

[14] Ver Fauset, [1944] 1971: 41-42.

Com os *Black Jews* e o *Moorish Science Temple*, o engajamento religioso começou a ser associado à busca pela verdadeira origem dos negros norte-americanos. Frazier mostra a imbricação do religioso e do político entre os negros norte-americanos, para quem a ideia de "nação" desempenha um papel fundamental. Assim, nos anos 1960, quando pediu a um membro negro de uma comunidade rural do Alabama para identificar os membros de uma comunidade limítrofe, este respondeu: "A nacionalidade ali é metodista" (Frazier, [1963] 1974: 49). Isso levou o intelectual negro a declarar que, para as massas negras, isoladas social e moralmente na sociedade americana branca, a comunidade da *Negro Church* era "*a nation within a nation*", uma verdadeira nação no seio da nação americana (*ibid.*). Assim, para os negros norte-americanos, adotar o islã equivalia a questionar a própria história afro-americana. Eles não eram mais os descendentes de um povo "inferior" reduzido à escravidão pelos portadores de uma civilização superior, mas os membros de um povo livre, o "afro-asiático". Além disso, a reivindicação de uma identidade "afro-asiática" implicava o apagamento de dois elementos com os quais a identidade afro-americana era constantemente confrontada: a cultura branca e a escravidão. A religião muçulmana tornou-se, assim, a "religião original" do povo negro, anterior à escravidão e à conversão forçada ao cristianismo. Pela primeira vez, um movimento religioso propunha a seus adeptos resgatar sua verdadeira origem, sua ancestralidade, adotando um estilo de vida em harmonia com seu "sangue negro". O *Moorish Science Temple* dedicou-se, então, à revelação da verdadeira natureza do negro americano, uma natureza que era "muçulmana". O negro não era mais um selvagem suscetível a ser civilizado, desprovido de verdadeira cultura, a não ser a dos brancos, mas sim o membro de uma civilização milenar, de uma religião monoteísta que possuía, como o cristianismo, um livro sagrado, uma história e preceitos bem definidos, assim como uma concepção característica do Bem e do Mal. Dessa forma, o islã representava para os negros norte-americanos a única alternativa possível à igreja protestante e às suas múltiplas adaptações.

O *Moorish Science Temple* foi o primeiro movimento a pregar um islã negro, abrindo as portas a outros movimentos, como o *Ahmadiyya Movement in America* e a célebre *Nation of Islam* de Fard Muhammad e Malcolm X. O *Ahmadiyya Movement in America* foi fundado por Mufti Muhammad Sadiq, um indiano de Punjab que havia recebido como missão pregar o islã nos Estados Unidos. O movimento, que nasceu no pequeno vilarejo de Qadian, no Punjab, no Noroeste da Índia, deve sua criação a Mirza Ghulam Ahmad, que escreveu muitos tratados no final do século XIX, nos quais atacava o cristianismo e o hinduísmo. Mizra Ghulam Ahmad se considerava o novo Messias, chamado para promover o renascimento do islã original. O *Ahmadiyya Movement* se propagou pelo mundo, chegando aos Estados Unidos no início do século XX. O primeiro templo foi aberto em Nova York nos anos 1920, e esse movimento foi muito popular até o início dos anos 1960 em certos círculos de intelectuais e artistas afro-americanos. É o caso de alguns músicos de jazz, como McCoy Tyner, Art Blakey, Abbey Lincoln e Ahmad Jamal, que se converteram no final dos anos 1940. A mensagem pregada pelos adeptos do *Ahmadiyya Movement* era muito crítica em relação ao papel reservado a Jesus Cristo na doutrina muçulmana, uma vez que consideravam a crença na Ascensão e no retorno à terra do Cristo uma concessão feita pelo islã ao cristianismo. Para eles, Jesus não subira aos céus, mas, tendo sobrevivido ao suplício da cruz, teria fugido para a Caxemira, na Índia, onde teria falecido na venerável idade de 120 anos e teria sido enterrado na cidade de Srinagar. Essa crítica aos fundamentos da doutrina cristã encontrava um terreno fecundo no seio da comunidade afro--americana.

"Back to Africa" ou as raízes do nacionalismo negro

O *Ahmadiyya Movement*, o *Moorish Science Temple* e os *Black Jews* não foram os únicos movimentos a se distanciarem do cristianismo. Marcus Garvey abrira o primeiro centro da *Universal Negro Improvement Association* (UNIA) nos Estados Unidos em 1915.[15] O movimento de Garvey pregava uma doutrina pan-africanista, que tinha também bases religiosas, como vimos com a *African Orthodox Church*. Garvey, chamado de "Moisés negro", desejava reunir os povos negros disseminados pelo mundo a fim de criar um país e um governo independentes, exclusivamente negros. Seu movimento tinha como divisa: *One God, One Aim, One Destiny*, "Um único Deus, um único objetivo, um único destino". Ele ganhou amplitude após a Primeira Guerra Mundial, a ponto de contar, entre 1920 e 1924, com aproximadamente 6 milhões de membros: 2 milhões nos Estados Unidos e 4 milhões ao redor do mundo, especialmente no Caribe (Christian, 1999: 308). A UNIA tornou-se, assim, o primeiro movimento de massa dos negros americanos que lançou as bases do nacionalismo negro.

---

[15] Garvey havia fundado a UNIA na Jamaica, em 1914. Chegou aos Estados Unidos em busca de financiamento para seu movimento e, após ter visitado 38 das maiores cidades americanas, decidiu instalar-se em Nova York, no bairro negro do Harlem.

Embora esse movimento não fosse abertamente religioso, os discursos de Garvey sobre o retorno à África eram povoadas de imagens bíblicas. A UNIA tinha como objetivo organizar a emigração dos negros "da diáspora" para a África, paralelamente à criação de um Estado exclusivamente negro. Para fazê-lo, criou algumas empresas, controladas por negros, dentre as quais a *Black Star Line*, em 1919, uma importante companhia marítima encarregada de comercializar com a África. Essas empresas desempenharam um papel muito importante no desenvolvimento de bairros exclusivamente negros, como o Harlem. A comunidade afro-americana não podia se estruturar sem o apoio de uma rede econômica que ela controlasse. Ora, nos anos 1920, o comércio do Harlem estava em geral nas mãos de imigrados europeus, as únicas empresas que os negros possuíam eram as "barbearias, as igrejas e os cabarés" (Watkins-Owens, 1996: 9). Além disso, a multiplicação de estabelecimentos comerciais independentes era crucial para o desenvolvimento de um sentimento de orgulho racial, pois mostrava a habilidade que o negro tinha de gerir sua própria vida, independentemente do racismo e da segregação que o impediam de desabrochar na sociedade branca. Uma dessas empresas era o jornal do movimento, o *Negro World*, criado em 1918 e distribuído não apenas nos Estados Unidos, mas também na América Latina, no Caribe e na África. Um grande número de intelectuais e militantes da causa negra trabalhou no jornal, como William Ferris, John E. Bruce e Thomas Fortune. Um artigo datado de 1925 dizia que o negro americano devia compreender que cada dólar gasto em estabelecimentos mantidos por negros era "restituído à raça" e constituía um real passo à frente no caminho de sua libertação.

Em torno de 1919, Garvey já construíra uma sólida reputação de líder político das massas negras. A ênfase que seus discursos davam ao nacionalismo econômico e ao orgulho do povo negro atraía um número cada vez maior de simpatizantes e militantes.[16] Assim, um movimento político de orientação socialista como o *African Blood Brotherhood*, fundado em 1919 por Cyril V. Briggs, que pregava a constituição de um Estado negro (*colored*) autônomo no Oeste americano, apoiava abertamente em seus estatutos a UNIA de Garvey, considerada o mais importante dos movimentos negros norte-americanos (Van Deburg, 1997: 36). Contudo, a partir de 1921, Garvey mudou algumas de suas posições políticas, o que o levou a fazer escolhas muito discutíveis. A reunião que teve com o chefe da Ku Klux Klan (KKK), durante o verão de

---

[16] A literatura sobre Garvey e a UNIA é muito rica. Ver entre outros, Garvey [1923-1925] 1969; Frazier, 1926; Cronon, 1955; Burkett, 1978; Vincent, 1971; Martin, 1976; Garvey e Essien-Udom, 1977; Stein, 1986; Van Deburg, 1997.

1922, lhe valeu críticas mordazes da parte de seus antigos aliados. Os militantes de esquerda, como os socialistas e os comunistas que haviam apoiado, de uma forma ou de outra, o combate de Garvey, acusaram-no de ser charlatão e demagogo. Seu estranho encontro com os elementos mais retrógrados da sociedade americana não podia passar despercebido. Além disso, ele se proclamara, em 1921, presidente provisório do "Império da África" e organizara uma nobreza negra "com títulos grandiloquentes" e uma legião que desfilava "com uniformes extravagantes" em sua homenagem (Bacharan, 1994: 66). Seu projeto de retorno à África previa, de fato, a formação de um governo de negros americanos nesse continente, que devia conduzir ao renascimento da antiga grandeza africana. Suas atitudes radicais, seu gosto pela encenação e, sobretudo, sua condição de estrangeiro imigrado lhe atraíram a ira das elites negras norte-americanas.[17]

Do "Back to Africa" ao pan-africanismo

Nos anos 1920, o ambiente político e cultural no Harlem era particularmente favorável à proliferação de grupos que aspiravam a resolver o "problema negro". Um dos mais influentes nessa época era a *National Association for the Advancement of Colored People* (NAACP), que reunia intelectuais e militantes da causa negra. Entre eles figurava W.E.B. Du Bois, que foi por muito tempo editor do jornal do movimento, *Crisis*. A NAACP, surgida, em 1905, do *Niagara Movement*, lutava pelos direitos civis dos negros, pela obtenção do direito de voto, pelo fim da discriminação racial e pelo pleno direito à educação. O *Niagara Movement* foi criado em reação à política de Booker T. Washington, que defendia que a instrução dos negros se limitasse às tarefas manuais ou técnicas mais simples. Eles deviam aprender um ofício e servir à comunidade com seu trabalho honesto, sem questionar de forma alguma o lugar que lhes era reservado na sociedade dos brancos. O exemplo mais bem-sucedido dessa política era o Instituto Normal e Industrial de Tuskegee no Alabama, que ele fundara em 1881. Booker T. Washington também desempenhou um papel fundamental na criação da *National League on Urban Conditions Among*

---

[17] Segundo Frazier ([1963] 1974: 82), o movimento *garveyta* suscitou uma viva oposição no seio das classes médias por causa da identificação dos negros norte-americanos com a África. Bastide ([1967] 1996: 220) afirma que, paradoxalmente, suas ideias ganharam "o apoio dos imperialistas americanos, que viam na teoria de Garvey um meio de passar a África do colonialismo europeu para a órbita do colonialismo *yankee*".

Negroes, que visava a melhorar o status social do negro, dando-lhe uma formação técnica para o trabalho na indústria. Essa liga diferia da NAACP pela atenção que dava às necessidades sociais e econômicas da população negra, sem, contudo, questionar os fundamentos da sociedade americana.

W.E.B. Du Bois é frequentemente citado por sua oposição a Booker T. Washington. Em *The Souls of Black Folk*, publicado pela primeira vez em 1903, dedicou um capítulo inteiro à crítica da política de conciliação pregada por Booker T. Washington, condenando sua atitude de submissão, seu "evangelho do trabalho e do dinheiro":

> Sua doutrina levou os brancos do Norte e do Sul [dos Estados Unidos] a colocar o peso do problema negro (*the Negro problem*) nas costas dos negros e a se comportar como espectadores críticos e bastante pessimistas; ao passo que, na realidade, esse problema diz respeito à nação [inteira] e nenhum de nós terá as mãos limpas se não reunirmos nossas energias para reparar esse erro.
>
> Du Bois, [1903] 1989: 42.

Diferentemente de Booker T. Washington, Du Bois considerava primordial criar uma elite negra entre a população norte-americana. Porém, apesar dessa polêmica, Du Bois tinha relações cordiais com Washington, em nada comparáveis com as acusações de "lunático" ou "traidor" que dirigia a Marcus Garvey, o que lhe valia em retorno ser chamado de *"white man's nigger"*, "o negro do homem branco" (Christian, 1999: 286). Num artigo publicado em 1923, na *Century Magazine*, Du Bois descrevia Garvey como um "homem negro, baixo, gordo e feio, mas com um olhar inteligente", que tentava substituir a supremacia branca "por uma rudimentar e um tanto brutal supremacia negra" (Watkins-Owens, 1996: 113). Da mesma forma, o movimento de Garvey não encarnava, a seus olhos, o pensamento dos "negros americanos mais inteligentes", pois era fruto de um grupo de camponeses jamaicanos "em sua maioria, pobres, ignorantes e analfabetos" (*ibid.*).

Na realidade, os programas de Garvey e de Du Bois coincidiam em vários aspectos. Du Bois, que foi o primeiro negro americano a obter um doutorado na Universidade de Harvard, em 1895, havia elaborado, bem antes da chegada de Garvey nos Estados Unidos, teorias pan-africanistas que visavam a unir os negros da diáspora a seus irmãos da África. Em fevereiro de 1919, durante as negociações para a paz que encerraram a Primeira Guerra Mundial, Du Bois organizou o primeiro de seus Congressos Pan-Africanistas no Grand Hôtel de Paris, cujo objetivo era promover a paz e a unidade no mundo, bem como o desenvolvimento da África para os africanos e não apenas em proveito dos europeus. Esse Congresso, que reuniu representantes de 16 países e colônias, foi logo seguido de dois outros, em 1921 e 1923.[18] O segundo Congresso viu a adoção de um manifesto intitulado *"To the World"*, elaborado por Du Bois e utilizado como base ideológica e intelectual para a petição apresentada diante da Sociedade das Nações em Genebra. Nesse manifesto, publicado no *Crisis,* em 1921, Du Bois reivindicava a "absoluta igualdade das raças — física, política e social" como único meio de instaurar a paz no mundo. Acrescentava a necessária divisão das riquezas e o fim do monopólio tecnológico e cultural. O manifesto terminava com a reivindicação, entre outras, do acesso à educação, da liberdade religiosa e do autogoverno dos negros, tudo passando previamente pelo restabelecimento da antiga propriedade coletiva da terra, "contra a avidez do capital" (*in* Van Deburg, 1997: 46).

Ora, em suas perspectivas pan-africanistas, Garvey e Du Bois recorriam às mesmas elites negras na África e no Caribe. Porém, se o movimento de Garvey gozava de uma grande popularidade em todas as classes da população negra norte-americana, o de Du Bois e o NAACP só atingiam uma minoria culta que lia os jornais militantes. Com a preocupação de se diferenciar bem de Garvey, Du Bois, num comunicado que precedeu o segundo Congresso Pan-Africanista, salientou as diferenças entre os dois movimentos da seguinte maneira:

> O Congresso Pan-Africanista não é uma organização para a emigração para a África ou para outro lugar, também não é um projeto de guerra ou de conquista aberta ou velada. Não se funda na revolução ou no ódio racial. Prega o conhecimento e a ação através da razão e da lei. Crê na igualdade entre os homens e as raças pelo viés da educação [...] (*ibid.*: 120).

Em resposta aos ataques de Du Bois, Marcus Garvey publicou no *Negro World* artigos que fustigavam a política "da mistura das raças" (*race mixing*), defendida por Du Bois e seus companheiros nos congressos pan-africanistas.[19]

O laço com a África era uma das questões mais delicadas discutidas pelos primeiros grupos nacionalistas negros. De fato, a luta pelo estabelecimento de um território negro soberano estava intimamente ligada à ideia de uma unidade cultural e política entre os africanos e seus descendentes. Vimos como

---

[18] O Congresso Pan-Africanista de 1921 contou com várias sessões, que se realizaram em Bruxelas, Londres e Paris, bem como o de 1923, cujas reuniões tiveram lugar em Londres e em Lisboa.

[19] Sobre o movimento pan-africanista, ver, entre outros, Thompson, 1969; Geiss, 1974; Esebede, 1982; Martin, 1983; Kelley e Lemelle, 1992; Fierce, 1993.

o século XIX conheceu várias tentativas de resolver o "problema do negro". Os primeiros movimentos nacionalistas surgiram em reação ao projeto de emigração da *American Colonization Society* (ACS), que foi fundada, em 1815, por um ministro presbiteriano, Robert Finley, com o propósito de organizar o retorno de escravos libertos ou de negros livres para a África.[20] Esse retorno era visto como a única alternativa à escravidão ainda em vigor nos Estados Unidos. A colonização da África por negros americanos devia desempenhar igualmente um papel civilizador, propagando os valores do cristianismo entre os africanos. Em 1822, a ACS estabeleceu uma colônia na costa ocidental africana, que se tornou, em 1847, a república independente da Libéria (Christian, 1999: 139). Sua capital foi chamada de Monróvia, em homenagem ao nome do presidente americano James Monroe. Os negros americanos que colonizaram esse país recriaram, de várias formas, a sociedade americana na nova pátria. Falavam inglês e a moeda era o dólar; as roupas, os costumes e a arquitetura eram diretamente inspirados pela América: as casas dos colonos reproduziam o estilo das residências do Sul dos Estados Unidos, e as mais ricas pareciam-se com as grandes mansões das plantações sulistas. Contudo, as relações entre os colonos e os nativos não eram muito fáceis. Em 1835, um grupo de negros norte-americanos foi massacrado por africanos que não aceitavam de bom grado o fim do tráfico de escravos imposto pelos americanos. Na realidade, o Congresso dos Estados Unidos aboliu o tráfico de escravos em 1808 e, em 1819, promulgou um ato autorizando o envio de navios americanos para as costas da África a fim de capturar os navios negreiros. Os escravos libertos eram enviados para a Libéria; entre 1820 e 1865, aproximadamente 6.301 ex-escravos e 4.501 negros livres, segundo os registros da Sociedade, se estabeleceram no país.[21]

As atividades da Sociedade Americana de Colonização suscitaram protestos acalorados entre militantes e intelectuais negros, que viam nesse projeto a expressão direta dos interesses dos proprietários de escravos, justificando a reprodução do sistema escravagista em vigor nos Estados Unidos. A Sociedade defendia, de fato, a ideia de uma inferioridade inata e imutável dos negros em relação aos brancos. Assim, a única solução era enviá-los de volta à África, onde poderiam exercer uma ação benéfica sobre os "selvagens". Aliás, não se tratava

---

[20] Esse projeto parece se inspirar na colonização de Serra Leoa, no final do século XVIII, por negros livres ingleses e por escravos libertos. A *Sierra Leone Company* foi criada com esse objetivo em 1791 e, com o decreto de abolição do tráfico, inúmeros escravos transportados em navios capturados pelos ingleses foram libertados em Serra Leoa. Tornaram-se conhecidos pelo nome de *krios* (crioulos) e, educados em escolas protestantes, formaram rapidamente uma elite que utilizava os símbolos da civilização europeia para se distinguir das populações indígenas.

[21] Sobre a emigração negra e a colonização da África, ver Miller, 1975; Jacobs, 1982.

da primeira tentativa de retorno à terra de suas origens. Em 1812, um capitão e empresário negro, Paul Cuffee, levara 38 negros para Serra Leoa, onde os britânicos haviam criado, em 1787, uma colônia para os escravos libertos pelos navios ingleses. Essa primeira iniciativa foi rapidamente condenada como sendo uma "deportação de negros livres". Apesar disso, a Sociedade Americana de Colonização não deixou de dar continuidade a seu programa.

O *Negro Convention Movement* foi um dos grupos mais ativos contra a política de retorno à África empreendida pela Sociedade Americana de Colonização. Em 1817, condenava publicamente um projeto que visava "arrancar sistematicamente do país todas as pessoas de cor" (Essien-Udom, 1962: 20) e recomendava, ao contrário, comprar territórios canadenses para instalar uma colônia de negros americanos livres. A maioria dos delegados não era a favor de um retorno à África. Na convenção de 1835, foi inclusive solicitado que o termo "africano" fosse retirado dos nomes das igrejas, lojas, sociedades e outras instituições negras americanas. Apesar disso, em 1854, o movimento começou a se dividir em três facções distintas: uma primeira, que defendia a emigração para o vale do Níger, na África Ocidental; uma segunda, que defendia a implantação de uma colônia na América Central, e uma terceira, que propunha o Haiti (*ibid.*: 21). Martin Delany, um dos delegados, foi para a África em 1858, onde assinou um tratado com oito reis, que ofereciam facilidades aos negros americanos desejosos de se instalar no vale do Níger.[22] Da mesma forma, o reverendo James Theodore Holly partiu para o Haiti, em 1855, onde recebeu do governo a promessa de financiar a viagem e a instalação dos negros americanos. Em 1861, o primeiro navio que transportava emigrantes deixou a Filadélfia em direção ao Haiti.[23] O movimento em favor da emigração dos negros libertos ou livres era tão forte que vários militantes da causa negra, como Frederick Douglass, temiam pelo futuro do negro na América.[24] Porém, o início da Guerra Civil pôs fim aos projetos emigracionistas. Com a abolição da escravatura, o negro se tornava um

---

[22] Martin Delany é considerado a principal figura do nacionalismo negro clássico do século XIX. Como Frederick Douglass, com o qual ele havia colaborado, ele também era muito crítico em relação aos projetos da Sociedade Americana de Colonização, uma vez que definia a Libéria como uma "dependência" dos colonizadores americanos (Moses, 1996: 23). Isso não o impediu de perseguir o sonho de um território independente fora dos Estados Unidos. Delany também estabelecera laços com a *African Civilization Society*, fundada em 1858, por Henry Highland Garnet e por outros nacionalistas negros, e que foi acusada por Frederick Douglass de ser a contrapartida negra do empreendimento colonialista levado adiante pela Sociedade Americana de Colonização.

[23] Já em 1824, o presidente haitiano Jean-Pierre Boyer havia encorajado a imigração de negros livres norte-americanos, o que havia levado a *African Methodist Episcopal Church* a organizar a viagem de aproximadamente 2 mil deles. Essa primeira experiência resultou em fracasso, e vários imigrados voltaram aos Estados Unidos (Geiss, 1974: 86).

[24] Sobre a história do nacionalismo negro na segunda metade do século XIX, ver Moses, 1978 e 1996.

membro integral da nação americana. Era necessário agora entrar num acordo quanto ao papel que ele devia desempenhar na sociedade branca,[25]

Du Bois defendia a constituição de uma elite negra que devia conquistar seu lugar na sociedade americana por seus esforços e sua educação. O movimento pan-africanista visava a promover a unidade política dos africanos e negros "da diáspora". Isso levou Du Bois, sempre mais cético quanto às possibilidades reais oferecidas aos negros na América, a se afiliar, no final de sua vida, ao Partido Comunista e a se exilar em Gana, cujo presidente, Kwame Nkrumah, era um dos militantes mais ativos do pan-africanismo. Du Bois faleceu em Accra, em 1963, após ter renunciado à cidadania americana e ter obtido a cidadania ganesa (*cf.* Laronce, 2000). Da mesma forma, os dois outros pioneiros dos movimentos nacionalistas, Noble Drew Ali e Marcus Garvey, conheceram, aos olhos de seus detratores, um "fim exemplar". Em 1922, Garvey foi acusado de fraude pelo governo americano e, em 1925, foi condenado a cinco anos de prisão. Após ter passado dois anos numa prisão federal de Atlanta, foi extraditado para a Jamaica como "estrangeiro indesejável". Quanto a Noble Drew Ali, morreu em 1929 sob circunstâncias misteriosas, mas, para seus adeptos, se tornou imortal.

A Nation of Islam *ou a Batalha de Armagedom*

Os movimentos religiosos do início do século XX são caracterizados por um forte componente militante, que frequentemente sustentava uma supremacia negra. Em certos casos, rejeitavam a identidade americana, substituindo-a por uma retórica messiânica que reivindicava para os negros americanos o papel de povo eleito. As semelhanças entre os grupos religiosos que Baer e Singer (1992) definem como "messiânico-nacionalistas" foram salientadas por vários autores, como Fauset ([1944] 1971: 99) e Brotz (1970: 12, 57-58). Além disso, como mostra Moses (1993: 186), esses grupos eram igualmente ligados, de uma forma ou de outra, aos movimentos políticos que pregavam o retorno à África. Assim, J. Arnold Ford, fundador do grupo dos *Black Jews* do Harlem, era também um militante do movimento de Marcus Garvey, da mesma forma que vários membros do *Moorish Science Temple*. Com o declínio da UNIA, após a extradição de Garvey, muitos de seus militantes se aproximaram de outro grupo de inspiração nacionalista, a *Nation of Islam*.[26]

---

[25] Para uma análise dos movimentos que defendiam o retorno à África entre 1890 e 1910, ver Redkey, 1969.

[26] A herança de Garvey não se perdeu completamente. Organizações como o *African Nationalist Pioneer Movement* retomaram seu programa, lutando pela identificação dos negros americanos com os africanos.

Segundo Richard Brent Turner (1997), Elijah Poole foi membro da UNIA de Detroit antes de se integrar à *Nation of Islam* e se tornar Elijah Muhammad. Os pais de Malcolm X também eram militantes da UNIA. Porém, esse não é o único laço entre os diferentes grupos religiosos e os grupos nacionalistas negros. A doutrina pregada pela *Nation of Islam*, que se chamava no início *Lost-Found Nation of Islam* (a "Nação perdida e reencontrada do islã"), faz eco às teorias sobre a superioridade hamita em vigor no seio da comunidade negra norte-americana desde o século XIX. Para Fard, fundador da *Nation of Islam* no início dos anos 1930, a "civilização original" fora criada pelos negros asiáticos, nomeadamente, "a civilização coushita (*coushitic*) da Índia" (Moses, 1998: 91). Ele retomava nesse aspecto as teorias do *Moorish Science Temple*, que enfatizavam a origem "asiática" ou "moura" dos negros norte-americanos. Fard, conhecido pelos nomes de Wali Fard, Wallace D. Fard ou Fard Muhammad, teria aparecido misteriosamente nas ruas de Detroit, dizendo-se um profeta de Alá, originário da cidade sagrada da Meca, e um membro da tribo árabe de Maomé, "racialmente idêntica aos negros norte-americanos" (Essien-Udom, 1962: 43). Durante a época da depressão, sua organização, presente de início apenas na cidade de Detroit, reuniu sob sua direção aproximadamente 8 mil membros (*ibid*.: 4). Em 1933, Fard desapareceu sem deixar vestígios, e Elijah Muhammad tornou-se o novo líder do movimento.

A organização abriu sucursais, chamadas de "templos", em Chicago, Milwaukee e Washington.[27] Em torno de 1940, Chicago substituiu Nova York como centro do nacionalismo negro. Entretanto, se acreditarmos em Essien-Udom (*ibid*.: 4), o movimento só teria contado, em 1942, com algumas centenas de membros.[28] Elijah Muhammad tornou-se conhecido como "o mensageiro de Alá", de quem teria recebido como missão divina unir os negros americanos e conduzi-los à redenção adotando os preceitos do islã. Paralelamente, o profeta Fard obteve o título de Madhi e foi considerado a reencarnação de Alá.[29] Durante os três anos que viveu entre seus discípulos, ele teria explicado a Elijah Muhammad a verdadeira história da "Nação negra". O povo eleito era o povo negro ou "afro-asiático", que teria sido reduzido à escravidão pelos "diabos com olhos azuis", criados por um cientista de nome Yakub. O negro era "o homem original", cuja natureza era divina, ao passo que o branco, nascido das expe-

---

[27] A literatura sobre a *Nation of Islam* é muito rica. Ver, entre outros, Lincoln, 1961; Essien-Udom, 1962; Haley e X, [1965] 1992; Gardel, 1996; Van Deburg, 1997; Turner, 1997.

[28] Segundo esse mesmo autor, no início dos anos 1970, a *Nation of Islam* contava, ao contrário, com 250 mil membros e estava presente em 22 estados americanos.

[29] O Madhi é o messias do islã, e tem o mesmo papel que Jesus no cristianismo.

riências genéticas de um cientista louco que "branqueara" o povo original, privando-o de sua cor e de sua humanidade, era o *Yakub's grafted devil*, o "diabo enxertado de Yakub". O povo negro era o povo divino, caído pela iniquidade dos brancos. O principal objetivo da *Nation of Islam* se tornou então o *fishing for the deads*, "a pesca aos mortos", ou seja, a recuperação dos negros americanos que não tinham mais consciência de pertencer a uma raça superior. Sua missão era libertar o povo eleito por Alá de toda influência branca, voltar à pureza original, reencontrando, assim, a identidade perdida. Para isso, era preciso purificar tanto seu espírito quanto seu corpo, modificando de forma radical seus costumes alimentares e recusando, entre outras coisas, a *soul food*, considerada a alimentação de escravos e, portanto, aviltante.[30]

A *Nation of Islam* praticava uma política separatista que visava fundar um Estado independente no território americano, onde todas as condições estariam reunidas para a realização do destino superior do povo negro. Como para o *Moorish Science Temple*, a reivindicação de uma identidade "afro-asiática" implicava o apagamento nas mentes afro-americanas da experiência traumática da escravidão. A recuperação de um passado glorioso para os negros norte-americanos era uma questão central, o sinal de uma predestinação. Segundo Elijah Muhammad, os negros americanos eram os descendentes de uma "nação negra asiática", a "tribo de Shabazz", "que nasceu com a terra, há 60 trilhões de anos, quando uma grande explosão dividiu o planeta em duas partes. Uma foi chamada de terra, a outra, de lua" (*in* Van Deburg, 1997: 99). No manifesto "*Know Thyself*", que Elijah Muhammad redigiu em 1965, a "tribo de Shabazz" teria escolhido "o melhor lugar para se viver na terra", isto é, o vale do Nilo, no Egito, e a cidade sagrada da Meca. A redenção do povo eleito, reduzido à escravidão pelos diabos brancos, estava próxima, pois Alá, encarnado em Fard, anunciara a Elijah Muhammad o advento da batalha final, utilizando um símbolo tirado do Novo Testamento, "a Batalha de Armagedom" que marca o fim do mundo, bem como o combate dos justos contra os demônios do apocalipse e o anticristo. Este era representado, para os adeptos da *Nation of Islam*, pela "raça caucasiana", ou seja, os brancos norte-americanos. Em 1970, os Estados Unidos iam ser destruídos e, depois desse apocalipse, a Nação negra — o conjunto das "raças negra, marrom, amarela e vermelha" — governaria o mundo. A *Nation of Islam* reunia, assim, os eleitos da Nação negra, os únicos capazes de restabelecer o laço com seu passado glorioso.

---

[30] A *soul food* é a comida característica do Sul dos Estados Unidos, que tem suas origens nos hábitos alimentares dos escravos africanos e das populações negras libertas.

As experiências passadas guardavam os vestígios premonitórios dessa missão a ser realizada: a libertação do povo eleito, ou seja, o povo "afro-asiático". Os membros da *Nation of Islam* não reivindicavam, portanto, em seus discursos, uma nova identidade inventada, mas, muito pelo contrário, propunham o retorno a uma identidade que a dominação dos brancos teria apagado. Para isso, era preciso abandonar todos os sinais da identidade americana, a começar pelo nome, considerado o principal símbolo da escravidão. Ainda hoje, quando os líderes da *Nation of Islam* procedem à mudança de nomes de seus adeptos, procuram, antes de tudo, devolver-lhes sua identidade real, pois a escravidão constitui uma ruptura fundamental na história dos afro-americanos, por ter marcado a identidade negra na América com o selo da descontinuidade e do desenraizamento culturais. Ao se restabelecer o laço com sua origem ancestral, afirmando a continuidade sobre a descontinuidade, torna-se finalmente possível apagar essa ruptura.

No entanto, para se libertar verdadeiramente da tutela dos brancos, os membros da *Nation of Islam* deviam igualmente ganhar sua independência econômica. Retomando as ideias de Garvey, o movimento pregou, portanto, um nacionalismo econômico que devia ajudar na constituição de um Estado negro. Seus membros deviam gastar seu dinheiro nas empresas que pertenciam ao grupo e se libertar do mundo dos brancos. Elijah Muhammad instituiu também um imposto (*duty*) para os membros, bem como escolas independentes e milícias paramilitares de autodefesa chamadas "*Fruits of Islam*". A finalidade do movimento era proteger e apoiar os *so-called Negroes* (os "pretensamente negros"), esperando a chegada na terra de Alá, que marcaria o advento de uma época gloriosa, em que o povo negro finalmente tomaria o poder. Ora, cem anos após o fim da escravidão, os negros ainda dependiam de seus antigos senhores, "pedindo-lhes para que cuidassem deles e para que lhes dessem trabalho, pão e uma casa para viver na terra do senhor".[31] A independência econômica devia preparar a futura independência territorial. Contudo, como ressalta Essien-Udom (1962: 7), diferentemente da UNIA, faltava ao projeto independentista da *Nation of Islam* uma verdadeira base territorial e também algum símbolo tirado do passado negro, tanto americano como africano. Seus adeptos diziam ser descendentes da "civilização árabe", cujo exemplo mais bem-sucedido era a "civilização egípcia", pois os egípcios não eram considerados por eles africanos. Dessa forma, eles retomavam os preconceitos dos brancos, dissociando-se da África subsaariana, terra "não civilizada" e desprovida de qualquer cultura. Isso

---

[31] Elijah Muhammad, *From a Program for Self-Development*, 1965, *in* Van Deburg, 1997: 103-104.

lhes permitia distanciar-se de outros grupos que pregavam o retorno à África e que nada faziam além de distrair os "pretensamente negros" de sua busca por reatar com seu passado "afro-asiático".

A crítica em relação a outros movimentos amplificou-se nos anos 1970, quando Elijah Muhammad escreveu *The Fall of America* em reação à escalada do nacionalismo cultural entre os militantes negros norte-americanos:

> Sempre preguei ao homem negro da América que aceitasse a si mesmo e, em vez de se voltar para a face nobre de seu ser, ele procura reencontrar a África tradicional e reproduzir a maneira pela qual os homens viviam na selva, como certos africanos de hoje [...]. O homem negro da América [adota], então, a vida da selva na esperança de receber em retorno o amor da África. Porém, os irmãos negros e as irmãs negras que usam vestidos de selvagens e se penteiam como selvagens não recolherão jamais os auspícios da África. Os homens dignos e civilizados da África de hoje são muçulmanos ou cristãos educados. A África de hoje não quer mais o cristianismo.
>
> Muhammad, 1973: 150, *in* Guedj, 2003.

Quando Elijah Muhammad morreu, em fevereiro de 1975, a *Nation of Islam* tentou atrair um maior número de militantes, moderando seu discurso antibranco e se transformando num grupo islâmico ortodoxo, sob a direção do sétimo filho de Elijah Muhammad, Wallace Delaney Muhammad. O movimento recebeu o nome de *Muslim American Society* e rejeitou a filosofia nacionalista que havia caracterizado a *Nation of Islam*. Em 1977, o ministro Louis Farrakhan reorganizou a *Nation of Islam*, retomando alguns preceitos de Elijah Muhammad e remanejando outros. Mudou também profundamente seu discurso sobre a tradição e a origem mítica dos "afro-asiáticos". De fato, a *Nation of Islam* era confrontada com uma concorrência muito forte da parte não apenas das igrejas protestantes, mas também dos novos movimentos nacionalistas negros e dos neo-tradicionalistas afro-americanos, que a obrigavam a modificar suas estratégias, ou seja, a se aproximar, a um só tempo, das igrejas protestantes e dos países africanos.

É verdade que o discurso da *Nation of Islam* não era muito diferente daquele de certas igrejas negras norte-americanas, especialmente no que tange aos valores morais defendidos por seus militantes. Os muçulmanos negros eram obrigados, em sua qualidade de povo eleito, a levar uma vida honesta, esforçando-se para realizar um mundo melhor na terra. Consequentemente, deviam se abster de consumir álcool, deviam cuidar da família e evitar "qualquer mistura de raças", o que levaria automaticamente à degeneração de sua condição de povo eleito. Era preciso também que buscassem o enriquecimento material a fim de sustentar o programa nacionalista em favor da organização e da elevação das massas negras. Na realidade, apesar das críticas dirigidas aos grupos que não aderiam a suas posições nacionalistas, a *Nation of Islam* reforçava a reprodução da ética protestante fundada no trabalho, enfatizando um puritanismo negro e as aspirações a um estilo de vida característico das classes médias. Essa era a norma na maioria das congregações batistas e metodistas negras desde o início do século XX.[32] Assim, embora criticassem profundamente a sociedade branca, as igrejas "messiânico-nacionalistas" de certa forma incentivavam os valores típicos da classe média norte-americana, pregando o desenvolvimento econômico e a melhoria do status social do negro por ele mesmo.

Ora, para Bastide, a menor importância atribuída à África, terra das origens e lugar de redenção por excelência, resultaria da passagem dos negros da "comunidade" para a "sociedade", da vida rural para a vida urbana, na América do século XX:

> O negro não ousou ir até o fim do caminho, ou seja, o retorno ao animismo ou ao politeísmo; permanece marcado, até na sua mais profunda revolta, pelo preconceito dos brancos que interiorizou, segundo o qual as religiões africanas são tecidos de superstições, e em vez de se enraizar — como poderíamos esperar — na África eterna, ele se naturaliza asiático. Como estamos longe da santería de Cuba, do candomblé do Brasil, e até mesmo do vodou do Haiti, que permanecem, até hoje, as únicas vias reais da Africanitude!
>
> Bastide, [1967] 1996: 221-222.

Em breve, a África ia reaparecer em todo o seu esplendor nos escritos dos autores negros e nas mensagens dos militantes do nacionalismo cultural. A redescoberta da riqueza da cultura africana ia reduzir o alcance dos discursos nacionalistas pregando a adoção de uma identidade "afro-asiática". As artes, a dança e a música desempenharam um papel fundamental nessa recuperação de uma história, uma cultura e uma identidade africanas.

---

[32] Segundo Baer e Singer (1992: 224), nessa época, um grande número de negros americanos das classes médias mudaram sua afiliação às igrejas negras para outras igrejas mantidas sob o controle de um clero branco, como as igrejas episcopalianas, presbiterianas e metodistas unificadas, e até, mais recentemente, para a igreja católica romana e a *Southern Baptist Convention*, verdadeiros bastiões da supremacia branca.

Quadro 1 — Cronologia das igrejas negras nos Estados Unidos (1645-1930)

1645	Início oficial do tráfico de escravos nas colônias norte-americanas.
1699	Fundação da *First Baptist Church*, a mais antiga igreja batista do Sul dos Estados Unidos (*cf*. Foto 2).
1701	Criação da Sociedade para a Propagação do Evangelho nos Territórios Estrangeiros.
1740	Início do fervor revivalista do *Great Awakening* (Grande Despertar).
1773	Fundação da primeira igreja batista dirigida por um pastor negro, em Silver Bluff (Carolina do Sul).
1777	A *First African Baptist Church* é fundada por um escravo, George Leile, em Savannah (Geórgia).
1787	Richard Allen e Absalom Jones criam a *Free African Society* na Filadélfia.
1794	Richard Allen funda a *Bethel African Methodist Episcopal Church*.
1808	O Congresso dos Estados Unidos declara a abolição do tráfico de escravos.
1809	Fiéis negros criam a *Abyssinian Baptist Church* no Harlem (Nova York).
1815	Robert Finley, um ministro presbiteriano, funda a *American Colonization Society* (ACS), com o propósito de organizar o retorno dos escravos libertos à África.
1822	James Varick se torna o primeiro bispo da *African Methodist Episcopal Zion Church*.
1861	Início da Guerra de Secessão.
1865	Em 18 de dezembro, é declarada a abolição da escravatura nos Estados Unidos. Início da época da Reconstrução.
1879	Primeiro "êxodo negro" para Kansas e Oklahoma.
1896	Promulgação das leis "Jim Crow", que impõem o princípio de "separados mas iguais" na jurisprudência americana.
1898	O bispo Henry McNeal Turner, da *African Methodist Church*, é o primeiro homem de igreja a afirmar que Deus é negro.
1900-1920	Florescimento das *storefront churches* no Harlem.
1920-1930	Proliferação de igrejas espiritualistas que pregam o *healing*, a "cura" física, espiritual e moral de seus fiéis por meio de rituais mágico-religiosos.

Quadro 2 — Cronologia dos movimentos religiosos
e nacionalistas nos Estados Unidos (1900-1933)

1900	Início do movimento "*On to Harlem*".
1903	W.E.B. Du Bois publica *The Souls of Black Folk*.
1905	Fundação da *National Association for the Advancement of Colored People* (NAACP).
1913	Noble Drew Ali funda o *Moorish Science Temple of America* em Newark (Nova Jersey).
1914	Marcus Garvey cria a *Universal Negro Improvement Association* (UNIA) na Jamaica.
1915	Abertura do primeiro centro da UNIA nos Estados Unidos. Fundação de congregações dos *Black Jews* em Washington, na Filadélfia e em Nova York.
1918	Criação do jornal da UNIA, *The Negro World*.
1919	George Alexander McGuire, ministro da *Protestant Episcopal Church*, cria um movimento de negros episcopalianos e funda a *Church of the Good Shepherd* no Harlem. Criação da *Black Star Line*, companhia marítima da UNIA de Marcus Garvey. W.E.B. Du Bois organiza o primeiro Congresso Pan-Africanista em Paris.
1920	A *Church of the Good Shepherd* se torna a *African Orthodox Church* e venera um Jesus negro, *The Black Man of Sorrows*. Primeira convenção anual da UNIA e Declaração dos Direitos dos Povos Negros do Mundo, cujos excertos são reproduzidos na *Universal Negro Catechism* da *African Orthodox Church*. Abertura do primeiro templo do *Ahmadiyya Movement* em Nova York.
1921	Segundo Congresso Pan-Africanista em Bruxelas.
1922	Marcus Garvey é acusado de fraude pelo governo americano.
1923	Terceiro Congresso Pan-Africanista em Londres.
1925	Alain Locke publica *The New Negro*. Surgimento do movimento do *Harlem Renaissance*.
1927	Marcus Garvey é extraditado para a Jamaica após dois anos de prisão.
1930	Criação do *Father Divine Peace Mission Movement*. Wallace D. Fard (Fard Muhammad) funda a *Nation of Islam* na cidade de Detroit.
1933	W.D. Fard desaparece misteriosamente e Elijah Muhammad se torna o novo líder da *Nation of Islam*.

CAPÍTULO III

O renascimento cultural afro-americano

No alvorecer do século XX, a grande maioria da população negra ainda vivia no Sul dos Estados Unidos. A partir dessa época, o Norte começou a atrair os negros, oferecendo-lhes melhores condições de vida e menos discriminação racial. Durante os anos 1920, estima-se que 749 mil negros tenham migrado para as grandes cidades do Norte do país. Por essa razão, entre 1910 e 1920, a população negra de Chicago passou de 62.355 para 109.458 habitantes e a de Nova York, de 60.758 para 152.467 (Christian, 1999: 319). Bairros antes ocupados pelos brancos foram rapidamente transformados em enclaves negros, recebendo um grande número de imigrados do Sul dos Estados Unidos e do Caribe. O bairro do Harlem, em Nova York, tornou-se o centro de movimentos religiosos, culturais e políticos que colocavam o negro no centro de suas preocupações. Os pastores negros se misturavam aos militantes da UNIA e a outras organizações políticas nas ruas do Harlem, promovendo uma efervescência cultural e política que marcou profundamente os anos 1920 e 1930.

O Harlem Renaissance

O início do movimento para o renascimento cultural afro-americano remonta aos anos 1920, que viram o sucesso das salas de espetáculo e dos cabarés do Harlem, entre os quais os mais conhecidos eram o Apollo Theatre e o Cotton

Club. Com a chegada de milhares de emigrantes negros vindos do sul, o Harlem se tornou o centro cultural afro-americano e a maior comunidade negra dos Estados Unidos. No final da Primeira Guerra Mundial, a economia retomara seu vigor e a classe média negra começava a se desenvolver. As obras dos artistas negros eram recebidas com um interesse crescente tanto pelos brancos quanto pelos negros. Esse desenvolvimento cultural fora precedido pelos livros de Du Bois e pelos poemas de James Weldon Johnson, advogado e futuro diplomata, que compôs, em 1900, o hino nacional negro, intitulado "Lift Ev'ry Voice and Sing". Johnson descrevia o clima do Harlem nos anos 1920 da seguinte forma:

> Foi a época [...] em que a reputação do Harlem, por seu perfume de exotismo e sua sensualidade colorida, ganhou os quatro cantos do mundo: em que o Harlem era conhecido como o lugar do riso, do canto, da dança e das paixões primitivas e como o centro da nova literatura e da nova arte negras.
> Johnson, [1933] 1990: 380, *in* Bacharan, 1994; 66-67.

Em 1912, Johnson publicara *The Autobiography of an ex-Colored Man*, em que analisava os efeitos devastadores da política de discriminação sobre a psique dos negros norte-americanos.[1] Porém, foi a publicação de *The New Negro* (1925), escrito por Alain Locke, que marcou o nascimento do *Harlem Renaissance*.[2] De fato, essa obra deu o primeiro nome ao movimento, o *New Negro Movement*, que fazia igualmente referência à doutrina de Marcus Garvey, que pregava o nascimento do "novo negro".[3] O movimento recebeu, em seguida, o nome de *Negro Renaissance*, antes de se tornar célebre com o de *Harlem Renaissance*. O termo "renascimento" salientava a vontade de renovar as artes negras a partir da herança afro-americana, a fim de recobrar a grandeza apagada por décadas de opressão e discriminação racial. Em 1926, o escritor branco Carl Van Vechten publicou *Nigger Heaven*, um romance cujo sucesso atraiu para o Harlem brancos que buscavam emoções fortes, sexualidade desenfreada e ritmos embriagantes. O Harlem se tornou, assim, um novo centro da vida cultural nova-iorquina.

---

[1] Essa obra só teve um verdadeiro sucesso em sua re-edição, em 1927, durante o *Harlem Renaissance*.

[2] Entre as inúmeras obras sobre esse movimento, ver Huggins, 1971; Wintz, 1988; Campbell, Driskell, Lewis e Ryan, 1994; Marks e Edkins, 1999.

[3] Em 1920, Marcus Garvey utilizou pela primeira vez a bandeira nacionalista com as cores simbolizando o *New Negro*: o preto para a raça, o vermelho para o sangue e o verde para a esperança.

Esse renascimento cultural afro-americano foi caracterizado pela publicação de inúmeras obras que exploravam a herança cultural dos negros norte-americanos. Durante os anos 1920, surgiram mais livros de autores negros do que em todas as décadas precedentes. Os artistas ligados ao *Harlem Renaissance* recusavam qualquer discriminação, estigma de inferioridade e as caretas e palhaçadas que os atores negros deviam reproduzir para agradar o público branco. Eles se recusavam a se comportar como *Uncle Tom*, ou seja, como "bons escravos", não queriam mais ser "pessoas de cor" (*colored people*), termo em uso até então, mas sim os *Negroes*, os "novos negros". Porém, a característica principal desse movimento talvez tenha sido, a um só tempo, a aspiração à universalidade e a reivindicação de um orgulho racial. A celebração da especificidade da cultura negra e a vontade de devolver aos negros a dignidade e o amor-próprio o aproximavam do discurso dos militantes da UNIA. O poeta Langston Hughes, uma das principais figuras do *Harlem Renaissance*, publicou em 1926 um artigo no jornal *Nation* intitulado: "The Negro Artist and the Racial Mountain". Exortava os intelectuais negros a exaltarem sua "negritude" e a recusarem "se afastar espiritualmente" de sua herança racial. Criticava os negros das classes médias que imitavam as maneiras dos brancos para se desfazerem da imagem de selvageria e ignorância associada aos negros na América.[4] Para Hughes, a única saída para o artista negro era produzir uma "arte racial":

> Para mim, o jazz é uma das expressões imanentes da vida do negro na América: o eterno tam-tam batendo na alma negra — o tam-tam da revolta contra a lassidão num mundo branco, um mundo de trabalho, trabalho e trabalho: o tam-tam da alegria e do riso, da dor engolida num sorriso.
> Hughes *in* Van Deburg, 1997: 55.

Hughes reivindicava o orgulho de ser negro: "Por que gostaria de ser branco? Sou negro — e sou bonito!" (*ibid.*: 56). Grito de orgulho que foi retomado no mesmo ano pela segunda mulher de Marcus Garvey, Amy Jacques Garvey, seu braço direito e principal propagandista do movimento, num artigo intitulado "*I Am a Negro — and Beautiful*", publicado no jornal da UNIA, o *Negro World*. Nesse artigo, ela criticava os negros que "atravessavam a fronteira racial", tentando "embranquecer" para escapar da segregação. Ela via nessa busca pela "brancura" (*whiteness*) apenas uma herança da escravidão, o de-

---

[4] Sobre a ambivalência da burguesia negra nos Estados Unidos, ver Frazier, 1957*b*.

sejo de "parecer-se com o 'Massa', o senhor, de falar como ele e até de xingar e beber como ele" (*ibid.*: 57). O "novo negro", ao contrário, devia ser orgulhoso de sua negritude. O *Harlem Renaissance*, pelo orgulho racial que pregava e pela celebração da criatividade e da beleza da "raça negra", influenciaria de maneira significativa os militantes do nacionalismo cultural dos anos 1960 e 1970.

A nova geração de intelectuais e artistas negros, que se impôs no seio do *Harlem Renaissance* e do *New Negro*, considerava sua missão de forma mais secular do que os líderes negros do século XIX, muito mais ligados à religião. A contribuição principal dos negros americanos era, assim, restrita a atividades artísticas e culturais. Nos teatros americanos, a tradição exigia que somente brancos interpretassem personagens negros, besuntando o rosto com graxa. Em 1828, Thomas "Daddy" Rice, um ator de Nova York, apresentou-se pela primeira vez num palco de Louisville, no Kentucky, com seu rosto enegrecido. Ele encarnava um rapaz de cavalariça negro, chamado Jim Crow, retratado como ignorante, estúpido e lamentável. Posteriormente, o nome Jim Crow foi dado às leis segregacionistas promulgadas pelos estados americanos. Essas leis foram declaradas constitucionais pela Suprema Corte dos Estados Unidos em 1896, que impusera o princípio de "separados mas iguais" na jurisprudência americana.[5] As leis Jim Crow institucionalizaram o racismo no seio da sociedade americana. Nesse ambiente social, os artistas negros sofriam com a discriminação e eram frequentemente obrigados a se apresentar em palcos de teatros com o rosto coberto de graxa e os lábios embranquecidos, fazendo palhaçadas diante do público branco. O movimento do *Harlem Renaissance* questionou inteiramente o lugar do negro na vida artística americana dos anos 1920.

A valorização do artista negro se deve também às salas de espetáculo do Harlem e, especialmente, ao Apollo Theatre, a mais conhecida de todas. Nenhum artista negro podia aspirar à celebridade se não tivesse se apresentado naquele lendário estabelecimento. A reputação daquele teatro, como a do não menos lendário Cotton Club, era tal que mesmo os brancos, numa Nova York onde reinava a segregação, onde os negros eram proibidos de frequentar os bares, hotéis e teatros brancos, corriam para ver os artistas negros. Entre os músicos da época, figuram nomes célebres no mundo inteiro, como Louis "Satchmo" Armstrong, Edward "Duke" Ellington, Ella Fitzgerald, Bessie

---

[5] A Suprema Corte acrescentava que "se uma raça era socialmente inferior a outra, a Constituição dos Estados Unidos não podia colocá-las no mesmo plano" (*in* Christian, 1999: 282).

Smith e John Birks "Dizzy" Gillespie. As comédias musicais negras agitavam a Broadway, como a famosa *Shuffle Along*, que conheceu um sucesso extraordinário no início dos anos 1920. Primeiro espetáculo escrito, produzido e encenado por negros, compreendia também, pela primeira vez, trechos de jazz. Como lembra Bacharan (1994: 69), os brancos corriam para esses espetáculos e "os ricos notívagos da Park Avenue ganhavam alguns arrepios inofensivos, misturando-se com o povão em clubes, em geral, rigorosamente segregados". *Shuffle Along* foi seguido por *Chocolate Dandies*, em 1923, que marcou o início da carreira de Josephine Baker, e por *From Dixie to Broadway*, em 1924, com Florence Mills, um dos atores negros mais célebres dessa época. Outros teatros foram abertos em Nova York para responder à demanda do público branco, fascinado por aquele tipo de representação. Em 1927, foi inaugurado o *Savoy Ballroom*, que adquiriu notoriedade com o nome de *Home of Happy Feet*, a "casa dos pés felizes", graças aos espetáculos de dança e música ali apresentados.

Entre os escritores e poetas do *Harlem Renaissance*, os mais célebres foram provavelmente o jamaicano Claude Mckay, que publicou *Harlem Shadows*, em 1922, o poeta Countee Cullen, que editou a coletânea de poemas *Color*, em 1925, e Langston Hughes, autor, em 1926, de *The Weary Blues*, que imprimia ritmos de jazz à sua escrita. A efervescência cultural afro-americana prosseguiu durante os anos 1930 com escritores como Arna Bontemps, cujo romance *God Sends Sunday* (1931) tornou-a uma das mais notáveis representantes do *Harlem Renaissance*, e Zora Neale Hurston, que abordou em várias obras a experiência religiosa dos negros. Esta estudara antropologia com Franz Boas, na Columbia University, colaborou com Herskovit e foi a primeira mulher afro-americana a realizar pesquisas sobre as práticas religiosas de origem africana no Sul dos Estados Unidos. Estendeu-as, posteriormente, ao Caribe, chegando mesmo a iniciar-se no vodou haitiano.

Contudo, para o sociólogo Franklin Frazier, o movimento do *Harlem Renaissance* não era um sucesso, uma vez que as atividades artísticas e culturais de seus membros ainda dependiam de mecenas brancos. Na verdade, os intelectuais, jornalistas e artistas brancos da época contribuíram para promover "as imagens da vida negra que correspondiam a suas próprias concepções sobre a Era do Jazz" (Moses: 1998: 220). A influência branca sobre esse movimento era evidente. Os artistas americanos tinham conhecimento das novas tendências artísticas em voga na Europa, onde as artes primitivas tinham-se tornado fonte de inspiração para pintores como Modigliani ou Picasso. Paralelamente, intelectuais brancos, como Franz Boas, tomavam consciência da herança cultural dos povos "primitivos". Isso levou artistas e intelectuais do *Harlem Renaissance* a reinventar a própria ideia de "primitivo", aquele primitivo inocente que, em seu Éden africano, "dançava 'nu e livre', a um só tempo, da opressão do racismo e dos entraves da repressão sexual" (*ibid*.: 200). Essa reabilitação do "bom selvagem" levou artistas e intelectuais negros a abandonarem a herança monumental da civilização egípcia para se interessarem pelas tradições antigas do "bárbaro viril e nobre", que vivia num "tribalismo pagão africano". Assim, Du Bois fazia frequentemente referência aos trabalhos do antropólogo alemão Leo Frobenius (1913), para quem a África Ocidental encarnava a lendária Atlântida, ressaltando o "primitivismo exótico" dessa região do continente.[6]

O *Harlem Renaissance* retomou para si esse fascínio por um exotismo negro. Seus artistas incorporaram, reinterpretando-os, os estereótipos associados aos africanos, como sua lascívia, seu dom inato para a dança e a música e sua essência dionisíaca. Dessa forma, o *Harlem Renaissance* influenciou diretamente o movimento da negritude, que definia a "personalidade africana" em termos de sensualidade exacerbada, forte emotividade e predisposição para a poesia e para as artes. Assim, Aimé Cesaire, em seu *Cahier d'un retour au pays natal* (1939), idealizava o comunalismo africano, como antes dele fizera Du Bois, que celebrava o espírito comunitário da aldeia africana como "uma coisa humana perfeita" (Moses, 1998: 222). As sociedades africanas tornaram-se então os símbolos do igualitarismo e da justiça social. Entretanto, essa idealização do africano "primitivo" reproduzia, de certa forma, os estereótipos elaborados pelas teorias evolucionistas, como as de Gobineau, que definira o africano como "a mais energética das criaturas tomadas pela emoção artística" (*ibid*.: 223). O africano não era o "homem racional", tal como definido pelos parâmetros europeus. Seu raciocínio não era discursivo, mas sintético, não funcionava por oposições, mas por afinidades; se a lógica do europeu era analítica, a do africano era intuitiva pela participação. Nesse sentido, o movimento reproduzia, sem querer, as teorias racistas do século XIX, descrevendo o africano como um homem incapaz de racionalidade.[7] O *Harlem Renaissance* teria, assim, perpetuado a ideia, predominante entre os brancos, de que o negro encarnava "a liberdade cultural, a possibilidade de ser ele mesmo e de se expressar [livremente], de ser natural" (Levine, 1977: 295). De fato, essas ideias não eram novas, uma vez que, desde o início da es-

---

[6] As referências aos trabalhos de Frobenius eram muito frequentes nessa época. Da mesma maneira, nos anos 1950, Richard B. Moore, fundador do *Pan-Caribbean Movement*, citava o trabalho desse autor como prova de um passado glorioso africano (*in* Van Deburg, 1997: 82).

[7] Além disso, a atribuição de uma emotividade exacerbada à "personalidade africana" era geralmente associada à ideia de uma uniformidade das culturas religiosas africanas (Moses [1982] 1993: 22).

cravidão, o africano era visto como um "primitivo libidinoso", incapaz de controlar seus instintos. Os mitos que demonstravam a inferioridade do africano foram, então, reinterpretados como símbolos da superioridade negra:

> Os brancos eram fascinados pela imagem dos negros que haviam criado. Olhavam para a imagem do negro que haviam modelado como um antídoto contra a moralidade vitoriana, outrora em voga, e que, hoje, aborrecia profundamente as classes médias brancas.
>
> Moses, [1982] 1993: 119.

Os negros permaneciam, assim, fundamentalmente diferentes dos brancos no que tinham de mais íntimo.

Graças a essa ideia de um homem africano governado por seus sentimentos e, por isso mesmo, naturalmente predisposto às atividades artísticas, o renascimento cultural afro-americano encontrou sua expressão mais bem-sucedida na difusão da dança e da música, que começaram a funcionar como verdadeiras passarelas para a iniciação religiosa. Os precursores desse movimento foram Katherine Dunham e Pearl Primus, ambas dançarinas, coreógrafas e antropólogas, cujo exemplo será seguido por um grande número de artistas afro-americanos, entre os quais Arthur Hall, Alvin Ailey e Eleo Pomare.

Explorando a herança afro-americana

Katherine Dunham (1909-2006), chamada de "a matriarca da dança negra", foi uma das principais promotoras da difusão e implantação das religiões afro-cubanas, e afro-caribenhas em geral, nos Estados Unidos.[8] Nasceu em 22 de junho de 1909, em Glen Ellyn, Illinois. Em 1931, fundou uma companhia de dança chamada *Ballet nègre* e uma escola, que a ajudou a pagar seus estudos na Universidade de Chicago, onde obteve um mestrado e um doutorado em antropologia. Teve como professor Melville J. Herskovits, que a incentivou a prosseguir seu trabalho sobre a herança cultural afro-americana. Em 1935, recebeu uma bolsa da Rosenwald Foundation para estudar as danças do Caribe, onde passou 18 meses entre o Haiti, Cuba, Trinidad e Jamaica. No Haiti, foi iniciada na religião vodou, tornando-se uma *mambo*.[9] Katherine Dunham

---

[8] Sobre Katherine Dunham, ver Emery, [1972] 1988.

[9] Uma *mambo* é uma sacerdotisa vodou, que frequentemente chefia uma casa-templo. Sobre suas experiências no Caribe, ver Dunham, 1983 e 1994.

descreve a aquisição dessa nova identidade religiosa, através da redescoberta de sua ancestralidade, da seguinte maneira:

> Quando pararam de considerar minha identidade americana como um estigma, interessaram-se muito por meu sangue "guineano" [africano] e por meus ancestrais, que não haviam recebido o tratamento ritual prescrito, pois, ao serem levados ao Norte [aos Estados Unidos], longe dos irmãos do Caribe, acabaram esquecendo essas práticas. Em certos casos, como o da *mambo* Téoline de Pont Beudet, pensava-se mesmo que, se os infelizes do Norte pudessem um dia reatar o contato com os rituais do culto dos ancestrais e do vodu, toda a raça negra ganharia com isso.
>
> Dunham, 1983: xxiv.

Essa viagem influenciou profundamente seu trabalho, provocando uma grande mudança em sua carreira. De volta aos Estados Unidos em 1936, Dunham incluiu em suas coreografias elementos e movimentos inspirados pelas religiões afro-americanas. Em Cuba, encontrara, por intermédio de Herskovits, o pai dos estudos afro-cubanos, Fernando Ortiz, que lhe apresentara artistas (músicos e dançarinos) iniciados nas religiões afro-cubanas. Nos anos seguintes, vários deles foram convidados por Katherine Dunham a integrar sua companhia de dança.

Em 1937, participou do *Negro Dance Evening*, em Nova York, com *Haitian Suite*, trecho de uma coreografia intitulada *L'Ag'Ya*, que foi apresentada, pela primeira vez, no ano seguinte, no *Negro Federal Theatre Project* de Chicago, dirigido por ela. Inspirado pelo folclore da Martinica, onde a *ag'ya* é uma luta dançada, esse espetáculo teve um grande sucesso. Em 1938, Dunham tornou-se diretora artística do *New York Labor Stage*. Porém, foi durante os anos 1940 e 1950 que obteve um reconhecimento internacional e começou a desenvolver sua técnica, incorporando os movimentos africanos e caribenhos à dança moderna: costas e coluna vertebral flexíveis, movimentos de ancas ritmados e seu célebre "método polirrítmico". Em 1940, formou a primeira companhia de dança inteiramente negra e, nesse mesmo ano, o espetáculo intitulado *Tropics and Le Jazz Hot: From Haiti to Harlem*, inspirado em suas pesquisas acadêmicas, introduziu-a no *gotha* dos coreógrafos americanos. Seu grande sucesso deu origem à primeira turnê da companhia, em 1943. Dois anos mais tarde, ela abria a *Dunham School of Dance and Theater*, em Nova York.

Durante os anos 1940 e 1950, a escola de Katherine Dunham formou toda uma geração de artistas afro-americanos, e o ensino da dança era completado por cursos de filosofia, letras, línguas, estética e dramaturgia. Paralelamente, Dunham travava uma luta sem trégua contra a discriminação racial, aproveitando-se de sua popularidade em seu combate político. Contatada pelos estúdios hollywoodianos, recusou um valioso contrato porque pediram que ela substituísse uma parte dos membros de sua trupe, considerada "excessivamente negra". Da mesma forma, numa viagem ao Brasil, denunciou um hotel de São Paulo por discriminação racial, o que lhe valeu desculpas públicas da parte do presidente brasileiro. Em 1951, Dunham criou um balé intitulado *Southland* sobre os linchamentos de negros, que só foi exibido em Paris e no Chile.[10] Afastada dos circuitos tradicionais da dança, assumiu a direção do *Katherine Dunham Center for Arts and Humanities* em East St. Louis (Illinois), em 1969. Sua escola de Manhattan, pela qual passaram artistas como Marlon Brando, deixou uma herança cultural muito importante em Nova York.

Entre os primeiros artistas que difundiram as religiões de origem africana nos Estados Unidos, vários foram colaboradores de Katherine Dunham. Foi o caso dos cubanos Julito Collazo e Francisco Aguabella, ambos percussionistas de sua companhia de dança, que chegaram à Nova York nos anos 1950. Segundo Collazo (*in* Vega 1995*a*: 86), naquela época, havia apenas umas trinta pessoas que praticavam a "religião lucumí".[11] Isso não impediu que Collazo e Aguabella participassem de uma cerimônia para Shangó, deus do trovão e da justiça, organizada, em 4 de dezembro de 1955, por Willie "El Bolitero", um porto-riquenho que fora iniciado na santería em Cuba. A cerimônia foi realizada no bairro do Harlem, na altura da 111th Street e da St. Nicolas Avenue. Naquela época, os tambores sagrados *batá* da religião afro-cubana ainda não haviam sido trazidos de Cuba e teriam sido substituídos por *congas*, tocadas pelo músico cubano Arsenio Rodríguez (Vega, 1995*b*: 206). Julito Collazo fora iniciado em Cuba na religião lucumí, como tocador de tambor *batá* (*omó añá*), inserindo-se, assim, na linhagem de Pablo Roche, colaborador artístico e informante principal de Fernando Ortiz, e de outros

---

[10] Ela continuou suas atividades artísticas e políticas até sua morte, em 21 de maio de 2006. No início dos anos 1990, fez greve de fome para atrair a atenção da mídia norte-americana sobre a tragédia vivida pelos imigrantes clandestinos haitianos. Em julho de 2005, recebeu, com 96 anos, o prêmio Fernando Ortiz, concedido em Havana, por sua atividade artística e sua "promoção do legado afro-americano".

[11] Religião lucumí é o nome dado à santería cubana quando se quer afirmar suas origens africanas. Julito Collazo, memória viva da "religião lucumí" nos Estados Unidos, faleceu em Nova York, em 5 de março de 2004.

percussionistas famosos da época, como Nicolas Valentín Angarica, autor do célebre *Manual de orihaté* (1955).[12]

Nos anos 1940, músicos cubanos, como Mario Bauzá e Frank "Machito" Grillo, conseguiram incorporar os ritmos da música afro-cubana ao jazz afro-americano. Dizzy Gillespie, por exemplo, integrou à sua orquestra percussionistas cubanos, como Chano Pozo, utilizando ritmos da santería e dos *abakuás*.[13] O resultado desse encontro musical foi chamado *cubop* ou jazz afro-cubano. Como ressalta Vega (1995*a* : 101), a orquestra de Bauzá e Grillo, a *Afro-Cuban Band*, e as músicas de Tito Puente e Célia Cruz, entre outras, familiarizaram o público de Nova York com os ritmos sagrados e as invocações para os *orisha*. Em 1956, o percussionista cubano Mongo Santamaría organizou, no *night-club* Palladium, o primeiro espetáculo baseado na música e na dança dos *orisha*. A noite foi dedicada ao *orisha* Shangó. Nos anos 1940, Mongo Santamaría já incluíra em sua música os ritmos sagrados afro-cubanos. Foi graças a seus discos que toda uma geração de percussionistas porto-riquenhos e afro-americanos pôde aprender a música tradicional afro-cubana. Quando gravou, em Cuba, *Mongo in Havana*, em 1960, Santamaría tinha a seu lado o percussionista Jesús Pérez e a cantora Mercedita Valdés, que haviam colaborado com Fernando Ortiz na transcrição dos cantos para os *orisha* (*ibid.*: 145). Música e dança se mesclavam, assim, às práticas religiosas afro-americanas.

Da luta pelos direitos civis ao Black Power

O período, que vai dos anos 1930 até o início dos anos 1960 e que vê a difusão dos ritmos e danças afro-cubanas, graças ao trabalho pioneiro de Katherine Dunham, coincide com a diminuição do ativismo político afro-americano. Em sua obra sobre o nacionalismo negro nos Estados Unidos, Bracey, Meyer e Rudwick (1970) constatam que aproximadamente trinta anos separam as duas principais fases do nacionalismo negro norte-americano, caracterizadas, respectivamente, pelo movimento de Marcus Garvey e o *Black Power*.[14] Segundo esses autores, durante esse período, o nacionalismo teria sido um

---

[12] Sobre a história dos tambores *batá* em Cuba, ver Argyriadis (2005).

[13] Os *abakuás* formam uma sociedade secreta cubana, exclusivamente masculina, supostamente originária da região do Calabar (Nigéria).

[14] Sobre esse período, ver também Marable, 1984.

tema menos presente entre as preocupações dos negros devido aos efeitos deletérios da Grande Depressão e à dependência da assistência pública durante o *New Deal*. O *crash* da bolsa em 1929 encerrou a euforia dos loucos anos 1920, mergulhando a maior parte da comunidade negra na pobreza. Outros autores, como Amiri Baraka (1963: 177-191), criticam a proliferação das políticas integracionistas no seio das organizações negras durante a Segunda Guerra Mundial. Du Bois (1940: 278) por sua vez, acusa o movimento de Garvey de ter causado o declínio do pan-africanismo.

Na realidade, durante esse período, vários grupos tentaram empunhar a espada do nacionalismo negro, sem, entretanto, conseguir reunir multidões, como na época de Marcus Garvey. Durante os anos 1930, o Partido Comunista americano retomara algumas ideias da UNIA e declarara que os negros que viviam no Sul dos Estados Unidos formavam uma "nação colonizada em busca de sua libertação". Em consequência, pregava a criação de uma República Negra de tipo soviético (*Negro Soviet Republic*) no Sul do país. De 1928, data do 6º Congresso do Kominterm, a 1934, o Partido Comunista americano defendeu o surgimento de um 49º estado americano, que reuniria os negros do Sul numa república independente. Porém, apesar de seus esforços, o Partido Comunista jamais gozou de um verdadeiro apoio no seio da comunidade negra.

Em 1932, Franklin D. Roosevelt, o candidato dos democratas à eleição presidencial, conseguiu desviar a seu favor o voto negro, que ia tradicionalmente para o Partido Republicano, e se tornou o novo presidente dos Estados Unidos.[15] Embora o *New Deal* jamais tenha colocado em causa o sistema fundado na segregação racial, vários programas visando a melhoria das condições de vida dos negros foram implementados. No fim dos anos 1930, a Depressão arruinara a maioria dos ricos mecenas brancos que tinham apoiado os artistas do *Harlem Renaissance*. Com a entrada do país na guerra, os problemas suscitados pela discriminação racial voltaram com toda a força. Os negros iam lutar pela liberdade do continente europeu, enquadrados num exército organizado em unidades "de cor". O socialista A. Philip Randolph lançou, então, um apelo para que os negros se unissem numa marcha até Washington para protestar contra a política de recrutamento nas usinas de armamento e no exército americano. O movimento pela marcha até Washington mobilizou as massas, criando grande temor entre os representantes do governo. Em 21 de

---

[15] O Partido Republicano era o partido de Abraham Lincoln, que declarara a emancipação dos escravos em 1865.

junho de 1941, o presidente Roosevelt decretou a dessegregação da indústria de guerra, e a marcha até Washington, marcada para 1º de julho, foi cancelada. Contudo, o movimento continuou suas atividades até 1946.

A herança de Marcus Garvey não fora completamente perdida. Vários de seus militantes integraram outros grupos, que mesclavam discurso político e prática religiosa, como a *Nation of Islam*. No plano do nacionalismo, outros movimentos retomaram a luta iniciada por Garvey. Após sua morte, em 1940, um ex-oficial da UNIA, Carlos Cooks, fundou o *African Nationalist Pioneer Movement* (ANPM), que tinha como objetivo realizar "uma confraternidade racial e cultural entre os povos africanos do mundo" (Van Deburg, 1997: 84). Cooks deu prosseguimento ao programa do *Buy Black*, lançado por Garvey, colocando em prática os princípios do nacionalismo econômico que estavam também no centro das preocupações dos militantes da *Nation of Islam*. Num texto de 1955, criticou a utilização do termo *negro*, que, para ele, não definia "um grupo racial", mas "uma casta":

> Começaremos a nos referir a todas as pessoas negras, que respondem pelo nome de *Negro,* como sendo pessoas [pertencentes a uma] casta, até que estabeleçamos nossa verdadeira identidade racial — as pessoas negras (*Black people*) ou os africanos (*ibid.*: 87).

Esse movimento também retomava os pontos principais da filosofia de Garvey, pregando a emancipação dos africanos no mundo e a criação dos Estados Unidos da África.

Foi sem dúvida nos anos 1960 que o nacionalismo retomou seu vigor, alimentado pela luta pelos direitos civis no Sul dos Estados Unidos.[16] O clima social jamais fora tão tenso, apesar da existência de motins nas cidades do Norte desde, ao menos, os anos 1930. O verão de 1943 foi particularmente sangrento, com a intervenção das tropas federais para restabelecer a ordem em cidades como Chicago. Em 1944, Gunnar Myrdal publicou *An American Dilemma*, obra que analisava o dilema com que se confrontava a América branca, dividida entre seus ideais igualitários e o peso de seu passado escravagista. O mito da América, terra de liberdades, começou a ser questionado pelos intelectuais brancos, e o governo americano tomou medidas bastante tímidas para reduzir a segregação em certos setores da administração. Porém,

---

[16] Sobre o nacionalismo negro norte-americano, ver, entre outros, Stuckey, 1972; Pinckney, 1976; Hall, 1978; Moses, 1978, 1996; Van Deburg, 1992.

O acontecimento que pôs lenha na fogueira foi a sentença "Brown contra o Conselho de Educação", em 1954. Nessa sentença, a Suprema Corte declarava, por unanimidade, que a doutrina "separados, mas iguais" não se aplicava ao domínio da educação pública, decretando, assim, o fim do sistema segregacionista nas escolas americanas. Graças à intervenção dos advogados da NAACP, numa batalha jurídica que se estendeu por uns 15 anos, a sentença Brown afirmava, pela primeira vez, os direitos dos negros a uma cidadania plena, uma igualdade de fato que o Sul racista não estava pronto para aceitar. A segregação ainda estava em vigor, mas os negros não pareciam mais dispostos a aceitá-la sem protestos.

O início da luta pelos direitos civis foi marcado pelo movimento de boicote aos ônibus de Montgomery. O estopim foi deflagrado por uma costureira negra, Rosa Parks, que, em 1º de dezembro de 1955, recusou-se a ceder seu lugar a um passageiro branco num ônibus. Ela foi presa e condenada por ter violado as leis do estado do Alabama. A reação foi imediata e resultou na criação da *Montgomery Improvement Association*, encarregada do boicote aos ônibus. Um jovem pastor batista de 26 anos, que chegara havia 15 meses naquela cidade, foi nomeado presidente: Martin Luther King Jr. Tratava-se de fazer do boicote um ato maciço de "não cooperação" (*cf.* King, 1958). Os negros começaram a se recusar a utilizar os transportes públicos segregados, preferindo ir caminhando até seus locais de trabalho. Os militantes resistiam com coragem às ameaças dos racistas brancos, às prisões arbitrárias da polícia e às pressões de toda ordem. A NAACP participava de todos os combates jurídicos, esforçando-se para tirar os militantes das prisões e exigindo que se respeitasse a sentença Brown nas escolas americanas. Ao cabo de um ano de marchas e manifestações, a Suprema Corte declarou, em 13 de novembro de 1956, que a segregação nos ônibus era contrária à Constituição. Martin Luther King implementou seminários para difundir sua doutrina de não violência, inspirada em Gandhi, e para preparar os negros para o combate pela liberdade. Porém, os ataques da Ku Klux Klan prosseguiam, bem como a repressão brutal da polícia e os linchamentos.[17]

Em 1957, aproximadamente sessenta pastores negros criaram a *Southern Christian Leadership Conference* (SCLC), elegendo King para a presidência. Ela retomava o combate iniciado pela FOR, a Sociedade para a Reconciliação, fundada por pacifistas europeus, em 1914. Esta sociedade dera origem aos

---

[17] Inúmeras obras sobre o movimento dos direitos civis foram publicadas. Ver, entre outros, Morris, 1984; e Washington, 1968.

grupos que lutavam pela defesa dos direitos civis nos Estados Unidos, como o Congresso pela Igualdade Racial (CORE), presidido por James Farmer. A luta prosseguiu no Sul, colocando lado a lado, na primeira linha, militantes brancos e negros. Em 1960, foi criado o *Student Nonviolent Coordinating Committee* (SNCC), chamado familiarmente de *Snick*. Os estudantes discutiam as grandes mudanças em andamento na política mundial e, principalmente, no processo de descolonização dos países africanos. Entre 1960 e 1961, onze países africanos haviam, de fato, obtido a independência: Nigéria, Daomé, Costa do Marfim, Chade, Somália, Zaire, Congo Brazzaville, Gabão, Senegal, Mali e Serra Leoa. O tempo da autodeterminação dos "africanos no mundo" parecia próximo.

Em 1961, o presidente do CORE, James Farmer, decidiu organizar "viagens da liberdade", isto é, grupos de militantes, negros e brancos, cuja missão era pôr à prova as resoluções da Suprema Corte, que já condenara a segregação nos trens e ônibus que ligavam os estados do Sul. A repressão policial e as agressões selvagens dos racistas sulistas revelavam aos olhos da América a profunda injustiça do sistema segregacionista. Porém, os mortos e feridos entre os militantes do movimento causaram também uma fratura irreparável entre os defensores da não violência e os estudantes do SNCC, que começaram a questionar os métodos de Martin Luther King. Em meados dos anos 1960, o movimento se impregnou das ideias nacionalistas e, sob a direção de Stockely Carmichael e H. Rap Brown, tornou-se uma organização separatista, impedindo a participação dos militantes brancos. As prisões em massa se multiplicaram, os militantes pagavam com seu próprio sangue a luta por seus ideais, e uma onda de contestação começava a se propagar nos Estados Unidos. Os jovens negros estavam profundamente divididos entre o pacifismo de Martin Luther King e as incitações à resistência armada de Malcolm X.

Nascido numa família de militantes pró-Garvey, Malcolm Little se convertera na prisão aos ensinamentos de Elijah Muhammad, no final dos anos 1940, quando esteve preso por roubo. Como os outros convertidos à *Nation of Islam*, substituíra seu "nome de escravo" por um "X", uma vez que dizia não conhecer sua verdadeira identidade. Ao sair da prisão em 1952, tornou-se um ministro da *Nation of Islam*. Seu carisma fez com que galgasse rapidamente a hierarquia dos muçulmanos negros, abrindo dezenas de novos templos e recrutando milhares de militantes de uma costa à outra da América. Martin Luther King e Malcolm X participaram de uma conferência, em Washington, em 1963, fazendo as mesmas críticas à política do presidente Kennedy, que não sustentava uma posição clara sobre a questão dos direitos civis. Porém, diferentemente de Martin Luther King, Malcolm X não era um adepto dos métodos de Gandhi. Em 1964, deixou a *Nation of Islam*, qualificando a doutrina de Elijah Muhammad de "falsa religião", e se converteu ao islã ortodoxo, mudando seu nome para Malik El-Shabazz. Fundou, então, a *Organization of African-American Unity* (OAAU), um partido nacionalista negro, que pregava a autodefesa dos negros contra os racistas brancos. Seu assassinato, cometido em fevereiro de 1965 durante uma reunião dessa organização em Nova York, atraiu suspeitas sobre Elijah Muhammad, mas nada foi provado. A morte de Malcolm X acelerou o curso dos acontecimentos com a explosão do *Black Power*, a criação do *Black Panther Party* e a repressão por parte do FBI, até o aniquilamento do movimento pelo programa do COINTELPRO (*Counterintelligence Program Black Nationalist — Hate Groups*), dirigido por J. Edgard Hoover.[18]

O programa da OAAU mostrava um interesse renovado pela redescoberta da verdadeira cultura dos negros norte-americanos. Diferentemente das doutrinas da *Nation of Islam*, que afirmavam uma identidade e uma cultura "afro-asiáticas", a Organização pela Unidade Afro-Americana se dirigia aos "afro-americanos, um povo originário da África que reside, atualmente, na América" (Van Deburg, 1997: 108).[19] Ela estava determinada a "redescobrir a verdadeira cultura [dos afro-americanos], que fora dissimulada durante mais de quatro séculos a fim de reduzi[-los] à escravidão e mantê[-los] nela até nossos dias" (*ibid.*: 109). Para se libertarem de suas correntes, os afro-americanos deviam, a todo preço, "restaurar a comunicação com a África", pela mídia nacional e internacional, pelos contatos pessoais e por qualquer outro meio disponível. Pela primeira vez, essa organização evidenciava a importância capital da aquisição de uma cultura africana totalmente independente da sociedade branca. Para fazê-lo, a OAAU incentivava os afro-americanos a estudar as línguas árabe, hauçá e swahili e a viajar para a África, o Caribe e qualquer outro país em que a cultura africana tivesse sido preservada. Essa viagem podia ser feita de diferentes maneiras: "Podemos aprender muito sobre a África lendo livros e escutando os que viajaram para esse continente, mas também podemos ir para o país de nossa escolha e experimentar isso por nós mesmos" (*ibid.*: 111).

---

[18] Sobre o movimento *Black Power*, ver Carmichael e Hamilton, 1967; Davis, 1981; Van Deburg, 1992.

[19] Malcolm X criticava aqui o uso do termo *negro*, que, como vimos, havia substituído *colored* (gente de cor) nos discursos de Marcus Garvey. Para Malcolm X, *negro* era um simples adjetivo de cor que colocava as pessoas a que se fazia referência em posição de objeto. Defendia, ao contrário, o uso dos termos "afro-americano", "africano" e *"black man"* para designar as pessoas que têm uma ascendência africana.

O movimento *Black Power* retomou o combate da OAAU, travando a luta pela libertação dos afro-americanos em várias frentes. A cultura tinha que desempenhar um papel primordial e tinha que se apoiar na política, as duas sendo inseparáveis. O movimento nacionalista negro se dividiu, assim, entre nacionalistas "políticos" e nacionalistas "culturais". Porém, todos lutavam pela liberdade e pela autodeterminação do povo afro-americano. Segundo esse movimento, a América negra era "uma nação cultural que tentava tomar o poder para se tornar uma nação política" (*ibid*.: 137). Para fazê-lo, os militantes que concentravam todas as suas forças no combate político deviam se tornar também "culturalmente conscientes". Da mesma maneira, artistas e intelectuais negros tinham que desenvolver uma arte politicamente engajada, em sintonia com a mensagem política nacionalista. Deviam colaborar, através de sua arte, com o esforço para a criação de um Partido Político Africano Mundial (*World African Political Party*), presente da África do Sul a Chicago. Todos os negros do mundo pertenciam, de fato, à Nação Africana, uma única nação para todos os descendentes de africanos.

Entre 1966 e 1969, quatro congressos nacionais reuniram militantes das diferentes facções do movimento *Black Power* para tentar desenvolver um programa comum. Em 1970, na cidade de Atlanta, foi organizado o 1º Congresso dos Povos da África, onde foi proposta a realização de uma Convenção negra, a exemplo das convenções dos dois grandes partidos americanos. Ela foi realizada dois anos mais tarde em Gary, Indiana, e reuniu 2.700 delegados e 4.000 observadores, marcando uma ruptura definitiva no interior do movimento negro, com a ausência da NAACP, cujo ideal de integração social era incompatível com a política separatista do nacionalismo negro. Porém, as divisões eram também muito fortes no interior dos movimentos nacionalistas, divididos entre os defensores da luta armada e aqueles que pregavam uma revolução cultural. Neste grupo, Maulana Karenga defendia a ideia de que nenhuma vitória política era possível sem uma revolução cultural: os negros norte-americanos tinham que retomar a tradição africana. Karenga entremeava seu discurso com termos em swahili, que definia como uma língua "não tribal de autodeterminação" (*in* Bacharan, 1994: 253), e pregava os princípios da *Kawaida*, uma doutrina que visava uma mudança cultural e social profunda, único meio de romper com o domínio branco sobre os espíritos dos afro-americanos.

Maulana Karenga foi também Ministro da Educação do Governo Provisório da Republic of New Afrika (RNA), formado em março de 1968 pelos militantes das organizações nacionalistas negras. Os membros dessa República se definiam como *New Afrikans*, "neoafricanos", uma vez que eram o produto de várias nações africanas, "com alguns genes ameríndios e europeus", que dois séculos de história americana haviam modelado. A RNA constitui o mais ambicioso projeto de aquisição de um território independente onde se pudesse construir a "Nação negra". Cinco estados do sul dos Estados Unidos formavam este "território subjugado": Louisiana, Carolina do Sul, Geórgia, Alabama e Mississippi. O primeiro objetivo era libertar esse território, cuja riqueza fora construída com o sangue e o suor dos afro-americanos e, a partir desse momento, o "governo exilado" poderia se dedicar à "consolidação da revolução", aplicando o "Código de Umoja",[20] a constituição da RNA, bem como o modelo tanzaniano de cooperação econômica e de autonomia comunitária, chamado *Ujamaa* (Van Deburg, 1997: 197).

Em 1968, o presidente do governo provisório da RNA era Robert F. Williams, um dos raros ativistas do movimento dos direitos civis a desafiar abertamente a filosofia não violenta de Martin Luther King. Suas posições em favor da autodefesa armada acarretaram a suspensão de suas funções de diretor da NAACP de Monroe (Carolina do Norte), em 1959. Procurado pelo FBI, viveu, de 1961 a 1969, no exterior, primeiramente em Cuba, depois na China e na Tanzânia. De Cuba, conclamou à resistência armada pela *Radio Free Dixie*, que procurava sublevar os negros do sul dos Estados Unidos. Seus discursos inflamados foram fonte de inspiração para vários grupos revolucionários, como os *Deacons for Defense and Justice*, o *Revolutionary Action Movement* e a *Republic of New Africa*, que o escolheu como seu "presidente exilado". Porém, a figura mais importante da RNA foi, provavelmente, Richard Henry, que, nessa época, já adotara o nome de Imari Obadele. Em 1968, foi nomeado Ministro da Informação da RNA e, de 1980 a 1990, assumiu a presidência do governo provisório. Imari Obadele é também considerado o pai do movimento pelas reparações, uma das principais reivindicações da RNA, que exigia o pagamento de 400 bilhões de dólares em reparação aos séculos de escravidão e suas consequências sobre a vida dos afro-americanos.[21] O Ministro da Defesa da RNA era H. Rap Brown, que hoje se chama Jalil Al Amin. Em 1967, era o líder

---

[20] *Umoja* significa "unidade". É um dos sete princípios nos quais se funda a *Kawaida*, elaborada por Maulana Karenga. Voltarei a essa questão no capítulo VI.

[21] O movimento só se tornou realmente organizado em 1988, quando Obadele, hoje professor de ciências políticas, criou a *National Coalition of Blacks for Reparations in America* (NCOBRA). Em sua segunda convenção anual, em junho de 1999 em Saint Louis, a NCOBRA adotou os *Six Down-Payment Demands on the U.S. Government*, exigindo o pagamento de 1 bilhão de dólares para dez universidades negras, o investimento de 1 bilhão de dólares para um fundo de desenvolvimento econômico para os afro-americanos, a distribuição de mais 1 bilhão entre os agricultores negros e de 20 mil dólares para cada família negra norte-americana. Além disso, a NCOBRA exigiu a libertação de todos os "prisioneiros políticos" nos Estados Unidos.

do SNCC, *Student Nonviolent Coordinating Comittee*, antes de se tornar um dos fundadores do *Black Panther Party*. Ao lado de Maulana Karenga, havia também, em 1968, como co-Ministros da Cultura, Baba Oseijeman Adefunmi, o futuro rei da Oyotunji Village, e LeRoi Jones, que, na época, já adotara o nome de Amiri Baraka e era um dos principais líderes do movimento das *Black Arts*. Todos os três eram figuras de destaque do nacionalismo cultural.

O nacionalismo cultural e o movimento das Black Arts

A partir dos anos 1960, o nacionalismo negro norte-americano centrou suas atividades novamente em torno de uma política de "restauração cultural", que se exprimiu no movimento de "retorno às raízes" ou de "*back to black*". Uma das organizações, engajada nesse processo, foi a *US Organization*, fundada por Maulana Karenga, o criador do ritual pan-africanista do Kwanzaa, em 1966, cuja finalidade declarada era "a criação, a recriação e a circulação da cultura negra" (Karenga, 1988: 28). Essa "restauração cultural" se fazia por meio de cerimônias que visavam a substituir os nomes cristãos por nomes africanos (*naming ceremonies*), preconizando o uso de roupas africanas e penteados afro, o estudo das línguas africanas — especialmente o swahili pelos membros da *US Organization* e o yoruba pelos praticantes da religião dos *orisha* —, a realização de iniciações ou de ritos de passagem africanos, bem como casamentos e ritos funerários segundo a tradição africana (*ibid.*: 27). Esse movimento também evidenciava a importância do retorno para a África, de forma permanente ou temporária, a fim de restabelecer os laços com a terra-mãe.

O clima social dos anos 1960 era muito tenso. Em 1966, tumultos raciais estouraram no Brooklyn, durante uma semana inteira, opondo grupos de negros, brancos e porto-riquenhos. Houve, no mínimo, dois mortos e centenas de feridos. Os "verões quentes" se sucederam, com "incidentes" raciais em vários lugares da América. No período que vai de 1964 a 1968, houve entre trezentos e quatrocentos tumultos raciais (Christian, 1999: 436). Um dos piores foi o de julho de 1967, que viu as ruas de Detroit serem incendiadas durante vários dias. Quando a calma se restabeleceu na cidade, havia 43 mortos e 2 mil feridos, entre negros e brancos. Em 11 de abril de 1968, uma semana após o assassinato de Martin Luther King em Memphis (Tennessee), o presidente Lyndon Johnson assinou o *Fair Housing Act*, proibindo qualquer discriminação racial na venda ou locação de imóveis. Era um novo passo em direção à aquisição dos direitos civis para os negros após o *Civil Right Act* de 1964, que proibia a discriminação racial no emprego, assinado pelo presidente Johnson em presença do chefe carismático do movimento pelos direitos civis.

Os anos 1960 e 1970 também foram marcados por uma efervescência de artistas negros. Em 1971, 58 pintores e escultores negros expuseram suas obras no *Whitney Museum of American Art* de Nova York. Da mesma forma, autores negros, como Maya Angelou, Ernest Gaines ou Nikki Giovanni, publicavam com sucesso seus romances e poemas. Na indústria cinematográfica, Melvin Van Peebles inaugurava a *Blaxploitation* com seu filme *Sweet Sweetback's Baadasssss Song* (1971), que rendeu 15 milhões de dólares e foi seguido por *Shaft*, dirigido por Gordon Parks, que fez também um grande sucesso. As mulheres e os homens negros viam, finalmente, nas telas de cinema, heróis com quem podiam se identificar. Depois vieram os filmes *Super Fly*, *Foxy Brown* e *Coffy, a pantera negra do Harlem*. Porém, o início dos anos 1970 foi igualmente marcado pelos processos dos militantes dos Panteras Negras e pelos motins raciais. O período que vai de 1965 a 1975 viu a formação de um grupo de artistas, militantes do nacionalismo negro, que lançou o *Black Arts Movement* (BAM). Este representava a vertente cultural do *Black Power* e reunia escritores, poetas e dramaturgos célebres, como LeRoi Jones (que adotará o nome de Amiri Baraka), Larry Neal, Nikki Giovanni, Sonia Sanchez, Ed Bullins, Adrienne Kennedy, Harold Cruse e Ray Durem.

O nacionalismo cultural sustentava que negros e brancos possuíam valores, uma história, tradições intelectuais e estilos de vida completamente diferentes e que, por isso, não se podia falar de uma única América, mas, como dizia Larry Neal (1989), de "duas Américas, uma negra e uma branca". O nacionalismo negro representou um retorno, em nível estético e conceitual, à terra-mãe, um retorno que já não era físico, mas simbólico. Era preciso reconhecer as raízes africanas dos negros norte-americanos e se libertar do peso da educação e da cultura brancas. O nacionalismo cultural podia tomar várias formas, indo de novas maneiras de escrever poemas, com uma estrutura rítmica particular, ao uso de roupas africanas, ou à adoção de práticas religiosas originárias da África Ocidental. Harold Cruse (1967) escreveu, num ensaio intitulado *Harlem Background*, que o negro não podia se identificar com a nação americana sem ter uma identidade cultural que o definisse plenamente. Os nacionalistas culturais aspiravam, assim, a criar um estilo de vida totalmente diferente, um estilo que pudesse consolidar a comunidade afro-americana e lhe dar poder (*empowerment*).

É difícil datar o início do *Black Arts Movement*. Alguns autores estão de acordo quanto à data de 1965, ano da fundação do *Black Arts Repertory Theatre/School* (BARTS) no Harlem por LeRoi Jones e outros artistas negros. Não se tratava do primeiro teatro negro a ser criado. Em 1940, Frederick O'Neal e Abraham Hill já haviam aberto o *American Negro Theatre* no Harlem, que ajudara a lançar a carreira de vários artistas negros, como Harry Belafonte e Sidney Poitier. Porém, a abertura do BARTS coincidia com uma mudança radical nas relações entre os artistas negros e seu público. As ruas do Harlem ficavam repletas de poetas, pintores, músicos negros que se apresentavam gratuitamente. A arte não era mais privilégio das elites, e os artistas se sentiam responsáveis por sua comunidade, seguindo o exemplo de LeRoi Jones, que defendia a ideia de que um artista deve ser também um militante político. A influência da *Nation of Islam* sobre inúmeros artistas e músicos afro-americanos, nos anos 1950 e 1960, preparara o terreno para um movimento político que reunia artistas que se reconheciam no nacionalismo negro. O jornal *The Liberator*, no qual publicavam Ed Bullins (1967), LeRoi Jones (1965*a* e 1965*b*) e Larry Neal (1965), desempenhara um papel capital na emergência de uma nova geração de artistas negros. As peças de teatro de LeRoi Jones, especialmente *Dutchman* e *The Slave*, ambas escritas em 1964, também tiveram um papel determinante na elaboração de uma dramaturgia afro-americana e nacionalista. O grupo de artistas do BARTS organizava seminários e publicava antologias muito lidas e comentadas, como a de Jones e Neal (1968). Em abril de 1965, a *Afro-American Cultural Association* (AFCA) organizou um colóquio no Harlem sobre o papel do artista afro-americano, com debates sobre a história e a cultura africanas, sobre o teatro, a escrita, a fotografia e o cinema afro-americanos comparados à filosofia africana e ao nacionalismo negro. Todos esses debates deviam levar a uma reflexão sobre o papel orgânico do intelectual negro no seio da comunidade afro-americana. Dentre os participantes figuravam os artistas do BAM, como LeRoi Jones e Harold Cruse, e outros nacionalistas culturais, como Oseijeman Adefunmi. Outro militante nacionalista com uma grande influência sobre o movimento do BAM foi Maulana Karenga, que publicou um ensaio sobre o papel dos intelectuais negros nos grupos nacionalistas, numa obra sobre a "estética negra" (Gayle, 1971).

O *Black Arts Movement* pregava a unidade intrínseca da ética e da estética afro-americanas.[22] O trabalho do artista devia estar em sintonia com a busca

---

[22] O BAM não foi o único a teorizar sobre uma arte negra engajada na luta pela libertação do povo afro-americano. Em 1969, um grupo de artistas negros fundou, em Chicago, o *AfriCobra*, o *African Commune of Bad Relevant Artists*, que procurava criar uma estética negra adaptada à sensibilidade afro-

de um mundo mais espiritual e mais harmonioso. Harold Cruse e LeRoi Jones haviam desenvolvido uma interpretação "cultural-nacionalista" da doutrina do *Black Power*. Num ensaio de 1968, Neal afirmava que os valores políticos inerentes à noção de *Black Power* haviam encontrado uma expressão concreta na estética dos dramaturgos, poetas, coreógrafos, músicos e escritores afro-americanos. Ora, uma das ideias centrais do movimento *Black Power* era a necessidade de os negros definirem o mundo segundo seus próprios termos, libertando-se do peso opressor da cultura branca. A arte negra devia ser, como o movimento *Black Power*, uma arte revolucionária.

Larry Neal foi, com LeRoi Jones, o verdadeiro ideólogo do BAM. No início dos anos 1960, formara na Filadélfia um grupo de intelectuais negros chamado *The Muntu Group*, que tinha como proposta ser um fórum de discussão sobre noções particularmente importantes para a elaboração de uma filosofia, uma estética e uma teoria política afro-americanas. Como seu nome indica, *The Muntu Group* encontrava sua inspiração nas descrições das práticas culturais da África Ocidental feitas por Janheinz Jahn em 1961. Em *Muntu: African Culture and the Western World* ([1961] 1990), Jahn propunha quatro categorias, advindas em parte do trabalho de Alexis Kagamé (1956) sobre a filosofia e as línguas bantu, para explicar a visão do mundo africana.[23] Aplicava, assim, noções bantu ao conjunto do mundo africano, pressupondo uma unidade de fundo entre as diferentes culturas africanas. Ele as considerava equivalentes, o que lhe permitia passar facilmente de um conceito bantu a um yoruba, as duas culturas consideradas dominantes, às quais se acrescentavam alguns conceitos dogon, como o "princípio de Nommo", definido como "a força mágica que ativa e anima todas as outras forças" (Jahn, 1990: xxi). Para isso, Jahn fazia ampla referência aos escritos dos africanistas, como as obras de Griaule sobre os dogon e, notadamente, "suas conversas com Ogotommêli".

Jahn postulava a existência de um "denominador comum" a todas as culturas africanas, a filosofia africana fundando-se em "categorias de forças" e na "unidade de todas as coisas, harmonia ontológica e coerência no mundo" (*ibid.*: xx).[24] A Europa sempre salientara as diferenças que existiam entre as

---

americana. Da mesma forma, várias *Black Houses* surgiram em vários lugares do território americano. A de Oakland, na Califórnia, fundada por Ed Bullins e Marvin X, serviu de quartel-general aos Panteras Negras, bem como de centro comunitário e cultural.

[23] Para uma crítica às teorias defendidas por Kagamé e Tempels, ver Houtondji, [1976] 1996. Para uma análise do processo de elaboração de uma filosofia bantu, ver também Mudimbe, 1988.

[24] A ideia da unidade profunda das diferentes culturas africanas está presente nos escritos de um grande número de autores, a começar por Herskovits, [1941] 1990; Malinowski, 1943. Ver, entre outros, Diop, 1954 e 1959; James, 1954; Davidson, 1969; Tempels, 1969; Barrett, 1974; Mbiti, 1969 e 1991.

diversas culturas africanas, mas jamais seu denominador comum. Para definir essa cultura comum africana, Jahn utilizava a metáfora do *skokian*, "um coquetel de álcool metílico, de carbonato de cálcio, de melaço e de tabaco, engolido nos pardieiros de Joanesburgo" (*ibid.*: 14). O *skokian* era uma criação africana em reação à aversão que os bôeres puritanos mostravam pela cerveja africana. Retomando as teorias de Malinowski, Jahn defendia a ideia de que todo novo objeto ou todo novo comportamento na África nascia da opressão europeia e da resistência africana. Assim, para ele, a cultura neoafricana era o resultado de dois componentes, um europeu e outro africano, emanando de um verdadeiro renascimento que não se limitava a uma simples imitação do passado, mas que tornava possível a emergência de algo completamente novo. Não se tratava mais do retorno a uma tradição "puramente africana", mas de escolher livremente que aspectos da cultura e da filosofia africanas proteger e adaptar à realidade contemporânea dos africanos no mundo:

> A África dos etnólogos é uma lenda em que temos o hábito de acreditar. A tradição africana, tal como parece à luz da cultura neoafricana, pode também ser uma lenda, mas uma lenda na qual as inteligências africanas creem. E elas têm o pleno direito de declarar que consideram autênticos, corretos e verdadeiros alguns componentes de seu passado. Da mesma forma, um cristão, se for questionado quanto à natureza da cristandade, fará referência ao Evangelho que recomenda "amar ao próximo como a si mesmo", e seguramente não à Inquisição.
>
> Jahn, [1961] 1990: 17.

O que sobrevivia de forma inconsciente era chamado de "cultura africana residual", ao passo que a tradição "neoafricana" era uma tradição conscientemente revitalizada. Para Jahn, a cultura neoafricana era, contudo, uma cultura do irracional, do sobrenatural e do mágico. Retomando as ideias de Senghor sobre a negritude, concebia a cultura africana como estruturada pelo ritmo, como "a arquitetura do ser, a dinâmica interna que dá a forma, a pura expressão da força vital" (*ibid.*: 164). A estética africana estava, assim, fundada na "harmonia do sentido e do ritmo" e intimamente ligada à ética, uma vez que "em grande parte das línguas africanas, o termo 'belo' significa também 'bom'" (*ibid.*: 174). Essas noções que giram em torno da unidade cultural e filosófica africana encontrarão sua expressão mais bem acabada nos escritos dos teóricos do *Black Arts Movement*, que se inspiravam na crítica política de Frantz Fanon, cujas obras faziam grande sucesso nos Estados Unidos. LeRoi Jones retomou essa ideia de uma cultura africana estruturada pelo ritmo em

Blues People (Baraka, 1963). Para Jones (1965*b*), o teatro revolucionário devia se tornar um teatro do Espírito (*Spirit*), no qual Espírito era sinônimo de *African soul*, a alma africana. Da mesma forma, James Stewart (1968), outro membro do *Muntu Group*, via na música "a mais pura expressão do homem negro na América". A arte negra devia se mexer, suingar, como a música, e se basear na noção de *Spirit*, o espírito africano: "Esse espírito é patuá. Esse espírito é Samba. Vodou" (*ibid*.: 6).

Com o declínio do movimento *Black Power*, a maioria das organizações que lhe era associada, como a BAM ou a *US Organization*, acabou também desaparecendo. Aproximadamente na metade dos anos 1970, o BARTS foi fechado em função de tensões internas e falta de financiamentos. LeRoi Jones, que já se divorciara de sua primeira esposa branca, Hettie Cohen, fundadora da célebre revista literária *Yugen*, e se casara com Amina Baraka, instalou-se em Newark, em Nova Jersey, onde fundou a *Spirithouse*. Esse centro cultural se apresentava como uma "instituição educativa e espiritual", que organizava oficinas de autodefesa, economia doméstica, história africana e afro-americana, bem como sessões de culto "afrocêntricas", fundadas nas práticas religiosas yoruba. Se a arte afro-americana era animada pelo *Spirit*, a "alma africana", a religião, não podia mais ser dissociada da atividade artística. As experimentações artísticas revelaram-se, assim, uma via de acesso privilegiada ao engajamento religioso.

Da performance artística à performance ritual

A maioria dos protagonistas da difusão das religiões de origem africana nos Estados Unidos, nos anos 1960 e 1970, era ligada, de uma forma ou de outra, a Katherine Dunham, bem como a outra dançarina muito célebre nessa época: Pearl Primus (1919-1994).[25] Nascida em Port-of-Spain, Trinidad, chegara com sua família a Nova York em 1921. Pearl Primus fundou sua companhia em 1944 e intitulou seu primeiro espetáculo de *African Ceremonial*. Em 1948, fez sua primeira viagem à África, onde começou pesquisas que a levaram a obter um doutorado em estudos africanos e caribenhos na Universidade de Nova York em 1978.[26] Seus laços com a África se intensificaram com os anos.

---

[25] Sobre sua história e seu percurso artístico, ver Wenig, 1983.

[26] Segundo Vega (1995*a*: 160-161), Pearl Primus teria sido iniciada no culto de Yemonjá em 1949, na África.

Recebeu a *Star of Africa*, uma distinção nacional, das mãos do presidente da Libéria, William Tubman. Em 1959, tornou-se diretora do *African Center of Performing Arts de Monrovia*, Libéria, onde residiu durante anos, fazendo várias turnês na África. Em 1963, Pearl Primus criou, com seu marido Percival Borde, o *African-Caribbean-American Institute of Dance,* no 17 West 4th Street de Nova York. Seu trabalho, dedicado à redescoberta da herança cultural negra, foi recompensado com o prêmio *American Anthropological Association Distinguished Service Award,* em 1985. Ela colaborou igualmente com Alvin Ailey (1931-1989), um dos protagonistas da primeira geração de dançarinos afro-americanos, que desenvolveu um trabalho sobre as raízes culturais africanas.

Os anos 1960 foram marcados pelo movimento de renascimento da cultura afro-americana em todos os domínios da arte. As companhias de dança afro-americanas, ou as que pregavam a herança cultural africana, se multiplicaram. Alvin Ailey fundou sua companhia, o *Alvin Ailey American Dance Theater* (AAADT), em 1958, em Nova York. Inspirada pelos trabalhos de Katherine Dunham, tornou-se uma das mais célebres companhias de dança americanas. A AAADT se apresentou, em 1966, no Festival das Artes Negras de Dakar, no Senegal e, em 1967, iniciou uma turnê de dois meses e meio por dez países africanos. Dois anos mais tarde, Alvin Ailey abriu uma escola em Manhattan.

Outras companhias de dança, também influentes, surgiram na mesma época, como a do dançarino e coreógrafo de origem colombiana, crescido no bairro do Harlem, Eleo Pomare. Essas companhias de dança eram todas ligadas entre si, pois seus fundadores ou diretores haviam passado pela escola ou pela companhia de Katherine Dunham. Era, por exemplo, o caso de Syvilla Fort (1918-1975), que, após ter dirigido a escola de Dunham, fundou o *Studio of Theater Dance,* em 1955, em Nova York, mantendo laços muito estreitos com a companhia de Alvin Ailey. Ela foi também professora de dança de Talley Beattey, que colaborou com Maya Deren em seu cinema experimental. Durante os anos 1930, Maya Deren (1917-1961) também era secretária da trupe de Katherine Dunham, e seus biógrafos veem a influência desta em sua decisão de estudar o vodou haitiano. Os laços de Maya Deren com Katherine Dunham continuaram nos anos seguintes. De 1947 a 1954, Deren coletou materiais no Haiti, realizando pequenos filmes com os dançarinos da companhia de Dunham.[27]

---

[27] Após sua morte, essas imagens foram editadas por seu último marido, Teiji Ito, e a nova mulher deste, Cherel. O filme recebeu o mesmo título da obra que ela redigira sobre o vodou, *Divine Horsemen: The living Gods of Haiti.*

Arthur Hall (1934-2000) foi outro dançarino afro-americano que criou sua companhia em 1958. A companhia inicialmente chamou-se *Afro American Dance Ensemble,* mas tornou-se célebre com o nome *Arthur Hall Afro-American Dance Ensemble* (AHAADE). De 1952 a 1959, colaborara ativamente com F. Saka Acquaye, artista ganês e embaixador da cultura ganesa nos Estados Unidos, na criação de uma companhia de dança "autenticamente africana" que procurava fazer com que os afro-americanos descobrissem a verdadeira cultura africana. Numa entrevista concedida ao *Philadelphia Inquire* em 1968, Arthur Hall declarava ter visto na dança a oportunidade de restituir a grandeza à *blackness* (o ser negro). Apresentava seu trabalho como o laço entre duas culturas: "Os africanos [os afro-americanos] que haviam sido arrancados de suas tradições e os africanos que conseguiram preservá-las". Entre seus mentores, estavam Syvilla Fort, da escola de dança de Katherine Dunham, Percival Borde, marido de Pearl Primus, e vários professores da Universidade de Ilé-Ifé na Nigéria. Hall intitulara sua primeira coreografia *Obatalá*, conforme o deus da criação yoruba e, em 1969, criou o *Ile Ife Black Humanitarian Center* na Filadélfia. Esse nome de *Ile Ife,* traduzido por "casa do amor", fazia referência à capital cultural dos yoruba, a cidade considerada o berço de sua civilização. Em 1972, Hall abriu o *Ile Ife Museum,* que apresentava uma coleção de arte da África e da "diáspora". O *Ile Ife Black Humanitarian Center* tornou-se rapidamente a Meca da *Black Dance,* reunindo professores vindos da África ou oriundos da "diáspora" afro-americana: Brasil, Haiti e Cuba. Tornou-se um dos centros mais importantes do renascimento cultural afro-americano.

As atividades internacionais de Arthur Hall o levaram, em 1974, a Gana, onde foi recebido por Nana Okomfohene Akua Oparebea, a sacerdotisa chefe do Akonedi Shrine, berço da difusão da religião akan nos Estados Unidos.[28] Nesse mesmo ano, Arthur Hall foi iniciado na religião akan por Nana Oparebea e recebeu o nome ritual de Nana Kwabena Affoh e o título de *Asonahene* (chefe do clã Asona), responsável pela preservação das tradições da família real dos Asona Aberade, de onde descendia sua iniciadora. Organizou, assim, a primeira viagem de Nana Oparebea para a Filadélfia, ajudando-a a reatar seus laços com os supostos descendentes de seu povo, deportados para a América durante a escravidão. Hall tornou-se também o líder do Asona Aberade Shrine, fundado por Nana Oparebea nessa cidade e um dos primeiros templos africanos a serem reconhecidos oficialmente nos Estados Unidos. A mãe de Arthur Hall também foi iniciada, tornando-se a "rainha-mãe" do

---

[28] Sobre o movimento akan nos Estados Unidos, ver Guedj, 2004.

templo. Em 1978, Hall foi a Salvador, na Bahia, onde apresentou o balé *Orisun Omi*, a "fonte d'água" em yoruba. No texto de apresentação do balé, lia-se que, a despeito de inevitáveis mudanças, "a fonte de água permanecia a mesma". Com efeito, Arthur Hall e os membros de seu grupo haviam descoberto que "entre os norte-americanos que falavam inglês e os sul-americanos que falavam português, a [única] língua comum era o yoruba".[29]

Porém, seu espetáculo mais célebre foi, sem dúvida alguma, *Oba Koso* (1987), uma adaptação em inglês da peça de teatro do yoruba Duro Ladipo. Os diálogos eram em inglês, mas o coro era em yoruba, o que obrigou os membros da trupe a estudar essa língua. Com as restrições econômicas dos anos Reagan, Arthur Hall foi obrigado a fechar o *Ile Ife Center* em 1988, deixando a Filadélfia para se estabelecer no Maine, onde abriu, em 1995, um novo centro cultural, o *Ile Ife Philadelphia Maine*. Arthur Hall faleceu em 6 de julho de 2000. Antes de sua morte, pedira a Fred O'Brien para lhe forjar uma lâmina de bronze para que fizesse um machado com dupla lâmina, símbolo do deus yoruba Shangó. O machado foi confiado a Wande Abimbola, para que o levasse com ele para a África e provasse, assim, que Hall estava se tornando um sacerdote yoruba.[30]

Atualmente, inúmeras são as companhias de dança que se inscrevem na herança de Katherine Dunham e que continuam essa mesma busca cultural e espiritual, combinando educação, atividade artística e engajamento religioso. Assim, o *Voodoo Macumba Dance Ensemble* de Nova Orleans, composto por percussionistas e dançarinos, é dirigido por Ava Kay Jones, que se apresenta como uma sacerdotisa "vodou e yoruba". Ela é proprietária de uma *botánica*[31] e, quando se trata de vodou, uma autoridade na cidade. Ava Kay foi iniciada na religião dos *orisha* em Atlanta, na presença de Oba Oseijeman Adefunmi I e do nigeriano Afolabi Epega (Davis, 1998: 300). Hoje em dia, os cursos de dança e percussão para os iniciados e simpatizantes da religião dos *orisha* se multiplicam. Assim, em 1988, o *Yoruba Temple* de Los Angeles, fundado por

---

[29] *Cf.* o site do AHAADE, http://ileife.org/

[30] Wande Abimbola é um dos protagonistas das tentativas de unificação da religião dos *orisha*. É geralmente apresentado da seguinte forma: "Wande Abimbola exerce o papel de *Awise Awo ni Agbayé*, porta-voz e embaixador da religião e da cultura yoruba no mundo. Esse papel lhe foi outorgado, em 1987, pela assembleia dos *babalawo* nigerianos. Foi reitor da Universidade de Ilé-Ifé e presidente do Senado nigeriano. Desde a dissolução do Senado, dedicou-se integralmente a Ifá, o sistema de adivinhação yoruba, e a seu papel de *Awise*" (*Afrocubaweb.com*).

[31] Uma *botánica* é uma loja em que se encontram todos os ingredientes necessários para a realização dos rituais da santería ou das outras religiões de origem africana. Sobre as *botánicas* nos Estados Unidos, ver Borrello e Mathias, 1977; Long, 2001; Polk, 2004.

Sekou Ali e Imodoye Shabazz, dois ex-muçulmanos negros que encontraram na religião de origem africana o meio de reatar com sua herança cultural, organizava esses cursos, bem como cerimônias públicas e adivinhações (*spiritual readings*) "do jeito africano".[32] Ainda em Los Angeles, a *Yoruba House*, fundada, em 1993, pelo percussionista yoruba Ayo Adeyemi e por sua mulher Carole Zeitlin Adeyemi se apresenta como "um oásis cultural e espiritual para qualquer pessoa que se interesse pelos tambores, pela dança e pelos rituais sagrados". Eles organizam celebrações para as luas nova e cheia, por ocasião do *New Moon Drum & Dance Healing Circle* e do *Full Moon Drum & Dance Healing Circle*, durante os quais os espíritos são invocados para que se recebam bênçãos e bem-estar (*healing*). Todo mundo pode participar e, por dez dólares, alugar um tambor para tocar durante as cerimônias. Um altar para os ancestrais é erguido no centro e os participantes podem pôr oferendas, como velas, frutas, incenso ou um pouco de dinheiro. Ayo Adeyemi, que chegara aos Estados Unidos com um grupo de músicos nigerianos, tocou durante anos em companhia de Babatunde Olatunji, um dos mais célebres músicos yoruba nos Estados Unidos. Este, graças ao enorme sucesso obtido com seu disco *Drums of Passion* (1959), introduzira a dança e as percussões africanas nas universidades americanas, tornando-se o embaixador da cultura africana nos Estados Unidos. Adeyemi oferece, em seu centro de Los Angeles, cursos de percussão e dança, bem como de língua yoruba.

Os cursos de dança ritual nos Estados Unidos são, atualmente, numerosos demais para que se possa fazer uma lista exaustiva. Na maioria das universidades onde se dispensa um ensino sobre as culturas africanas ou afro-americanas, encontra-se essa mescla de atividades artísticas e práticas religiosas. Certos centros abrem a participação nos cursos a todos que desejarem, outros a restringem unicamente aos iniciados. Em setembro de 2000, em Nova York, pude assistir a um curso de dança dos *orisha*, dado no *Capoeira Angola Center*, cujo fundador foi o Mestre João Grande, aluno de Pastinha, um dos mais célebres capoeiristas brasileiros. O *workshop* se chamava *From Brazil to Cuba* e propunha uma espécie de comparação entre os estilos de dança afro-cubano e afro-brasileiro. Grande parte dos presentes era formada por dançarinos profissionais, mas havia também iniciados e pesquisadores, como Lisa Knauer e Judith Gleason, e afro-americanos que iam com frequência a Salvador para fazer cursos de dança com o Ballet Folclórico da Bahia.

---

[32] *In* "Power of the Orisha. Santeria, an Ancient Religion from Nigeria, Is Making Its Presence Felt in Los Angeles", *Los Angeles Times Magazine* de 7 de fevereiro de 1988.

A mãe de santo Mainha de Oxum apresentava as danças afro-brasileiras e a ex-dançarina do Balé Folclórico de Cuba, Xiomara Rodriguez, as afro-cubanas. O panfleto anunciando o *workshop* explicava que este tinha como finalidade mostrar, em duas horas de atividade, as diferenças e semelhanças das danças e músicas dos *orisha* em Cuba e no Brasil. Jorge Alabé, um baiano, *ogã*[33] de candomblé e tocador de tambores sagrados, bem conhecido dos adeptos das religiões afro-americanas nos Estados Unidos, dirigia os percussionistas afro-brasileiros. Louis Bauzo, um porto-riquenho, diretor do *Harbor Conservatory Latin Big Band* e que oferece cursos de percussão e dança com Xiomara Rodriguez no *Boys Harbor* de Manhattan, era encarregado das percussões afro-cubanas. Assim, a experiência artística conduz "naturalmente" à prática religiosa, primeiramente considerada uma prática cultural como outra qualquer, antes de tornar-se uma real escolha de vida e uma via de aperfeiçoamento espiritual.[34]

---

[33] O título ritual de *ogã* é reservado a homens que não entram em transe. Os tocadores de tambor sagrados geralmente são *ogãs*.

[34] Em seu estudo sobre a difusão da santería entre os parisienses, Kali Argyriadis (2001-2002) analisa dinâmicas análogas àquelas aqui evocadas para os Estados Unidos.

CAPÍTULO IV

A chegada dos cubanos

Bem antes da chegada das primeiras ondas de imigração cubana, no início dos anos 1960, a comunidade afro-americana da cidade de Nova York já convivia com os porto-riquenhos, que dividiam frequentemente os mesmos bairros e os mesmos empregos com os afro-americanos. Essas duas comunidades eram também caracterizadas por uma história comum de opressão racial e colonial. A partir de 1898, os porto-riquenhos haviam sido submetidos a uma espécie de regime colonial que os tornara uma mão de obra barata para as plantações de cana-de-açúcar e, posteriormente, para as usinas de Porto Rico e dos Estados Unidos. Assim, segundo Grosfoguel e Georas (1998: 14), os porto-riquenhos não seriam simplesmente migrantes ou membros de um grupo étnico, mas "sujeitos coloniais-racializados", pois a "racialização" dos porto-riquenhos, como Outros inferiores, se confunde, nos Estados Unidos, com a dos afro-americanos. Desde o início, os porto-riquenhos se concentraram em bairros como o Harlem, onde ficavam lado a lado com a comunidade afro-americana. A construção social das categorias raciais nos Estados Unidos, onde basta ter "uma gota de sangue negro" para ser considerado como tal, "naturalmente" fazia com que os porto-riquenhos fossem assimilados aos negros norte-americanos. Assim sendo, eles foram rapidamente "afro-americanizados", embora permanecendo "etnicamente" *latinos*.

Desde o início do século XX, bibliófilos e historiadores autodidatas caribenhos e afro-americanos colaboravam ativamente para um mesmo projeto:

reconstruir a história dos povos de origem africana, graças à constituição de uma coleção de livros e informações sobre a África e a "diáspora africana". O porto-riquenho Arthur Schomburg possuía uma gigantesca biblioteca em sua casa no Brooklyn e formara, em 1911, com o jornalista afro-americano John E. Bruce, a *Negro Society for Historical Research*.[1] Schomburg era simpatizante e amigo de Marcus Garvey, para quem emprestava seus livros e traduzia frequentemente cartas e documentos (Watkins-Owen, 1996: 96).[2] Essa proximidade entre as duas comunidades prosseguiu nas décadas seguintes. Assim, quando, em 1966, o lendário Palladium Ballroom foi fechado, marcando o fim da grande época do *mambo*, essa sala de espetáculos havia muito era frequentada por afro-americanos e porto-riquenhos. Durante décadas, eles escutaram grupos musicais negros e orquestras *latinas* nos mesmos clubes. Desde a revolução musical dos anos 1940, quando músicos como Machito, Mario Bauzá e Dizzy Gillespie haviam criado o *cubop* ou *latin jazz*, as duas tradições musicais se mesclaram, e os ritmos do *guaguancó*, do *son* e da *guaracha* se entrelaçaram com as experimentações do *be-bop* (Flores, 2000: 80). O público afro-americano gostava das músicas latinas, especialmente o *boogaloo*, ritmo porto-riquenho dançado pela primeira geração de porto-riquenhos nascidos e criados em Nova York. O *boogaloo* nascera da mistura do estilo musical afro-cubano com o blues, o jazz e outras correntes musicais afro-americanas. Além disso, os percussionistas *latinos* mantinham laços muito fortes com os percussionistas afro-americanos do Harlem. A troca entre esses dois grupos sempre foi muito rica, os músicos *latinos* incorporavam várias técnicas de percussão afro-americanas a suas performances e os músicos afro-americanos tentavam aprender as percussões latinas, como os timbales (*ibid*.: 99).[3]

A relação entre as comunidades afro-americana e cubana era muito diferente. Os negros cubanos não sofriam a mesma discriminação racial a que eram submetidos os negros norte-americanos. Assim, o jornal do movimento de Marcus Garvey, *The Negro World*, publicou, nos anos 1920, um editorial intitulado "The value of knowing the Spanish language", que salientava a excepcio-

---

[1] Essa coleção dará origem à biblioteca do Schomburg Center, situada no bairro do Harlem.

[2] Arthur Schomburg e John E. Bruce partilhavam também outros centros de interesse, Schomburg sendo um oficial de alto nível da loja maçônica Prince Hall e editor associado, com Bruce, da *Masonic Quaterly Review* (Watkins-Owens, 1996: 73).

[3] Com os anos 1970, o *boogaloo* foi substituído pela salsa do Fania All-Stars, que salientava as "raízes", "purificando" os ritmos afro-cubanos de suas misturas com o jazz. O inglês cedeu lugar, então, ao espanhol, e a conexão afro-americana com a comunidade *latina* de Nova York perdeu importância, ao menos no que tange aos estilos musicais (Flores, 2000: 110).

nal liberdade de que gozavam os negros que falavam espanhol (Watkins-Owen, 1996: 5). Se isso não se aplicava necessariamente aos porto-riquenhos, vítimas de uma racialização negativa, era certamente verdadeiro para os cubanos, que dificilmente se identificavam como negros (*cf.* Van Deburg, 1997: 72).

A implantação da religião lucumí na Nova York latina

Os primeiros vestígios da presença dos cubanos na cidade de Nova York remontam aos anos 1830. Será necessário, entretanto, esperar um século para que se possa falar de uma verdadeira comunidade cubana, formada por artistas, artesãos e intelectuais, como Rómulo Lachatañeré, que, em 1942, publicou duas obras sobre a religião afro-cubana. Lachatañeré ajudou a organizar, com outros profissionais, o *Club Cubano Inter-Americano*, no Bronx, que reunia cubanos e outros latino-americanos que viviam em Nova York. Os anos 1940 viram também o início de uma grande onda de imigração porto-riquenha com a *Bootstrap Operation*.[4] Na realidade, em Nova York, durante os anos 1920, a comunidade porto-riquenha já era muito grande, até encarnar, nos anos 1950, o estereótipo da "Nova York *latina*".[5]

Quando um grande número de cubanos chegou a essa cidade, após a revolução de Fidel Castro, os porto-riquenhos representavam mais de 80% da população *latina*. Nos anos 1940 e 1950, haviam emigrado para os Estados Unidos, cheios de esperança e sonhos de um futuro melhor. Porém, no final dos anos 1950, a estagnação econômica relativizou suas expectativas, e a comunidade começou a diminuir. Assim, os cubanos que emigraram para os Estados Unidos nessa época encontraram-se confrontados com uma comunidade *latina* muito grande, mas que já havia sido "racializada" em função de sua proximidade cultural e social com os afro-americanos. Os cubanos conseguiram escapar dessa "racialização" negativa graças a uma série de fatores que contaram a seu favor.

As primeiras ondas de emigração cubana, que fugiam da revolução castrista de 1959, receberam uma acolhida calorosa e beneficiaram-se do apoio

---

[4] Tratava-se de um programa econômico concebido e posto em prática por Teodoro Moscoso durante os anos 1940 e 1950, que tinha como objetivo desenvolver e industrializar a ilha de Porto Rico. Esse programa representou um sucesso importante para o governo norte-americano e ajudou a conter, a partir dos anos 1960, a influência cada vez maior de Castro na região caribenha. Ver a esse respeito Maldonado, 1997.

[5] A comédia musical *West Side Story* é um bom exemplo dessa equação.

do governo dos Estados Unidos. Os cubanos que emigraram entre 1960 e 1980 provinham, em grande maioria, das camadas médias urbanas e constituíam uma mão de obra qualificada, conseguindo, assim, melhorar rapidamente sua situação socioeconômica. Além disso, não tiveram que sofrer discriminação racial, uma vez que pareciam "brancos" aos olhos dos americanos (Pedraza-Bailey, 1985a: 23).[6] Na realidade, são os milhões de dólares do Programa para os Refugiados Cubanos, distribuídos pelo governo norte-americano, programa oriundo da estratégia americana da Guerra Fria, que ajudaram os cubanos imigrados antes de 1980 a escapar dessa discriminação racial. A mídia apresentava os cubanos como uma "minoria modelo que conseguira se erguer graças a seu próprio esforço" (Pedraza-Bailey, 1985b). Os outros imigrantes *latinos*, como os porto-riquenhos de East Harlem, diziam, ao contrário, que o governo americano "mergulhava os refugiados cubanos em água sanitária" (Grosfoguel e Georas, 1998: 20).[7]

Os Estados Unidos fizeram dos refugiados cubanos um símbolo da superioridade do capitalismo em relação ao socialismo, razão pela qual o apoio do Serviço Federal de que se beneficiaram era superior àquele destinado aos cidadãos norte-americanos e, evidentemente, a qualquer outro imigrante naquela época. Os cubanos foram o único "grupo étnico" a ter uma "assistência social de tipo europeu". O Programa para os Refugiados Cubanos lhes ofereceu uma formação bilíngue, bolsas de estudos, cuidados médicos, reconhecimento legal de seus diplomas profissionais, seguro-desemprego, apoio para que encontrassem emprego, entre outros. A partir de 1965, esse apoio aumentou ainda mais, com a criação, pelo presidente Johnson, de um grupo de trabalho que reunia o Departamento de Estado, os Ministérios do Trabalho, da Agricultura, do Comércio, da Habitação e do Desenvolvimento Urbano, e o Escritório de Oportunidades Econômicas e a Administração de Pequenas Empresas (APE). Esse grupo de trabalho tinha como objetivo coordenar o apoio federal e, assim, evitar qualquer despesa extra para as comunidades que haviam acolhido os refugiados cubanos. Em Miami, assim como em Union City (Nova Jersey) e em Nova York, cidades com forte con-

---

[6] Entretanto, nos Estados Unidos, o fato de uma pessoa ser fenotipicamente branca não a impede de ser submetida a um processo de racialização. É o caso dos porto-riquenhos, que, independentemente da cor, foram associados, pelos norte-americanos, a estereótipos racistas, sendo considerados preguiçosos, violentos, criminosos, ignorantes e sujos. Embora formando um grupo fenotipicamente muito variado, os porto-riquenhos tornaram-se assim uma nova "raça" nos Estados Unidos, o que mostra o caráter social, e não biológico, das classificações raciais.

[7] Sobre a aplicação das políticas raciais nas comunidades caribenhas em Nova York, ver Sutton, 1987; Kasinitz, 1992. Sobre a imigração cubana nos Estados Unidos, ver, entre outros, Portes e Bach, 1985; Sandoval, 1985; Zuver, 1991; Poyo e Diaz-Miranda, 1994.

centração de cubanos, a APE instituiu uma política que os favoreceu em seus programas de crédito. A APE de Miami, por exemplo, concedeu a eles 66% de seus empréstimos, entre 1968 e 1979, contra apenas 8% aos afro-americanos (Grosfoguel, 1994: 358-359). Os cubanos (aproximadamente 700 mil em 1975) receberam, assim, 1,3 bilhão de dólares sob a forma "de apoios de assistência pública de estilo europeu", entre 1961 e 1974. No final dos anos 1970, houve um progressivo abandono do Programa para Refugiados Cubanos. Quando, em 1980, os chamados Marielitos chegaram aos Estados Unidos, grande parte dos programas federais de apoio aos refugiados cubanos já tinham se encerrado. Os membros desse grupo — em sua maioria, pessoas com a pele mais escura — foram estigmatizados como marginais pelas autoridades cubanas. O grupo não conseguiu, pois, escapar da discriminação racial. Seus membros foram rapidamente "porto-ricanizados" e sofreram uma forte marginalização no mercado de trabalho americano.

Os cubanos compreenderam rapidamente a natureza "ficcional" da democracia americana, tal como era aplicada aos afro-americanos. Os imigrantes provenientes do Caribe gozavam geralmente de mais direitos do que os afro-americanos, considerados cidadãos americanos, embora de segunda categoria. Assim, J. A. Rogers, um historiador jamaicano que colaborava ativamente com o jornal de Marcus Garvey, *The Negro World*, escrevia em 1940: "Nos Estados Unidos, se você não quiser procurar briga, não deve mencionar o sangue 'negro' de um cubano ou de um porto-riquenho típico, mesmo que estes sejam três quartos negros. Querem ser brancos" (*in* Van Deburg, 1997: 72). Contudo, os porto-riquenhos têm uma história feita de engajamentos políticos que não tem correspondência na comunidade cubana nos Estados Unidos. Em 1970, em pleno período *Black Power*, intelectuais negros, como Amiri Baraka, conclamavam para que se fizessem alianças com outras "pessoas de cor", dentre as quais os porto-riquenhos, que, apesar de serem frequentemente considerados brancos pelos afro-americanos, eram engajados em movimentos revolucionários, como *The East* e os *Young Lords*. Assim, quando Baraka criou a *Spirithouse,* em Newark (Nova Jersey), estabeleceu "um pacto de assistência mútua" com os *Young Lords* que estipulava que atacar a comunidade porto-riquenha equivaleria a atacar a comunidade negra e vice-versa (*ibid.*: 150).[8] Os cubanos, em contrapartida, ficaram à margem desses acontecimentos políticos, dedicando-se mais a suas atividades religiosas.

---

[8] Em 7 de junho de 1969, os Panteras Negras anunciaram em seu jornal a formação, em Chicago, da *Rainbow Coalition*, surgida de sua aliança com a *Young Patriots Organization* (uma gangue politizada de jovens brancos) e os *Young Lords* porto-riquenhos. Seguindo o exemplo de Chicago, outros grupos

As primeiras informações sobre atividades religiosas afro-cubanas em Nova York datam do final dos anos 1940. Marta Moreno Vega (1995a: 64) fala da presença de iniciados na religião lucumí entre os membros do *Club Cubano Inter-Americano*. Mas, apesar disso, a existência de *botánicas* na Nova York dos anos 1930 e 1940, observada por Lachatañeré (1942*b*: 393-394), dificilmente poderia ser considerada o sinal indiscutível de uma real atividade religiosa afro-cubana. Como mostra John Mason (1998: 92), apesar da abertura, em 1921, da *Botánica Otto Chicas/Rendon* no East Spanish Harlem, será preciso esperar os anos 1960 e a chegada maciça dos cubanos exilados nos Estados Unidos para que as *botánicas* se tornem verdadeiras lojas destinadas aos praticantes das religiões afro-cubanas. Aquelas que existiam anteriormente vendiam artigos religiosos em geral, mas não as ervas e as folhas indispensáveis à realização dos rituais. Da mesma forma, seus proprietários não conheciam os elementos indispensáveis para proceder aos trabalhos mágicos e aos "banhos de limpeza".[9] A partir de 1960, essas lojas começaram a se multiplicar na cidade de Nova York: em 1963, a *Botánica Almacenes Shangó* abriu uma loja na 111th Street no East Harlem, seguida, em 1965, pela *Botánica El Congo Real* (Park Avenue entre a 110th e a 111th Streets), a *Botánica San Francisco* (Amsterdam Avenue e 81st Street) e a *Botánica Obatalá* (Amsterdam Avenue e 181st Street), em 1966. A *Botánica Almacenes Shangó* e a *Botánica El Congo Real* (*cf.* Fotos 4 e 5) são hoje as únicas que oferecem todos os ingredientes para os rituais e todas as folhas importadas diretamente dos países tropicais.

A primeira marca de uma verdadeira atividade religiosa afro-cubana nos Estados Unidos remonta ao final dos anos 1940. O cubano Pancho Mora (Oba Ifá Morote), um *babalawo*[10] iniciado em Havana, em 1944, por Quintín Lecón, chegou a Nova York em 1946, onde criou a primeira comunidade de praticantes da santería. Joseph Murphy, que estudou essa comunidade no Bronx, escreveu que, em 1964, Pancho Mora organizou uma cerimônia para Shangó na *Casa Carmen*, no Harlem, e que a cerimônia teria atraído 3

---

de *Young Lords* foram criados em Nova York, Filadélfia, Newark, Boston e Porto Rico. Os *Young Lords* publicavam também o jornal *Palante* e pregavam a independência de Porto Rico em relação aos Estados Unidos.

[9] Os banhos, preparados com folhas de plantas sagradas maceradas na água, são muito importantes para purificar o corpo de qualquer influência negativa. São também recomendados para tratar várias doenças.

[10] *Babalawo* é o termo que define na Nigéria sacerdotes de Ifá (é usado também pelos estrangeiros iniciados pelos nigerianos). A grafia *babalao* é adotada em Cuba pelos sacerdotes de Ifá (e também pelos estrangeiros iniciados pelos cubanos).

mil pessoas, entre as quais vários músicos cubanos, como Julito Collazo e Frank "Machito" Grillo (Murphy, 1988: 50).[11] O público era formado, em sua maioria, por cubanos e porto-riquenhos que residiam nos mesmos bairros de Nova York, especialmente no Upper West Side e no East Spanish Harlem. Dois outros *tambores* (cerimônias para os *orisha*) foram organizados nesse mesmo ano, um para Eleguá e outro para Obatalá, este último nos salões do Audobon Ballroom, na 161st Street. Nessa época, Pancho Mora era o único *babalawo* em Nova York.[12] Ainda que a existência de praticantes isolados antes de sua chegada seja provável, nenhum deles teve a mesma importância. Contudo, o interesse crescente do público pelas manifestações culturais afro-cubanas, como demonstraram as 3 mil pessoas presentes durante a cerimônia pública de 1964, parece ter sido, nessa época, mais o resultado das atividades artísticas de um grupo de dançarinos e músicos afro-americanos e cubanos do que a prova da existência de uma verdadeira comunidade de adeptos religiosos.

O papel desempenhado por Katherine Dunham foi, mais uma vez, primordial na difusão e na aceitação das práticas religiosas de origem africana, notadamente das que provinham do Caribe. Sua escola, situada entre a 43rd Street e a Broadway, tornou-se o ponto de encontro de artistas, intelectuais e diplomatas latino-americanos. Uma vez por mês, as orquestras *latinas* mais conhecidas, como as de Pérez Prado, Tito Puente ou Mongo Santamaría, faziam concertos ali. Dunham contribuiu com seu trabalho pioneiro para a criação de uma espécie de "pan-africanismo cultural", que reunia praticantes da santería cubana, do vodou haitiano e do candomblé brasileiro no seio de sua companhia de dança. Seu grupo era, de fato, o único a possuir os instrumentos rituais afro-cubanos. Após os espetáculos, era frequente ver os músicos de sua companhia irem a cerimônias religiosas no Harlem para tocar tambores, que não eram, contudo, consagrados naquela época. Sua presença ao lado dos primeiros *santeros* e *babalawo* contribuiu, assim, para lançar as

---

[11] Como em toda história oral, as datas variam segundo os autores. Assim, Mason (1998: 92) indica 1961 como data dessa primeira cerimônia em Nova York, enquanto Murphy (1988), Brandon (1993) e Vega (1995*a*) indicam a data de 1964.

[12] Segundo Anthony Pinn (2000: 245), Mora teria sido enviado aos Estados Unidos pela *Asociación de San Francisco*, um grupo de *babalawo* cubanos, para introduzir a tradição lucumí. O que é questionado pela data de fundação dessa Associação (1951), posterior à chegada de Mora (comunicação pessoal de Kali Argyriadis). Na revista *Santería* (ano 1, nº III, p. 16), publicada em Nova York, em 1981, lê-se que Pancho Mora participou da iniciação de Emilio Rosa em 1949, a primeira de um porto-riquenho em Cuba.

bases da futura comunidade dos praticantes da religião dos *orisha* em Nova York e, de forma mais geral, nos Estados Unidos.[13]

Pancho Mora participou da iniciação da primeira *santera* em Porto Rico, em 1954: Elba Leyva, iniciada no culto de Shangó. Até sua morte, em 1986, ele participou das iniciações de sacerdotes e sacerdotisas na Venezuela, na Colômbia e no México. Foi também o primeiro *babalawo* a introduzir o sistema de Ifá em Santo Domingo, onde tinha inúmeros afilhados.[14] Durante os anos 1950, Cuba permanecia o centro religioso da santería, e toda iniciação era efetuada na ilha ou, eventualmente, em Porto Rico, onde já residia uma comunidade *santera* que podia fornecer os especialistas necessários à realização dos rituais. Nos Estados Unidos, era também impossível encontrar os ingredientes indispensáveis às iniciações, como as ervas e alguns animais para os sacrifícios. Foi preciso esperar a chegada dos cubanos, após a revolução castrista, para que tais cerimônias pudessem ser realizadas em solo americano.

Do espiritismo ao santerismo

Na Nova York dos anos 1940 e 1950, a maioria dos imigrados cubanos e porto-riquenhos praticava o espiritismo.[15] A crença na comunicação direta com os mortos era partilhada por esses dois grupos e constituía um elemento de ligação entre eles. Segundo Morales (1990), os afro-cubanos que moravam em Nova York eram particularmente ligados à comunidade porto-riquenha, e os casamentos entre os dois grupos eram frequentes.[16] Foi nessa época que as crenças religiosas das duas comunidades começaram a se influenciar mutuamente, dando origem ao que Brandon (1993) chama de *santerismo* e o que Morales (1990: 137) define como um "afro-espiritismo".[17]

---

[13] Esse laço entre "performance ritual" e "performance artística" já existia em Cuba, onde inúmeros *babalawo* e *santeros* eram, na época — e são ainda hoje — membros ou diretores de grupos de dança e de música afro-cubanas.

[14] *Santería*, ano1, nº III, 1981, pp. 16-17.

[15] Ver Morales, 1990: 133-134.

[16] Não se pode dizer o mesmo de Miami, onde, ao menos até os anos 1970, o antagonismo entre cubanos e porto-riquenhos era muito forte (*cf.* Scott, 1974). Sobre a história dos porto-riquenhos de Nova York, ver Sanchez Koroll, 1983; Grosfoguel, 1994; Glasser, 1995.

[17] Sobre essa versão africanizada do espiritismo, ver também Garcia, 1979; Pérez y Mena, 1991, 1998.

Quadro 3 — Primeira geração de santeros residentes em Nova York
Iniciações realizadas em Cuba

Nome de batismo	Nome de iniciação	Lugar e data de iniciação	Especialização religiosa	País de nascimento
Pancho Mora	Oba Ifá Morote	Havana (Cuba) 1944	babalawo	Cuba
Juana Manrique Claudio	Omi Yínká	Cuba 1952	iyalorisha	Cuba
Leonore Dolme[18]	Omi Dúró	Havana (Cuba) 1957	iyalorisha	Cuba
Mercedes Noble	Oba-n-jókó	Cuba 1958	iyalorisha	Cuba
Asunta Serrano	Osá Unkó	Havana (Cuba) 1958	iyalorisha	Porto Rico
José Manuel Ginart	Oyá Dina	Havana (Cuba) 1959 ou 1960	oriaté	Cuba
Walter King	Oseijeman Efuntola Adefunmi	Matanzas (Cuba) 1959 Ifá (Nigéria) 1972	Oba d'Oyotunji Village babalawo	Estados Unidos
Christopher Oliana	Oba Ilú Mí	Matanzas (Cuba) 1959	babalorisha	Estados Unidos
Edward James	Shangó Ilarí	Cuba 1960 Ifá (Nigéria) 1964	babalorisha babalawo	Estados Unidos

A maioria das análises sobre o espiritismo porto-riquenho e a santería cubana nos Estados Unidos, ao menos até o início dos anos 1980, tem como objeto as relações entre crenças religiosas e sistemas terapêuticos.[19] Os especialistas das religiões afro-cubanas e do espiritismo, tal como é praticado em Cuba e em Porto Rico, são considerados "terapeutas nativos" (Harwood, 1977b: 69), que ajudam os imigrados a se ajustarem à sociedade de acolhida e a superarem o "choque cultural" provocado por essa nova situação (Sandoval, 1975: 271). Em contrapartida, raros são os estudos que mostram como esses

---

[18] Mason (1998: 128) dá uma outra ortografia: Leonor Domey. Segundo Miguel "Willie" Ramos, que a conheceu pessoalmente em Nova York, a ortografia correta de seu nome seria Deumet, e ela seria uma cubana descendente de haitianos (comunicação pessoal, Miami, março de 2004).

[19] A literatura sobre essas questões é muito vasta. Ver especialmente Halifax e Weidman, 1973; Scott, 1974; Morales-Dorta, 1976; Garrison, 1977; Harwood, 1977a, 1977b; Pérez y Mena, 1977, 1982; Sandoval, 1979; George, 1980.

dois sistemas de religiosidade estão intimamente ligados, até formar um verdadeiro *continuum* religioso entre práticas espíritas e a santería cubana. Lydia Cabrera ([1954] 1975) foi uma das primeiras autoras a evidenciar esse laço na Cuba de antes da revolução. Já em 1954, ela declarava que os centros de espiritismo se multiplicavam na ilha, com milhares de médiuns, "o que não implicava um enfraquecimento da fé nos *orisha* nem o abandono do culto de origem africana" (*ibid.*: 24). A maioria dos iniciados nas religiões afro-cubanas eram, já nessa época, também médiuns espíritas. Os mais velhos na religião declaravam que *Ikú lo bi Ocha*, "o morto dá nascimento ao *orisha*", alegando que não havia *Ocha*, a religiao lucumí, sem espiritismo.[20]

Os espiritismos porto-riquenho e cubano são uma adaptação da doutrina espírita de Allan Kardec, pseudônimo do francês Léon Hippolyte Dénizart Rivail, cujos livros fizeram grande sucesso durante toda a segunda metade do século XIX, difundindo suas ideias na maior parte das colônias americanas. Os espíritas creem na dicotomia entre os planos espiritual e material. O primeiro é habitado pelos espíritos desencarnados ou entidades espirituais, e o segundo, pelos espíritos encarnados, ou seja, os homens. A comunicação entre esses dois planos torna-se possível pela possessão mediúnica, uma faculdade que pode ser desenvolvida por meio da participação nos rituais espíritas. As entidades espirituais são organizadas hierarquicamente, segundo um modelo de aperfeiçoamento moral, indo dos espíritos "menos evoluídos" aos "mais evoluídos". Segundo o espiritismo porto-riquenho, chamado frequentemente de *mesa blanca*, os espíritos dos mortos comuns constituem o primeiro nível da escala espiritual. Esses espíritos recebem os cuidados dos vivos, que realizam rituais, chamados de *misas espirituales*, para enviar-lhes "luz" e permitir que evoluam para um plano superior de existência. Acima desses espíritos, encontram-se os espíritos de líderes políticos, como José Martí ou Che Guevara. Da mesma forma, os espíritas de Nova York incorporaram a seu panteão *Los Tres Difuntos*, a saber, John F. Kennedy, Robert Kennedy e Martin Luther King, cujas estátuas aparecem nos altares dos médiuns porto-riquenhos (Harwood, 1997*b*: 73). Se os espíritas são também praticantes da santería, o "plano superior" será ocupado pelos *santos* ou *orisha* africanos. Acima dos *orisha,* residem os espíritos puros, como os anjos, os arcanjos e os serafins, antes de chegar a Deus. O mundo espiritual é também dividido em falanges, cada uma tendo em seu topo um espírito

---

[20] Na realidade, o termo yoruba *ikú* não designa o morto, mas a morte (Abraham, 1958: 298). No capítulo VI, veremos como essa relação entre espiritismo e santería constitui uma das fontes de tensão no interior da comunidade *santera* norte-americana.

superior, encarregado de guiar os espíritos "menos evoluídos". Em seu nascimento, cada pessoa recebe um anjo da guarda, bem como um certo número de espíritos protetores, que se tornam seus "guias" espirituais.

Nos anos 1940, em Nova York, os médiuns espíritas não incorporavam "guias" africanos, privilegiando os espíritos ameríndios. Morales (1990: 137) explica esse fato pela situação difícil vivida pelos porto-riquenhos que, apesar de sua proximidade social e cultural, tentavam não se deixar amalgamar aos negros norte-americanos, submetidos ao sistema segregacionista. Será necessário esperar a chegada das primeiras ondas de imigração cubana para que os espíritos africanos se manifestem nas sessões espíritas de Nova York. Segundo Morales (*ibid.*: 145), os altares espíritas dos anos 1940 eram fundamentalmente altares católicos, dedicados a um santo específico, com uma grande cruz e um copo de água. A partir dos anos 1960, os médiuns porto-riquenhos começaram a adotar as práticas religiosas dos *santeros* cubanos. A santería era considerada uma religião "mais poderosa" e "mais eficaz" do que o espiritismo. Ainda hoje, quando um espírita porto-riquenho se crê vítima de um feitiço, ele vai a um *santero* cubano para resolver seu problema, pois o espiritismo "não tem força bastante para essa tarefa" (Scott, 1974: 528).

Pérez y Mena (1998: 22) relata como inúmeros porto-riquenhos entraram em contato com a religião lucumí pelo viés da cultura popular cubana, especialmente de sua música, mais do que pela iniciação nas casas de culto (*ilés*) cubanas. Canções como *A las siete potencias*, que foi celebrizada por Rafaél Carabello, as dedicadas aos *orisha*, cantadas por Célia Cruz, ou a invocação a Babalú Ayé, interpretada pelo ator Desi Arnaz no seriado da televisão *I Love Lucy*, embalavam os porto-riquenhos durante os anos 1950.[21] Pouco a pouco, os médiuns espíritas porto-riquenhos começaram a incorporar em seus rituais as divindades afro-cubanas, reunidas num grupo poderoso de entidades espirituais chamado *las siete potencias africanas*: Shangó, Orula, Oshún, Obatalá, Eleguá, Ogún e Yemayá. Durante os anos 1970, os *orisha* eram invocados ao longo das sessões espíritas por batidas de mãos e discos que divulgavam os cantos destinados às divindades afro-cubanas (Harwood, 1977b: 77). A fusão entre *mesa blanca* e santería avançava rapidamente na Nova York dos anos 1970. A maioria dos médiuns espíritas considerava a *mesa blanca* o primeiro nível do desenvolvimento mediúnico, que devia culminar, "naturalmente",

---

[21] Desi Arnaz era o marido de Lucille Ball, protagonista desse seriado. Os episódios, no ar entre 1951 e 1956, mostravam as peripécias de uma dona de casa chamada Lucy Ricardo, que tentava obter um trabalho como secretária, para grande prazer do marido, Ricky, um imigrante cubano, líder de um grupo de *latin jazz*.

com as práticas religiosas dos *santeros*, consideradas muito mais poderosas (*ibid.*).[22]

Dos 14 centros espíritas observados por Garrison (1977) no Bronx, entre 1966 e 1967, dois haviam introduzido em suas práticas religiosas elementos oriundos da santería. Harwood (1977*a*), por sua vez, estudou seis centros, todos no Bronx, dos quais quatro tinham práticas que ele identificava como uma versão *santera* do espiritismo. A principal mudança acarretada pela fusão desses dois sistemas de religiosidade foi a passagem de um culto fundado no exercício da "caridade", que impedia os médiuns de receber algum pagamento em dinheiro em troca de seus serviços, a um outro culto, em que os iniciados tinham o direito de cobrar uma compensação financeira pelos rituais que realizavam. Como mostrou Pérez y Mena (1982: 374-375), essa mudança de perspectiva levou a uma profissionalização dos médiuns espíritas e à imitação de certos aspectos da organização ritual *santera*, notadamente, o estabelecimento de casas de culto e a utilização de uma parafernália simbólica que os fazia concorrer com os iniciados na santería.

Os *santeros* não aceitaram de bom grado a apropriação de suas práticas pelos espíritas porto-riquenhos, que incorporavam espíritos afro-cubanos, como os congos (espíritos de ex-escravos), alguns afirmando inclusive poder entrar em transe com as divindades lucumís. O monopólio religioso dos cubanos era, assim, questionado, situação agravada pela publicação de *libretas*, pequenos livros que tinham como objetivo transmitir ensinamentos aos novos iniciados na santería e que podiam ser livremente adquiridos nas *botánicas* de Nova York (Morales, 1990: 152). Além disso, os livros de Lydia Cabrera eram utilizados como verdadeiros manuais que ajudavam os espíritas porto-riquenhos a reproduzir os rituais afro-cubanos. Os altares espíritas começaram, assim, a incorporar as imagens dos *orisha* e outros símbolos afro-cubanos.

O encontro dos deuses africanos com o nacionalismo negro

A primeira iniciação na santería em Nova York data do início dos anos 1960. A sacerdotisa cubana Mercedes Noble (Oba-n-jókó, 1910-1989), cujos avós eram negros americanos emigrados para Cuba durante a Primeira Guerra

---

[22] A passagem do espiritismo à religião lucumí parece reproduzir a relação existente entre a umbanda e o candomblé no Brasil. Para uma análise do *continuum* religioso afro-brasileiro, ver Capone, 2004*a*.

Mundial, chegou a Nova York em 1952.[23] Em 1958, retornou à sua ilha natal para se iniciar no culto de Shangó.[24] Foi uma das primeiras *santeras* a fundar uma casa de culto em Nova York, casa "multiétnica", segundo Brandon (1993: 106), que reunia americanos, cubanos e porto-riquenhos. Em 24 de agosto de 1962, Mercedes Noble iniciou uma porto-riquenha, Julia Franco, no 610 West da 136th Street, em Manhattan. A consagração no culto de Shangó foi efetuada com a ajuda de Vicki Gómez e Oreste Blanco. Para a maioria dos autores, seria a primeira iniciação realizada em solo americano.

Na mesma época, outra *santera* cubana, Leonore Dolme ou Deumet (Omi Dúró, 1916-1994), uma sacerdotisa iniciada no culto de Yemayá, em 1957, em Havana, iniciou a primeira afro-americana, Margie Baynes Quinones, ou Quiniones segundo alguns autores[25] (Shangó Gún Mi, 1930-1986), no bairro do Queens, em Nova York.[26] Entretanto, ela não foi a primeira afro-americana a ser iniciada na santería, uma vez que Walter "Serge" King, o futuro "rei" da Oyotunji Village, o fora em 1959, em Matanzas (Cuba), junto a Cristobal "Chris" Oliana.

Membro de uma igreja batista de Detroit, onde nasceu em 5 de outubro de 1928, Walter Eugene King manifestara, desde sua infância, um grande interesse pela dança africana, que praticara na *Detroit Urban League*. Essa primeira paixão o levou a estudar a cultura africana e a romper com o cristianismo com a idade de 16 anos (Adefunmi, 1982: iii). Seu interesse pela cultura africana se devia também à sua imersão num meio nacionalista. Seu pai, que chegou a Detroit em 1912 vindo da Geórgia, tornou-se rapidamente um militante do movimento de Marcus Garvey e um membro do *Moorish Science Temple*.

---

[23] Segundo a revista *Santería* (ano 1, nº III, 1981, p. 26), o pai de Mercedes Noble se chamava Spellen Noble e sua mãe, Irene Noble. Eles teriam ido viver em Cuba no momento da intervenção dos Estados Unidos na ilha, quando Mercedes tinha 8 anos. Irene Noble retornou aos Estados Unidos em 1950 e, dois anos mais tarde, alguns meses antes de seu falecimento, sua filha foi encontrá-la. Nesse mesmo ano, Mercedes estabeleceu-se definitivamente em Nova York.

[24] Mercedes Noble foi iniciada na santería por Marina Valdez e Otilia Galán, em 8 de março de 1958 (*ibid.*).

[25] Na realidade, parece mais provável que seu nome seja Quiñones, cuja pronúncia em espanhol equivale a "Quiniones" em inglês, o que poderia indicar uma possível origem *latina*.

[26] Vega (1995a) e Mason (1998) afirmam que a iniciação de Julia Franco ocorreu em 1961, ao passo que Brandon (1993) e Pinn (2000) dão a data de 1962. Segundo esses dois últimos autores, Margie Baynes Quinones teria sido iniciada em 1961, ao passo que Vega (1995a) sustenta a data de 1962 e Mason (1998) a de 1963. A data das primeiras iniciações realizadas nos Estados Unidos tem uma grande importância no meio dos praticantes da religião dos *orisha*, pois a anterioridade da iniciação dos porto-riquenhos ou dos afro-americanos legitima suas reivindicações de uma primazia no universo desse culto. Assim, Mary Cuthrell Curry (1997), que pertence à linhagem afro-americana descendente de Quinones, afirma que essa última teria sido iniciada antes de Julia Franco, o que é desmentido por Marta Moreno Vega (1995a: 214), ela própria porto-riquenha e iniciada na santería.

Sua mãe o ninara com as histórias de "sua tataravó, uma africana que fora levada para a América quando ainda bebê, antes da Revolução Americana, e que, pela quantidade de joias que usava, devia ser filha de um chefe" (Hunt, 1979: 21). Assim, King foi incentivado por seus pais, desde a mais tenra idade, a descobrir sua herança cultural africana.

Além dessas primeiras influências, King também fora levado a se interessar pelas tradições orientais e pelas religiões africanas através da leitura de obras como *The Razor's Edge*, de Somerset W. Maugham, e *My Africa*, de Mbonu Ojike. No final dos anos 1950, estudou também dança africana na *Katherine Dunham Dance School* de Nova York e participou, durante três meses, de uma turnê europeia da trupe. Foi nessa época que começou a ficar conhecido pelo nome de "Serge" King. Em 1951, casou-se com uma mulher branca, Jennie De Vries, modelo, atriz e dançarina. Como salienta Hunt (*ibid.*: 23), durante os cinco primeiros anos de seu casamento, "sua filosofia e sua consciência racial" permaneceram fundamentalmente integracionistas.

Em 1954, King se tornou um militante do nacionalismo cultural e começou a reprovar Marcus Garvey e outros líderes negros por não terem explorado suficientemente a herança cultural africana. Em 1952, fora ao Egito "para redescobrir as origens da civilização africana" (Adefunmi, 1982: iii). Dois anos mais tarde, visitou o Haiti. Foi nessa ocasião que decidiu fundar uma sociedade chamada Ordem de Damballah Hwedo (*ibid.*: 24). Ao retornar a Nova York, essa sociedade começou a se reunir num pequeno café que lhe pertencia, no Lower East Side. Segundo Clapp (1966: 11), a Ordem de Damballah Hwedo era formada por nacionalistas "que praticavam as religiões akan e daomeana". Na realidade, tratava-se de um grupo informal, composto por uma clientela heterogênea que frequentava o café, um grupo muito unido, que tentava aprofundar, por todos os meios, seu conhecimento da "religião africana". Seu chefe era Fritz Vincent, um cantor de ópera haitiano também chamado de *houngan* (Hunt, 1979: 25), o que indicaria uma possível iniciação no vodou. Segundo Clapp (1966: 11), os membros do grupo se enrolavam em lençóis e realizavam rituais em torno de um tamborete sagrado do grupo ashanti, símbolo do poder real que fora trazido de Gana. Em 1957, a Ordem de Damballah Hwedo foi transferida para o Harlem, e King adotou o nome de Nana Oseijeman, Nana sendo, segundo Clapp (*ibid.*: 25-27), um título akan que significa "honorável chefe" e Oseijeman, "o salvador do povo". A sociedade teve certo sucesso, vários altares foram construídos e, a despeito de seu número restrito, os membros permaneceram muito unidos. Rapidamente, a sociedade adquiriu uma dimensão militante, mas ainda não tinha se engajado num processo político visando a revitalização da cultura e religião africanas.

King pedira sessões de adivinhação (*readings*) a alguns adeptos das religiões de origem africana, que lhe falaram da importância de um engajamento religioso para que ele pudesse exercer uma verdadeira liderança no seio do movimento nacionalista negro. Ao longo de uma dessas sessões de adivinhação, Chris Oliana, um cubano residente em Nova York, aconselhou-o a adquirir uma estátua de Santa Bárbara e colocá-la em seu café para sua proteção, o que King recusou imediatamente, pois procurava reatar com a religião africana e não queria símbolos católicos em seu estabelecimento.[27] Além disso, seus companheiros militantes não veriam com bons olhos a estátua de uma santa branca no café de um nacionalista negro. A King, que lhe perguntara em que uma estátua católica podia ser "africana", Oliana respondeu que aquilo era bem africano, "mas misturado com o catolicismo, pois a cultura africana fora suprimida de Cuba durante a escravidão" (*ibid.*: 26). King descobriu então, com surpresa, que, em Cuba, a religião africana não se chamava vodou, mas santería. Assim, King e Oliana decidiram ir juntos a Cuba para serem iniciados.

Nessa época, o movimento dos direitos civis era dirigido por ministros das igrejas cristãs negras. Para Walter King, somente sua iniciação numa religião africana podia autorizá-lo a falar em nome dos afro-americanos e a expressar questões ontológicas e epistemológicas que o clero cristão não podia compreender. O sacerdócio na religião yoruba e o engajamento na luta para reinserir a cultura africana no centro da vida afro-americana eram, para King, a única maneira de lutar em favor de um nacionalismo negro. Não se podia fazer política sem um trabalho paralelo de "redenção cultural".

A iniciação de King ocorreu em 26 de agosto de 1959, em Matanzas, Cuba. Ele foi iniciado no culto de Obatalá por um *santero* chamado Sonagba,[28] da linhagem de Ferminita Gómez, enquanto Chris Oliana foi iniciado no culto

---

[27] Clapp (1966: 12) observa que, alguns dias mais tarde, homens saquearam o café de King, espancando seu proprietário. Esse incidente o teria convencido da necessidade de se iniciar no "sacerdócio vodou" em Cuba.

[28] Segundo outras versões, o nome ritual do iniciador de Walter King e Chris Oliana teria sido Ogun Jobi. Para Miguel "Willie" Ramos, tratava-se, na realidade, de Mayito Rodríguez, um *oriaté arará* (culto de origem daomeana) iniciado no culto do deus Hèviosso, que corresponde ao Shangó lucumí. Seu nome ritual era Sonagua e ele era membro da família biológica de Afoaré, bem como da linhagem religiosa de Ferminita Gómez, ambas iniciadas por Oba Teró, a sacerdotisa que revolucionou as práticas religiosas de Matanzas (*cf.* Ramos, 2003).

de Aganjú.[29] Os pais de Oliana possuíam uma *botánica* em Nova York, o que o familiarizara com os rituais da santería. King descreveu assim sua iniciação:

> Quando chegamos a Matanzas, lembro-me de que nos levaram para um cômodo e, em seguida, começaram a praticar a adivinhação... Disseram que eu era filho de Obatalá... Levou uma semana para comprarmos tudo de que precisávamos [para os rituais], comprarmos os animais, as outras coisas, e nos prepararmos psicologicamente... Não estava entendendo absolutamente nada, porque estava esperando ser consagrado somente com palavras. [...] Eles realizaram minha iniciação sem interrupção... Depois, ficamos [King e Oliana] no cômodo durante seis dias. [...] Queria que tudo fosse africano. Eles tinham umas roupas espanholas que queriam que vestíssemos. Não queria usá-las, não queria usá-las todos os dias. Assim, me enrolava num lençol como fazem os akan... A única parte que não considerei realmente africana foi quando, no último dia, tivemos que entrar numa igreja para pegar um pouco de água benta.
>
> Walter King *in* Pinn, 2000: 249.

Segundo Hunt (1979: 26), King e Oliana foram os primeiros estrangeiros a serem iniciados em Matanzas. Antes da partida, o *padrino*[30] lhes pediu para abrirem os receptáculos das divindades para que pudessem ver o que continham.[31] King conta que ficou muito surpreso ao descobrir que só havia pedras: "Meu Deus! Quer dizer que gastei 2 mil dólares para levar para minha mulher só algumas pedras" (*ibid.*).[32] Quando retornou, King foi expulso da Ordem de Damballah Hwedo, provavelmente por causa do ciúme do chefe do grupo, que temia que ele tomasse o controle após sua iniciação em Cuba (*cf.* Clapp, 1966: 13).

---

[29] Ferminita Gómez (Oshabí) pertence a uma das mais famosas linhagens (*ramas*) de santería. Foi iniciada por Ma Monserrate González (Oba Teró), de quem herdou os segredos dos rituais para os *orisha* egbado, tais como Olokun, Yewá e Oduduwa. Faleceu em 1950 e o *cabildo* Nilo Níye de Matanzas, fundado em 1952, que tinha o iniciador de King e Oliana como membro, preservou sua herança cultural e religiosa (Mason, 1998: 128).

[30] O *padrino* é o iniciador na religião lucumí ou santería. O termo *madrina* é seu correspondente feminino. O iniciado é chamado *ahijado* (afilhado). Um *padrino* e uma *madrina* podem também ser chamados respectivamente de babalorisha (do yoruba *baba-ní-òrìsà*, "pai de santo") e iyalorisha (*iyá-ní-òrìsà*, "mãe de santo").

[31] No momento da iniciação, o *padrino* "assenta" a energia das divindades em receptáculos — quase sempre sopeiras de cerâmica — que serão "alimentados" por oferendas e sacrifícios de animais.

[32] Segundo Clapp (1966: 12), a iniciação de King teria sido paga por sua mulher, por isso sua preocupação em voltar só com "pedras".

Quando Adefunmi abriu seu primeiro templo no Harlem, o *Shangó Temple*, em setembro de 1959, um novo vento soprava em Nova York. Era o início da época do *Black is beautiful* e a aurora do movimento *Black Power*. Como vimos no capítulo precedente, o programa do nacionalismo negro dos anos 1960 incluía três pontos principais: a redenção cultural dos negros americanos; a separação racial como única solução para o racismo e para a discriminação por parte dos brancos; e a criação de um Estado negro em solo americano. Além disso, os militantes nacionalistas estavam atentos ao processo de descolonização dos países africanos e à sua luta pela independência.

O *Shangó Temple* surgiu no Harlem, East 125th Street. Os membros fundadores eram King, que acrescentara a seu nome ritual, Nana Oseijeman, o título de Adefunmi, que em yoruba significa "a coroa me foi dada", Chris Oliana, Clarence Robbins, Henry Maxwell, Royal Brown, Bonsu e Mama Keke, a "mãe" do templo e seu primeiro tesoureiro. Depois, em 1960, foi o *Yoruba Temple*, no 28 West 116th Street, que surgiu, se acreditarmos em Adefunmi, por "sua própria iniciativa independente", embora, segundo entrevistas dadas a Hunt (1979: 27), os membros fundadores tenham sido os mesmos de antes. Com o *Yoruba Temple*, Adefunmi tentou desenvolver um programa fundado nos laços históricos e culturais que uniam os negros norte-americanos aos africanos, na emergência do movimento do nacionalismo negro, notadamente de sua vertente cultural, e na criação de nações independentes na África subsaariana. Para tal, era necessário "tornar-se" africano, adotando penteados afro e roupas africanas. Diante do templo, foi aberta uma loja, a *African Boutique*, chamada também de *Ujamaa African Market* (Adefunmi, 1982: iii), que vendia roupas africanas, especialmente os *dashikis*, batas da África Ocidental indispensáveis para participar das cerimônias realizadas no *Yoruba Temple*, e os *geles*, turbantes coloridos para as mulheres. Os símbolos africanos eram onipresentes. A porta de entrada do templo era ornada com um estandarte em que figurava um camaleão, símbolo de Obatalá. As paredes eram decoradas com desenhos representando a galinha que Obatalá enviou à terra nos mitos de criação yoruba. A bandeira do nacionalismo negro — vermelha, amarela e verde —, na qual fora acrescentado o *ankh*, símbolo egípcio da vida e da ressurreição, foi colocada num canto (*cf.* Fotos 6 e 7). Pouco a pouco, os tambores africanos começaram a ressoar, não apenas nas orquestras profissionais, mas também nas ruas e nos parques de Nova York.[33]

---

[33] Sobre a difusão da rumba em Nova York e suas relações com a santería, ver Knauer, 2000, 2001.

Nessa mesma época, Adefunmi criou o *African Theological Archministry Inc.* (ATA), que permitiu que o templo fosse registrado como grupo religioso pelo Estado de Nova York, e a *Yoruba Academy* para o estudo da história, língua e religião yoruba. Essas duas sociedades promoveram a organização de eventos culturais, centrados na redescoberta da herança cultural africana, e o lançamento dos livros de Adefunmi, *The Yorùbá State, Tribal Origins of the Afro-Americans* e *The Gods of Africa*. O objetivo era fazer com que os afro-americanos tomassem consciência de sua herança cultural, que, aos olhos de Adefunmi, era fundamentalmente yoruba.[34] Essa nova identidade cultural devia acabar com séculos de "amnésia cultural". Segundo Adefunmi, as culturas africana e ocidental eram fundamentalmente opostas:

> O objetivo da cultura ocidental é aperfeiçoar o mundo material. Os africanos, em contrapartida, querem aperfeiçoar seu ambiente espiritual. [...] Aqui, na América, fomos rapidamente conquistados pela cultura europeia, mas permanecemos africanos. Os italianos têm suas festividades. Os chineses, seu Ano Novo. Os irlandeses, o dia de Saint Patrick. Nós somos apenas "negros". O que isso significa? Os afro-americanos sofrem de amnésia cultural. Não sabem a que nação pertencem.
>
> Adefunmi *in* Clapp, 1966: 5.

Os membros do templo decidiram levar adiante essa redescoberta da herança cultural africana e deram um novo nome ao bairro do Harlem, que se tornou conhecido como *New Oyo*. Um panfleto publicado pelo templo, ilustrado com reproduções de cartazes dizendo "Juntem-se à tribo" e "Mais de 80% dos afro-americanos são descendentes dos yoruba", explicava que haviam escolhido o que constituía o principal símbolo da grandeza do antigo império yoruba, a saber, sua capital, Oyo, cuja queda, em 1830 aproximadamente, provocou a redução à escravidão de milhares de yoruba. A criação do *Yoruba Temple* era, assim, o primeiro passo para a regeneração da herança yoruba, com a qual se identificavam esses militantes do nacionalismo cultural. Seu objetivo era dar visibilidade à cultura africana. Adefunmi incentivava os membros de seu grupo a encontrarem sua verdadeira identidade por meio da dança, das artes e da maneira de se vestir. Todas as quartas-feiras à noite, o grupo organizava cursos de dança e arte africanas, enquanto as quintas eram

---

[34] No site da Oyotunji Village, pode-se ler que a ATA foi fundada em 1959, em Nova York, como "centro para a propagação dos conhecimentos e informações sobre as tradições religiosas do povo yoruba do Sudoeste da Nigéria, do Sul de Daomé [Benin], do Togo e das cercanias da cidade de Accra, em Gana".

dedicadas à cultura e à história africanas, e os sábados, aos *bembés*, cerimônias para os *orisha*.

Alguns começaram a escrever poemas "africanos", outros se dedicaram à pintura e à escultura, jovens negras se lançaram em carreiras de modelo e dançarina. Os membros do *Yoruba Temple* começaram a desfilar nas ruas do Harlem usando roupas africanas e levando estátuas dos *orisha*. Realizaram cerimônias públicas durante a Feira Mundial e para o filme *Only One New York*. Tocavam tambores sagrados nos programas de televisão e se apresentavam no palco do Hayrou Act Black Arts Theater. Organizaram o Dia Afro-Americano, que reuniu 600 pessoas, todas vestidas à africana. Adefunmi participou também das atividades do *Black Arts Movement* (BARTS), onde Oliana dava cursos de pintura e, com outros membros do *Yoruba Temple*, participou das primeiras manifestações públicas organizadas pelo BARTS, tal como a parada na 125th Street, acompanhada pela orquestra de Sun Ra (Baraka, 1984: 216).[35]

Essa nova visibilidade das práticas de origem africana não podia deixar de incomodar os *santeros* cubanos de Nova York, que estavam habituados a manter suas cerimônias em segredo. Segundo Clapp (1966: 21), no início dos anos 1960, a cidade tinha seis *babalawo* e aproximadamente 90 iniciados, cubanos e haitianos, que efetuavam rituais para as divindades em suas casas. Os *santeros* temiam uma repressão da parte do governo americano contra os afro-americanos, mas também contra os imigrados cubanos.[36] Os afro-americanos queriam proclamar, em alto e bom som, sua nova identidade, e lideravam uma campanha de proselitismo, por vezes muito agressiva. Era preciso mostrar aos irmãos e irmãs afro-americanos que eles podiam redescobrir a origem e "tornar-se de novo" africanos. A religião era na realidade um caminho para a redescoberta de sua verdadeira identidade cultural. Como já haviam afirmado Du Bois no início do século XX e Herskovits nos anos 1930, a religião era o verdadeiro núcleo da cultura africana.

---

[35] As relações entre os membros do *Black Arts Movement* e os "yoruba" do Harlem eram muito estreitas. Assim, o segundo casamento de Amiri Baraka, com uma mulher membro do *Yoruba Temple*, foi celebrado por Adefunmi, e o novo casal mantinha em casa um altar para os *orisha* (Baraka, 1984: 240). Da mesma forma, Larry Neal e Ted Wilson, outros membros do movimento, se iniciaram na religião yoruba.

[36] Em 1969, Chris Oliana doou um altar para a deusa Oyá ao American Museum of Natural History, que, ainda hoje, faz parte da exposição permanente *Hall of Man in Africa*, cujo curador foi o antropólogo Colin Turnbull (*cf.* Fotos 8 e 9). Na entrada dessa exposição, podem-se ver também altares consagrados a Eleguá e Ogún, bem como a outros *orisha*, o que a comunidade cubana interpretou como um "ato sacrílego". Para uma versão romanceada desse episódio, ver Gleason, 1975.

Entre as mudanças fundamentais trazidas pelos afro-americanos para a prática religiosa *santera*, as mais importantes foram a diminuição do caráter secreto dos rituais e a eliminação de qualquer influência católica. Para que essa religião fosse aceita pelos afro-americanos, era, de fato, preciso adaptá-la à cultura protestante, notadamente à religião batista, que predominava entre os negros norte-americanos. Os santos católicos, reduzidos a simples máscaras brancas postas nos rostos dos deuses negros, não tinham mais utilidade, pois, agora, a religião africana não era mais obrigada a se esconder como no tempo da escravidão. Com o intuito de reencontrar a pureza das práticas africanas, Adefunmi substituiu as estátuas católicas por esculturas africanas, reproduzidas a partir de fotografias e desenhos encontrados nos livros dos antropólogos africanistas. Os cubanos ficavam chocados com essa "heresia", que substituía belas estátuas católicas por "coisas horríveis" (*ibid.*: 22). Na realidade, a exaltação do caráter africano da santería incomodava a maioria dos *santeros,* para quem essa religião era fundamentalmente cubana.

A tensão entre *santeros* e afro-americanos deu lugar a um questionamento da legitimidade da iniciação de Adefunmi e das cerimônias realizadas no *Yoruba Temple*. Os cubanos afirmavam que os tambores tocados ali não eram consagrados e que, por essa razão, os participantes não podiam ser realmente possuídos pelas divindades. Outros criticavam o desejo de recriar a sociedade e a religião yoruba nos Estados Unidos, uma vez que esta cultura, mesmo na África, perdera suas tradições após um século de colonização e a conversão em massa dos africanos ao cristianismo e ao islã. De forma geral, os cubanos se mostravam reticentes à iniciação dos afro-americanos em sua religião. Consideravam que ainda não estavam prontos para isso e que atrairiam para o conjunto da comunidade *santera* a cólera das autoridades americanas.[37] Ficavam ultrajados de ver um *iyawó* (um iniciado há menos de um ano na tradição cubana) no comando de um templo, reivindicando um conhecimento da religião lucumí que ainda não podia ter (Hunt, 1979: 27).

Em 1962, Adefunmi ajudou dois afro-americanos a abrir um novo *Yoruba Temple* na cidade de Gary, em Indiana.[38] Nessa época, Adefunmi não iniciava ninguém, mas colaborava, apesar das tensões evocadas, com certos *santeros* cubanos e porto-riquenhos que viviam em Nova York. Esses *santeros* se mostravam mais abertos às reivindicações dos militantes nacionalistas negros,

---

[37] Segundo Adefunmi (1981, citado por Brandon, 1993: 117), os cubanos não aceitavam a ideia de uma origem africana da santería, considerada por eles "uma forma cubana de franco-maçonaria".

[38] Um desses dois homens foi também um dos primeiros iniciados da Oyotunji Village, em 1970.

realizando todos os rituais e as eventuais iniciações dos membros do grupo de Adefunmi. Vários deles se iniciaram nas casas de culto (*ilés*) cubanas ou "multiétnicas", como a da porto-riquenha Asunta Serrano. Da mesma forma, quando, em 1965, uma crise cindiu o grupo, Adefunmi recorreu a Victor Rodríguez, um *italero*[39] porto-riquenho. Ele pediu-lhe para efetuar um ritual de "limpeza" no templo e expulsar todas as influências negativas que ameaçavam a unidade do grupo. Entretanto, após a cerimônia, as coisas se agravaram ainda mais, e o templo ficou fechado por dois meses. Adefunmi tentou, então, conversar com os *santeros* cubanos e porto-riquenhos sobre uma possível unificação das "duas tribos yoruba de Nova York, os oluwa (americanos) e os lucumís (caribenhos)" (Clapp, 1966: 23). O ex-presidente da Federação das Associações dos Negros de Cuba, René Betancourt, presidiu a reunião, que resultou num fracasso total, dada a desconfiança dos cubanos em relação ao nacionalismo negro. Aos *santeros* que não aceitavam suas posições, Adefunmi respondia que o religioso é político e que o político é religioso. As duas coisas eram inseparáveis. Aceitar a religião de um outro povo, como o cristianismo, constituía um verdadeiro "suicídio cultural".

A prática da religião africana também fornecia modelos para a ação no mundo: venerar um *orisha* equivalia, na realidade, a venerar "sua própria personalidade", restabelecendo uma conexão estreita com as forças cósmicas e as energias que estruturam o mundo, uma conexão espiritual que ia reordenar completamente a relação com o mundo do afro-americano. O engajamento religioso levaria à reabilitação do povo afro-americano, ajudando-o a reencontrar suas referências culturais e sociais. Para tal, era preciso reencontrar a "pureza" africana das práticas religiosas trazidas pelos cubanos, sem que isso implicasse necessariamente separar os rituais yoruba dos outros componentes africanos. Assim, um dos protagonistas desse movimento, o Chief Adenibi Ifamuyiwa Ajamu, explicou a Pinn (2000: 252) que, se em 1966 era o modelo yoruba que prevalecia no *Yoruba Temple*, aquilo não impedia a coexistência de elementos culturais oriundos de outros países africanos, como o Daomé ou o Congo. Segundo Ajamu, não havia ali razão para conflitos, pois, para expressar as necessidades dos afro-americanos originários de diferentes etnias africanas, era preciso mesclar elementos advindos dessas culturas, mesmo que se preservasse o modelo dominante yoruba. Para marcar mais claramente sua ruptura com os *santeros* cubanos, Adefunmi escolheu, então,

---

[39] Um *italero* é um especialista da adivinhação na santería. É frequentemente chamado de *oriaté* e desempenha um papel central nos rituais de iniciação.

um novo nome para essa religião, que se tornou conhecida como *orisha-voodoo*, simbolizando, assim, o entrecruzamento de diferentes práticas religiosas africanas.

Durante a primeira fase do *Yoruba Temple*, os brancos norte-americanos podiam assistir livremente às cerimônias, exceto a da Noite de Oshún, que fora declarada secreta pelo conselho dos mais antigos iniciados, criado de acordo com o modelo da sociedade secreta yoruba dos Ogboni. Nessa época, o discurso de Adefunmi não pregava uma abordagem "racista" da religião: "Se a religião é válida para os negros, ela também é válida para os brancos. Um afro-americano que tem orgulho racial não precisa temer ou odiar o homem branco, tal é nosso ensinamento" (*in* Clapp, 1966: 5-6). Um panfleto intitulado: "O que é o *Yoruba Temple*?" dizia:

> O *Yoruba Temple* é a primeira instituição puramente africana [...] nos Estados Unidos desde que o africano se emancipou da escravidão. É um monumento aos milhares de yoruba que morreram durante a era da escravidão. [...] Suas antigas tradições foram transmitidas até a presente geração e elas exaltaram seus espíritos. É a soberba realização de jovens africanos-americanos, orgulhosos de sua ancestralidade [...] e a necessidade crescente dos africanos-americanos de uma identidade fundamentalmente cultural e de uma expressão viva de seu gênio racial. [...] O *Yoruba Temple* é a "casa" dos deuses da África na América. Porque aqui os cultos de Obatalá, Ogún, Shangó, Elegbá, Babalú [Ayé] e de outros grandes deuses do panteão yoruba são preservados em toda a sua vitalidade, o seu simbolismo e o seu ritual.[40] Dia e noite, cantos se elevam para os deuses yoruba, os percussionistas do templo tocam os tambores sagrados e os harlemitas, jovens e velhos, vêm dançar com suas roupas nigerianas para os deuses de seus ancestrais. Esses yoruba-americanos foram enquadrados pelo *Yoruba Temple*, uma instituição que eles apoiam, sob a liderança de seu jovem chefe e sacerdote supremo, nascido na América, (Nana) Oseijeman Adefunmi.
>
> *In* Hucks, 2000: 257.

Reatar com a origem e cultura africanas implicava, antes de tudo, abandonar o nome de "escravo" para adquirir um nome africano, o que é uma constante em todos os movimentos religiosos ligados ao nacionalismo negro. O

---

[40] O nome espanhol Eleguá (correspondente ao Exu do candomblé), dado ao *trickster* divino que abre os caminhos na santería, foi aqui "reafricanizado" para retornar ao termo original yoruba Elegbá. Esse não foi o caso do deus Babalú Ayé, conhecido na África com o nome de Obaluaiyé, e que só foi chamado assim muito mais recentemente (*cf.* infra, quadro 5).

que mudou foi a origem dos nomes que, de árabe ou swahili, tornou-se yoruba. Isso permitia ao *Yoruba Temple* se diferenciar de outros grupos religiosos ligados ao nacionalismo negro, como a *Nation of Islam*.[41] Assim, referindo-se ao chefe dos muçulmanos negros, Malcolm X, Adefunmi declarava: "Os yoruba te dão um nome, os muçulmanos te dão um X" (*in* Clapp, 1996: 16).

Após a cerimônia do nome, novos membros do grupo adquiriam roupas africanas. Aqueles que queriam prosseguir no caminho espiritual, recebiam, primeiramente, os *elekes*, colares sagrados da santería cubana, depois, os "guerreiros", ou seja, os *orisha* Elegbá, Ogún e Oshosi — primeiro ritual para a proteção individual.[42] Apesar da ruptura com os *santeros* cubanos, os rituais realizados pelos membros do *Yoruba Temple* reproduziam o modelo cubano, aprendido quando da iniciação em Matanzas. Assim, Adefunmi praticava a adivinhação com os quatro pedaços de coco e a adivinhação para o Ano Novo (*letra del año*),[43] acendia velas diante dos altares dos ancestrais e quando utilizava o *dilogun*, sistema de adivinhação com 16 búzios, só lia os 12 primeiros signos, dirigindo o cliente a um *babalawo*, se um dos quatro outros aparecia, como de hábito na santería cubana. Da mesma forma, como em Cuba, as cerimônias públicas eram chamadas *bembés* e a ordem de invocação das divindades reproduzia a praticada na santería: primeiramente, os *orisha* masculinos — Elegbá, Ogún, Oshosi, Obatalá, Shangó, Babalú Ayé (Obaluaiyé), Aganjú e Erinle —, depois, as divindades femininas — Yemayá, Oshún, Oyá —, terminando de novo com Elegbá. Uma vez por ano, no aniversário de sua iniciação, Adefunmi organizava uma festa, chamada *Akokopataki*, que reunia inúmeros adeptos e simpatizantes no *Rockland Palace Ballroom* de Nova York. Apesar das diferenças que os separavam, os membros do grupo de Adefunmi pareciam muito mais dependentes, nos níveis ritual e simbólico, da comunidade cubana do que gostariam de ser.

A diversificação das linhagens religiosas

Mas pode-se realmente falar da comunidade cubana, compreendida como uma comunidade una e indivisa? Na realidade, há uma estratificação inter-

---

[41] Para os nomes yoruba escolhidos pelos negros norte-americanos, ver Adefunmi, 1970.

[42] Clapp (1996: 17) precisa que receber os "guerreiros" custava, em 1965, cem dólares. Segundo informações de Adefunmi, até 1966, aproximadamente 20 "yoruba", ou seja, 20 membros do *Yoruba Temple*, haviam realizado esse ritual.

[43] Sobre esse ritual e sua importância no seio da comunidade *santera*, ver Argyriadis e Capone, 2004.

na, ligada às diferentes ondas de imigração e à sua data de chegada ao solo americano. Vimos que a comunidade cubana está presente nos Estados Unidos desde o século XIX. Por ocasião da guerra hispano-americana de 1898, a intervenção americana provocou um monopólio americano sobre as indústrias cubanas, notadamente sobre o açúcar e o tabaco. Os Estados Unidos, que controlavam 75% das importações e exportações, tornaram-se, assim, o principal parceiro econômico da ilha. Foi nessa época que ocorreu a primeira onda de imigração, que se concentrou nas colônias da Flórida onde se falava espanhol, ou seja, Miami, Tampa e Key West. De fato, essas cidades contavam, desde 1850, com imigrantes cubanos que trabalhavam principalmente nas manufaturas de charutos. Essa primeira rede cubano-americana constituiu a base dos futuros grandes enclaves da pós-revolução castrista.[44]

A primeira onda de imigração posterior à revolução foi chamada de "exílio dourado", pois era formada por membros das elites cubanas que haviam perdido tudo no plano material, mas que haviam feito estudos superiores e possuíam muitas relações nos Estados Unidos. Estima-se em 215 mil os cubanos que chegaram até 1962, ano da crise da Baía dos Porcos, que viu a interrupção da emigração para os Estados Unidos. De 1965 a 1973, os "voos da liberdade", graças a um acordo político com Cuba, levaram aproximadamente 340 mil emigrados aos Estados Unidos. O êxodo continuou durante os anos seguintes, até 1980, ano do *Mariel Boatlift*, chegada maciça de cubanos provenientes do porto de Mariel. Estima-se seu número em 125 mil. Havia uma maioria de operários e 40% deles foram classificados como negros. Isso, acrescido dos rumores de que entre eles havia marginais, loucos e delinquentes, alimentou os preconceitos dos americanos, em nítido contraste com a acolhida que fora reservada a seus predecessores, socialmente "brancos" e membros das elites econômicas e políticas da ilha. A última grande onda de imigração data de 1994, quando 30 mil pessoas ganharam a Flórida em embarcações improvisadas. Como no êxodo de Mariel, tratava-se, em sua maioria, de trabalhadores, frequentemente negros ou mulatos, não especializados ou cujos diplomas não eram reconhecidos pelo governo americano. A principal diferença entre as primeiras ondas de imigração e as mais recentes reside na percepção de seus membros quanto a seu próprio status. Os primeiros a chegar jamais se consideraram imigrantes, e sim exilados, cujo único objetivo era um dia voltar a Cuba, quando Castro caísse. Assim, a

---

[44] Segundo Raul Canizares (1994: 59), em 1939, grupos religiosos afro-cubanos já estavam presentes em Ybor City, que hoje faz parte da cidade de Tampa.

derrubada do regime castrista permanece a razão de ser dos líderes políticos cubanos de Miami. Em contrapartida, os últimos a chegar não se diferenciavam muito dos outros imigrantes *latinos*, uma vez que sua partida se deveu a razões antes econômicas do que políticas: continuam a ter família na ilha, enviam-lhes uma parte de seu salário e, no plano ideológico, são menos engajados na luta anticastrista.[45]

Ora, quando se estuda o processo de difusão da santería nos Estados Unidos, percebe-se que essa religião se estabeleceu, primeiramente, em Nova York, antes de Miami, embora esta cidade constitua hoje o principal enclave da comunidade cubana nos Estados Unidos. Segundo Pichardo e Pichardo (1984: 5), as primeiras iniciações na religião lucumí só foram, de fato, realizadas em Miami em 1967 ou 1968. Antes, para qualquer ritual importante, por falta de *italero* (*oriaté*),[46] era preciso ir a Cuba ou a Porto Rico. Em Nova York, as coisas eram diferentes. A primeira iniciação na santería, em 1961, foi realizada por Mercedes Noble (*Oba-n-jokó*), uma das *madrinas* mais célebres da cidade. Entre essa data e 1981, ela iniciou 32 pessoas nos Estados Unidos (Vega, 1995*a*: 95). Essas primeiras cerimônias foram muito criticadas, pois, nessa época, não havia um número suficiente de mais velhos na religião para testemunhar sua ortodoxia. Contudo, em 1961, a presença de Pancho Mora ao lado de Mercedes Noble legitimou a nova iniciada, Julia Franco, abrindo, assim, caminho para as iniciações nos Estados Unidos.[47] Entre os afilhados de Mercedes Noble, há Lionel F. Scott (Babalase Odufora), iniciado em 1966, e autor de *Odu and Elegba, Beads of Glass, Beads of Stone* (1995). Scott é um psicólogo que elaborou um método para o tratamento dos distúrbios do comportamento nos adolescentes fundado na integração dos *apatakís* (ou *patakís*, as histórias ligadas ao *corpus* de conhecimentos de Ifá) e da psicoterapia. Esse método hoje é utilizado em certas escolas públicas de Nova York. Scott iniciou, por sua vez, uns 50 sacerdotes e sacerdotisas na religião dos *orisha*.

---

[45] Um estudo realizado pela Universidade Internacional da Flórida mostra que se 62% daqueles que partiram nos anos 1960 continuam a recusar qualquer diálogo com Fidel Castro, 74% dos cubanos que emigraram nos anos 1990 não se opõem a ele.

[46] Toda iniciação deve ser feita na presença de um *oriaté*, com a participação eventual de um *babalawo* para o sacrifício dos animais. Voltaremos a seus respectivos papéis no capítulo VI.

[47] Em 1981, a revista *Santería* (ano 1, nº III, p. 27) publicou uma entrevista com Mercedes Noble na qual ela enumera os presentes nessa iniciação histórica. Entre eles, havia Elba Leyva, a primeira *santera* iniciada em Porto Rico. Durante o *dia del medio*, o segundo dia da iniciação, os tambores sagrados foram tocados por Julito Collazo.

Rapidamente, as mulheres e os homens negros que haviam descoberto os deuses africanos no templo do Harlem começaram a seguir o exemplo de Adefunmi e se inicaram na religião lucumí. Os primeiros foram para Cuba, mas, quando os Estados Unidos proibiram as viagens para essa ilha, após a crise da Baía dos Porcos, Porto Rico se tornou o novo destino dos negros norte-americanos. De fato, essa ilha abrigava muitos cubanos que haviam fugido da revolução castrista, entre eles *babalawo* e *oriaté*, o que tornava possível a realização das cerimônias de iniciação na santería. Alguns anos mais tarde, certos *santeros* e *babalawo* começaram a iniciar os negros norte-americanos no Bronx e em El Barrio (o Harlem espanhol).

Margie Baynes Quinones iniciou a segunda geração de *santeros* afro-americanos. Em sua morte, em 1986, sua casa de culto reunia uns 20 iniciados (Weaver, 1986: 14). Desses sacerdotes, apenas cinco iniciaram outros noviços, entre os quais o mais ativo foi Lloyd Weaver, iniciado por Quinones em 1973 e fundador de uma linhagem exclusivamente afro-americana no interior da comunidade dos praticantes norte-americanos. Segundo Mason (1998: 130), Lloyd Weaver (Olosunmi) frequentou primeiramente o *Shangó Temple*, depois, o *Yoruba Temple*, onde recebeu de Adefunmi seu nome africano. Tornou-se também membro do *Black Theater Group*, dirigido por LeRoi Jones, mais conhecido por seu nome africano de Amiri Baraka. Hoje, Weaver vive na Nigéria, para onde foi em 1975 para criar o primeiro sistema de teledifusão, o que não o impediu de continuar suas atividades religiosas junto aos praticantes norte-americanos.[48]

Segundo Osaye Mchawi, uma das primeiras pessoas iniciadas por Weaver, em 1976, essa linhagem já tinha cinco gerações de iniciados em 1995. Ela salienta o quanto era importante se libertar ritualmente dos cubanos, especialmente no que tangia à utilização da língua ritual, que, na época, mesclava o lucumí (espécie de yoruba) com o espanhol:

> Quando os primeiros africanos-americanos foram iniciados, a barreira linguística desapareceu. Tornou-se mais fácil para os africanos-americanos ir ao encontro [dos deuses africanos]. Muitos de nós não falávamos espanhol, e então pudemos compreender mais facilmente o que era dito [durante os rituais].
>
> *In* Vega, 1995a: 194.

---

[48] Lloyd Weaver tem sido por muito tempo um dos principais contatos na Nigéria dos candidatos à iniciação norte-americanos, cuja destinação é a aldeia de Ode Remo, consagrada às iniciações no culto dos *orisha* e de Ifá (comunicação pessoal de Maria Junqueira). Ele também é responsável pelo comitê para a defesa da religião nas Conferências Mundiais sobre a Tradição dos *Orisha* e Cultura (COMTOC).

A criação de uma linhagem afro-americana foi também motivada por escolhas políticas. Segundo Osaye, Margie Baynes Quinones era, assim como Lloyd Weaver, uma nacionalista negra. Isso atraiu um grande número de militantes de organizações nacionalistas, como *The East*, no interior da qual militava Osaye (*ibid.*: 195).⁴⁹ Essa organização, como a *US Organization* de Maulana Karenga, lutava pela revitalização da herança cultural afro-americana e pelo orgulho de ser "africano".

Porém, um número considerável de novos iniciados entrou também em contato com essa religião, reatando com suas raízes africanas através das cerimônias do nome. Assim, a cerimônia destinada ao terceiro filho de Osaye, dirigida por Lloyd Weaver, reuniu 150 pessoas, quase todas militantes da *The East*. Como Osaye, vários se tornaram iniciados na religião dos *orisha*. A primeira reação entre os militantes da *The East* frente ao engajamento religioso escolhido por certos membros da organização foi muito negativa. O processo de aprendizagem não era fácil, pois a desconfiança entre as comunidades afro-americana e cubana permanecia muito forte:

> Naquela época, as relações entre a comunidade latina e a comunidade afro-americana eram geralmente tensas, mas aceitáveis. Havia os *African American front runners*, que corriam a torto e a direito em busca de informações... Os afro-americanos deviam enfrentar um certo número de preconceitos para obter informações, mas as obtiveram. Eram frequentemente postos no ostracismo, pois havia uma barreira linguística... Atualmente, há mais livros em inglês. [...] Agora, os afro-americanos também estão aprendendo a ser *oriaté*.⁵⁰
>
> Weaver *in* Vega, 1995*a*: 197.

Porém, a sacerdotisa que mais contribuiu para eliminar as barreiras entre as duas comunidades foi Asunta Serrano (1902-1986), a iniciadora de inúmeros negros norte-americanos. Porto-riquenha que chegou aos Estados Unidos em 1927 e que foi iniciada no culto de Obatalá, em Guanabacoa, perto de Havana, ela teria recebido, no momento de sua iniciação, em 1958, a missão de iniciar os negros norte-americanos na religião dos *orisha*

---

⁴⁹ *The East* foi uma das organizações porto-riquenhas ligadas ao nacionalismo negro particularmente ativas durante os anos 1970; organizou, entre outros, o *African Street Festival* no Brooklyn.

⁵⁰ Renaud Simmons (Shangó Deí), iniciado em Nova York, em 1967, por Asunta Serrano e no culto de Ifá, em 1988, em Ode Remo (Nigéria), tornou-se o primeiro *oriaté* afro-americano nos Estados Unidos. Faleceu em 2002, em Nova York.

(*ibid.*: 137).⁵¹ Asunta Serrano, Mercedes Noble e Leonore Dolme foram as primeiras que aceitaram iniciar os afro-americanos. Porém, Serrano iniciou também Judith Gleason, a primeira branca norte-americana a entrar na religião.⁵² Por outro lado, colaborou ativamente com Walter King (Oseijeman Adefunmi) e seu *Yoruba Temple*, também frequentado por Mercedes Noble, que realizou a maioria das iniciações de seus membros, quando Oseijeman foi proibido de iniciar outras pessoas pelos cubanos. Asunta Serrano era uma espírita poderosa, iniciada na tradição lucumí. Murphy a apresenta assim:

> Ela nos disse que os espíritos ameríndios das colinas de Porto Rico a guiaram, desde sua infância. Seu trabalho com eles faz dela uma das espíritas mais conhecidas de Nova York. Respondeu ao chamado dos *orisha* em 1958, iniciando-se no culto de Obatalá em Guanabacoa, Cuba. Ela tem, atualmente, seu próprio *ilé* (casa de culto), composto por inúmeros afilhados de todas as raças e origens sociais. Asunta Serrano viajou também para a Nigéria, onde adquiriu alguns títulos entre os mais importantes, realizando suas iniciações em Oshogbò, a pátria de Oshún. Ela é um dos pontos mais sólidos [de contato] entre as múltiplas versões da santería: africana, cubana, porto-riquenha e afro-americana.
>
> Murphy, 1988: 53

Juana Manrique Claudio (Omi Yínká) é outra sacerdotisa que contribuiu para a difusão da religião lucumí entre os afro-americanos. Nascida em Palmira (Cuba), numa família de origem jamaicana,⁵³ foi iniciada em 1952 e chegou a Nova York em 1958. Juana Manrique reuniu inúmeros afro-americanos em sua casa de culto, graças a seu domínio do inglês, que facilitava a comunicação entre as duas comunidades. Iniciou mais de 60 pessoas, como Penelope Stubbs, em 1966, antes de se instalar em Porto Rico. Ed James, *babalawo* afro-americano iniciado em Cuba em 1960, que foi à Nigéria para se consagrar ao culto de Ifá, iniciou em 1964 um outro sacerdote muito respeitado nos

---

⁵¹ Asunta Serrano foi iniciada por Olga Morales (Oshun Funké) da *rama* (linhagem religiosa) de Aurora Lamar (Oba Tolá), responsável pela introdução da santería em Santiago de Cuba nos anos 1940, onde, segundo a história oral, ela teria iniciado mais de 2 mil pessoas. Asunta Serrano foi uma das primeiras iniciadas na religião lucumí a viajar para a Nigéria para conhecer a terra dos yoruba (*cf.* Gleason, 1975).

⁵² Gleason (1975) nos oferece uma descrição saborosa, romanceada, mas, apesar de tudo, muito fiel à realidade, das relações entre Asunta Serrano e o grupo de Adefunmi.

⁵³ Comunicação pessoal de Miguel "Willie" Ramos (Miami, março de 2004).

Estados Unidos, Alfred Davis (Omí Tokí), cujo *ojugbona*⁵⁴ foi Juana Manrique Claudio (Mason, 1998: 140). Foi graças a esses pioneiros que a comunidade dos praticantes da religião lucumí se constituiu nos Estados Unidos.⁵⁵

Tornar-se "yoruba" ou a redenção cultural dos afro-americanos

Em 1964, a ruptura entre o *Yoruba Temple* e a comunidade *santera* estava consumada. A orientação nacionalista de Adefunmi tornou-se radical, levando-o a se separar, em 1965, de sua primeira mulher, por pressão dos outros militantes, que não aceitavam que seu líder fosse casado com uma mulher branca e, além disso, loura de olhos azuis. No entanto, ela fora iniciada no culto de Obatalá em Porto Rico, uma vez que, após a revolução castrista, era muito difícil ir a Cuba. Como sua mãe, a filha de Adefunmi também fora iniciada na santería, tornando-se uma sacerdotisa de Shangó. A decisão de Adefunmi de se divorciar, embora respondesse à pressão dos militantes nacionalistas que eram contra os casamentos mistos, desencadeou uma verdadeira crise no seio do *Yoruba Temple*. As mulheres do templo, inclusive Mama Keke, que sempre apoiara Adefunmi, desde a época da Ordem de Damballah Hwedo, não aceitavam de bom grado a decisão de seu chefe de fazer de uma jovem negra, chamada Olobunmi, a nova "primeira-dama" do templo, e decidiram expulsá-la.⁵⁶ Subitamente, as mesmas mulheres negras que haviam rejeitado a primeira esposa de Adefunmi, pela cor de sua pele, se opuseram à dissolução de seu casamento. Quando compreenderam que não teriam êxito em sua tentativa, a maioria das mulheres mais velhas abandonou o *Yoruba Temple* e buscou a proteção dos *santeros* cubanos (Clapp, 1966: 35).

---

⁵⁴ O *ojugbona* é o assistente do *padrino* ou da *madrina* durante a iniciação, correspondente ao *pai pequeno* de um novo iniciado no candomblé. O *iyawó* se tornará, então, membro da linhagem religiosa (*rama*) de seu *padrino* ou *madrina*, bem como da de seu *ojugbona*.

⁵⁵ Morales (1990: 187) afirma que o palo mayombe, culto afro-cubano de origem bantu, teria chegado a Nova York nos anos 1970. Tata Vrillumbri Siete Rayos teria sido, segundo ela, o primeiro afro-cubano a introduzir essas práticas religiosas nos Estados Unidos. Contudo, dada a discrição que envolve essas práticas, geralmente associadas à feitiçaria, é muito possível imaginar sua presença bem antes dessa data.

⁵⁶ Clapp (1966: 26-27) descreve assim a jovem Olobunmi, que frequentava o *Yoruba Temple* em 1965: "Uma jovem bela e magra, que usava um vestido africano azul e três finas linhas verticais, à maneira de 'escarificações', desenhadas em sua bochecha direita com um lápis para olhos. Olobunmi me disse que seu 'nome de escravo' era Eulalie Mazyck e que, antes, havia sido metodista".

*Quadro 4 — Exemplos de filiação ritual nos ilés norte-americanos
(anos 1960 e 1970).
Iniciações realizadas nos Estados Unidos*

Asunta Serrano (Osá Unkó) [1902-1986]

- Judith Gleason (iniciada no início dos anos 1960)
- Gladys Cespedes e Renaud Simmons (iniciados em 1967)

Mercedes Noble (Oba-n-jókó) [1910-1989]

- Julia Franco (iniciada em 1961)
- Lionel F. Scott (iniciado em 1966)

Leonore Dolme (Omi Dúró) [1916-1994]

- Margie Baynes Quinones (Shangó Gún Mi) (iniciada em 1962)
  - Lloyd Weaver (Olosunmi) (iniciado em 1973)
    - Osaye Mchawi (iniciada em 1976)

Os cubanos acusavam Adefunmi de racismo e este reprovava aos cubanos as práticas religiosas por demais marcadas pelo catolicismo. Após seu divórcio, Adefunmi mudou-se para o Harlem e casou-se com a jovem negra que fora iniciada no culto de Yemayá, deusa do mar, e que adotara o nome "africano" de Olobunmi Adesoji (Hunt, 1979: 36). Adefunmi diz ter mantido boas relações com sua primeira mulher, porque sua separação "só se devia à diferença racial, que criara [entre eles] um obstáculo insuperável" (*ibid*.: 29). Assim, declarou a Clapp (1966: 34) que, mesmo que ela tenha adotado "superficialmente" a cultura africana, jamais poderia venerar os ancestrais, pois "seus ancestrais não eram africanos". O fato de ser, a um só tempo, militante nacionalista, líder de sua comunidade e marido de uma mulher branca criava nele um tal sentimento de ambivalência que o impedia de partilhar suas experiências políticas e religiosas com sua esposa:

> Lembro-me do sentimento de vergonha, arrependimento e medo que senti quando ela veio me ver enquanto eu liderava uma manifestação. Tinha um medo terrível de que ela me dirigisse a palavra e de que meu povo percebesse que ela era a minha mulher (*ibid.*).

Suas relações com os membros do grupo não melhoraram após ter se separado de sua primeira mulher. Como declarou a Clapp (*ibid*.: 20), a maioria deles não era nacionalista e procurava antes obter benefícios materiais ou conquistar sua alma gêmea a se engajar na luta por seus direitos. Por outro lado, segundo Hunt, as pessoas do Harlem não consideravam o templo um grupo "puramente africano", e sim mais uma "seita muçulmana". Ainda assim, os harlemitas iam ao templo para participar das cerimônias, como a do nome e as sessões de adivinhação. No fim da semana eram efetuados os sacrifícios, cujo preço ia de 1,5 a 20 dólares. Porém, o costume africano "revitalizado" no templo que mais atraía pessoas era a poligamia, instaurada por Adefunmi e seus companheiros:

> Muito rapidamente, vários homens jovens se juntaram ao templo unicamente por essa razão. A maioria deles não conhecia nada da religião ou cultura [africana], mas insistiam no fato de que, se haviam adquirido um nome yoruba e duas esposas, eram yoruba.
>
> Hunt, 1979: 31.

Adefunmi recebera autorização legal para fazer casamentos em seu templo e sugerira a seus companheiros que tivessem uma segunda esposa, uma vez obtida a anuência da primeira. Tal era o costume dos yoruba, como descobrira numa pequena obra de E. A. Ajisafe Moore, intitulada *Laws and Customs of the Yoruba People*, publicada na Nigéria e transformada numa espécie de livro sagrado para os membros do *Yoruba Temple*.[57]

Porém, para Adefunmi, a religião devia ser, antes de tudo, uma tomada de posição política, a expressão de seu engajamento nas lutas do nacionalismo negro. Adefunmi era, de fato, um dos fundadores do *African National Independence Party* e um dos ministros da *Republic of New Africa* (RNA). Com outros militantes nacionalistas, fundara também o *Harlem People's Parliament*, de que era Primeiro Ministro, enquanto o tanzaniano Jomo Kenyatta era Ministro das Artes e da Cultura, e o nigeriano Aniyeme, Ministro da Educação. Adefunmi criara também o partido nacionalista *Alajo*, que pregava a "reafricanização" dos negros norte-americanos e reivindicava reparações pelos séculos de escravidão. Contudo, as relações de Adefunmi e seus companheiros com os outros movimentos afro-americanos não eram fáceis. Para Adefunmi, pessoas como Martin Luther King eram traidores da "raça negra", porque pregavam a assimilação dos negros à sociedade branca:

> Se nos assimilamos — se colaboramos com nossos conquistadores —, morreremos sem ter contribuído em nada para a história do homem negro, uma história que remonta às pirâmides e aos templos de Kush e de Meroé.
>
> Clapp, 1966: 41.

As relações com a *Nation of Islam* não eram muito melhores. Embora os membros desse grupo nacionalista fossem livres para participar das cerimônias realizadas no templo, a maioria dos adeptos criticava "a propensão ao ódio" característica dos muçulmanos negros. Além disso, a religião islâmica era considerada uma religião estrangeira na África, uma religião que provocara o declínio do grande império yoruba.[58] Porém, outros militantes nacionalistas também frequentavam o *Yoruba Temple*, como os membros do grupo

---

[57] Adefunmi declarava que, para os membros do *Yoruba Temple*, possuir esse livro equivalia a possuir a Torá para um judeu (Clapp, 1966: 18).

[58] As relações dos "yoruba americanos" com a *Nation of Islam* sempre foram tensas. Judith Gleason relata as palavras de Adefunmi a propósito dos muçulmanos negros: "Que não tenham nenhum nome escravo, tudo bem, mas por que se chamar X, quando se pode ter um nome que signifique algo na sua própria tradição? Um nome que remeta a um aspecto da divindade que te protege, te faz crescer, te dá uma identidade muito mais profunda do que qualquer outra forma de "negritude" (*blackness*). Por que um terno negro? Por que toda essa disciplina, sem falar da mortificação da carne? Sou [filho de] Obatalá, não posso beber; mas como seria ridículo impedir [um filho de] Shangó de beber álcool! O islã, podes acreditar, não é para nós. Também somos puros. Também temos regras alimentares, mas elas dependem do que cada um é, do que está em sintonia com a sua personalidade, seu poder, do caminho que sua fé toma, não das proibições estabelecidas por um único profeta. Pois nossos profetas, como nossas divindades, são múltiplos" (Gleason, 1975: 87).

dirigido por Malcolm X que se afastaram da *Nation of Islam* e adquiriram novos nomes africanos. Assim, em 19 de fevereiro de 1965, alguns membros desse grupo teriam ido ao *Yoruba Temple* para pedir uma sessão de adivinhação para seu líder, ao longo da qual lhes foi recomendado sacrificar duas galinhas pretas para Oyá, divindade ligada à morte e aos cemitérios. Hunt (1979: 32) não diz se o sacrifício foi feito. Dois dias mais tarde, Malcolm X foi assassinado em circunstâncias que jamais foram elucidadas. Desde então, ele foi incluído nas invocações para os ancestrais que precediam a realização dos *bembés*, as cerimônias públicas do *Yoruba Temple* (Clapp, 1966: 40).

Ao longo dos anos 1960, a principal preocupação de Adefunmi foi estabelecer um projeto de "redenção cultural" para os afro-americanos, que devia resultar na criação de um Estado africano na América. Em 1962, por ocasião de uma manifestação pública, ele anunciou que esse Estado surgiria antes de 1972 e que sua cultura seria "puramente africana" (Hucks, 2000: 257). Alguns membros do templo começaram a procurar um terreno para comprar e meios de transporte para levar os "yoruba" para sua nova pátria. Após a crise que provocou o fechamento do templo no final de 1965, Adefunmi começou a refletir sobre a possibilidade de se instalar com seu grupo numa propriedade que um dos membros da sociedade dos Ogboni, Katakyira, recebera como herança na Carolina do Sul. Os "yoruba" iriam construir ali uma aldeia africana, onde seria posta em prática a "restauração cultural africana" (Clapp, 1966: 36). Outros membros do grupo teriam preferido se instalar no país yoruba, na Nigéria, ou no Caribe. Segundo eles, brancos e negros eram completamente diferentes, e isso também no que tangia a seu destino. A vida ocidental, que os afro-americanos eram obrigados a levar, os impedia de abraçar o estilo de vida africano e os constrangia a só praticar a religião nos finais de semana. Contudo, o grupo que defendia o estabelecimento de um Estado africano na América conseguiu impor seu ponto de vista sobre aqueles que pregavam o retorno à África:

> Eles pensavam que, mesmo que efetuassem esse retorno, só obteriam duas coisas. Em primeiro lugar, teriam provado aos brancos que o homem africano não é capaz de sobreviver na América. Em segundo lugar, que os yoruba estavam levando [para a África] uma cultura que eles já tinham. Como os yoruba haviam sido os campeões da causa da redenção cultural, estavam confrontados ao dilema de saber, caso partissem, o que aconteceria com os negros que escolhessem ficar nos Estados Unidos sem cultura e sem direção.[59]
>
> Hunt, 1979: 36.

---

[59] Hunt utiliza aqui o termo "yoruba" para designar os militantes negros que frequentavam o *Yoruba Temple*. Dessa forma, sua reivindicação política de uma identidade africana é completamente naturalizada.

A aventura que devia recriar um pedaço da África na América iria começar. O novo nacionalismo negro, mescla de ação política e engajamento religioso descobrira o valor da história e da cultura no renascimento espiritual do povo afro-americano. Adefunmi afirmava que, se era natural para um descendente de europeus preservar e manter vivas as tradições de sua terra-mãe, o afro-americano, por sua vez, tinha o dever de se libertar dos sinais externos de sua submissão ao branco, "reafricanizando" sua vida, seus costumes, seu nome, sua religião, suas roupas. Esse desejo de redescobrir a identidade africana, diminuída durante séculos de escravidão e de discriminação racial, estava intimamente ligado a uma visão romântica da África, frequentemente alimentada pela leitura das obras dos africanistas. Assim, Ijaku, um dos membros do *Yoruba Temple*, declarou a Clapp (1966: 32), enquanto olhavam fotos tiradas na Nigéria, que os africanos, mesmo pobres, "têm sempre um sorriso no rosto". E diante dos protestos de Clapp, diante dessa interpretação "romântica" da pobreza, respondeu que, se Clapp tivesse lido as obras de Melville Herskovits, teria compreendido que "as culturas africanas preservaram uma unidade harmoniosa que a civilização ocidental perdera" (*ibid.*). Ijaku, como Adefunmi, passara dias inteiros na biblioteca do Schomburg Center, no Harlem, devorando tudo o que fora escrito sobre os povos da África, especialmente, sobre os yoruba. Reconstruir um pedaço da África na América equivalia, assim, a recriar o "comunalismo", também chamado de "socialismo africano" pelos militantes negros, que dera origem às sociedades africanas, um mundo de harmonia, igualdade e fraternidade.

CAPÍTULO V

Oyotunji Village:
uma aldeia africana na América

Os anos 1970 foram marcados pela proliferação dos motins raciais e por uma mudança de fundo na composição das populações das grandes cidades americanas. O censo de 1970 mostrou que 40% dos negros norte-americanos se concentravam em apenas 30 cidades. Em aglomerações como Washington (D.C.), Newark (Nova Jersey), Atlanta (Georgia) e Gary (Indiana), eles eram a maioria. Essa concentração provocou um movimento inverso: o êxodo dos brancos para os bairros suburbanos, mais modernos e mais seguros do que o centro das cidades, ocupados pelos negros. Assim, no início dos anos 1980, a população negra tornou-se majoritária em várias metrópoles americanas, dividindo os bairros deteriorados com uma comunidade hispânica crescente. Paralelamente, o fluxo migratório dos negros para o Norte cessou, mostrando uma verdadeira tendência de retorno para o Sul. Alguns voltavam à terra natal quando se aposentavam, outros procuravam novas possibilidades com o *boom* econômico da *Sunbelt*, os estados do Sul e do Sudoeste dos Estados Unidos.

A situação política não era muito favorável aos militantes nacionalistas negros. Os líderes dos Panteras Negras haviam sido assassinados ou eram julgados em processos altamente politizados, que resultavam geralmente em pesadas condenações. Apesar da melhoria progressiva das condições de vida dos negros, a disparidade entre a comunidade negra e a comunidade branca permanecia muito grande. Porém, a efervescência cultural dos anos 1960 não desaparecera e a redescoberta da herança cultural africana permanecia uma das prioridades dos grupos nacionalistas negros, bem como dos jovens afro-americanos que começavam a frequentar universidades, desde então, "integradas". Em 1976, Alex Haley publicou um romance intitulado *Roots,* que contava a história de sua família a partir da captura e da redução à escravidão de seu ancestral africano Kunta Kinte. O romance teve um sucesso extraordinário e, um ano mais tarde, foi adaptado para uma novela de televisão, que se tornou o programa mais assistido de todos os tempos, com aproximadamente 80 milhões de espectadores apenas nos Estados Unidos. Esse sucesso levou à publicação de um segundo livro, intitulado *Queen,* sobre a história da família da mãe de Haley. Romances e novelas davam voz a uma das principais preocupações dos negros norte-americanos: restabelecer o laço com seu passado e sua história, destruído na *Middle Passage,* a viagem nos navios negreiros para o Novo Mundo.

Rumo ao Sul

Em 1969, decepcionado com os conflitos no seio de seu grupo, Adefunmi deixou Nova York para se instalar em Bricks, na Carolina do Norte. Foi para lá ensinar história da África numa escola chamada *Transitional Academy,* que preparava estudantes negros para os exames de admissão nas universidades. Ele explica sua decisão da seguinte maneira:

> Por volta de 1969, as instituições culturalmente revitalizadas do *Yoruba Temple* não podiam mais concorrer com as instituições culturais euro-americanas, que eram dominantes em Nova York. Seus líderes compreenderam que cada cidade tem seu *Ifá* (destino). O *Ifá* de Nova York fora modelado, como o da maioria das cidades americanas, quando os africanos ainda eram escravos. O destino de Nova York era, portanto, preservar e fazer com que a cultura do homem branco progredisse. Ele jamais permitiria que se privilegiasse a cultura negra. Eis a razão pela qual o homem negro deve procurar uma cidade propícia à preservação de sua própria cultura.
>
> Adefunmi, 1981: 11.

Nessa época, Adefunmi já tinha quatro esposas afro-americanas, mas apenas sua segunda esposa, Majile Olafemi, e seus dois filhos o acompanhavam. Sua primeira esposa afro-americana, Olobunmi Adesoji, e sua terceira, Ayo Meji, juntaram-se a eles pouco tempo depois. Contudo, o ciúme entre as esposas logo provocaria a partida de Olobunmi, que temia a influência crescente da segunda esposa sobre Adefunmi (Hunt, 1979: 36). Sua quarta esposa, Monifa, permaneceu em Nova York.

Alguns meses mais tarde, quando a *Transitional Academy* foi fechada, Adefunmi partiu com sua família para Savannah, na Geórgia, e se instalou numa grande casa que datava de antes da Guerra de Secessão. Planejava abrir um bar na casa, mas faltava dinheiro, e suas duas esposas foram obrigadas a trabalhar como garçonetes em boates da cidade, enquanto Adefunmi realizava sessões de adivinhação e confeccionava roupas africanas. Segundo Hunt (*ibid*.: 38), nessa época, Adefunmi "não estava completamente convencido do poder dos *orisha*". Apesar disso, decidiu testar seus poderes em benefício próprio:

> Começou a desenhar um grande zodíaco em seu salão, depois, pegou alguns *orisha* e colocou-os em pontos que simbolizavam dinheiro. Em seguida, acendeu velas e começou a cantar, oferecendo vinho e outras bebidas alcoólicas aos *orisha*. Feito isso, telefonou para duas pessoas que lhe haviam recusado o envio de dinheiro, e recebeu respostas positivas. Pela primeira vez, ficou totalmente convencido da eficácia dos *orisha*.
>
> Hunt, 1979: 38.

Com o dinheiro obtido, Adefunmi e sua família deixaram Savannah e foram para a Carolina do Sul. Lá, ele decidiu se dedicar completamente a atividades religiosas. Em abril de 1970, Adefunmi iniciou, pela primeira vez, afro-americanos, dentre os quais Akinyele Awolowo, um velho amigo de Nova York que se engajara no início dos anos 1960 na revitalização da cultura yoruba, e "The Medahochi", que abrira, em 1962, um *Shangó Temple* na cidade de Gary (Indiana). Medahochi K. O. Zannu, cujo nome de batismo era James Butler, descobrira a existência de Adefunmi e de seu templo numa reportagem publicada, em 1960, na revista *Hep*, que o apresentava como o "sacerdote vodou do Harlem" (Eason, 1997: 89). Ele decidira então ir a Nova York e encontrara Adefunmi na livraria de Lonnie Michaux, a *National Memorial Bookstore*, no Harlem. Depois desse encontro, Medahochi fundou, com outros adeptos, o *Shangó Temple* de Gary, mantendo contato com Adefunmi e Mama Keke, que, em 1964, realizaram, pela primeira vez nessa cidade, uma cerimônia de consagração dos colares (*elekes*).[1] Segundo Eason (*ibid*.: 94),

---

[1] Atualmente, Medahochi é um dos chefes da Oyotunji Village. Nascido no condado de Rutheford (Tennessee), em 1923, começou a se interessar pela história e cultura africana nos anos 1940, antes de se mudar para a cidade de Gary. Vive hoje em Milwaukee, após ter sido um dos representantes oficiais

teria havido um terceiro candidato à iniciação chamado Akanke Omilade. Hunt (1979: 39) só cita Akinyele e Omowale, "que chegara de Gary (Indiana), onde fundara o *Shangó Temple*", fazendo referência a um dos nomes africanos de Medahochi.[2] Segundo Hunt, Omowale já pedira para ser iniciado por Adefunmi, quando este ainda morava em Savannah, mas o ex-chefe do *Yoruba Temple* do Harlem "não estava certo de conhecer suficientemente os rituais" para poder efetuar iniciações sem a presença dos cubanos. Omowale teria, então, respondido que os cubanos haviam decidido por eles mesmos a forma como desejavam reorganizar sua religião e cultura e que o mesmo acontecera com os brasileiros. Era chegado o tempo de os negros americanos decidirem o que a religião e a cultura africanas representavam para eles e como as preservariam (*ibid.*: 39-40).

Essas primeiras iniciações constituem um caso exemplar de reinterpretação das práticas *santeras*, segundo uma lógica "africana". Numa espécie de reedição da iniciação de Adefunmi em Cuba, Akinyele foi consagrado ao deus Obatalá, e Omowale ao deus Shangó. Esse momento fundador foi vivido como uma verdadeira revolução cultural:

> A primeira parte da iniciação ocorreu durante a noite, no rio perto de Paige Pont [nos arredores de Sheldon, Carolina do Sul]. Quando saíram de casa, para ir até o rio, uma terrível tempestade desabou, e todos, exceto Baba [Adefunmi], ficaram aterrorizados. Olobunmi, que não estava completamente convencida de que deviam realizar essa iniciação, sugeriu que voltassem atrás. Tinha medo de atrair sobre eles a ira dos *orisha*. Baba conseguiu tranquilizá-los, contando-lhes como uma grande tempestade marcara o início da revolução haitiana. Depois, Akinyele lembrou-se do que Adefunmi lhes dissera: "O céu estava celebrando aquela revolução e, agora, está celebrando a nossa. Temos que continuar."
>
> Hunt, 1979: 40.

A tempestade, símbolo de Shangó, deus do trovão, poderia ter sido interpretada pelos *santeros* como sinal de reprovação divina diante de uma iniciação que não seria realizada segundo as regras da ortodoxia afro-cubana.

---

de Oseijeman Adefunmi. Mama Keke, falecida em seguida, foi enterrada no recinto dos templos de Shangó e Obatalá, no Aafin (o palácio real) da Oyotunji Village.

[2] *Omowale* significa em yoruba "a criança volta para a casa". Esse nome é frequentemente dado a afro--americanos que vão à África, especialmente à Nigéria. Medahochi seria um título, "uma palavra fon para Daomé" (entrevista com Medahochi K. Zannu, realizada por Baba Ifabowalé Somadhi, *Oya N'Soro — Oya Speaks*, vol. I, março de 2004). Hoje em dia, o nome completo do fundador do *Shangó Temple* de Gary é Medahochi Kofi Omowale Zannu.

Em contrapartida, a interpretação dada por Adefunmi faz desse acontecimento o momento fundador de uma nova história, de uma nova forma, "afro-americana", de venerar os deuses yoruba. Entretanto, é preciso admitir que essas iniciações seguiram fundamentalmente o modelo afro-cubano da santería. Assim, no momento do banho purificador dos noviços no rio, suas roupas foram rasgadas e substituídas por roupas cerimoniais brancas. Os rituais de iniciação prosseguiram durante sete dias, como na santería, em conformidade com o que Adefunmi aprendera com os cubanos.

Outras iniciações se seguiram. Em junho de 1970, Shaki Shaki Adebini Ajamú e sua esposa Ayobunmi, de Chicago, bem como Ademola Adeyemi, de Gary, se uniram ao grupo de Adefunmi. Ayobunmi, cujo nome é hoje Iyá Afin Ayobunmi Sangode,[3] descobrira a cultura africana em 1966, graças às atividades da *US Organization* de Maulana Karenga, e a religião africana em 1968, com seu marido Ajamú, que se tornará o *oluwo* (adivinho) da Oyotunji Village.[4] Em seu livro sobre os ritos de passagem e o poder feminino (Sangode, 1998), Ayobunmi, que se apresenta como "parapsicóloga, escritora, artista e conferencista", se diz a primeira *Afrikan-American*, iniciada, em 1974, por sacerdotes afro-americanos na costa oeste dos Estados Unidos. Seu iniciador foi Medahochi K. O. Zannu e, em 1977, tornou-se a primeira sacerdotisa chefe do templo consagrado a Shangó na aldeia de Oyotunji. Após a iniciação de Ajamú e de Adeyemi, foi a vez da segunda esposa de Adefunmi, Majile, que em agosto de 1970 recebeu o nome ritual de Osunbunmi, bem como o de Kuma Olafemi, que se tornou Omolade. Majile Osunbunmi tornou-se a sacerdotisa chefe do templo de Oshún.[5] Adefunmi foi ajudado nessas iniciações por Osanle, ex-membro do *Yoruba Temple*, que fora iniciado pelos cubanos e por um sacerdote nigeriano chamado Ojo, que lhe ensinara os rituais destinados ao deus Ogún.[6] Com Adefunmi e sua família, esses novos iniciados estabeleceram-se numa velha fazenda, onde começaram a edificar altares para as

---

[3] O nome é o sinal exterior da identidade individual e pode ser modificado de acordo com as iniciações. Assim, além do fato de abandonar o "nome de escravo", isto é, seu nome ocidental, os afro-americanos engajados no movimento de renascimento yoruba podem igualmente mudar de nome ao longo dos anos, o que torna, por vezes, muito difícil acompanhar os percursos pessoais no interior da religião dos *orisha*.

[4] Após sua iniciação no culto de Ifá, Ajamú se chamava Adenibi Ifamuyiwa Ajamú, e era o chefe do *Egbé Ifá*, a sociedade dos iniciados no culto de Ifá em Oyotunji. Ele faleceu em 2009.

[5] Segundo o artigo "Hommage to ancestry: a way of life", publicado pelo *Charlotte Observer* de 5 de janeiro 1997, a "rainha" Osunbunmi Abimbola antes teria sido uma empregada dos correios de Miami, cujo "nome de escrava" era Kimberlyn Bannerman.

[6] Brandon (1993:119) afirma que essas iniciações não foram reconhecidas pelos cubanos, que questionavam a legitimidade dos novos iniciados.

divindades e para os ancestrais. A aldeia foi então construída em 1970, numa das ilhas da Carolina do Sul e, dois anos mais tarde, foi transferida para os arredores de Sheldon, no condado de Beaufort.[7] Trata-se da primeira tentativa de fundar um território negro dedicado ao culto dos deuses africanos.

A escolha da Carolina do Sul era particularmente significativa, na medida em que esse estado fazia parte do "território subjugado" que a *Republic of New Africa* (RNA) queria libertar para transformar em uma república negra. Como vimos, Adefunmi fora nomeado, em 1968, co-Ministro da Cultura do Governo Provisório da RNA, que propunha reunir 5 milhões de negros americanos num território que compreendia os estados da Geórgia, Alabama, Mississippi, Louisiana e Carolina do Sul. Esse território seria o lugar de reparação pelos anos de escravidão e discriminação que o povo afro-americano teve que suportar. A esse programa independentista era também associado o "Novo Credo Africano", que preconizava a criação de "novas relações sociais", fundadas na fraternidade, no respeito mútuo e na valorização de um comportamento exemplar pelo qual o indivíduo se tornava "o espelho de sua comunidade" (*in* Van Deburg, 1997: 201).

Em junho de 1971, Akinyele Awolowo, que após sua iniciação recebera o nome de Chief Elemosha, se uniu ao grupo, acompanhado por cinco pessoas, entre as quais Malibu, um homem que viria a ser o pivô de um drama que iria sacudir a comunidade, e Folayan, que se tornaria a "segunda" esposa de Adefunmi, com o nome de Iyá Shanlá.[8] Pouco tempo após sua chegada, Malibu foi assassinado por Abivomi, um novo membro da comunidade de Adefunmi, conhecida nos arredores como o *Yoruba African Cultural Center*. A publicidade dada ao assassinato, que resultou na absolvição do acusado por legítima defesa, provocou o assédio das televisões nacionais, que fizeram reportagens sobre essa "aldeia africana na América". Foi assim que os negros americanos

---

[7] Oyotunji se encontra a aproximadamente 30 quilômetros de Beaufort e das Sea Islands. Trata-se de uma região que, após a Guerra Civil, foi ocupada pelos escravos libertos. As Sea Islands abrigaram os gullah, população conhecida por sua preservação da cultura africana, especialmente por sua habilidade em cultivar o arroz e extrair o índigo segundo os costumes africanos. Alguns membros da Oyotunji Village são gullah, embora a maioria de seus habitantes seja composta por afro-americanos provenientes de outras regiões dos Estados Unidos.

[8] Nessa época, Olobunmi, que se tornara a primeira esposa de Adefunmi após ele se divorciar de sua primeira esposa branca, partira e se casara de novo com um homen testemunha de Jeová. Majile, a segunda esposa, se tornara, assim, a esposa principal (*head-wife*). O fato de Iyá Shanlá ter se tornado a segunda esposa de Adefunmi sugere que a terceira, Ayo Meji, que deveria ter ocupado de pleno direito o lugar de Majile, partira. O papel da terceira esposa será preenchido, embora provisoriamente, por uma outra afro-americana, Olu-Mola. Segundo informações dadas pelos habitantes da Oyotunji Village, Adefunmi, falecido com a idade de 76 anos, teria deixado, ao todo, 14 mulheres.

descobriram a existência dessa comunidade de iniciados e a possibilidade de ali adquirir uma identidade africana.

Em 1972, após um outro acontecimento, a aldeia foi transferida de Brays Island Road para o lugar que ocupa atualmente, perto de Sheldon, no cruzamento das estradas 17 e 21 (cf. Fotos 10 e 11). Dois homens e uma mulher chegaram à aldeia, e uma sessão de adivinhação revelara que eram procurados pela polícia. Uma semana mais tarde, Adefunmi foi preso por ter ajudado os fugitivos e ficou encarcerado na cidade de Colúmbia, na Carolina do Sul. Alguns dias mais tarde, foi libertado e absolvido das acusações feitas contra ele. Em agosto de 1972, ele foi convidado por Nana Yao Opare Dinizulu I, o pai do movimento akan nos Estados Unidos, a acompanhá-lo numa turnê de seu grupo de dança na África. Em Nova York, Adefunmi já trabalhara com essa trupe, para a qual confeccionara os figurinos. Esse convite lhe deu a oportunidade única de "corrigir" seu destino. De fato, por ocasião de sua iniciação em Matanzas (Cuba), o *odù* de Adefunmi — signo do sistema de Ifá que revela o destino individual no momento da adivinhação do *itá*, durante os rituais de iniciação — fora Oshé Meji, que apareceu numa configuração negativa (*osogbo*), o que era para os cubanos "sinal de uma liderança perigosa" (Clarke, 1997: 96). Em consequência, seu iniciador cubano proibira que ele iniciasse outras pessoas.[9]

Após as primeiras iniciações na Oyotunji Village, Adefunmi reinterpretou essa interdição como sendo a expressão da discriminação dos *santeros* cubanos contra os negros americanos. A viagem para a África lhe permitiu legitimar sua posição em relação à comunidade dos praticantes da religião dos *orisha* nos Estados Unidos, aprofundando ainda mais a ruptura com os cubanos. Ele declarou ter tomado conhecimento, numa sessão de adivinhação, de que precisava se tornar um *babalawo*, um sacerdote de Ifá e especialista da adivinhação. De Gana, foi para a Nigéria, onde foi iniciado no culto de Ifá. Adefunmi começara a estudar o sistema divinatório yoruba por meio dos textos cubanos e dos livros de William Bascom e de Wande Abimbola. Na Nigéria, procurou novas interpretações de seu *odù*. O que ele viveu na África e as interpretações dadas por seus iniciadores de Abeokutá, consideradas mais "autênticas" do que as recebidas dos cubanos, confirmaram a legitimidade da posição que ele ocupava em sua aldeia "africana". Além disso, seus

---

[9] Com efeito, o símbolo do *dilogun* Oshé Meji, chamado em Cuba de Oché Meyi (5-5), quando sai durante a cerimônia do *itá* (terceiro dia da iniciação) em configuração negativa e em relação com o *orisha* ao qual foi consagrado o *iyawo*, proíbe que este inicie outras pessoas. No caso de um homem heterossexual, esse símbolo o levará a se consagrar ao culto de Ifá (comunicação pessoal de Willie Ramos).

iniciadores yoruba lhe teriam revelado que seu *odù* designava, na realidade "um líder muito poderoso que iria realizar muitas coisas" (Clarke, 2004: 78).

Essa viagem coincidiu com o deslocamento da Oyotunji Village. O proprietário do terreno onde se instalaram via com maus olhos as idas e vindas de jornalistas, militantes e candidatos à iniciação e, quando compreendeu que os habitantes dessa comunidade afro-americana não tinham nenhuma intenção de se tornarem fazendeiros e que tinham construído templos africanos em seu terreno, pediu e obteve uma ordem de expulsão de suas terras. Awolowo, um dos fundadores da comunidade, se encarregou da mudança enquanto Adefunmi estava na África. Três meses de trabalho foram necessários para a construção da nova aldeia, num terreno comprado coletivamente. Uma estrada foi aberta na floresta para permitir que os homens construíssem suas casas e as casas de suas esposas.

Quando retornou da Nigéria, em outubro de 1972, Adefunmi foi coroado *Oba* (rei) da Oyotunji Village, na qualidade de fundador e líder espiritual da comunidade, e recebeu o título de *Kábiyèsí*. O nome da aldeia, Oyotunji, "o renascimento de Oyo" (*Óyó tún jí*, "Oyo despertou de novo"), mais uma vez utilizava o principal símbolo da grandeza yoruba, a antiga capital de seu império, Oyo, já escolhido como emblema da revitalização cultural afro-americana no Harlem dos anos 1960 (*cf.* Fotos 12 e 13).

O renascimento yoruba

Carl Hunt publicou, em 1979, a primeira obra sobre a Oyotunji Village. Nessa época, haveria 125 pessoas vivendo nesse território de apenas 10 acres (aproximadamente 4 hectares).[10] No prefácio, William Bascom se surpreendia ao ver como a cultura yoruba fora recriada ali com um "cuidado surpreendente":

> A forma pela qual conseguiram isso ainda não é muito clara. Os membros da sociedade eram negros americanos, e é inverossímil que Adefunmi tenha adquirido conhecimentos suficientes em sua visita à Nigéria, em 1972. Também não compreendo como ele pôde se tornar *babalawo* durante uma visita tão curta. Obteve, sem dúvida alguma, o grosso de seus conhecimentos dos cubanos, antes de romper com eles"
>
> Bascom, *in* Hunt, 1979.

---

[10] Kamari Clarke (1997) fala de 191 residentes na aldeia em fins dos anos 1970. Segundo Mikelle S. Omari (1996: 68), teria havido mais de 200 habitantes em 1977, data de sua primeira estada na Oyotunji Village.

A revitalização da cultura yoruba estava começando: "A língua yoruba é ensinada, mas não posso dizer se é de forma eficaz. Tentaram revitalizar as artes e os ofícios yoruba, porém, mais uma vez, me é impossível dizer a que ponto tudo se deu conforme a tradição" (*ibid.*).

Bascom salientava, contudo, o que estava longe da tradição yoruba e o que ligava, de maneira significativa, as práticas rituais da Oyotunji Village à sua origem religiosa afro-cubana. Assim, se o culto dos ancestrais desempenhava efetivamente um papel central na reconstituição das práticas rituais africanas, ele era feito por meio de charutos, velas e copos cheios de água, elementos originários da prática ritual *santera* e, mais especificamente, dos rituais espíritas que frequentemente acompanham as cerimônias afro-cubanas. Da mesma forma, Bascom se surpreendia com o fato de que, na Oyotunji Village, a divindade protetora era Obatalá, e não Shangó, o padroeiro de Oyo. Ora, isso se explica pela iniciação de Adefunmi no culto de Obatalá em Matanzas (Cuba), pois todo novo centro de culto é automaticamente posto sob a proteção do "dono da cabeça" de seu fundador.

Entretanto, a influência yoruba é evidente quando se leva em consideração a organização espacial da aldeia. Oyotunji foi construída segundo o plano tradicional das aldeias yoruba, divididas em cinco distritos principais: o *Aafin* (o palácio do rei, também chamado *Oshagiyan Palace*), o *Igbóòsà*, o *Ìkágbó* (*Ìkabó*), o *Ànàgó* e o *Ìgbàlê*. No *Aafin*, vivem o rei, suas esposas e seus filhos. É dentro de suas paredes que se encontram os altares pessoais da família real,[11] consagrado aos ancestrais de Oba, dedicado aos ancestrais "desconhecidos", mortos durante a travessia do oceano e chamados coletivamente de *Damballah Hwedo,*[12] e os altares para Shangó, Obatalá, Ifá e Onilé (o deus da terra) (*cf.* Fotos 14 e 15). O palácio é construído segundo o plano tradicional das residências familiares yoruba (*compounds*),[13] com um pátio interno cercado pelos alojamentos individuais. De um lado, a bandeira do nacionalismo negro

---

[11] Em 1995, Adefunmi tinha quatro esposas e 28 filhos, com idades entre 4 e 35 anos. O número de esposas pode variar ao longo do tempo, pois elas podem decidir se divorciar e deixar a aldeia. A esposa mais jovem nessa época tinha 33 anos. A mais velha era Sua Alteza Real Iyá Orité Olasowo, diplomada em dança e teatro, que chegou à aldeia em 1974 e se casou com o rei nesse mesmo ano. Cada rainha possuía sua própria casa e um jardim no *compound* real.

[12] Segundo Hunt (1979: 76), os residentes da Oyotunji Village teriam decidido substituir esse termo, utilizado pelos haitianos, por *Dambada Hwedo,* citado por Melville Herskovits (1938) em sua obra sobre o Daomé. Naquela época, isso evidenciava o processo de reafricanização iniciado por Adefunmi e o caminho percorrido entre suas primeiras experiências (a Ordem de Damballah Hwedo, inspirada pelo vodou haitiano) e a fundação de uma aldeia "africana". Contudo, o termo mais utilizado atualmente é *Damballah Hwedo.*

[13] Conjunto composto pela casa de um homem e pelas casas de suas esposas.

(vermelha, amarela e verde), na qual foi acrescentado o *ankh*, símbolo egípcio da vida e da ressurreição; do outro, a pintura de um leopardo que segura um *ankh* e uma espada, espécie de brasão da família real, no qual o leopardo simboliza a realeza africana (*cf.* Fotos 16 e 17). Sob a pintura, lê-se: *Eluju ki ipe di Eluju Ekun*, traduzido por "Com o tempo, o campo pertence ao leopardo" (Adefunmi, 1982: vi). Na época das pesquisas feitas por Hunt (1979: 101-103), o *Aafin* era quase inteiramente ocupado pelo Oba; casas independentes, mas situadas no próprio recinto do palácio, alojavam suas mulheres e filhos, os servidores e convidados do rei. Depois, foram construídos em seu perímetro um museu, uma escola, chamada *Yoruba Royal Academy*, e uma gráfica, que fabricava os panfletos e o jornal bimensal *Inside Oyotunji*. Em 2004, por ocasião de minha última visita, o rei, já doente, só fazia curtas estadas em seu palácio, preferindo residir a maior parte do tempo na Flórida.

O distrito *Ánàgó* foi chamado dessa forma em homenagem aos habitantes yoruba do Benin, os Nàgó. Os templos consagrados aos *orisha* são situados, em sua maioria, no distrito de *Igbóòsà,* exceto o altar para Eshu/Elegbá, localizado na entrada do *Aafin* (*cf.* Foto 18). Os templos para Oyá, Olokun, Oshún e Yemonjá[14] se encontram nesse distrito, bem como aquele consagrado a Ogún (*cf.* Fotos 19 e 20). As construções públicas estão concentradas no distrito de *Ìkágbó* e o templo para Obaluaiyé foi construído na floresta circundante. O último distrito, *Ìgbàlê*, abriga a gruta dos ancestrais, os *Egúngún* (Clarke, 2004: 85).[15] Cada templo fica sob o controle de um sacerdote ou sacerdotisa, e compreende um altar principal consagrado à divindade, um altar para Eshu/Elegbá que lhe é associado, um cômodo onde os noviços são iniciados, chamado *igbodù,* e um altar para todos os sacerdotes e sacerdotisas já falecidos iniciados no culto dessa divindade. O pátio central acolhe as cerimônias públicas.

O modelo tradicional yoruba também está presente nas construções da aldeia, com uma casa para o chefe de família e tantas casas quantas esposas houver, onde elas vivem com seus filhos, e que abrigam os altares consagrados a seus ancestrais. Cada distrito é governado por um chefe ou uma sociedade civil, chamada *egbé*, e cada homem casado e com filhos é o chefe de seu *compound*, com o título de *Balé*. Um homem casado, mas sem filhos, é apenas um *oloko*, um agricultor, e não dispõe do mesmo poder de um *Balé*. Tem ape-

---

[14] "Yemonjá" é o termo yoruba que corresponde ao cubano "Yemayá". Embora Yemonjá seja associada na Nigéria a um rio, ela é considerada a deusa do mar em Cuba, no Brasil e nos Estados Unidos.

[15] Na época do estudo feito por Hunt, não havia o templo de Oyá nem de Obaluaiyé na aldeia.

nas um pouco mais de poder do que os homens solteiros, que não dispõem de nenhum poder no seio da sociedade de Oyotunji:

> Um solteiro recebe um pedaço de terra para viver, mas esta não lhe pertence. Tem a permissão para construir nela, na esperança de que um dia se casará. Mas, se houver necessidade da terra, o Estado tem autoridade para tomá-la de volta e lhe reembolsar a casa e toda a melhoria feita, para dá-la a uma família que deseje se estabelecer nela.
>
> Hunt, 1979: 103.

A família extensa é, portanto, a unidade de base da organização social yoruba, tal como reproduzida na América. Os homens solteiros que não dispõem de meios suficientes para viver na aldeia podem pedir para ser "adotados", para se tornar um *iwòfà*, servidores de um chefe ou de uma família importante.[16] Quanto às mulheres solteiras, sem filhos adultos que possam se responsabilizar por elas e/ou sem meios de subsistência, elas são postas sob a proteção do rei e alojadas em seu palácio. Até 1974, uma mulher solteira não podia permanecer na aldeia por mais de três meses sem se casar. Se não desejasse casar com um homem fora do palácio, era automaticamente considerada uma *ayaba*, uma das mulheres do rei, e só podia mudar de status se um de seus filhos pudesse prover seu bem-estar ou se encontrasse alguém na aldeia que quisesse desposá-la.

Meninas e meninos crescem juntos sob o mesmo teto até a idade de 7 anos, sob a responsabilidade de suas mães. Depois, os meninos vão morar com seus pais e com os outros homens da aldeia. As meninas são preparadas para a vida futura, aprendendo a cozinhar, costurar, cuidar de seus esposos e filhos. Os rapazes se tornam membros da sociedade masculina *akinkonju* após um certo número de provas: ir a pé da aldeia à cidade de Beaufort, situada a aproximadamente 30 quilômetros, e voltar com um recibo de uma loja que mostre sua façanha; pescar e capturar caranguejos; lutar corpo a corpo; andar num pântano por aproximadamente 50 jardas. Além disso, devem sofrer a imposição das marcas tribais em seu rosto. Com a idade de 14 anos, as moças podem se casar, enquanto os jovens são incentivados a casar com a idade de 28 anos.

---

[16] Segundo Abraham (1958: 330), entre os yoruba, um *iwòfà* é um homem livre, cujo status social não é de forma alguma diminuído. Ele estabelece um contrato com seu "credor", chamado de *olówó*, que aceita seu trabalho como "garantia" do pagamento de sua dívida.

Cada novo residente pronuncia um juramento de fidelidade ao rei, aos chefes e às leis e tradições yoruba. No nono dia de sua estada, ele se submete a uma sessão divinatória e a um batizado "para lavar seu passado e se preparar para a vida na aldeia" (*ibid*.: 54).[17] Deverá também usar sempre roupas africanas, "sob pena de multa", e receber as escarificações antes do final do terceiro mês. Essas marcas, três entalhes em cada bochecha, reproduzem aquelas das famílias nobres yoruba e permitem que os habitantes da aldeia se diferenciem dos outros afro-americanos enquanto iniciados e guardiões das tradições yoruba. O tipo de marca tribal (*ìlà* ou *àbàjà*) escolhido pelos habitantes da Oyotunji Village parece reproduzir o de Ilé-Ifé, cidade santa e berço da cultura yoruba (*cf.* Abraham, 1958: 300-301). Da mesma forma, todo habitante de menos de 40 anos deve participar dos trabalhos comunitários, chamados *dókpwé*, termo daomeano que designa uma organização de ajuda mútua na escala da aldeia (*cf.* Herskovits, 1938).

Quando uma família chega à aldeia, o homem deve oferecer gim ao Oba e aos chefes dos bairros, de quem recebe em troca um pedaço de terra para construir sua casa. A terra é propriedade da sociedade dos Ogboni e não pode ser vendida. Os novos residentes encontram-se então inscritos numa organização social estratificada, em que o Oba é o chefe inconteste. A forma de governo da Oyotunji Village deu lugar a definições paradoxais, como "ditadura democrática" (Clarke, 2002: 288) ou "socialismo monárquico" (Hunt, 1979: 69). O Estado se encarna na figura do Oba, que governa com o apoio do conselho dos Ogboni, formado pelos chefes e presidido pelo rei. Esse conselho toma qualquer decisão concernente a justiça, administração ou religião no interior da comunidade. Entretanto, a última palavra é sempre dada pelo rei, que pode impor sua vontade. É ele que escolhe quem se tornará um chefe da aldeia, quem será membro do conselho dos Ogboni com direito de voto e quem fará parte do círculo dos chefes honorários sem direito de voto. A independência da Oyotunji Village é reconhecida pelo Estado da Carolina do Sul, e o Oba, assistido pelo conselho dos Ogboni, pode legislar e administrar a justiça. Assim, segundo Omari (1996: 70), o adultério e o roubo seriam severamente punidos, podendo até chegar ao banimento da aldeia, temporário ou definitivo.

A única instância que parece poder limitar o poder do rei é o conselho dos Ogboni. A criação dessa sociedade é anterior à fundação da Oyotunji Village. Já nos anos 1960, o *Yoruba Temple* recorria a um comitê restrito formado por

---

[17] Isso reproduz a forma tradicional de proceder ao nascimento de um filho entre os yoruba. A adivinhação é realizada no nono dia de vida se for um menino e no sétimo se for uma menina. Só então será conhecido o *odù* (o destino) da criança, que receberá seu ou seus nomes.

cinco participantes mais velhos para resolver qualquer desacordo entre seus membros e decidir sobre as questões mais importantes, como a participação dos brancos nas cerimônias religiosas (Clapp, 1966: 18). Vimos que Adefunmi comprara um livreto escrito por E. A. Ajisafe Moore, intitulado *Laws and Customs of the Yoruba Temple* e publicado em Abeokutá (Nigéria), que ele considerava um livro sagrado, "como é a Torá para os judeus" (*ibid.*). Isso põe em questão as afirmações de George Brandon (2002: 158-159), que vê na criação da sociedade Ogboni nos Estados Unidos a recente transplantação de uma instituição nigeriana por nigerianos, uma transplantação que seria completamente independente da santería, do orisha-voodoo ou do culto de Ifá. Da mesma forma, Brandon afirma que essa sociedade perdeu qualquer função política, ao passo que esse papel foi preservado na comunidade da Oyotunji Village. Assim, se é verdade que a menor importância dos cultos associados à terra é uma das características da adaptação da religião yoruba em Cuba (Brandon, 1993: 76), uma vez que a terra não pertencia aos escravos africanos, na reinterpretação dos fundamentos dessa religião pelos militantes do nacionalismo negro norte-americano, notadamente quando da aquisição de um território independente, esses cultos foram revitalizados com a recriação das cerimônias para Onilé (o dono da terra) pela sociedade dos Ogboni.

Abaixo dessa sociedade, encontra-se o conselho dos sacerdotes, chamado *Igbimolosha*, cujos membros têm por missão "pesquisar, analisar, interpretar e debater todos os aspectos da vida yoruba, passada e presente, em todos os lugares da diáspora" (Adefunmi, 1982: 25). O *Igbimolosha* exerce também uma função de mediação em todo desacordo que oponha os vários sacerdotes dos *orisha*: após ter submetido o caso à sociedade Ogboni, "ramo legislativo do governo de Oyotunji", ele pode condenar os iniciados que violaram seu juramento junto às divindades ou que infringiram o código de ética (*ibid.*: 28). Ao conselho sacerdotal são subordinados os chefes sem direito de voto e o resto da população. As prerrogativas dos chefes, divididos entre chefes da cidade e chefes dos distritos, tangem à coleta das taxas e à administração dos negócios da cidade. Todos devem ser iniciados no culto dos *orisha*, e seus títulos rituais reproduzem, em sua maioria, os dos antigos reinos yoruba: Chief Ajétunka (chefe da cidade e coletor de impostos), Chief Elésin (braço direito do rei), Chief Alagbá (chefe do culto dos ancestrais), Chief Oni-Shangó (chefe do templo consagrado a Shangó), aos quais se acrescentam o chefe do conselho dos sacerdotes, o do *dókpwé* (mutirão comunitário), o diretor da escola yoruba, o chefe da milícia e o do turismo. As mulheres também podem ser chefes, como a chefe da sociedade secreta feminina, chamada *Egbé Morèmi*, a

Iyá Orité (a "mãe do protocolo") e a Iyalodé (a "mãe da cidade"). Esses chefes têm como missão zelar pela aplicação das decisões tomadas pelo conselho dos Ogboni e devem responder por elas diante dos membros desse conselho, bem como diante do rei. Podem também acumular funções: nos anos 1970, Chief Elemosha era ao mesmo tempo chefe da cidade e chefe de um distrito, como a esposa principal do rei, a Iyalodé (Hunt, 1979: 70).

Porém, o modelo africano aplicado à aldeia não é exclusivamente yoruba. Já no tempo do *Yoruba Temple* no Harlem, Adefunmi (1962) reproduzia em seus escritos as teses de Herskovits, que postulava uma unidade de fundo das culturas yoruba e daomeana, expressa por um sincretismo religioso preexistente ao tráfico de escravos. Eis por que, desde sua fundação, os membros da Oyotunji Village "revitalizaram" os costumes yoruba, bem como certas tradições daomeanas (*cf.* Foto 21). Isso é evidente nas duas formas de casamento instituídas nessa comunidade — a *akwenusi* e a *xadudo* —, ambas oriundas da sociedade daomeana e reproduzidas com base nas informações fornecidas por Herskovits nos anos 1930. A primeira pressupõe o pagamento de um dote ao pai da noiva, que concede ao homem pleno controle sobre sua futura progenitura; a segunda, chamada "casamento por afeto", não requer pagamento, mas não garante o controle legal dos filhos nascidos da união (Hunt, 1979: 94). No casamento *akwenusi*, os filhos pertencem à linhagem paterna, embora sejam realizadas sessões de adivinhação para descobrir de que lado da família descendem, de acordo com as crenças yoruba sobre a reencarnação no seio de uma mesma linhagem.

A poligamia foi introduzida entre os membros do *Yoruba Temple* como um meio de resgatar a identidade perdida. Segundo Adefunmi, os ancestrais yoruba teriam compreendido que alguns indivíduos são "intelectual e fisicamente capazes de procriar", ao passo que outros são medíocres demais ou fracos demais: "Pode-se deixar uma mulher fraca ou medíocre dar à luz, e preservar a força de um povo, mas se for permitido que um homem fraco ou um débil mental se reproduza, a fibra da raça será enfraquecida" (*in* Hunt, 1979: 98). A poligamia permitiria, assim, que os melhores da espécie se reproduzissem, a despeito dos mais fracos, que não têm os meios necessários para se casar, nem para suprir as necessidades de uma família. Além disso, a poligamia é vista por um dos membros da Oyotunji Village, Chief Elemosha, como uma instituição "natural", porque os homens seriam "naturalmente" polígamos: sua produção hormonal é constante, ao passo que a das mulheres é periódica. Uma vez grávida, uma mulher precisará de nove meses para dar à luz uma criança e de vários meses para desmamá-la. Os homens da aldeia são então autorizados, se tiverem os meios, evidentemente, a se casarem com outra mulher enquanto sua primeira esposa amamenta seu bebê. Além disso, a poligamia é paradoxalmente compreendida como um meio de proteger a esposa "contra as infidelidades" do marido, "pois ele terá bastantes mulheres para ocupar sua atenção e não tentará seduzir outras" (*ibid.*: 99).[18]

Na época da fundação da Oyotunji Village, a maioria dos residentes pertencia à primeira geração de "yoruba" e suas famílias não estavam diretamente engajadas nesse processo de redescoberta cultural. Isso parece ser uma constante, se for considerado que, em 1989, inúmeros habitantes da aldeia haviam se unido à comunidade contra a vontade de suas famílias (Omari, 1996: 96). Contudo, os filhos de pais iniciados no culto dos *orisha* em Oyotunji são considerados membros de pleno direito da comunidade. Atualmente, seus membros pertencem mais frequentemente a três grupos, que não se excluem mutuamente. O primeiro é formado por ex-praticantes do cristianismo, do islã ou da santería, decepcionados com o peso das influências "eurocêntricas" nessas religiões; o segundo é constituído por jovens afro-americanos de classe média que, por causa da idade, não participaram do movimento *Black Power* nos anos 1960 e 1970 e que, hoje em dia, procuram um meio de "se reconectar" com a África; o terceiro, finalmente, agrupa ex-membros do nacionalismo cultural que, após terem vivido algum tempo na Oyotunji Village, retornaram às grandes cidades americanas para fundar novos centros de culto (Clarke, 2004).

A população de Oyotunji variou bastante ao longo dos anos, passando de quase 200 indivíduos em fins dos anos 1970, a uns 30 em 1989, e a um número que variava entre 48 a 57 em 1995 (Clarke, 1997: 149). Na ocasião de minha última visita à aldeia, em maio de 2004, só restavam uns 20 residentes. A aldeia estava se revitalizando por ocasião das celebrações anuais para os *orisha* ou para os *Egungun*, que reúnem os iniciados de outras cidades americanas. Essa diminuição demográfica se deve em parte à dificuldade de garantir os meios de subsistência no interior da comunidade. A principal fonte de renda reside nas consultas ou nas cerimônias efetuadas para clientes. Aqueles que não são iniciados, ou que não dispõem de uma boa clientela, têm, assim, muita dificuldade para sobreviver economicamente. As outras possibilidades de ganhar dinheiro, embora muito limitadas, são a produção de roupas e bijute-

---

[18] Em 1988, Adefunmi e quatro de suas esposas defenderam a prática da poligamia no *Oprah Winfrey Show*, o programa de TV da mais famosa apresentadora afro-americana. Veremos no próximo capítulo como a instituição da poligamia e as relações de gênero no seio da comunidade foram frequentemente questionadas pelas mulheres de Oyotunji.

rias africanas, de cerâmicas, de esculturas em madeira, vendidas na feira da aldeia, bem como o turismo. De fato, graças à publicidade feita gratuitamente pela mídia, Oyotunji recebe um número constante de turistas, que visitam a aldeia africana *as seen on TV*, como indica um painel na entrada (*cf.* Foto 10).[19] Os turistas, em sua maioria afro-americanos, pagam cinco dólares por uma volta na aldeia, com o direito de assistir a cerimônias diante dos altares dos *orisha*. Por ocasião dos 14 festivais religiosos organizados em Oyotunji Village (*cf. infra*, quadro 5), ainda mais turistas chegam à aldeia, onde o *Trader Bazar* lhes oferece produtos artesanais e brochuras sobre a cultura e a religião yoruba (*cf.* Fotos 23 e 24).

O turismo não é apenas uma fonte de recursos, mas também um meio de educar os afro-americanos e ajudá-los a redescobrir suas raízes culturais. As "aldeias culturais" constituem, ao mesmo tempo, um destino turístico e uma representação do "espaço original da tradição" (Comaroff e Comaroff, 2009: 11). No caso da Oyotunji Village, a commodificação da cultura visa a busca da autenticidade por meio da reapropriação do passado, numa empresa claramente reflexiva de construção da identidade e de produção da africanidade — nesse caso, a yorubanidade — para um povo que perdeu toda conexão com sua história.

Em Oyotunji, a encenação da vida tribal africana tem de fato finalidades educativas (*cf.* Foto 32). Assim, quando uma das residentes da aldeia, Iyá Ghandi, recebe um grupo de batistas, ela os incita a fazer perguntas sobre as cerimônias que serão vistas durante o passeio pela aldeia, "cerimônias religiosas como são feitas numa verdadeira aldeia vodou na África" (Davis, 1998: 192-193). Os turistas visitam os templos, diante dos quais os iniciados dançam e cantam, fazendo de Oyotunji *an ongoing work of performance art* (*ibid.*: 201). Contudo, a principal fonte de renda permanece a religião, não apenas graças às adivinhações e às iniciações, mas também graças às conferências proferidas pelo Oba e por outros chefes da aldeia em todo o território dos

---

[19] Davis (1998: 186) conta que, no final dos anos 1970, os habitantes de Oyotunji teriam projetado a expansão da aldeia com a criação de um parque temático, chamado *Six Flags of African Culture*. Segundo um panfleto distribuído pelo *African Theological Archministry*, a empresa que gere os negócios da Oyotunji Village, esse projeto visava "trazer o melhor da África para a América", mas jamais veio à luz. Um outro projeto, dessa vez no início dos anos 1990, previa a criação do *Oyotunji Big Continent African Theme Park*, uma "atração turística comparável a *Disney World*" (Clarke, 2004: 149). O que diferenciava esse projeto de outros empreendimentos turísticos era a celebração da estética e da cultura africanas, bem como a exaltação dos laços entre afro-americanos e africanos. A encenação da grandeza dos antigos reinos africanos objetivava fins educativos, cujo alvo era a família afro-americana. Esse projeto parece ter sido igualmente abandonado. Esses projetos não existiram somente dos Estados Unidos. John e Jean Comaroff (2009) falam da proliferação de "aldeias culturais" na África do Sul a partir do final dos anos 1980. Sobre a longa história das "aldeias culturais", ver Kirshenblatt-Gimblett (1988).

Estados Unidos. Em 1977, uma adivinhação custava em geral entre 20 e 25 dólares e podia chegar a 250 dólares. Em 1989, os preços variavam de 40 a 600 dólares (Omari, 1996: 69).

Quadro 5 — Calendário das festividades em homenagem aos orisha na Oyotunji Village (2004)

1º de janeiro: Adivinhação do ano (*Reading of the Year*), com as previsões para os afro-americanos, os Estados Unidos e o resto do mundo.

28 a 29 de fevereiro: *Olokun Festival*, celebração da divindade das abissais submarinas, encarnação da Alma africana.

21 de março: Ano Novo yoruba (segundo os habitantes de Oyotunji, em 2004 estaria sendo festejado o ano 10.046, desde o nascimento da cultura yoruba).

27-28 de março: *Eshu (Elegbá), Ogún, Oshosi Festival* e realização dos ritos de passagem da sociedade masculina *Akinkonju*.

28 de abril: *Oshún Festival*, com uma parada em homenagem à "divindade do amor e da primavera".

28 de maio-5 de junho: *Egungun Festival* (coincide com o Beaufort's Gullah Festival), celebração dos ancestrais africanos.

26-27 de junho: *Yemonjá Festival* e realização dos ritos de passagem da sociedade feminina.

2-4 de julho: *Ifá festival* e *Yoruba National Convention*, reunião dos "yoruba da diáspora".

24-25 de julho: *Shangó Festival*, celebração do "*Alaafin* da antiga Oyo que se tornou o deus do trovão e dos raios".

28-29 agosto: *Obatalá Festival*, danças e cerimônias em homenagem ao *orisha* padroeiro da aldeia.

2-5 de outubro: *King's Day*, com paradas e banquetes para festejar o aniversário do rei Adefunmi I.

23-24 de outubro: *Oyá Festival*, celebração da deusa do vento, das tempestades e do rio Níger.

31 de outubro: *Hwedo Festival*, cerimônias para os ancestrais desconhecidos mortos durante o tráfico de escravos e a escravidão.

21-31 de dezembro: *Obaluaiyé Festival*, celebração do solstício de inverno.

Além disso, em fins dos anos 1980, a agricultura foi abandonada, pois era muito mais rentável comprar comida diretamente na cidade de Sheldon com os tíquetes alimentares distribuídos pela Assistência Social americana. Os habitantes da Oyotunji Village consideravam os apoios governamentais uma forma de ressarcimento pelos sofrimentos vividos pelos descendentes de africanos na América. Os residentes eram sistematicamente desincentivados a trabalhar fora da aldeia, a não ser que fosse por meio expediente, para se dedicarem aos estudos das tradições africanas e dos costumes yoruba. Essa situação foi colocada em questão pela decisão, da parte da sociedade dos Ogboni, de declarar ilegal o Programa de Assistência Pública do Governo Federal e do estado da Carolina do Sul. Essa lei aumentou as dificuldades cotidianas a que eram confrontados os habitantes de Oyotunji. Foi então que muitos deles decidiram partir para se estabelecerem em cidades americanas.

Porém, essa diminuição demográfica da aldeia foi inversamente proporcional ao aumento de sua influência no campo religioso norte-americano, com a disseminação de centros ligados à Oyotunji Village em vários lugares do país. A expansão da rede de praticantes do orisha-voodoo garantiu igualmente a sobrevivência da comunidade na Carolina do Sul com a multiplicação das iniciações de candidatos selecionados e preparados pelos antigos membros da Oyotunji, que abriram casas de culto em cidades como Nova York, Miami, Chicago, Filadélfia, Los Angeles ou Savannah.[20] Essa rede constitui a grande inovação acarretada pelas mudanças ocorridas no final dos anos 1980. Assim, o Chief Akinyele Orisamolo Awolowo, um dos fundadores de Oyotunji e antigo membro do *Yoruba Temple* do Harlem, após ter passado uns dez anos na aldeia, decidiu se estabelecer em Gainesville (Flórida), onde faleceu em 1990. Foi enterrado, com todas as honras, no recinto dos templos de Shangó e Obatalá, na Oyotunji Village, num sarcófago de cimento (*cf.* Foto 25). Ele fora o primeiro iniciado por Adefunmi em abril de 1970. Um outro membro da comunidade que partiu nos anos 1980, sem, contudo, romper os laços com a aldeia de que foi um dos fundadores, o Chief Adenibi Ifamuyiwa Ajamú foi iniciado por Adefunmi no culto de Obatalá no início dos anos 1970.

---

[20] Segundo informações obtidas, haveria também *Yoruba Temples*, ou outros centros de culto ligados a Oyotunji, em Detroit (Michigan), Atlanta (Geórgia), Washington (D.C.), Gary e Indianápolis (Indiana), Milwaukee (Wisconsin), Buffalo (Nova York), New Bedford e Boston (Massachusetts), Richmond (Virgínia), Jacksonville e Gainesville (Flórida), Sheldon e Beaufort (Carolina do Sul), Dallas e Houston (Texas), Jackson (Missouri), New Haven (Connecticut), São Francisco (Califórnia), Reno (Nevada), Nashville e Knoxville (Tennessee), Columbus (Ohio) e Newark (Nova Jersey).

Quadro 6 — Egbé (sociedades rituais) na Oyotunji Village

IGBIMOGBONI — Assembleia legislativa composta pelos chefes e os proprietários das terras, que cultuam Onilé.

IGBIMOLOSHA — Conselho sacerdotal, composto pelo conjunto dos sacerdotes e sacerdotisas.

EGBÉ MOREMI — Sociedade feminina, integrada por todas as mulheres, a partir da puberdade. Responsável: Iyá Oshadele.

EGBÉ AKINKONJU — Sociedade masculina, integrada por todos os homens a partir da puberdade. Responsável: Chief Alagbá.

EGBÉ IFÁ — Sociedade de todos os iniciados no culto de Ifá.
Responsável: Chief Ajamú.

EGBÉ OBATALÁ — Iniciados no culto de Obatalá. Responsável: Iyá Shanlá.

EGBÉ OSHÚN — Iniciados no culto de Oshún. Responsável: Iyá Ate.

EGBÉ ESHU — Iniciados no culto de Elegbá.
Responsável: Oku Bara, Baba Olushoga.

EGBÉ OGÚN/OSHOSI — Iniciados no culto de Ogún e de Oshosi.
Responsável: Chief Ogunlade.

EGBÉ YEMONJÁ — Iniciados no culto de Yemonjá.
Responsáveis: Iyá Fashadé, Iyá Olushoga.

EGBÉ SHANGÓ — Iniciados no culto de Shangó. Responsável: Iyá Oshadele.

EGBÉ OLOKUN — Iniciados no culto de Olokun. Responsável: Iyá Niyonu.

EGBÉ OYÁ — Iniciados no culto de Oyá. Responsáveis: Oyabi, Oyatoki.

EGBÉ OBALUAIYÉ — Iniciados no culto de Obaluaiyé.
Responsável: Chief Akintobi.

EGBÉ EGUNGUN — Sociedade secreta que cultua os ancestrais.
Responsável: Chief Alagbá.

Em 1968, Ajamú já fundara a primeira casa de culto (*ilé*) afro-americana de Los Angeles, chamada também *Yoruba Temple*. Em 1975, tornou-se o segundo afro-americano a iniciar outros afro-americanos na religião yoruba. Um ano mais tarde, recebeu o título de chefe em Oyotunji e, no início dos anos 1980, se instalou em Miami, onde abriu o primeiro *Yoruba Temple* do sul da Flórida, chamado *Ilesa Anago Africa*. Em 1989, foi para Oyo, Nigéria, onde foi iniciado no culto de Ifá. Lá, assumiu o cargo ritual de *oluwo* (termo que, na Nigéria, designa um dos chefes dos *babalawo*) dos Estados Unidos no Ona Ilemole de Oyo, título que foi confirmado em Oyotunji. Porém, ele era também o Ministro das Relações Exteriores do reino de Oyotunji, e sempre esteve ao lado do Oba Adefunmi nos eventos públicos. Atualmente, a comunidade de Oyotunji Village é ligada a um grande número de praticantes — Kamari Clarke (2004: 58) fala de várias centenas de milhares — e está em contato constante com um grande número de centros de culto e de instituições que emanam da comunidade dos praticantes da religião dos *orisha*, tanto nos Estados Unidos quanto no exterior.

Do ilé *ao* idilé

Os anos 1980 também conheceram outras mudanças de fundo na organização ritual e social da aldeia. Iniciar-se no culto dos *orisha* na Oyotunji Village exigia passar por um período de reclusão nos templos. Nos anos 1970, esse período era, segundo Hunt (1979: 83), de três meses. O noviço podia sair para trabalhar, mas devia voltar ao templo uma vez terminada sua jornada de trabalho. Em 1977, uma iniciação custava aproximadamente 700 dólares, a que se acresciam o preço dos animais para os sacrifícios e dos objetos para os rituais, que permaneciam ao encargo do candidato à iniciação. Os três primeiros meses eram dedicados à instrução religiosa do noviço, antes da iniciação propriamente dita. Sua cabeça era raspada e cortes rituais eram feitos em seu corpo, especialmente no alto do crânio, onde era colocado um cone de ervas e outros ingredientes rituais, que transmitiam o *ashé* (a energia sagrada da divindade) ao corpo do noviço pelo contato direto com seu sangue. Uma vez terminados os rituais de iniciação, o *iyawo* ("esposa" do *orisha*, independentemente do sexo biológico do iniciado) podia deixar a aldeia, levando consigo seus *orisha*. Um ano mais tarde, devia retornar a Oyotunji com seus altares pessoais para efetuar as cerimônias que marcam o fim do primeiro ano de iniciação, quando o *iyawo* se torna um *aworo*, ou seja, um sacerdote confirmado, que pode realizar cerimônias destinadas a outras pessoas.

Porém, em fins dos anos 1970, os rituais de iniciação sofreram modificações. Assim, quando em 1978 Djisovi Ikukomi Eason foi iniciado, ele não o foi apenas no culto de um *orisha*, como havia sido a norma até ali, mas segundo a nova modalidade do orisha-voodoo, em que os *vodun* (divindades fon) e os *orisha* são venerados lado a lado. Na mesma época, Medahochi e Adefunmi haviam introduzido na comunidade o culto dos *nkisi* congo. Antes de se iniciar no culto dos *orisha* yoruba em 1970, Medahochi o fora, primeiramente, no vodou, depois, em 1969, no palo, culto afro-cubano de origem bantu. Alguns anos mais tarde, em 1974, foi o primeiro a introduzir nas práticas religiosas alguns rituais arará e jeje, de origem fon, oriundos respectivamente da santería cubana — notadamente da variante praticada em Matanzas — e do candomblé brasileiro. A sobreposição das iniciações é uma característica do conjunto das religiões afro-cubanas, em que os adeptos praticam ao mesmo tempo diferentes modalidades de culto consideradas complementares, embora obedecendo a uma lógica de passagem entre os cultos. Ela se tornou o símbolo da unidade de fundo do mundo africano.[21] Segundo Medahochi, o orisha-voodoo constituiria, assim, "um sistema ritualista pan-africano onde todas as divindades autenticamente africanas são igualmente aceitas" (Eason, 1997: 94).

Entretanto, os rituais para os *nkisi* permanecem menos importantes que aqueles destinados aos *orisha* e aos *vodun*, que formam, segundo os fundadores de Oyotunji, uma única "tradição religiosa bicultural" (*ibid.*). Frequentemente, os altares de palo são apenas uma "herança familiar", como no caso de Iyá Gandhi, uma iniciada no culto de Yemonjá, originária de Trinidad e Tobago, que acumula as iniciações na santería, no palo mayombe e no orisha-voodoo. Casada com o chefe da sociedade *Egungun* (os ancestrais yoruba), Chief Alagbá, ela guarda em casa quatro caldeirões de palo (os altares kongo), dos quais três pertenciam a seus falecidos pais. Iyá Gandhi toma conta desses altares, mantendo-os distantes daqueles consagrados aos *orisha* e aos *vodun*, "para evitar todo contato prejudicial a seu equilíbrio espiritual".

A influência do modelo cubano da santería era ainda muito forte durante os anos 1980. Assim, em sua obra *Olorisha* (1982), Adefunmi explicava os rituais de iniciação no interior do que definia como *The Religion*, também chamada orisha-voodoo. As etapas desses rituais eram calcadas nas da santería. A primeira cerimônia era o *Iku-njoko*, traduzido por "reunião espírita" (*spirits sitting*), durante a qual "médiuns da sociedade *Egungun* de Oyotunji

---

[21] A lógica de passagem de um culto para outro não permite *rayarse* (se iniciar) no palo depois de ter se iniciado na santería ou *Regla de Ocha*, porque não se pode manipular ritualmente uma cabeça "coroada", na qual foi fixado um *orisha* durante a iniciação chamada em espanhol de *coronar el santo*. O mesmo se dá para a iniciação na sociedade secreta masculina dos *abakuás*. Para os cubanos, uma vez "coroado", o corpo do iniciado se torna um verdadeiro santuário que nada pode violar. *Rayarse* no palo se torna, portanto, impossível. É claro que sempre há como contornar essas regras. Em casos de extrema necessidade, é possível ser iniciado no palo graças à cerimônia da *jubilácion*, que permite *rayar* pessoas já iniciadas na santería. Para isso, os cortes rituais são simbolizados pela fricção do bico de uma ave ou por desenhos feitos a giz nos braços e em outras partes específicas do corpo.

tentavam entrar em contato com os membros falecidos da família do noviço" (*ibid.*: 5). Essa cerimônia remete, de forma clara, às missas espirituais (*misas espirituales*) que, na santería, precedem os rituais de iniciação propriamente ditos. Da mesma forma, todos os rituais realizados no *igbodù*, o quarto das iniciações, eram dirigidos por um sacerdote chefe, chamado *oriaté*, nome dado ao especialista dos rituais de iniciação na santería. Esse processo, designado, como na santería, pelo termo "coroamento" (*crowning*), reproduzia as mesmas etapas que as desta religião: na manhã do terceiro dia de reclusão, ocorria a cerimônia do *ñangaré* (chamada em Cuba de *ñangareo*), durante a qual o novo iniciado era apresentado a Olorun, o deus supremo, pouco antes da cerimônia do *itá*, a adivinhação do destino. Os iniciados que não residiam na aldeia podiam partir ao cabo de uma semana ou dez dias; outros ali ficavam para fazer um "treinamento intensivo" que podia durar três luas (*ibid.*: 12). Nessa época, o conselho sacerdotal de Oyotunji estabelecera um "currículo fundamental" que visava a aquisição, por parte do *iyawo*, de toda uma série de conhecimentos, indispensáveis a uma real compreensão da "cultura" que adotara. A lista das disciplinas em questão era variada, indo da astronomia, astrologia, geografia, anatomia, biologia e herboristeria até o estudo da língua yoruba, da história e da religião egípcia e "kushita", bem como da história yoruba e dos "yoruba do Novo Mundo", notadamente do Brasil, de Trinidad, Cuba, Haiti, Nova Orleans e Oyotunji (*ibid.*). No final desse período de aprendizagem, o iniciado devia realizar "o sacrifício das três luas" (*ibid.*: 15), que corresponde ao *ebo metá* dos *santeros*, no final dos três primeiros meses seguintes à iniciação. O *iyawo*, que não podia permanecer na aldeia, tinha que voltar periodicamente a Oyotunji para aprender as técnicas divinatórias.

Se os rituais do orisha-voodoo mantiveram os traços de sua origem na santería, é no plano estético que a maior parte das mudanças em relação ao modelo afro-cubano ocorreu. Adefunmi e Awolowo, seu primeiro iniciado, eram ambos artistas politicamente engajados, que queriam revitalizar uma "verdadeira estética africana". Criaram, durante os primeiros anos de Oyotunji, a maioria das obras de arte presentes na aldeia. As esculturas em madeira e as pinturas murais são, provavelmente, os exemplos mais bem-sucedidos dessa nova estética.[22] John Mason (1998: 129) explica essa evolução da se-

---

[22] Para exemplos de criações artísticas na Oyotunji Village, ver Thompson (1993) e Mason (1998). Entre as obras dedicadas ao estudo da estética yoruba, ver Thompson (1976 e 1983), Drewal e Driskell (1989), Drewal e Pemberton (1989), Abiodun, Drewal e Pemberton (1991), M. Drewal (1992), Abiodun (1994) e Drewal e Mason (1998).

guinte maneira: "Havia um esforço consciente de traduzir a estética cubana, que já era a tradução da estética africana, a fim de adaptá-la à sensibilidade afro-americana". Margie Baynes Quiniones, a primeira afro-americana iniciada nos Estados Unidos, foi também a primeira sacerdotisa a desafiar a tradição cubana, vestindo um *iyawo* com roupas africanas nos rituais de iniciação, em vez das roupas afro-cubanas de inspiração colonial utilizadas na santería. Adefunmi, que, já na época do *Yoruba Temple*, pregava o porte de trajes africanos, aplicou essa "revolução estética" às obras de arte sagradas que criou em Oyotunji, produtos de uma releitura da tradição afro-cubana segundo uma lógica afro-americana.

Assim, a divindade das profundezas do oceano, Olokun, foi associada à "memória ancestral" dos descendentes de africanos na América (*cf.* Foto 26):

> Eles pensavam que Olokun era o *orisha* do fundo do mar, obscuro e insondável, o mensageiro misterioso dos segredos da criação, cuja umidade, tenebrosa, mas portadora de equilíbrio, é o verdadeiro suporte de toda forma de vida. Viam o fundo do mar como sendo, em princípio, idêntico à camada de fluidos que sustenta o fundo do cérebro humano. A "memória ancestral", como a chamamos desde então, é um poder que remonta à *Middle Passage* [a travessia do oceano nos porões dos navios negreiros] e lembra os milhões de africanos que, recusando a própria ideia de escravidão, mergulharam ou, por terem se rebelado, foram jogados ao mar. Formaram, assim, uma entidade espiritual coletiva que ia proteger para sempre os filhos dos companheiros que sobreviveram a essa viagem. Essa teoria considera que o conjunto dessas almas constitui uma espécie de inconsciente coletivo no espírito dos negros norte-americanos e que isso é indispensável ao culto dos *orisha* no Novo Mundo. Esse inconsciente coletivo é visto como uma manifestação de Olokun.
>
> Curry, 1997: 36.

Assim, Olokun se tornou, nos navios negreiros, o símbolo da travessia rumo ao desconhecido, à escravidão e ao trabalho forçado nas plantações, transformado em guardião dos laços ancestrais entre os negros "da diáspora" e seus irmãos africanos. Como consequência dessa reinterpretação dos símbolos afro-cubanos, Olokun encarnou a espiritualidade, o gênio, o caráter do povo africano. A nova importância atribuída a essa divindade é evidente nas esculturas realizadas em Oyotunji, maiores que o natural (*cf.* Fotos 27 e 28), da mesma forma que constituem um bom exemplo da abordagem "pan-africanista" de Adefunmi:

As imagens de Olokun, pintadas por Adefunmi, incorporam, a um só tempo, o gênero masculino do Olokun *bini*,[23] o estilo de roupas utilizadas pelos encantadores de serpentes, reproduzido nas cromolitografias de Mami Wata,[24] e o gênero feminino do Olokun de Ilé-Ifé. Dando o nome de Mami Wata à sereia que traz em sua cabeça o recipiente cheio de água ritual, afirma-se a inclusão formal dessa entidade no âmbito dos *orisha* de Oyotunji. É uma inovação, pois essa aproximação não existia em nenhuma comunidade de culto dos *orisha* do Novo Mundo.

Mason, 1996: 69.

Outros *orisha* sofreram igualmente uma reinterpretação visando adaptá-los às necessidades e experiências dos afro-americanos. Yemonjá, a deusa que encarna o espírito materno, tornou-se o símbolo da resistência dos norte-americanos — pois protege seus filhos norte-americanos, tal uma mãe com sua progenitura — e o símbolo da continuidade cultural entre a África e a "diáspora" — uma vez que está na origem da presença lucumí nos Estados Unidos (Weaver, 1986: 12). Sua representação material no templo que lhe é dedicado em Oyotunji mostra, muito claramente, a influência do modelo cubano, com a associação do altar individual com ingredientes como o melaço, normalmente oferecidos na santería a essa divindade (*cf.* Foto 29). Em razão desse mesmo processo de adaptação do imaginário associado às divindades yoruba, Oshún, deusa da beleza, do amor e da riqueza, se transformou em *orisha* que rege a vida em sociedade:

> Nossa interpretação de Oshún vai bem além do fato de que ela é o *orisha* que concede filhos às mulheres estéreis. Num lugar como Nova York, onde não há nenhum estigma associado ao fato de não se ter filhos, ela é vista como inspiradora das sociedades humanas, que se constituem geralmente graças a um amor recíproco, levando à formação das nações e ao desabrochar das línguas e culturas. Oshún é percebida como a dona de todos os rios-estradas que, simbolicamente, ligam uma cidade a outra, para difundir a cultura e as ideias. No corpo humano, Oshún é o sangue que corre nas veias, a ancestralidade, nosso laço físico com nosso grande passado.
>
> Weaver, 1968: 18.

---

[23] O termo *bini* faz referência ao reino do Benin, que não deve ser confundido com o atual Benin (antigo Daomé). O reino do Benin, comparável em riqueza e importância aos reinos daomeano e yoruba, era situado na região sul-oriental da atual Nigéria, ao norte do delta do Níger.

[24] Mami Wata é um espírito das águas, rainha do mar, cujo culto é difundido ao longo de toda a costa ocidental africana, especialmente na Costa do Marfim e no Benin.

As *iyabas* (os *orisha* femininos), a saber, Oshún, Yemonjá e Oyá, são consideradas "as mães da nação" afro-americana. Os "yoruba" da Oyotunji Village reorganizaram, assim, os símbolos e as práticas rituais da santería segundo a ideia de uma grandeza africana, pregando os valores da nobreza e a importância de uma estética africana. Essa estética, como vimos no caso de Olokun, procura apagar as marcas de uma cubanidade que faz da mestiçagem o valor central da cultura afro-cubana. As representações das divindades yoruba em Oyotunji, com a pele negra e os traços negroides, encenam, ao contrário, a ideia de uma "pureza" africana.[25]

Essa ideia de uma cultura africana de que seriam apagadas todas as influências externas, notadamente as ocidentais e cristãs, exaltava um modelo africano específico, encarnado pela aldeia pré-colonial. Ora, a aldeia africana era, havia muito, símbolo da unidade e harmonia da cultura africana nos escritos dos intelectuais afro-americanos. A isso se acrescentava o peso das leituras feitas por Adefunmi e seus companheiros de aventura nas bibliotecas americanas, onde haviam devorado as obras dos antropólogos africanistas, alimentando-se de suas visões das sociedades tradicionais africanas e de uma certa idealização do "primitivo". Até o final dos anos 1970, os residentes de Oyotunji se preocupavam particularmente com a reconstrução de um estilo de vida "puramente" africano, ou seja, sem eletricidade nem aquecimento central ou água encanada nas casas. Em razão da baixa considerável do número de residentes, várias melhorias foram feitas nos anos 1980, quando a eletricidade e as linhas telefônicas chegaram à aldeia. Em 1989, em sua segunda visita à Oyotunji Village, Mikelle Smith Omari (1996: 70) descobriu uma comunidade transformada, muito mais aberta ao mundo ao redor. A maioria dos residentes tinha, na época, carro, telefone, rádio, televisão e videocassete (*cf.* Foto 22). Ela se declarou realmente surpresa ao ver crianças familiarizadas com a moda hip-hop, reproduzindo os cortes de cabelo dos *rappers*, feitos com lâminas de barbear.

No entanto, a mudança mais significativa talvez tenha sido a implantação do culto aos ancestrais na aldeia. Iniciada em 1971, ela ainda não havia terminado no final dos anos 1970 (*cf.* Hunt, 1979: 72). Contudo, nessa época, os *Egungun* já tinham sua gruta e exerciam uma "função policial", pois eram os responsáveis pela vida social, protegendo a comunidade contra qualquer ataque à sua coesão e harmonia. Ora, a santería cubana deixara um vazio — o do culto aos ancestrais há muito desaparecido da ilha — que os praticantes

---

[25] Como observa Kamari Clarke (1997), trata-se aqui de um questionamento, um pouco irônico, dos laços genealógicos de Adefunmi, que tinha a pele muito clara e traços físicos muito distantes desse ideal de africanidade.

norte-americanos podiam enfim preencher. Para os "yoruba" da Oyotunji Village, a maioria dos problemas com os quais os negros norte-americanos eram confrontados era o resultado direto do abandono do culto aos ancestrais e da não realização dos rituais funerários africanos. Isso começou a ser corrigido nos anos 1970, no momento da chegada de cada novo adepto da aldeia, pela realização de uma sessão de adivinhação, que invariavelmente salientava como era importante para os descendentes de africanos nos Estados Unidos venerar seus próprios ancestrais. Dessa forma, as dificuldades vividas pelo consulente eram relacionadas ao abandono do culto aos ancestrais africanos, que não haviam sido admitidos no paraíso cristão, "reservado aos brancos", permanecendo no limbo. Essa era a razão pela qual não podiam encontrar a paz e causavam toda espécie de problemas à sua descendência. A infelicidade deles se refletia nos males de toda uma "raça".

Assim, a reinterpretação da figura de Olokun foi acompanhada pela identificação do *vodun* Damballah Hwedo com os ancestrais desconhecidos, falecidos durante a viagem da África para a América. Cada membro de Oyotunji começou a guardar no templo consagrado a essa divindade um pote que representava os espíritos dos membros de sua família que não tiveram funerais africanos, espíritos que procuravam tornar propícios por sacrifícios animais. No final dos anos 1970, ainda não havia ocorrido enterros na aldeia, mas os habitantes já expressavam o desejo de efetuar, no momento propício, os rituais da forma mais próxima possível daquela de "seus ancestrais yoruba". Hunt (1979: 81) relata também a existência, ao lado das cerimônias coletivas no templo de Damballah Hwedo, de rituais para os ancestrais que permaneciam muito influenciados pelos rituais para os mortos na santería cubana. Assim, nas cerimônias do culto aos ancestrais, pedia-se que os residentes de Oyotunji Village escrevessem os nomes dos membros falecidos de sua família num pedaço de papel e que pusessem num altar, ao lado dos charutos, das velas acesas e entre quatro a nove copos de água, que representavam "um rio que todos os espíritos dos mortos deviam atravessar". O iniciado devia se ajoelhar diante do altar e pronunciar três vezes o nome de cada pessoa falecida. Esse rito tinha que ser repetido duas vezes por mês.

Com os anos, uma outra forma de culto foi introduzida, o *Egungun masquerade*, que colocava em cena as máscaras dos ancestrais. A sociedade *Egungun* foi fundada em 1973 e, em 1975, seu chefe, chamado Alagbá, era Awolowo. No início dos anos 1980, os residentes da aldeia já organizavam um *Egungun Festival*, que durava dez dias, durante os quais o Oba realizava sacrifícios para seus próprios ancestrais. Cada família era também convidada a celebrar os seus nas grandes festas públicas. As cerimônias terminavam com oferendas, entregadas à beira mar, em homenagem a todos aqueles que morreram na viagem entre a África e a América (Adefunmi, 1982: 29). Ora, diferentemente do que é afirmado no Brasil, onde os *Egungun* não encarnam nos seres vivos, uma vez que todo contato com a morte só poderia ser prejudicial, aos olhos dos membros de Oyotunji, os iniciados na sociedade *Egungun* eram possuídos pelo espírito da pessoa falecida durante os rituais funerários que o transformariam em ancestral (*ibid.*: 31). No final dos anos 1990, havia seis Alagbá em Oyotunji (Oyeilumi, 1999: 28) e vários tipos diferentes de *Egungun*. O mais velho, o Agba Egungun, é considerado o ancestral mais poderoso, ao passo que o do Oba se caracteriza pelo porte do crânio de um animal sacrificado (*cf.* Fotos 30, 31 e 32).

A revitalização do culto aos ancestrais permite, assim, estabelecer uma espécie de continuidade entre um passado africano e um presente americano, apagando a ruptura fundadora da história afro-americana constituída pelo tráfico de escravos. Porém, é também um meio de encontrar uma forma "holística" de viver, como é explicado num panfleto sobre o culto aos ancestrais publicado na Oyotunji Village:

> Tradicionalmente, cultuamos nossos ancestrais porque representam nosso passado, nossa glória e nossas realizações. Hoje, rogamos e respeitamos nossos antepassados porque são os guardiões do saber ancestral [...]. Para viver uma vida mais holística, temos que amar, alimentar e inspirar nossos filhos, pois eles encarnam nossas esperanças e aspirações para o futuro. Devemos olhar de novo o mundo e a vida na terra dessa forma. O culto aos ancestrais é o primeiro passo para nosso retorno à grandeza [passada].
>
> Olaitan, s.d.: 4.

Além disso, o lugar central atribuído à ancestralidade justifica plenamente a interpretação racializada da religião de origem yoruba, que já era norma no *Yoruba Temple* de Nova York e foi uma das causas da separação definitiva com os cubanos. Para tornar-se membro do *Yoruba Temple*, era necessário provar sua ascendência africana, pois ancestrais e *orisha* eram venerados lado a lado. Ora, os ancestrais africanos não podiam aceitar ser "alimentados" ao mesmo tempo que os ancestrais de um iniciado branco, a vítima ao lado de seu carrasco.

A comunidade de Oyotunji nasceu dessa mudança de atitude em relação à religião afro-cubana, reapropriada pelos afro-americanos. Assim, num discurso na Columbia University, em janeiro de 1993, Adefunmi I declarava que, pela adivinhação, os ancestrais de cada povo haviam pedido que fossem preservadas suas respectivas cultura e tradições.[26] E acrescentou que, para os residentes de Oyotunji, "todo o poder destinado à ressurreição e à proteção do povo *afrikano*" vinha dos ancestrais, única fonte de moralidade. Os *orisha* não são os guardiões das noções de bem e de mal: são os ancestrais que decidiram como viver em sociedade e são eles que devem servir de modelo aos afro-americanos. A ênfase conferida aos laços com os ancestrais foi apresentada como resultado da descoberta da verdadeira natureza da religião:

> Era preciso que redefiníssemos o termo "religião", pois, para nós, a religião não é a simples busca de um bem supremo ou de uma simples fé, nem ter algo em que acreditar. Para nós, uma religião é a herança étnica de um povo bem determinado. Ela é formada pelos principais acontecimentos que balizaram sua história política e cultural. É formada pelos princípios filosóficos que [os devotos] desenvolveram a partir do ambiente em que viviam. Eis por que uma religião é essencialmente uma "celebração étnica". Se estudamos as grandes religiões mundiais, sua terra sagrada é invariavelmente o lugar onde nasceram e o povo sagrado é aquele que elaborou suas crenças e rituais; [...] tentamos prever o momento em que deveremos decidir se exportamos, de forma vigorosa, a religião *afrikana* ou se a mantemos como expressão étnica. É por essa razão que, no Antigo Testamento dos judeus, o texto inteiro se funda na história do povo judeu [...]. Decidimos que é algo abominável ensinar a uma criança *afrikana* que um povo do Oriente Médio é o "povo eleito", aquele que detém o maior poder espiritual. É também uma abominação ensinar a essa mesma criança que a cor de sua pele é o resultado de uma maldição lançada por uma divindade antropomórfica bem particular. Consequentemente, reconhecemos que cada religião reflete a filosofia, os preconceitos e as ideias de um povo bem determinado.
>
> Adefunmi, 1993.

Essa ideia de uma religião essencialmente étnica está na base das crenças dos praticantes do orisha-voodoo, mas também de todos aqueles que, não tendo sido necessariamente iniciados na Oyotunji Village, se reconhecem nas lutas do nacionalismo negro. Assim, na 5ª Conferência Mundial sobre a Tradição dos *Orisha* e Cultura (COMTOC) de São Francisco, Michael de Oshosi, um iniciado no Ifá-Orisha — nome de uma variante afro-americana da re-

---

[26] Oseijeman Adefunmi I, *Keynote Address*, Columbia University, 16 de janeiro de 1993.

ligião dos *orisha* — centrou sua intervenção na questão da ancestralidade, nas relações entre *orisha* e ancestrais e na presença dos brancos no interior dessa religião. Segundo ele, existiria um tipo específico de *orisha*, o *"orisha* guardião", diferente do *orisha* "dono da cabeça", um ancestral divinizado que acompanha seu descendente e orienta suas ações. Esse *orisha* transmitiria um tipo particular de *ashé* (a energia sagrada), chamado *"ashé* ancestral".[27] Ora, apenas os afro-americanos, por sua condição de descendentes de africanos, podem entrar em contato com ele. Os brancos, mesmo iniciados na religião dos *orisha*, não podem atingir posições elevadas na hierarquia do culto, pois não possuem o *ashé* concedido pelos ancestrais. Na realidade, os ancestrais dos brancos são *"Egun* adversários" (*adversarial Egun*),[28] os espíritos de ex-donos de escravos que, por isso mesmo, não podem ser venerados ao lado de suas antigas vítimas.[29] No mesmo discurso na Columbia University, Adefunmi respondia, da seguinte forma às críticas dos *santeros* cubanos que o acusavam de racismo:

> Ouvimos dizer que todos os seres humanos foram criados em Ilé-Ifé... negros, brancos, vermelhos, amarelos... E que, portanto, todos têm o mesmo direito de conhecer os mistérios dos ancestrais dos yoruba. Segundo nós, quando um membro da família humana trai um outro membro, reduzindo-o à escravidão, vendendo-o ou cometendo um genocídio, então, a família ofendida pode repudiar o membro que a humilhou. Este, por sua traição, perde então seu direito de herança à riqueza familiar, a saber, seus segredos.
>
> Adefunmi, 1993.

---

[27] Essa ideia de um "ancestral divinizado" ou de um *"orisha* guardião", que constitui uma espécie de "memória ancestral", não deixa de remeter a um componente da noção de pessoa entre os praticantes da religião lucumí: *Eshu ipakó*. Essa entidade "guia" o indivíduo em sua vida cotidiana e representa o laço entre as gerações, "a memória dos erros cometidos na vida atual e nas vidas anteriores". Certos rituais de purificação da santería, como a *rogación de cabeza*, concernem a diferentes partes do corpo, dentre as quais a nuca, onde reside o *Eshu Ipakó*. Ele é frequentemente considerado um *Egun* (comunicação pessoal de Willie Ramos, março de 2004).

[28] O termo yoruba *égún* é uma contração de *egúngún*. Ambos designam os ancestrais divinizados. Entretanto, *egun* (por vezes, ortografado à cubana, com um duplo "g") designa também, na santería cubana, os espíritos dos mortos que não foram divinizados. Para evitar qualquer confusão, empregarei a minúscula, quando fizer referência aos espíritos dos mortos não divinizados e a maiúscula no caso dos ancestrais divinizados.

[29] Um outro iniciado afro-americano na religião dos *orisha*, o *babalawo* Fa'lofin de Lithonia (Geórgia), fala de *adversarial Egun* opostos aos *internal Egun*, que transmitem "geneticamente" a cultura africana.

A importância atribuída aos laços com os ancestrais acarreta uma modificação fundamental da relação entre o indivíduo e a religião, que se torna dependente dos laços familiares. A revitalização do culto dos ancestrais permite que os afro-americanos redescubram sua profundidade genealógica e a modalidade africana de transmissão da divindade protetora no seio de uma mesma linhagem, que tinha sido destruída pela escravidão. A santería, como a maioria dos outros cultos de origem africana na América, substituiu o *idilé* (a linhagem) pelo *ilé* (o grupo de culto).[30] Mas recriar os laços com uma linhagem africana implica então redescobrir sua história familiar, o que, em Oyotunji Village, provocou o aparecimento de uma nova forma de adivinhação, a *roots divination* ou "adivinhação das raízes".

No final dos anos 1970, três tipos de adivinhação eram praticadas na aldeia: a adivinhação pelo *obi* (quatro partes de uma noz de cola ou, mais frequentemente, segundo o costume cubano, de uma noz de coco, cuja queda dá respostas do tipo sim/não a questões simples); a adivinhação do *merindinlogun* ou *dilogun* (com 16 cauris "abertos", pelos quais falam os *orisha* graças à mediação de Eshu/Elegbá) e a adivinhação de Ifá (com a utilização do *opelê*, a corrente de adivinhação, pela qual responde Orunmila, o deus da adivinhação).[31] E, se não se podia falar de um culto aos ancestrais completamente organizado, sua importância já era tangível na crença na existência de nove níveis de consciência do ser humano, expressa pela noção de alma. Essa crença — um dos fundamentos do orisha-voodoo — identifica nove almas que devem ser veneradas com a mesma intensidade:

1. a alma universal, que conecta o ser humano ao universo e que não morre com o corpo;
2. a alma humana, que liga a pessoa ao restante da humanidade;
3. a alma racial, que concede os dons associados a cada "raça";
4. a alma sexual (ou *gender soul*), que fornece os modelos de masculinidade e feminilidade aos quais o indivíduo deve se conformar;
5. a alma astral, isto é, os *orisha* que governam a vida da pessoa;

---

[30] O termo yoruba *idílé* designa o clã patrilinear, um grupo de pessoas que descendem de um ancestral comum. Entre os yoruba, o *orisha* é geralmente herdado pelo indivíduo no seio de seu *idílé*. A palavra *ilé* significa, por sua vez, a casa e, por extensão, no uso cubano ou brasileiro, a casa de culto, designando a linhagem religiosa.

[31] O termo yoruba *òpèlè* qualifica a corrente de adivinhação à qual são amarradas oito metades de nozes, sementes ou pedaços de coco. Em Cuba, essa corrente é também chamada de *ekuelé*.

6. a alma "nacional", que é constituída pelos costumes escolhidos, o tipo de roupas usadas, o tipo de alimentação etc.;
7. a alma ancestral, que representa a linhagem familiar de cada pessoa e que está intimamente ligada ao culto aos ancestrais;
8. a alma histórica, que veicula o espírito da época na qual a pessoa nasceu;
9. a alma individual ou "alma guardiã", isto é, o destino individual.

Ora, a sexta alma, aquela que Hunt (1979: 87) chamava de "nacional", torna-se, hoje, para os iniciados da Oyotunji Village, a alma "étnica", "um refinamento da alma racial", segundo os dirigentes do *Ilé Ifá Jalumi* de Chicago, cujo fundador é Baba Ifatunji, iniciado, em 1983, no culto de Shangó por Adefunmi. O conjunto dessas almas forma, segundo os praticantes, a "psicologia africana" (*ibid.*).

A adivinhação das raízes foi criada para responder à necessidade de identificar sua própria história familiar e "étnica". No final dos anos 1980, o único que podia praticar a adivinhação com o *opelê* era o Oba Adefunmi (Omari, 1996: 73). Essa distribuição de papéis parece ter mudado nos anos 1990, com a multiplicação das iniciações no culto de Ifá. Assim, em 1995, de 21 iniciados habilitados a realizar a adivinhação em Oyotunji, oito utilizavam o sistema de Ifá, e 13 o *merindinlogun* (Clarke, 1997: 150). Entretanto, a adivinhação das raízes era quase exclusiva de Adefunmi e constituía a forma de adivinhação mais cara (cem dólares), comparada às sessões normais, que custavam entre 40 e 50 dólares (*ibid.*: 158). Além disso, diferentemente das outras práticas divinatórias, esta é supostamente feita uma única vez na vida do consulente. Nessa sessão, são identificados o lugar de origem da linhagem do consulente, a ocupação principal e o nome de seu clã africano, os fatores que causaram a redução de seus ancestrais à escravidão e as diferentes experiências vividas por estes na travessia do oceano nos porões dos navios negreiros.

Kamari Clarke (1997) analisou várias sessões de adivinhação das raízes: 95% delas estabeleciam uma conexão direta com a África, em sua maior parte com os yoruba e o antigo império daomeano. Todas essas adivinhações terminavam salientando a necessidade de uma "redenção cultural" yoruba. A maioria afirmava a nobreza das linhagens dos consulentes, o que levava à realização de novos rituais para cultuar os ancestrais, cujo preço variava de 700 a mil dólares (*ibid.*: 160). Ade Tola, cujo nome já subentende uma ascendência real (*ade* significa "coroa"), nessa cerimônia descobriu que era descendente de uma linhagem real de Oyo, ligada ao culto de Ifá, e que alguns membros de sua família foram traídos e vendidos como escravos. Esse acontecimento trágico teve o mérito de importar para a América "o melhor do estoque real" (*ibid*.: 162). No final, Ade Tola recebeu a seguinte recomendação: que os homens e mulheres de seu "clã" aceitassem as tradições yoruba, que se dedicassem aos cultos de Ifá e de Obatalá e que se engajassem na luta pela restauração cultural africana.[32] Frequentemente os consulentes aproveitam a sessão de adivinhação das raízes para obter um novo nome que exprima as características principais de sua linhagem. Ora, se um grande número deles toma conhecimento de que são descendentes de linhagens nobres, geralmente consagradas ao culto de Ifá, a maioria das pessoas que pertence a uma linhagem real é membro da família do Oba Adefunmi (*ibid*.: 163). A adivinhação das raízes parece, assim, confirmar o extraordinário destino de Walter King.

As consultas que visam identificar a linhagem africana de origem se concluem quase todas com uma interpretação da escravidão, concebida como o resultado de um mau comportamento — a recusa de se consagrar ao culto de Ifá ou o ceticismo para com os *babalawo* — no interior do clã. Assim, os africanos se tornam corresponsáveis pelo tráfico de escravos, por não terem respeitado suas próprias tradições. Para corrigir os erros passados, é preciso que voltem hoje à sua própria cultura, que revitalizem essas práticas religiosas, cujo abandono causou a maior tragédia da história africana. A adivinhação das raízes é frequentemente o primeiro passo para o engajamento religioso e a realização de rituais de iniciação, que são outras fontes de renda para os sacerdotes da Oyotunji Village.[33] Porém, esse tipo de adivinhação também permite questionar a legitimidade da santería cubana. Pelo restabelecimento dos laços com as linhagens tradicionais yoruba, os praticantes afro-americanos da religião dos *orisha* podem, de fato, reivindicar o monopólio da "verdadeira tradição" yoruba nos Estados Unidos, se afastando da tradição cubana e tornando reversível a experiência da escravidão. Isso se evidencia na análise da invocação que antecede a sessão de adivinhação, chamada *mojubà*. Nessa invocação, são retraçadas as linhagens religiosas a que pertence o oficiante. Ora, naquela elaborada na Oyotunji Village, os laços de descendência com os cubanos foram estrategicamente encobertos, dando lugar aos laços rituais, muito mais recentes, com os yoruba da Nigéria e com aqueles mais antigos,

---

[32] Esse foi, significativamente, o percurso religioso de Adefunmi, ele próprio oriundo de uma linhagem real.

[33] É preciso lembrar que as atividades religiosas constituem a ocupação principal e uma das raras fontes de renda dos habitantes da Oyotunji Village.

com linhagens yoruba nobres ou reais, redescobertas pela adivinhação das raízes (*cf.* Clarke, 2004). A invocação *mojubà* conjuga, assim, genealogia religiosa e genealogia familiar, afirmando as pertenças "étnicas" do indivíduo.

Um outro exemplo do papel central desempenhado pela ancestralidade na reorganização das práticas *santeras* segundo uma lógica afro-americana foi dado pela intervenção, durante a 8ª Conferência Mundial sobre a Tradição dos *Orisha* e Cultura, que ocorreu em Havana, de 7 a 13 de julho de 2003, de Baba Ifatunji, fundador do *Ilé Ifá Jalumi* de Chicago, primeiro *Egbé Egungun* nos Estados Unidos.[34] Ele expressou de forma exemplar um dos fundamentos da Oyotunji Village, a saber, que não há religião sem cultura ou militância política. A religião dos *orisha* não pode ter como único objetivo resolver problemas pessoais, como é o caso na maioria dos percursos religiosos em Cuba ou no Brasil. O engajamento religioso não visa melhorar a vida do iniciado; ao contrário, o sacerdote deve exercer um papel de líder no seio de sua comunidade e ajudar a reconstruir a cultura e a sociedade africanas na América. Ora, se os afro-americanos, que Ifatunji chama de "os africanos da América do Norte", perderam toda conexão com sua cultura, a responsabilidade deve ser, mais uma vez, procurada na história yoruba e nas escrituras de Ifá. Ifatunji começou assim sua intervenção citando os *ese* (versos) de Ifá sobre o *odù* Oturopon Meji, transcritos por Wande Abimbola (1976*a*). Esse *odù* conta a história de Oyepolu, um yoruba que foi separado muito jovem de seus pais e que, por essa razão, não conhecia nem a cultura nem os rituais religiosos de seu povo. A vida de Oyepolu não era fácil. Numa consulta, Ifá lhe recomendou ir à sepultura de seus ancestrais. Ele assim fez, e sua vida melhorou (tornou-se "doce").

Aqui, temos uma evidente metáfora da história dos afro-americanos nos Estados Unidos. O conhecimento de sua própria história torna-se, assim, o bem supremo ao qual todo africano deve aspirar. Como declarava Ifatunji, citando uma outra história (*itan*), é preciso olhar para a frente, "mas também para trás"; é preciso cuidar para que os séculos passados não sejam esquecidos. E às críticas dirigidas por alguns praticantes do candomblé, que acusam os praticantes do orisha-voodoo de terem desnaturado a cultura yoruba, ou as de alguns nigerianos, que afirmam que eles estão bem longe das "verdadeiras" práticas africanas, Ifatunji responde que, segundo um outro *itan* de Ifá, "o Oba é rei em sua própria cidade": "Cada um é rei em sua própria casa.

---

[34] Segundo meus informantes, haveria hoje nos Estados Unidos ao menos dois outros centros dedicados ao culto dos *Egungun*, em Atlanta (Geórgia) e no Brooklyn (Nova York).

É com essa ideia na cabeça e pensando em Oyepolu que dizemos [...] que o que nos levou a restaurar a cultura yoruba nos Estados Unidos foi o culto dos *Egungun*".[35]

Para Ifatunji, os afro-americanos devem venerar seus "*Egungun* culturais", encarnações da alma ancestral que fundam a "psicologia africana". É nessa alma que devem primeiro prestar atenção, antes de se ligarem a qualquer outro aspecto dessa psicologia. Os "*Egungun* culturais" constituem, assim, o verdadeiro fundamento da alma afro-americana. Ora, para se reconectar com eles, é preciso que cada um conheça sua própria cultura. Nisso, o discurso dos membros da Oyotunji Village retoma a bandeira do nacionalismo negro, "o primeiro que tornou a cultura yoruba acessível aos afro-americanos". A exemplo dos militantes do nacionalismo negro que estudavam sua cultura, sua herança histórica e "étnica", o noviço deve se impregnar de sua cultura ancestral: "Os africanos-americanos que estudaram, que conhecem sua história e que possuem diplomas no campo dos *African Studies* ou dos *African American Studies* têm uma melhor formação para o sacerdócio" (Ifatunji, 2003). Aqueles que buscam a religião por razões pessoais não serão necessariamente bons sacerdotes para a comunidade. A restauração da cultura yoruba na vida dos afro-americanos deve se iniciar pelo culto da família e dos ancestrais, que devem ser primeiramente festejados, antes de as "almas étnicas" serem celebradas. Só será possível ser iniciado no *Egbé* (sociedade) *Egungun* após ter realizado essa primeira parte da viagem em direção a suas origens. Porém, esse retorno às raízes não implica a recusa da história afro-americana e de suas especificidades:

> Enquanto sacerdotes do culto dos *Egungun*, nos dedicamos a ajudar os outros familiarizando-os com os rituais dos ancestrais. Em nossas cerimônias destinadas aos ancestrais, escutamos música e assistimos a danças que muitos africanos da Nigéria, africanos do Brasil ou de Cuba jamais viram nem escutaram. E se o fizerem, foi sem a paixão que os africanos da América do Norte sentiram. Os *spirituals*, o blues, o jazz são nossa música ritual. Para evocar o gênio dos africanos da América do Norte, devemos tocar nossas canções e dançar nossas danças, as danças das plantações...
>
> Ifatunji, 2003.

---

[35] Baba Ifatunji "Fufu and Bar-B-Que: Africans of America in *Egungun*", comunicação apresentada na 8ª Conferência Mundial sobre a Tradição dos *Orisha* e Cultura, Havana (Cuba), 7-13 de julho de 2003.

O primeiro drama sofrido pelo "africano da América do Norte" foi a separação de sua família africana sob o regime da escravidão. Como Oyepolu, o protagonista do *odù* Oturopon Meji, o afro-americano não conhece seu pai, não tem mais família nem referências. Vimos que no início do movimento a família era o centro do trabalho de Adefunmi, uma família africana extensa, na qual se praticava a poligamia, e que devia reestruturar a comunidade afro-americana segundo seus próprios valores. A imposição do modelo cristão e ocidental da família nuclear produzira essa configuração particular chamada *Black family*, que os sociólogos apresentavam como a encarnação da degenerescência da comunidade afro-americana. O papel do sacerdote "yoruba" na reestruturação de sua comunidade torna-se, então, primordial: "O sacerdote yoruba não deve se ocupar consigo mesmo. Se não tiver consciência de sua história, vai se enganar em seu diagnóstico" (*ibid.*). O diagnóstico de que se trata aqui é aquele que leva ao *healing the community*, a uma "cura espiritual", mas também social e cultural. O sujeito não é mais o indivíduo, como nas religiões afro-cubanas, mas a comunidade como um todo.

Adefunmi abriu o caminho para uma nova utilização da adivinhação de Ifá: a adivinhação das raízes (*roots readings*) ou do *afá oro idilé*.[36] Esse tipo de adivinhação difundiu-se porque os afro-americanos almejavam recuperar sua herança familiar:

> Com o trabalho realizado por Adefunmi, hoje podemos cobrir o vazio deixado pela destruição da estrutura familiar, iniciada no tráfico de escravos e continuada ao longo da história afro-americana, ao irmos a um sacerdote dos *Egungun* para ter uma melhor compreensão das predisposições genéticas ao culto de Ifá (*genetic propensities to Ifá*) (*ibid.*).

Numa adivinhação das raízes, um consulente pode descobrir que é descendente de uma linhagem que se dedicava ao culto dos *orisha* ou de Ifá, e que é, portanto, "geneticamente" predisposto a se engajar espiritualmente e a se tornar sacerdote ou sacerdotisa da religião yoruba.

Alguns anos mais cedo, o florescimento da religião dos *orisha* de um lado a outro dos Estados Unidos já levara uma jornalista da Filadélfia, Dorothy Ferebee (1999-2000), a afirmar que não se tratava de uma religião alternativa, mas de uma religião "étnica": "Ser negro é algo que se leva em seu próprio

---

[36] De *dáfá*, "consultar o oráculo de Ifá", e *ìdílé*, "linhagem, descendência de um mesmo ancestral" (*cf.* Abraham, 1958).

DNA cultural". Se a identidade cultural é considerada pelos defensores das teorias instrumentalistas da etnicidade o resultado de uma construção identitária consciente e muitas vezes política, nesse caso ela também é pensada como sendo a prova de uma essência inalienável baseada na genética e na biologia. Essas novas "etnicidades baseada no DNA" (Comaroff e Comaroff, 2009: 42) revelam-se assim, ao mesmo tempo, geneticamente transmitidas e abertamente escolhidas.

Reviver a história yoruba

Resgatar suas origens e reencontrar uma identidade yoruba "geneticamente" transmitida, mas apagada por séculos de dominação e discriminação, requer conhecer a história e a cultura yoruba. Vimos que, para os membros da Oyotunji Village, não há engajamento espiritual sem engajamento cultural e político. O valor atribuído ao estudo da história e cultura africanas já era muito forte na época do *Yoruba Temple* do Harlem, definido como "escola de formação para os americanos de descendência africana" (Adefunmi, 1962: 1). Entre o material dos cursos ministrados por Adefunmi aos membros do templo, encontrava-se um pequeno livro intitulado *Tribal Origins of the African-Americans* (1962), que ele mesmo redigira. A frase de abertura do livro resumia o que será o projeto de Adefunmi até sua morte: "Não há tragédia maior, que tenha causado um conflito pessoal mais profundo no espírito do negro americano, do que a questão de suas origens pré-americanas. Não é possível saber para onde vamos se não soubermos de onde viemos". O objetivo desse livro era, assim, fornecer respostas a essas interrogações.

A continuidade do texto fazia a ligação entre as culturas da África Ocidental e do Antigo Egito, pelo estabelecimento de uma descendência direta entre os yoruba e o império de Kush.[37] Da mesma forma, citando a "excelente" obra de Melville Herskovits, *The Myth of the Negro Past*, Adefunmi declarava que, se nos Estados Unidos dos anos 1960 prevaleceram duas culturas africanas, isso se deveu à predominância na África Ocidental "de dois grandes grupos linguísticos: os akan e os yoruba" (*ibid.*: 11). A presença nessa época de dois movimentos re-

---

[37] Sobre Kush ou Koush, ver o capítulo I. Numa outra obra, Adefunmi (1982: 1) apresenta a religião yoruba como a guardiã dos mistérios egípcios e da antiga civilização kushita. Além disso, a iniciação nessa religião visaria a aquisição "de um saber científico ou oculto, como era comum no antigo Kush e no Egito" (*ibid.*: 3).

ligiosos que pregavam a redescoberta dos costumes africanos (os "neo-akan" de Dinizulu e os "neo-yoruba" de Adefunmi) é, assim, justificada por sua suposta predominância histórica, evidentemente muito discutível, dada a multiplicidade de grupos étnicos presentes. Além disso, Adefunmi, que passara meses nas bibliotecas de Nova York estudando tudo o que havia sido publicado sobre a África Ocidental, nesse texto retomava as teses de Herskovits sobre a existência de um sincretismo, anterior ao tráfico de escravos, entre as práticas religiosas dos yoruba e as dos fon, bem como sua hipótese sobre a assimilação da cultura yoruba pelos últimos a chegarem aos Estados Unidos, os escravos bantu (*ibid.*: 12). O estudo da cultura yoruba, que teria predominado no solo americano, tinha, então, como objetivo lutar contra "a amnésia cultural" (*ibid.*).

Quando Adefunmi fundou a Oyotunji Village, uma de suas primeiras iniciativas foi a abertura de uma escola para crianças da comunidade. Era preciso educá-las sobre sua verdadeira cultura, antes que decidissem continuar seus estudos nas universidades dos brancos. Os residentes de Oyotunji criaram então a *Yoruba Royal Academy*. Essa escola, reconhecida pelo estado da Carolina do Sul, era dirigida pelo Oba, e os professores eram recrutados entre os habitantes da aldeia. O programa incluía cursos de língua yoruba e inglesa (o ensino era feito nas duas línguas), de matemática, o estudo da "história e cultura africanas", história do "movimento yoruba afro-americano" e da fundação de Oyotunji, "relações familiares", criação de animais, herboristeria, astrologia, rituais religiosos e artesanato. Nos anos 1970, a Academia Real Yoruba servia também como centro de formação dos futuros sacerdotes (Hunt, 1979: 61). Na época da pesquisa empreendida por Hunt, as crianças iam à escola a partir de oito anos, meninas e meninos eram separados, e o sistema escolar era organizado segundo ciclos de três meses de curso, entrecortados por um mês de férias. Os adultos da aldeia também tinham cursos de formação para os homens, organizados pela sociedade masculina *akinkonju* e, para as mulheres, pela sociedade feminina *egbebinrin* (*ibid.*: 62).

É interessante observar que, no final dos anos 1970, o processo de formação das instituições da aldeia não havia sido finalizado. A sociedade feminina se chamava simplesmente "sociedade das mulheres" (*ẹgbẹ́*, "sociedade"; *obìnrin*, "mulher"). Com o tempo e o aprofundamento do estudo da história yoruba, essa sociedade se tornará a *Egbé Morèmi*, em homenagem à heroína Moremi, festejada todos os anos em Ilé-Ifé, por ocasião das celebrações do *Edi Festival*. Após a dispersão dos filhos de Oduduwa (o fundador de Ilé-Ifé) que partiram para fundar os principais reinos yoruba, os habitantes de Ifé eram alvo dos ataques do povo das matas, os igbo.[38] A cidade foi incendiada várias vezes antes de Moremi decidir se sacrificar para o bem de seus concidadãos. Ela fez uma promessa à deusa do rio que corria na periferia da cidade e se deixou capturar pelos igbo. Seu rei, fascinado por sua beleza, casou-se com ela. Assim, Moremi descobriu o segredo dos igbo: sob sua aparência aterrorizante, ali havia simplesmente homens, escondidos em roupas de palha. Moremi conseguiu fugir e voltar a Ifé, trazendo com ela o segredo dos igbo. Uma vez vencido o medo, os habitantes de Ifé conseguiram vencer seus inimigos. No entanto, Moremi devia pagar sua promessa com a deusa do rio, que exigia que ela sacrificasse seu próprio filho. Moremi tornou-se então a heroína de Ifé, que salvou a cidade ao preço do sacrifício de seu único filho. Hoje em dia, Moremi foi eleita "modelo tradicional" pelas mulheres de Oyotunji.

O processo de revitalização da cultura yoruba é, como acabamos de ver, um *work in progress*. Todos os habitantes de Oyotunji se esforçam para reunir a maior quantidade possível de material sobre a cultura yoruba e sobre a cultura africana em geral. Os autores mais citados são Johnson, Fadipe, Biobaku, Dalzel, Idowu e Herskovits. Porém, a utilização da obra de Samuel Johnson (1921) talvez seja o melhor exemplo da importância que a história yoruba tem no processo de constituição e no próprio funcionamento da comunidade da Oyotunji Village. O Reverendo Johnson escreveu *The History of Yorubas* muito depois da queda de Oyo, ocorrida nos anos 1830. Esse livro, escrito no final do século XIX, misteriosamente perdido, depois reconstruído a partir de notas pelo irmão de Johnson e publicado em Londres em 1921, vinte anos após a morte de seu autor, é uma história yoruba, segundo o ponto de vista das elites de Oyo, de quem Johnson era descendente. Sua obra concorreu para a elaboração de uma visão da cultura "yoruba" como um conjunto homogêneo, ao passo que o próprio termo "yoruba" é uma invenção do final do século XIX, que se deve a missionários protestantes em posto na Nigéria no início da colonização inglesa.[39] Kamari Clarke (1997: 102-107) mostrou como o rei de Oyotunji utilizava esse texto para legitimar suas ações e decisões. Assim, antes de qualquer reunião com os Ogboni, Adefunmi lia uma passagem de

---

[38] Não se deve confundi-los com os igbo da Nigéria Oriental. O termo *igbó* em yoruba significa "mata". Trata-se, segundo Smith ([1969] 1988: 14), do povo nativo que habitava Ifé antes da chegada de Oduduwa, que desceu do céu com seus 16 companheiros para fundar as dinastias reais yoruba. Atualmente, os *Oba* (reis) yoruba que têm o direito de portar uma coroa de pérolas, símbolo supremo de realeza, são considerados os descendentes diretos de Oduduwa. Entretanto, todos os yoruba se reconhecem como "filhos de Oduduwa".

[39] Ver, a esse respeito, o excelente trabalho de Peel (2000).

The History of Yorubas de Johnson ou uma outra tirada da obra de Fadipe, *The Sociology of Yoruba* (1970). A leitura dessas passagens, longamente comentadas pelo público, permite atribuir novas interpretações às práticas contemporâneas. Assim, segundo Johnson, a rebelião do Kakanfó (o chefe do exército yoruba) está na origem da derrota do Alaafin de Oyo, da queda do império yoruba e da redução à escravidão de milhares e milhares de yoruba que se seguiu a isso. Essa tragédia coletiva teria sido causada por um feitiço lançado pelo rei Awólè,[40] o Alaafin de Oyo, sobre seu próprio povo, os yoruba:

> [O rei] pegou um grande vaso de cerâmica e quatro flechas. Saiu e pronunciou a célebre maldição contra o povo yoruba. Lançou uma flecha em direção ao norte, uma em direção ao sul, outra em direção ao leste e uma última em direção ao oeste. Pegou o vaso, ergueu-o e o estilhaçou no chão. E disse: "Uma cabaça em pedaços pode ser recolada, mas um vaso quebrado não pode sê-lo, ele se parte em milhares de fragmentos".[41] E acrescentou: "Nas direções para as quais lancei minhas flechas, para o norte, oeste, leste e sul, que o povo yoruba seja transportado como escravo. Que seus filhos sejam enviados com o encargo de fazer algo e que nunca mais se ouça falar deles. Que os escravos sejam seus governadores e possam também se tornar escravos."
>
> Adefunmi, *in* Clarke, 1997: 104.

Após ter lançado sua maldição, o rei Awólè voltou a seus aposentos, tomou veneno e morreu. Adefunmi terminou seu discurso lembrando que o Oba é também o sacerdote supremo e que, consequentemente, é capaz de atrair a cólera dos deuses sobre seu povo caso este se rebele contra seu soberano. O período que se seguiu à queda de Oyo constitui, para Adefunmi, um roteiro histórico que se reatualiza nas adivinhações das raízes: como na história yoruba, a decadência dos yoruba da América só pode advir da luta entre irmãos, da ação de um ego desproporcionado que se revolta contra seu rei. E é nessa história que os afro-americanos podem encontrar as respostas a seus males:

---

[40] Na realidade, o Alaafin Awólè reinou de 1789 a 1796, bem antes da queda definitiva de Oyo. Ele foi obrigado ao suicídio mas, antes, maldisse aqueles que o acuaram e predisse-lhes que seriam vendidos como escravos. Seu suicídio antecedeu a derrota de Oyo pelos haussa, seus vizinhos do norte, que marcou o início da tendência centrífuga do império yoruba, com a independência dos egba, um dos grupos étnicos yoruba que estava submetido ao jugo de Oyo.

[41] A cabaça é o símbolo da união dos yoruba, e a dispersão dos fragmentos do vaso representa a dispersão do povo yoruba, reduzido à escravidão.

Vejam como o ego desmedido de um homem encheu de africanos o hemisfério ocidental, nas ilhas do Caribe, na América do Sul, nos Estados Unidos. Evidentemente, todos estavam sujeitos a maus tratamentos. Porém, os afro-americanos receberam os piores. É por isso que são mais amargos, mais terríveis, os mais odiosos, quando vivem em contato com os brancos. A atitude deles é, evidentemente, justificada. Porém, o trágico de tudo isso é que também são odiosos uns para com os outros. Tornaram-se amargos, destrutivos, resultando no que somos hoje, um povo sem leis, sem regras. As únicas regras que governam nossas vidas, a única direção, emanam de um outro povo. As instruções que tangem ao que é bom ou ruim vêm do povo judeu, com os pastores negros pronunciando sermões sobre a história e a cultura judias, todos os domingos nas igrejas, fazendo uma lavagem cerebral no povo africano. [...] E um povo que não tem regras, que não tem leis, que não tem direção, que não tem verdadeiros líderes é um povo que terá muitos problemas... E foi assim até a fundação de Oyotunji, uma resposta aos milhares, milhões de africanos-americanos que se perguntavam, com cada vez mais frequência, por que somos um povo tão confuso e tão impotente.

Adefunmi, in Clarke, 1997: 105.

Dessa forma, a relação instaurada entre a história americana yoruba e a história contemporânea dos afro-americanos permite legitimar os laços estabelecidos pelas adivinhações das raízes com as linhagens nobres ou reais yoruba. Obras como a de Johnson também deram origem à própria organização de Oyotunji e de suas "filiais" nos Estados Unidos. Tomemos o exemplo de Baba Ifatunji, que é um dos representantes do Oba Adefunmi. Baba Ifatunji foi iniciado no culto de Shangó por Adefunmi, em Oyotunji, em agosto de 1983. No mesmo ano, abriu, com Iyamogba Adekola Adedapo, sua esposa, um *Shangó Temple* em Chicago. Essa casa de culto tornou-se, após sua iniciação no culto de *Egungun* e "com a permissão de Adefunmi I", uma sociedade *Egungun*. Ifatunji foi ajudado nisso por Omotolokun Omokunde, um sacerdote de Olokun, e Osunrete Asedanya, que, em 1988, recebeu o título de "mãe da sociedade (*egbé*)". No início dos anos 1990, Ifatunji foi para Ode Remo, uma aldeia nigeriana, onde ocorre a maioria das iniciações dos praticantes do orisha-voodoo no culto de Ifá, e foi iniciado pelo *oluwo* Adesanya Awoyade. Após esse fato, em 1995, seu *egbé* recebeu o nome de *Ilé Ifá Jalumi*. Ora, segundo Ifatunji, esse nome foi escolhido por Adefunmi, que o teria descoberto num antigo mapa do país yoruba. Segundo ele, havia entre a cidade de Jalumi e a antiga Oyo uma distância igual à que separa Chicago da Oyotunji Village.

Contudo, as únicas informações que pude recolher concernentes ao termo *Jalumi* fazem referência à *Jalumi War*, uma das guerras civis entre grupos étnicos yoruba, que viu os ekiti, os ijesha e os ilorin se aliarem contra os ibadan, em 1878 (Abraham, 1958: 535; Smith, [1969] 1988: 143). Entretanto, a história yoruba continua a ser o reservatório de uma nova história afro-americana, construída, dia após dia, pelos "yoruba da América".

Se a história é tão importante, é porque sem história não há povo, não há nação. O velho sonho de uma nação negra, uma *nation within a nation*, torna-se finalmente realidade quando cada menino e cada menina de Oyotunji prestam juramento antes de começar o dia na *Yoruba Royal Academy*:

> Sou movido por uma força espiritual, não posso resistir, juro minha eterna fidelidade ao rei e à bandeira da nação yoruba. Juro também solenemente fazer tudo o que esteja a meu alcance e utilizar todos os meios possíveis para o bem-estar de meu povo e pela preservação da cultura e da tradição de meus ancestrais. *So let it be, oh, ye Gods of Afrika.*
>
> Adefunmi, 1993.

Para os praticantes do orisha-voodoo, não pode haver separação entre política e religião. A política, como afirmava Adefunmi (1993), é "a forma mais elevada de religião".

CAPÍTULO VI

Da santería à "religião yoruba"

Vimos, no capítulo anterior, o quanto as práticas afro-americanas do orisha-voodoo são devedoras de seu modelo principal: a santería cubana. Apesar das inúmeras tentativas de se distanciar do que os moradores de Oyotunji definem como uma "religião de escravos", os rituais afro-americanos continuam a se confrontar com as práticas *santera*s, para delas melhor se demarcarem. O peso do enraizamento ritual do orisha-voodoo na santería torna-se particularmente evidente em certas práticas "reafricanizadas", como o ritual para os ancestrais ou as adivinhações das raízes. Tudo acontece como se as variantes norte-americanas da religião dos *orisha* tivessem constantemente que negociar seus laços de descendência com a tão criticada santería. Assim, a *roots divination* parece reproduzir, sob novas formas, o ritual espírita que antecede a iniciação na santería e que visa identificar o "quadro espiritual" do noviço.[1]

De fato, toda cerimônia *santera* começa com uma homenagem aos *egun*[2] — os espíritos dos mortos, que podem ou não pertencer à família biológica do indivíduo para quem se realizam os rituais. Antes da iniciação na santería, deve-se efetuar uma cerimônia chamada "missa espiritual", diretamente

---

[1] A expressão cubana *cuadro espiritual* designa as relações que ligam o indivíduo a seus protetores espirituais.

[2] Sobre a diferença entre os *Egungun* ou *Egun* (ancestrais divinizados) e os *egun* (espíritos de mortos não divinizados), ver a nota 29 do capítulo V. Entre os *santeros* cubanos, os *egun* são também chamados *muertos* ("mortos").

oriunda das práticas espíritas e, especialmente, do espiritismo de *mesa blanca*, durante a qual os médiuns transmitem mensagens vindas do mundo dos espíritos. O elemento fundamental dessa cerimônia é a *bóveda*, mesa na qual são colocados copos de água, charutos, bonecas que servem de receptáculos dos espíritos, incenso e água de colônia, livros de orações católicas e espíritas, flores, bem como retratos dos membros falecidos da família biológica e/ou religiosa, se o indivíduo já for iniciado. Cada altar abriga um "morto principal" que "governa" a *bóveda* e de quem se deve obter o consentimento, antes de qualquer iniciação. Assim, antes da iniciação *santera*, os oficiantes realizam a *coronación espiritual* ("coroamento espiritual"), através da qual se identifica o "quadro espiritual" do futuro iniciado, ou seja, os mortos que o acompanham e que influenciam sua vida. Essa cerimônia tem também o objetivo de informar previamente os mortos de qualquer atividade religiosa, para invocar sua proteção.[3] O lugar central ocupado pelos defuntos nos rituais *santeros* encontraria sua justificação num *pataki* (mito) cubano que evoca a divinização dos ancestrais e afirma que *Ikú lo bi Ocha*, "o morto dá a luz ao *orisha*". A importância das práticas espíritas é, contudo, pontualmente questionada pelos *babalawo* e pelas casas de culto em vias de "reafricanização".

O percurso religioso de Adefunmi foi inegavelmente marcado pela influência do espiritismo, em razão de sua estreita colaboração com Asunta Serrano, *santera* e espírita porto-riquenha, na época do *Yoruba Temple*. Apesar disso, no momento da adivinhação das raízes na Oyotunji Village, a investigação das origens familiares do consulente substitui os *egun*, os mortos comuns que acompanham o *iyawo* durante sua iniciação, pelos *Egungun*, os ancestrais divinizados. Passa-se, assim, do *cuadro espiritual* dos cubanos ao *ancestral core* dos negros norte-americanos, do *egun* de um indivíduo ou de uma linhagem religiosa ao *Egun* de todo um povo, um povo que se reconstrói simbolicamente em torno dos ancestrais de sua elite religiosa. Porém, os rituais funerários africanos não concedem automaticamente ao morto o status de ancestral. Para se obter esse status são necessários rituais específicos (Fortes, 1965): o espírito do morto deve ser "trazido de volta à casa", recolocado no seio de sua família e de sua linhagem, e ele não recebe um verdadeiro culto antes de ter se manifestado num de seus descendentes. Ora, recriando o cul-

---

[3] O *egun* também pode pedir uma "missa de investigação espiritual" para comunicar mensagens de particular importância. Durante essas missas espirituais, o *egun* pode se manifestar no corpo de um médium ou transmitir sua mensagem pela boca de um vidente que não entra necessariamente em transe. O *egun* também se comunica pelo oráculo do coco (chamado em Cuba de *obi*), ou seja, pelas diferentes figuras determinadas pela queda de quatro pedaços de coco.

to dos *Egungun* na América pela aquisição de uma máscara de ancestral em Ouidah (Benin), os membros da Oyotunji Village reproduzem um processo já presente em outras sociedades oriundas da escravidão, como o Brasil. Considerado o único país a ter preservado o culto dos ancestrais yoruba em solo americano, o Brasil experimentou o mesmo processo de "revitalização" de instituições e rituais "esquecidos" durante a escravidão. Do país egba (na atual Nigéria), Marcos Teodoro Pimentel, fundador do primeiro *terreiro* dos *Egun* na ilha de Itaparica, trouxe alguns *Egungun* (máscaras dos ancestrais) para a Bahia, em fins do século XIX (*cf.* Capone, 2004a: 250). "Trazer os *Egungun* de volta à casa" implica que esta não seja mais a África, mas o Brasil ou, no caso que nos concerne, os Estados Unidos. Dessa forma, a presença dos ancestrais faz da América a verdadeira pátria dos descendentes de africanos.

Porém, para muitos *santeros* norte-americanos, o sincretismo entre o culto dos *Egun* e o espiritismo é tão grande que seria impossível separar a tradição yoruba das crenças do espiritismo europeu. Se os "yoruba-americanos" tentam eliminar os elementos católicos — substituindo as orações católicas ou kardecistas por orações yoruba —, a estrutura dos rituais permanece, sem dúvida alguma, espírita.[4] Pesquisadores iniciados na religião dos *orisha* começam então a se debruçar sobre a questão das influências espíritas nos cultos dos mortos. É o caso de Marta Moreno Vega (1999), que tenta demonstrar a continuidade das práticas religiosas africanas no espiritismo porto-riquenho. Apesar das provas de sua origem no espiritismo norte-americano e europeu e, especialmente, nas doutrinas de Allan Kardec, o espiritismo porto-riquenho torna-se a expressão privilegiada de uma herança africana que encontra sua origem no antigo Reino do Kongo. Trata-se da transformação do culto dos ancestrais bantu, que se manifestariam por meio de um tipo de espírito bem particular: o *Viejo Congo* ("Velho Congo"). Segundo Vega, o culto desses espíritos, que lembram os espíritos dos *pretos velhos* da umbanda brasileira, reproduziria elementos característicos do sistema de crenças dos bakongo. A água contida nos copos postos na *bóveda espiritual* ("abóbada espiritual")

---

[4] Por ocasião da 5ª Conferência Mundial sobre a Tradição dos *Orisha* e Cultura, que ocorreu em São Francisco, em 1997, Adefunmi I declarou que "sem terra, não há cultura nem religião". E, ao apresentar dois *Egungun* da Oyotunji Village que iam dançar diante dos congressistas, acrescentou "que não pode haver religião africana sem cultura africana. Para poder revitalizar a religião ancestral, é preciso reproduzir todos os modelos culturais africanos: língua, organização social e política...". Apesar das críticas dirigidas à "diáspora" e, especialmente, aos cubanos que defendem a adaptação ao novo contexto sociocultural com todas as mudanças decorrentes, quando foi preciso explicar como venerar os ancestrais, Adefunmi deu a receita típica de uma *bóveda espiritual*: pôr num canto da casa uma mesinha com as fotos dos membros falecidos da família, um copo cheio d'água, velas etc. E terminou declarando: "Quem não tem ancestrais não tem história!".

representaria a água que separa o mundo dos mortos daquele dos vivos. Da mesma maneira, a cruz, frequentemente presente nas *bóvedas*, seria apenas uma "camuflagem" estratégica, representando, na realidade, os "quatro movimentos do sol", o ciclo vital segundo os bakongo (*cf.* Thompson, 1981).

O mesmo tipo de explicação, que visa frisar a origem africana das práticas cubanas, é sugerido por outros autores. Assim, se hoje nos Estados Unidos os altares para os *egun* são frequentemente postos nos banheiros, cozinhas e porões,[5] perto de um ponto de água ou de um tubo de escoamento, isso seria feito, segundo Mason (1993: 32), porque "entre os [yoruba de] Oyo há várias linhagens que associam os rios à gênese dos *Egungun*". Outros veem nessa escolha um simples meio de delimitar um espaço para os ancestrais nos apartamentos dos iniciados, claramente separado daquele dedicado aos *orisha*. A água seria então "o meio principal para 'limpar' as más influências transmitidas pelos espíritos de mortos 'obscuros'" (Brown, 1999: 183). Os canos verticais dos banheiros representariam, assim, vias d'água que colocam em comunicação os mundos espiritual e material.

O altar para os *egun* pode ser preparado de duas formas: diretamente no chão ou numa mesa. Mas será sempre necessário colocá-lo perto de uma parede da casa ou no canto de um quarto e ele será imperativamente separado dos altares consagrados aos *orisha*, "pois os mortos e as divindades não devem se misturar". Para erguer um altar no chão, é preciso traçar um círculo com giz num canto, uma metade do círculo no chão, a outra na parede. O semicírculo desenhado no chão é atravessado por nove linhas, simbolizando o papel desempenhado nos rituais para os *Egun* por Oyá, a deusa dos cemitérios, cujo número sagrado é o nove. Segundo Mason (1993: 39), esse desenho simbolizaria "o sol se pondo na terra dos vivos para nascer na terra dos mortos". Quando o altar é posto numa mesa, o círculo de giz é substituído por uma toalha branca. Nos dois tipos de altar, encontram-se os mesmos elementos associados ao culto dos ancestrais. As velas brancas podem ser dispostas de duas maneiras: quatro velas, dispostas segundo os pontos cardeais, a quinta marcando o centro; ou nove velas, de forma a figurar todas as direções da bússola, bem como seu ponto central.[6] Os copos, em mesmo número que as velas, contêm o elemento principal que permite que os espíritos se comuniquem com os vivos: a água. As flores são de preferência brancas, cor que

---

[5] Sobre a reorganização do espaço doméstico nas cidades americanas para abrigar os altares para os *orisha* e para os *egun*, ver Brown, 1999.

[6] Contudo, na maioria dos casos, uma vela de sete dias é suficiente para iluminar uma *bóveda espiritual*, que pode também ser composta por sete copos de água.

simboliza "o frescor, a claridade, um estado santificado" (*ibid*.: 40). Os outros elementos dispostos no altar são charutos, cigarros ou tabaco, água de colônia ou perfume, vinho ou aguardente, bebidas (como chá ou café) e comida, que deve ser servida em pratos ou em tigelas rachadas, pois os "vivos não devem jamais comer ou beber em louça quebrada" (*ibid*.).[7] É preciso também fazer uma lista dos membros falecidos da família, dividindo seus nomes em duas seções, uma para os ancestrais do lado materno, a outra para os do lado paterno, a que se acrescentam fotos e objetos pessoais dos defuntos, como uma bengala, um espelho, uma escova de cabelo (Olaitan, s.d.: 10).

A presença de comida nos altares para os mortos, muito comum nas casas dos praticantes da "religião yoruba",[8] marca o distanciamento desse tipo de ritual em relação ao espiritismo: aos espíritos dos mortos, só se oferecem iguarias "espirituais", como incenso, fumaça dos charutos e luz das velas, água de colônia e orações, enquanto as iguarias "materiais" (alimento e sangue) são oferecidas aos *Egun*. Entretanto, a origem *santera* dessas práticas não desapareceu totalmente, como mostra a oração para os ancestrais reproduzida num panfleto para uso dos praticantes do orisha-voodoo, que retoma a fórmula que abre todos os rituais de santería: *Omi tutu, Ona tutu, Ile tutu*..., "Água fresca, caminho fresco, terra fresca..." (*ibid*.: 12).

Se o *egun* (espírito de morto não divinizado) pode, como o *Egun* (ancestral divinizado), ser ligado ao indivíduo por laços de parentesco biológico ou religioso, as oferendas e os sacrifícios de animais, bem como os cantos rituais (*oro*) e os ritmos dos tambores são próprios dos ancestrais.[9] Outros elementos caracterizam um altar para os *Egun*, segundo o ritual "reafricanizado": uma bengala decorada com fitas e sinos para chamar os mortos (*òpá ikú* ou *òpá Égún*); uma telha na qual foi pintado o *odù Ifá* associado à morte ou aos mortos aos quais o altar é dedicado; e, mais raramente, um vaso, chamado *Nishe Osayin*, ligado ao *Egun*, contendo as ervas maceradas que serviram para fabricar o *omiero*.[10] Todos são elementos utilizados pelos *babalawo* nas cerimô-

---

[7] Entre os cubanos-americanos, um prato quebrado é sinal de morte eminente. Os pedaços são imediatamente recolhidos e jogados fora, e o lugar é purificado com algumas gotas de água fresca.

[8] Curry (1997: 77) afirma que, cada vez que o iniciado come, ele deve também alimentar seus *Egun*.

[9] Entre os *santeros*, um *egun* pode, contudo, "pedir" uma cerimônia ritual (*cajón*) para interceder por alguém, mas sem a presença de tambores, substituídos por caixas de madeira, que são usadas como percussões.

[10] O *omiero* é uma infusão de folhas maceradas na água, utilizada em inúmeros rituais *santeros*. *Nishe Osayin* designa também amuletos, preparados com as folhas do *omiero*, que são levados com a pessoa para se proteger.

nias para os *Egun*.¹¹ Movido pelo desejo de "purificar" as práticas religiosas, o modelo dominante nos Estados Unidos se aproxima, assim, daquele dos *babalawo*, deixando em segundo plano todas as influências espíritas.

Os ancestrais, guardiões de uma ética africana

Nas casas de culto afro-americanas que pregam a "purificação" das práticas religiosas, a diferença entre *orisha* e *Egun* parece se apagar progressivamente. Ao lado do *orisha* "dono da cabeça", encontra-se atualmente também o "*orisha* guardião": um ancestral divinizado que acompanha seu descendente e orienta suas ações. Esse *orisha* é portador de um tipo particular de *ashé*, o "*ashé* ancestral". Não é necessário se iniciar no culto desses "*orisha* guardiões", porque eles são herdados no seio da família biológica, e sua energia é transmitida pelos laços genealógicos. Seria então possível falar de uma forma de "genética espiritual", presente no seio de uma mesma linhagem, e cada nascimento atualiza um aspecto particular dessa herança espiritual. Isso leva a reconsiderar o lugar das mulheres nas casas de culto afro-americanas, onde as posições hierárquicas mais elevadas são geralmente ocupadas por homens, pois as mulheres "dão a vida e trazem nelas o *odù* (o destino)". Dessa forma, elas são o elemento central da transmissão do *ashé* ancestral no seio da família biológica.

Porém, a ênfase na ancestralidade também permite reunir os diferentes cultos afro-cubanos sob um denominador comum: o culto dos ancestrais. A base da espiritualidade kongo é, de fato, o culto dos ancestrais, divididos entre ancestrais não divinizados, chamados *nkuyu*, e ancestrais divinizados, os *nkisi*, que se situam logo abaixo de Nzambi Mpungu, o deus supremo. Outros laços podem também ser estabelecidos com outras tradições esotéricas, como a religião de Kemet (*Kemetic Religion*), que exalta a herança egípcia dos afro-americanos (*cf.* Fotos 34 e 35).¹² Essa religião, que possui ao menos

---

¹¹ Encontrei esses mesmos elementos entre praticantes da religião lucumí de Miami, que não recorrem ao serviço dos *babalawo*, mas que se inscrevem claramente numa tendência à "reafricanização", procurando apagar qualquer influência externa das práticas rituais africanas.

¹² O termo *kemet* designaria, segundo Diop (1962), a cor da pele negra em língua egípcia. Olumide J. Lucas ([1948] 1996) já exaltara os supostos laços culturais entre os yoruba e os antigos egípcios. Sobre a importância da redescoberta da cultura "kemética" para os afro-americanos, ver Karenga, 1990; Asante, 1990.

dois centros de culto nos Estados Unidos — a *House of Netjer* de Chicago[13] e o *Ordo Servorum Isidis*, de Rhode Island —, organiza também um culto dos ancestrais em torno da *Ausar Auset Society*. Nas cerimônias, os sacerdotes dessa sociedade se comunicam com os ancestrais egípcios por meio do transe. A *Auser Auset Society*, cujo chefe espiritual é Ra Un Nefer Amen, se apresenta como uma "organização religiosa e filosófica afrocêntrica e pan-africanista", cujo objetivo é a renovação da espiritualidade "negra africana" em geral, e da espiritualidade americana "afrocêntrica" em particular.

Como para a sobreposição das iniciações, que é uma das características fundamentais da prática religiosa afro-cubana, o culto aos ancestrais se metamorfoseia em símbolo do pan-africanismo e da complementaridade das práticas religiosas, nova prova da unidade de fundo da cultura africana. Maulana Karenga, Medahochi K. O. Zannu e Oseijeman Adefunmi são os três principais promotores da ideologia neoafricana (*New Afrikan*) na origem do que proponho chamar de "pan-africanismo" religioso e cultural. Assim, em sua obra *New Afrikan Vodun* (s. d.), Medahochi salienta a necessidade de os afro-americanos encontrarem "a unidade na diversidade":

> O que é exatamente o fundamento espiritual do povo *afrikano* na diáspora?[14] Um povo composto por ao menos cem grupos étnicos diferentes, arrancados da terra-mãe. Vocês irão me dizer que reproduzir uma única tradição espiritual africana é o único meio de ativar a cura (*healing*), a transformação e a elevação da alma *afrikana*-americana? [...] Há certos aspectos das tradições que devem ser protegidos, respeitados e preservados com uma grande integridade. Mas, há também lugar para a criatividade, a expansão e a evolução.

Segundo Medahochi, a tradição sempre foi fragmentada: sempre existiram várias formas de abordar a realidade africana, e todas são válidas.

Essa ideia de uma abordagem cultural e religiosa *New Afrikan* (neoafricana) surgiu em 1968, numa reunião de nacionalistas negros em Detroit. Os 500 delegados declararam que os negros norte-americanos formavam um povo

---

[13] A *House of Netjer* é um templo fundado no final dos anos 1980 pela reverenda Tamara Siuda, uma mulher apaixonada por egiptologia. Essa instituição religiosa foi reconhecida pelo estado de Illinois em 1993. Sua fundadora criou a expressão *Kemetic Orthodoxy* ("ortodoxia kemética") para designar "a real, não reinventada, teologia de Kemet, o antigo Egito". Segundo as informações disponibilizadas por esse centro, Netjer seria o deus supremo e sua essência seria próxima daquela dos *orisha* na religião yoruba e dos *loas* no vodum. Netjer se manifesta sob a forma de Saq, o oráculo "com possessões semelhantes às da santería e do vodu". Sobre essa relação entre o Egito e a religião yoruba, ver também Karade, 1994.

[14] Medahochi escolheu aqui grafar a palavra "africano" com um *k*. O termo designa "os africanos da diáspora", em seu desejo de resgatar suas culturas originais.

"neoafricano", uma vez que eram o resultado da mescla de vários grupos étnicos africanos. Nessa mesma reunião, foi criado o Governo Provisório da *Republic of New Afrika* (GP-RNA), cujos co-Ministros da Cultura eram Maulana Karenga, Baba Oseijeman Adefunmi e LeRoi Jones, que, na época, já adotara o nome de Amiri Baraka. A abordagem *New Afrikan* reconhecia a importância de todos os sistemas de religiosidade africanos, já que os afro-americanos não eram mais organizados segundo bases tribais. Essa nova interpretação tornava possível, desse modo, a integração das experiências americanas na espiritualidade "neoafricana". Atualmente, essa ideia é ainda bastante difundida. Assim, Awotunde Ifaseyin Yao Karade, chefe do *Ilé Asuwada* ("o templo da comunidade") de Mobile (Alabama), vê nessa abordagem o único meio de relacionar as histórias africanas e afro-americanas, de modo que os heróis da luta pela libertação dos negros norte-americanos, como Malcolm X, Harriet Tubman,[15] Sojourner Truth[16] e Marcus Garvey, se transformam em ancestrais divinizados.

Contudo, a maior inspiração provém do *New Afrikan Creed of the New Afrikan Spiritual Temple*, elaborado por Medahochi K. O. Zannu. Seu credo, retomado quase identicamente pelo *Ilé Asuwada*, afirma que nenhum povo livre deve praticar, de bom coração, a religião de um outro povo, nem aceitar sua cultura. A religião está intimamente ligada à história de um povo e não é, portanto, possível falar de religião "universal", como declarara o Chief Ajamú da Oyotunji Village a Rod Davis (1998: 297-298): o cristianismo não pode ser considerado uma religião universal, pois é o produto da história de um grupo étnico bem específico e "de seus conflitos e guerras contra o povo negro". Os *New Afrikans* devem, portanto, estudar a literatura sagrada da África Ocidental e ter domínio sobre os rituais dos sistemas de crença dessa parte do continente, notadamente os sistemas nagô/yoruba, ewhe/fon e akan, aos quais se acrescenta o sistema de religiosidade kongo. Os adeptos do Ilé Asuwada devem cultuar seus ancestrais, "sua herança genética", assim como as divindades da África Ocidental, "que correm nas veias" dos afro-americanos: *orisha, nkisi, abosom* ou *vodun*. O templo visa desenvolver um sacerdócio "eficaz", consagrado ao restabelecimento (*healing*) da nação "neoafricana" e do mundo "pan-*afrikano*". A religião aqui é, mais uma vez, inseparável da política, pois o desenvolvimento das práticas rituais e culturais visa a cons-

---

[15] Após ter fugido de sua plantação, essa ex-escrava realizou 19 viagens ao sul dos Estados Unidos para libertar outros escravos. Libertou aproximadamente 300 companheiros de infortúnio, entre os quais seus próprios pais.

[16] Ex-escrava, foi a primeira conferencista abolicionista.

cientização dos *Afrikans in America* enquanto membros de uma nação que luta por sua autodeterminação.

Essa ideia de uma relação direta entre nacionalismo negro e religião dos *orisha*, subentendida pela crença numa unidade de fundo das culturas africanas encarnada pela cultura e religião yoruba, expressa-se de forma emblemática nas Conferências Mundiais sobre a Tradição dos *Orisha* e Cultura (COMTOC). Assim, Oba T'Shaka, um dos organizadores da 5ª COMTOC,[17] abriu seu discurso reivindicando a herança de Malcolm X: o dever de todo afro-americano é lutar contra a injustiça e resgatar a tradição africana, "pois Olodumaré [o deus supremo yoruba] é justiça e comunhão". Ele concluiu afirmando que se tratava ali do "Congresso do Pan-Africanismo", e o pan-africanismo simbolizava "a união do engajamento religioso e da luta política". Porém, para que essa união seja feliz, é preciso encorajar a reinterpretação das antigas escrituras sagradas yoruba — ou seja, o *corpus* de conhecimentos de Ifá — segundo as necessidades atuais da comunidade "neoafricana". Um excelente exemplo desse processo de reinterpretação é dado pelo *odù* Oturupon Meji, que explica, segundo os membros da Oyotunji Village, quais são as consequências do esquecimento da cultura ancestral. Como Baba Ifatunji afirmou na 8ª COMTOC, que ocorreu em Havana, em 2003, a história de Oyepolu é uma perfeita metáfora da história dos africanos-americanos nos Estados Unidos, permitindo a incorporação de elementos advindos da história afro-americana na reprodução da "tradição yoruba". Nos Estados Unidos, uma das formas que as comunidades afro-americanas têm de comemorar os ancestrais consiste na preparação de *quilts*, cobertas confeccionadas com pedaços de tecido segundo a técnica do patchwork, que representam os membros falecidos da família (*cf.* Thompson, 1983: 218-222). Ora, na aldeia de Oyotunji, a máscara dos *Egungun* combina, de maneira significativa, as formas tradicionais africanas com os desenhos característicos dos *quilts*, trazendo nela as marcas da história dos descendentes africanos na América (*cf.* Foto 33).

Assim, apesar das reivindicações de se recriar uma "pureza" africana no Novo Mundo por meio da erradicação de toda influência católica, as tentativas de preservação da "tradição africana" resultam frequentemente em estratégias de retificação das práticas religiosas que introduzem exatamente o que se quer apagar: a mudança e a inovação. Como lembra Stephan Palmié (1995), o movimento do orisha-voodoo, que ele chama de *American Yoruba*

---

[17] Esse Congresso, de que tive a oportunidade de participar, ocorreu no Bill Graham Civic Auditorium de São Francisco, de 3 a 10 de agosto de 1997.

Movement, é um fenômeno "crioulo", produto de uma "nativização" de elementos e práticas religiosas originárias do continente africano. Nesse aspecto, ele não é diferente da santería cubana ou do candomblé brasileiro, que são criações religiosas oriundas das sociedades coloniais. Assim, a "purificação" das práticas *santeras* dá origem a novas mudanças que exaltam imagens concorrentes da africanidade, elaboradas a partir da experiência dos negros norte-americanos. Em relação a isso, os neotradicionalistas da Oyotunji Village não fazem mais do que reproduzir um processo que já estava presente na criação da santería ou *Regla de Ocha* em Cuba. E os laços com a santería não são fáceis de serem apagados para alguém como Adefunmi, cuja legitimidade decorre de sua iniciação cubana.

Na realidade, a oposição entre o orisha-voodoo e a santería mereceria ser relativizada, pois há vários exemplos conhecidos de colaboração ritual entre essas duas modalidades religiosas, como a iniciação de uma das esposas de Adefunmi no culto de Babalú Ayé (Obaluaiyé), realizada em 1985, em Oyotunji, por *santeros* de Miami.[18] Dentre esses *santeros*, estava o *oriaté* Ernesto Pichardo, fundador da *Church of the Lukumí Babalú Ayé* de Miami, e sua mãe, Carmen Plá, que eram acompanhados por alguns pesquisadores, como Stephan Palmié e Ronald Dathorne, na época Diretor do Departamento de Estudos Caribenhos, Africanos e Afro-Americanos da Universidade de Miami. O templo de Babalú Ayé (Obaluaiyé) da Oyotunji Village, bem como aquele consagrado à deusa Obá, haviam sido criados, em 1977, graças a um grupo de *santeros* de Miami, já sob a direção de Pichardo (Palmié, 1995: 89). Os conhecimentos rituais necessários à iniciação de Iyá Orité Olasowo, uma das "rainhas" da aldeia, no culto de Babalú Ayé, o deus das doenças e de sua cura, estavam, portanto, nas mãos dos cubanos.

As relações entre *santeros* e praticantes do orisha-voodoo jamais foram muito fáceis, e é sempre delicado tocar no assunto espinhoso da dependência ritual dos negros norte-americanos em relação aos cubanos. Todavia, quando perguntei a Ernesto Pichardo quais eram suas relações com Oyotunji, ele me respondeu que havia pessoalmente encorajado os membros dessa comunidade a se instalarem em Miami, "para ter acesso a uma comunidade [afro-americana] que permanecia impermeável às atividades religiosas dos praticantes da religião lucumí".[19] As relações de colaboração ritual parecem, contudo, ter

---

[18] Brandon (2002: 156) indica a data errada de 1978 para essa iniciação. Ver Palmié, 1995: 89; "Religión yoruba sienta cetro en pueblo de EU", *El Nuevo Herald* de 16 de junho de 1985.

[19] Entrevista realizada em Miami, em 5 de abril de 2000.

sido consideravelmente reduzidas nesses últimos anos, em função do estabelecimento de novos laços com a África e, notadamente, com o país yoruba. Porém, uma das mudanças mais interessantes ocorridas pela reinterpretação das práticas da santería cubana segundo uma lógica afro-americana reside na atribuição de um caráter ético à religião dos *orisha*. Em Cuba, os deuses da santería não são necessariamente bons ou maus, e seu comportamento para com os homens depende sempre das ações destes. Toda transgressão da aliança estabelecida com o deus acarreta uma resposta negativa, podendo chegar ao castigo supremo: a doença e a morte. Além disso, quando um *orisha* "trabalha" para seu iniciado a fim de resolver seus problemas cotidianos, ele não faz apenas o bem, uma vez que a felicidade de um pode significar a infelicidade de outro. É nos *patakís*, mitos ligados ao *corpus* de conhecimentos de Ifá, que se encontram as recomendações que devem orientar a conduta do iniciado na sociedade. Ora, na prática cotidiana da religião afro-cubana, as preocupações éticas não fazem necessariamente parte da aprendizagem do *iyawo*.

Entre os praticantes do orisha-voodoo, a ética ocupa, ao contrário, uma posição central. Vimos que uma das finalidades principais da elaboração de uma religião "yoruba" para os negros norte-americanos é a "cura" (*healing*) da sociedade afro-americana, ou seja, a solução dos males que a afligem, como a violência, a ignorância e o esquecimento de sua própria história. O culto aos ancestrais, "revitalizado" em Oyotunji, tem como objetivo "moralizar" a comunidade dos descendentes de africanos na América, uma vez que os ancestrais são "os guardiões de uma ética africana". Ora, a inclusão ou a exclusão dos mortos nas invocações (*mojubà*) que antecedem os rituais permite dar exemplos de conduta ao conjunto da comunidade afro-americana. Essa seleção permitiu apagar os laços rituais com os *santeros*, retomando uma prática já difundida em Cuba.[20] Da mesma maneira, a escolha dos mortos que serão lembrados pela comunidade obedece a regras muito estritas, e a conduta deles é avaliada antes de eventualmente incluí-los nas *mojubà*.

---

[20] Lázara Menéndez (1995) analisou essas invocações, chamadas em Cuba de *moyuba*, como um exemplo da mudança inerente à prática religiosa *santera* "onde a continuidade e a descontinuidade fazem parte da reinterpretação da herança [religiosa]". Ela mostra como, em Cuba, a seleção dos nomes dos mortos invocados antes dos rituais depende de escolhas individuais, podendo incluir pessoas falecidas que tinham contato direto com o iniciado, membros de sua família biológica ou religiosa, mas também pessoas que ele jamais encontrou, mas que, por sua importância na religião, lhe atribuirão uma maior legitimidade, como *santeros* muito célebres, como Obadimelli ou Ferminita Gómez. Da mesma maneira, ela relata o caso de um *santero* que acrescentara à sua *moyuba* um texto encontrado num livro de Fernando Ortiz, nova prova da influência dos escritos antropológicos sobre as práticas religiosas.

Em sua tese, Kamari Clarke (1997: 142-143) relata um caso muito interessante, ocorrido em 1993, após a morte de um chefe "yoruba americano", que residira antes em Oyotunji, e que era conhecido por suas inclinações homossexuais. Quando sua soropositividade foi descoberta, o rei emitiu um édito ordenando que se casasse. O chefe não obedeceu ao rei, o que fez dele um "dissidente". Os residentes da aldeia começaram a acusá-lo de ser a causa de sua própria doença, uma vez que deixara "as coisas materiais" interferirem em seus deveres religiosos. Após seu falecimento, os Ogboni se reuniram para decidir se ele seria admitido, como os outros chefes falecidos, entre os ancestrais venerados. Apenas alguns raros Ogboni votaram em favor de sua integração, alegando que ele respeitara seus deveres rituais e fora representante da comunidade de Oyotunji durante longos anos. Apesar disso, a reunião terminou com uma decisão negativa, pelo fato de que "[os Ogboni] não desejavam enviar uma má mensagem à nação [negra], ou seja, dizer que a homossexualidade era considerada uma alternativa viável para a família yoruba" (*ibid.*). Os defuntos citados nas invocações constituem, assim, exemplos do que é considerado a "configuração ideal da família yoruba" (*ibid.*), exemplos aos quais todos devem se referir nesse trabalho incessante de construção de uma comunidade africana na América.

Um outro exemplo desse processo é o suicídio de um jovem que não tinha mais forças para lutar contra sua toxicomania (Clarke, 2002). Era a primeira vez que os residentes de Oyotunji se viam confrontados com um suicídio. No início, procuraram desesperadamente informações sobre os rituais apropriados para uma situação como essa. Realizaram sessões divinatórias dirigidas aos ancestrais, solicitaram a opinião de iniciados respeitados fora da comunidade e consultaram vários textos históricos, capazes de lhes trazer respostas. Era preciso que escolhessem a conduta a seguir, respeitando as tradições yoruba. Três dias após a morte do rapaz, os Ogboni, sob a direção de Adefunmi, declararam que "segundo a indicação dos ancestrais", seu corpo não devia receber as homenagens da parte de sua família, nem de seus amigos, nem dos outros residentes da aldeia. O rei afirmou que "Oyotunji não tinha e não podia inventar um espaço para uma morte desonrosa" (*ibid.*: 272). O corpo não devia ficar na aldeia e devia ser enviado à sua família em Nova Jersey. Adefunmi concluiu dizendo que "[o morto] deixara os espíritos do mal ganhar sua alma, e festejar sua vida equivaleria a celebrar esses espíritos, o que causaria mais problemas a seu espírito numa vida futura" (*ibid.*). Apesar dessas diretivas "ancestrais", os amigos íntimos do morto infringiram as ordens do rei e velaram seu corpo na aldeia, alegando que, embora a tradição yoruba condenasse o suicídio, era preciso render homenagens aos "yoruba-americanos", vítimas da opressão e de uma extrema indigência social e moral, por meio de rituais diferentes, que não seriam mais "yoruba", mas "afro-americanos". Diante da reação de Adefunmi, que não permitiu a organização de ritos funerários, eles foram obrigados a enviar o corpo, oito dias após sua morte, à sua família, que o enterrou segundo os rituais cristãos. De fato, a ética yoruba, tal como é recriada em Oyotunji, institui que o corpo humano não é simplesmente o suporte sensível de um indivíduo, mas pertence ao conjunto da comunidade. É a emanação do grupo social, dos ancestrais e do indivíduo, a expressão do ciclo das reencarnações que permite a perpetuação da vida na terra. O suicídio não é, portanto, um ato individual, mas uma violência feita contra a comunidade inteira. Justificar um tal ato seria questionar as próprias bases da sociedade "yoruba".

Purificar as origens ou o Yoruba Reversionism

O orisha-voodoo não é o único movimento que se dedica à busca de uma tradição religiosa mais próxima das origens africanas. Um outro exemplo dessa junção de religião e política, embora muito menos engajado na luta pela autonomia e autodeterminação dos negros norte-americanos, é o movimento do *Yoruba Reversionism* ("reversionismo yoruba"), criado por John Mason e Gary Edwards. Mason é um afro-americano iniciado no culto de Obatalá por Christopher Oliana, o companheiro de aventura de Adefunmi, com o qual ele se iniciou na santería cubana, em 1969, em Matanzas (Cuba). Mason fundou no Brooklyn o *Yoruba Theological Archministry* (YTA), um centro de estudos destinado aos iniciados e a todos aqueles que se interessam pela cultura e religião yoruba. Os cursos ali ministrados nasceram da necessidade, muito forte no seio da comunidade norte-americana dos praticantes da religião dos *orisha*, de traduzir para o inglês "a cultura", ou seja, a cultura yoruba tal como foi legada pelos cubanos (Edward e Mason, 1985). Os *santeros* cubanos que haviam chegado nos Estados Unidos nas primeiras ondas de imigração aprendiam o inglês muito raramente e, em suas cerimônias, utilizavam o espanhol, bem como o lucumí, espécie de yoruba preservado como língua ritual na santería, bem diferente do yoruba standard falado na Nigéria. Com a participação crescente de negros e brancos norte-americanos, tornar acessíveis os conhecimentos rituais àqueles que não dominavam o espanhol mostrou-se indispensável.²¹ Os cursos organizados no YTA, visavam "abrir um novo mundo aos iniciados de língua inglesa" (*ibid.*: iv).²² O problema linguístico estava também associado à prática da possessão entre os afro-americanos. Com efeito, os cubanos pensavam que se o *orisha*, encarnado no corpo de um negro norte-americano, exprimia-se em inglês, a possessão não era real, uma vez que um "verdadeiro" *orisha* só podia falar espanhol (Mason, 1993: 22). Em contrapartida, para os afro-americanos, se os iniciados eram realmente possuídos por divindades africanas, estas deveriam falar uma língua africana, notadamente, o yoruba.²³

Porém, outro objetivo do YTA era "restaurar a religião original". Os cubanos haviam modificado as práticas yoruba sem, contudo, mudar sua essência, o "núcleo duro" dessa religião. Isso induzia os praticantes ao erro, levando--os a ocultar a relação direta que existia entre as práticas afro-americanas e a África, laço indispensável para que os negros norte-americanos pudessem se reconhecer plenamente nessa religião. Era também necessário traduzir os cantos sagrados para o inglês, trabalho de muito fôlego que Mason empreendeu com o professor de língua yoruba Bashiru Bademade. Foi assim que nasceu o *Yoruba Reversionism*:

> Por essa expressão, entendo que a língua utilizada nas cerimônias deve ser completamente yoruba e que a noção de *orisha* deve retornar, quando possível, a seu estado original, de antes da escravidão, eliminando as influências dos santos católicos, a água benta etc. Essa abordagem, nós a chamaremos, por falta de um termo melhor, de reversionismo yoruba. [...] O objetivo é reafricanizar a religião, de forma a permitir que os negros norte-americanos e antilhanos reivindiquem sua herança africana [...] e reencontrem seu orgulho [racial].
>
> Mason, 1993: v.

---

[21] Gregory (1999: 48) menciona a existência de uma barreira linguística no interior das casas de culto "multiétnicas" no Bronx (Nova York) e o papel de "tradutores", exercido pelos membros porto-riquenhos, mais à vontade com a língua inglesa do que os cubanos.

[22] Os cursos versavam sobre a cultura yoruba e, particularmente, sobre a cozinha, o estudo dos *orisha*, os cantos e a língua ritual. Numa outra obra (Capone, 2004*a*), analisei um processo semelhante: a difusão dos cursos de língua yoruba no Brasil.

[23] Mason (*ibid.*) acrescenta que se dirigiu em yoruba a americanos e cubanos em estado de possessão sem ser compreendido, embora reagissem corretamente a ordens muito simples dadas nessa língua. Gregory (1999: 86) relata a utilização de "tradutores" quando a pessoa que consulta o *orisha* fala uma língua diferente daquela do possuído.

A revisão das práticas *santeras* devia permitir que se oferecesse uma religião "purificada" a todos aqueles que estavam em busca de uma religião "puramente africana", mas também que se reconectassem, "de uma forma lógica", os símbolos, as características e os animais associados a cada *orisha* num todo coerente, exprimindo aí uma das características dos processos de reafricanização: a atribuição de um caráter científico às práticas religiosas. Assim, os yoruba, que, como afirmam os adeptos do *Yoruba Reversionism*, criaram uma das maiores civilizações do mundo, não escolheram ao acaso os símbolos e os atributos de cada *orisha*. Segundo Mason, a prova de que os yoruba atuavam de forma "científica" residiria em sua concepção do universo, formado por duas metades de uma cabaça e concebido como uma esfera, "o que está em conformidade com as teorias modernas da física" (*ibid*.: 1).

Essa preocupação já estava presente na criação do orisha-voodoo, fundada na interpretação da religião yoruba enquanto "ciência africana".[24] Assim, lia-se no manual para uso dos iniciados nessa religião:

> Os sacrifícios de cabras, galinhas d'angola, carneiros, frangos, pombos, codornas etc. devem ser efetuados em pedras selecionadas [para esse fim], símbolos e objetos de chumbo, de prata, de latão, de ouro ou de ferro, para permitir o nascimento de seu *orisha*. Uma reação química sutil se produz quando as secreções vegetais e o sangue chegam a interagir com as composições moleculares e atômicas desses minerais e elementos. O campo energético então produzido corresponde, ou se aproxima consideravelmente, do fluxo eletromagnético das energias provenientes de planetas longínquos. Atualmente até os melhores cientistas, inclusive os ocidentais, admitem que toda forma de vida, vegetal ou animal, é controlada pela energia astral. Assim, quando esses pequenos *orisha* "reatores" são colocados em cadinhos e são "alimentados" de forma regular, a radiação que disso resulta pode ser dirigida, de forma consciente, pelo cérebro e pelas ondas sonoras provocadas pela maneira, muito concentrada, de cantar [para os *orisha*].
>
> Adefunmi, 1982: 7.

Praticar a religião yoruba é, assim, um meio de entrar em contato com as forças que animam o universo. Não se trata mais de uma prática irra-

---

[24] Em 1991, um dos moradores da Oyotunji Village declarava a um jornalista de *The Charlotte Observer* ("Tribal Village Tiny S.C. Community Combines Cultures", 13 de outubro de 1991): "Nossa religião não é fundada na fé. Ela é fundada na física e na ativação das energias com a ajuda das ervas, do sangue ou de uma pedra. Esses elementos criam um campo energético que pode ser orientado pelo canto. É muito químico".

cional, mas de uma verdadeira atitude científica. Porém, esse trabalho de "purificação" e "cientificização" das práticas religiosas acarreta também, contrariamente ao que defende Medahochi, a subestimação de todos aqueles componentes que não são "assimiláveis" ao modelo yoruba. Sabemos que o universo das religiões afro-cubanas, na origem da difusão dos cultos de origem africana nos Estados Unidos, é caracterizado pela existência de um *continuum* religioso e pela interpenetração de diferentes sistemas de crença (*santeros/paleros/espíritas*).[25] A despeito dessa evidência, há muito salientada pelos trabalhos de Lydia Cabrera, alguns autores cubanos reproduziram a distinção entre uma cultura lucumí (yoruba) mais "evoluída" e uma cultura congo (bantu) mais "atrasada".[26] Assim, Barnet (1995: 7) escreve que a cultura yoruba é muito mais rica "no nível superestrutural" do que as outras culturas presentes em Cuba. Em contrapartida, os "congos" seriam muito mais "flexíveis" e "permeáveis" às influências externas, deixando-se facilmente dominar pela "influência yoruba preponderante" (*ibid*.: 85).[27]

Dessa forma, o modelo de culto de origem yoruba torna-se central na constituição de um *continuum* cultural no qual as contribuições bantu (*paleras*) são reorganizadas sob o signo da "africanidade" encarnada pelos yoruba. Coloca-se, portanto, a questão da assimilação da tradição congo pela tradição yoruba, pois a própria ideia de purificação da religião está em total contradição com a prática ritual de um grande número de *santeros*, que continuam a efetuar, de forma complementar, rituais congos e rituais lucumís:

> De todos os africanos que foram trazidos como escravos para a América, estima-se que 90% provinham de um largo corredor de aproximadamente 700 milhas na costa oeste da África, indo do atual Senegal e do Mali ao norte até o Zaire [atual República Democrática do Congo] e a Angola ao sul. Esse corredor abriga uma multiplicidade de grupos étnicos e nacionais distintos, todos pertencendo à subfamília linguística do Niger-Kongo, que tem sua origem na África Ocidental. A partilha de uma mesma base linguística no interior desse corredor [...] facilitou o movimento e a troca de pessoas, de bens e de ideias, contribuindo para a formação de conceitos fundamentalmente semelhantes a respeito de Deus e de sua criação, o universo.
>
> Mason, 1992: 2.

---

[25] Ver, a esse respeito, Argyriadis, 1999.

[26] Sobre os estereótipos associados aos yoruba e aos bantu, ver Capone, 2007.

[27] Na realidade, essa valorização dos lucumís frente aos congos parece decorrer do temor suscitado pelas práticas mágicas destes e seus rituais que utilizam os mortos, assimilados à feitiçaria.

Assim, os círculos dos intelectuais-iniciados americanos que pregam um retorno às raízes africanas assimilam os bantu aos yoruba, pois os bantu teriam a "mesma origem", embora sendo inferiores aos yoruba nos planos cultural e religioso. Da mesma maneira, a sobreposição das iniciações, que é uma das características da prática religiosa afro-cubana, atualizada nos Estados Unidos no que chamei de "pan-africanismo ritual", torna-se "o produto da mestiçagem", o acúmulo de diferentes tradições em Cuba ou nos Estados Unidos resultante "da mistura de famílias brancas, pretas e latino-americanas".[28] O sincretismo, assim como a mestiçagem, é, portanto, um "negócio de família" e é transmitido de uma geração a outra. Ora, para John Mason, esse problema não se coloca: em seu caso, ele não tem necessidade de sobrepor os rituais porque se considera unicamente "yoruba". Apesar disso, o "reversionismo" de Mason, segundo Pinn (2000: 255), é considerado "moderado" pelo grupo de Adefunmi, pois não é sustentado por um real engajamento político no interior da comunidade afro-americana.[29]

Uma das mudanças ocasionadas pela revitalização das práticas yoruba é a proliferação, nos Estados Unidos, de novas denominações para designar essa religião. Nos escritos dos praticantes da santería em busca de reafricanização, *lucumí* se transforma, assim, em *lukumí*, e o *k* marca uma africanidade renovada.[30] O termo "santería", excessivamente marcado por seu passado colonial, é substituído pelas expressões "culto dos *orisha*" e "religião dos *orisha*". Da mesma forma, ao lado do "orisha-voodoo", associado ao grupo de Adefunmi, encontram-se outras denominações como Orisha/Ifá, Ifaism, Africanism ou Anago. Cada uma delas remete a uma prática reafricanizada da "religião yoruba" ou "religião dos *orisha*". Se o Ifaism enfatiza o estudo do sistema divinatório de Ifá, o Anago é apresentado como um dos caminhos da tradição Orisha/Ifá,[31] "para os afro-americanos que buscam uma via ortodoxa até o *ìwà pèlé*".[32] Veremos que a noção de *ìwà pèlé*, que inclui o respeito à hierar-

---

[28] Entrevista com John Mason, Nova York, 9 de setembro de 2000.

[29] Isso aparece também no decorrer do afastamento entre Adefunmi, que se considerava "ortodoxo" em suas práticas religiosas (*ibid.*), e Chris Oliana, com quem fundara o *Yoruba Temple*, em 1960, e que foi o iniciador de John Mason no início dos anos 1970.

[30] O mesmo acontece, como vimos, com o termo inglês *African* grafado *Afrikan* nos escritos dos militantes do nacionalismo negro.

[31] Segundo a importância atribuída a Ifá pelos praticantes, essa tradição também pode ser chamada de Ifá/Orisha.

[32] A expressão yoruba *ìwà pèlé* designa um caráter "doce e gentil". É chamado também de *ìwà tútù*, pois *tútù* significa "frio, fresco" (Abraham, 1958: 328). Sobre esse conceito, ver igualmente Abimbola, 1975; Fatunmbi, 1991; Abondunrin, Obafemi e Ogundele, 2001.

quia e a submissão aos preceitos da religião, permitiu introduzir de forma explícita uma dimensão ética nas variantes norte-americanas. Alguns iniciados que se reconhecem nessa via afirmam que o termo *anago* designaria os antigos yoruba que, apesar da escravidão, ficaram ligados às tradições e à sua "ética" ancestral.[33] O Anago faz parte dos "caminhos religiosos dessincretizados", como o *Yoruba Reversionism* ou o orisha-voodoo.

Essas diferentes versões de uma religião yoruba "purificada" encontram um eco cada vez maior entre os afro-americanos. Pinn (2000: 246) estima em aproximadamente 10 mil o número de praticantes afro-americanos presentes na cidade de Nova York em 1986. Alguns desses iniciados abriram suas próprias casas de culto (*ilés*), exclusivamente afro-americanas, ao passo que outros pertencem a casas "multiétnicas", dirigidas por cubanos ou porto-riquenhos. Inúmeros iniciados afro-americanos descendem espiritualmente de duas linhagens: a de Leonore Dolme (Omi Dúró) e a de Asunta Serrano (Osá Unkó), ambas ligadas à célebre *rama* (família de religião) Efunché de Cuba.[34] Atualmente, na cidade de Nova York, a composição dos *ilés* varia muito: podem ser exclusivamente afro-americanos, porto-riquenhos ou cubanos, ou podem não impor nenhuma restrição quanto à origem ou à cor de pele dos iniciados. Cada casa tem sua própria forma de apreender a religião dos *orisha*: as porto-riquenhas têm supostamente mais laços com o espiritismo, ao passo que as casas afro-americanas farão o possível para eliminar qualquer elemento advindo do espiritismo europeu e do catolicismo. Frequentemente, as diferenças na terminologia, acarretadas pela substituição de termos espanhóis por equivalentes yoruba, não se acompanham de reais mudanças no ritual. O exemplo do culto dos ancestrais mostrou que o ritual frequentemente permanece o mesmo: o que muda é a interpretação dada por cada um dos grupos. Mary C. Curry (1997: 121) fala, com razão, de um "léxico dual". Os membros afro-americanos das casas de culto cubanas e porto-riquenhas não têm o mesmo *background* religioso que seus companheiros latinos. O catolicismo lhes parece tão exótico quanto a santería, pois foram

---

[33] Na realidade, o termo *anago* faz referência aos yoruba que vivem no Benin. O termo *nagô*, que é uma contração de *anago*, designa no Brasil as casas de candomblé consideradas mais tradicionais, bem como os escravos yoruba trazidos para esse país.

[34] Ña Rosalía Abreu, mais conhecida com o nome ritual de Efunché (ou Efunshé) Warikondó, era uma egbado (um dos grupos yoruba), "provavelmente de descendência real" (Ramos, 2003: 48). Em torno de 1870, ela se tornou a "rainha" do Cabildo San José 80, no bairro de Atarés, em Havana, onde oficiava a célebre *oriatesa* Latuán (Timotea Albear). A notoriedade de Efunché foi tal que, nos anos 1950, Lydia Cabrera, que tinha como informante Calixta Morales (Odé Deí), a filha de Efunché, escrevia que "Efuché [sic] é o nome de um *cabildo* do final do século XIX em Havana" (Cabrera, 1970: 101, *in* Ramos, *ibid.*), numa feliz sinédoque que substitui o nome do "dirigido" pelo do "dirigente".

educados na religião protestante. Não aceitarão, portanto, as referências aos santos e exaltarão a africanidade das divindades que veneram. Isso não impede que continuem sua formação espiritual nas casas que ligam suas origens à tradição afro-cubana, elaborando interpretações de suas práticas religiosas fundamentalmente diferentes daquelas dos *latinos*.

O desenrolar de uma iniciação no interior de uma casa afro-americana que faz parte de uma linhagem religiosa cubana permite ilustrar o processo de negociação das significações associadas aos elementos rituais. Mais do que uma real diferença nas práticas, trata-se aqui de uma reinterpretação destas segundo uma lógica e uma sensibilidade afro-americanas. Lloyd Weaver (Olosunmi) foi iniciado, em 1973, por Margie Baynes Quinones (Shangó Gún Mi), que fora iniciada, em 1962, pela cubana Leonore Dolme (Omi Dúró). Seu *ilé*, considerado uma *Black House* por Mary Cuthrell Curry, ela própria iniciada por Weaver no culto de Yemonjá[35] (Mason, 1998: 130), reúne um número considerável de sacerdotisas e sacerdotes afro-americanos que se inserem no que Curry chama de *The Religion*.[36] Publicado em 1997, seu estudo, que se fundamenta numa pesquisa feita de outubro de 1984 a janeiro de 1990, é o único dedicado a uma casa de culto afro-americana. Apesar de seu exclusivismo racial, essa casa se insere na linhagem afro-cubana, pois é apresentada como uma *House of Ocha* (*Ocha* é a contração de *oricha*, termo utilizado em Cuba para designar as divindades de origem yoruba, e se refere à *Regla de Ocha* ou santería). Isso não impede que o autor afirme que seus membros não praticam a santería, mas a "religião yoruba" (Curry, 1997: 41-42). Contudo, a análise dos rituais de iniciação que ali se desenrolam permite entender até que ponto a "religião yoruba" se aproxima das práticas afro-cubanas.[37]

Como entre os cubanos, a iniciação tem a duração de sete dias e começa na noite que antecede os rituais de consagração (*ibid.*: 90-93). O noviço toma banho num rio para se purificar, enquanto o espaço ritual para a cerimônia é preparado. Uma estrutura temporária, chamada "trono", é erguida num dos cômodos da casa de culto: o *Ocha room*, onde são conservados os altares sa-

---

[35] O termo cubano *Yemayá* é frequentemente substituído por seu correspondente yoruba *Yemonjá*. O mesmo ocorre com os outros *orisha*.

[36] Ver Argyriadis (1999) para a utilização da noção de *religión* no campo religioso afro-cubano.

[37] Evidentemente, os rituais *santeros* podem também ser muito próximos dos rituais efetuados na Nigéria, como mostra a adivinhação chamada *ita*, realizada no terceiro dia de iniciação entre os yoruba (Abimbola, 1997: 119). Porém, diferentemente dos *santeros* que recorrem ao *oriaté*, essa adivinhação nesse caso é realizada por um *babalawo*.

grados. O chão é recoberto com esteiras de palha e do telhado pendem tecidos brancos. Nas paredes são pendurados tecidos com as cores do *orisha* "dono da cabeça" do noviço. Uma vez terminada a preparação do "trono", ele é coberto por um lençol branco. No dia seguinte, se iniciam os ritos de iniciação propriamente ditos. O noviço é vestido de branco e ficará no trono durante os sete dias seguintes, submetendo-se aos rituais que o consagrarão como *iyawo*. Seu crânio é raspado e os elementos sagrados são postos em contato com sua cabeça, que se torna o receptáculo da energia divina. O dia seguinte é o "dia do trono". O *iyawo* exibe as cores de seu *orisha*, e será a única vez no ano seguinte em que ele poderá se vestir com uma cor diferente do branco, símbolo de sua iniciação. À tarde, o *iyawo* usa as "vestes do trono", mais ricas e coloridas, frequentemente em seda e brocado. Na cabeça, ele leva uma coroa. É o dia do *bembé*, uma cerimônia com os tambores sagrados, ao longo da qual as pessoas presentes saúdam ritualmente o iniciado e deixam oferendas — frequentemente alguns dólares — no prato colocado a seus pés. No terceiro dia, chamado "dia do *itá*", o *odù* (o signo de Ifá) do *iyawo* lhe é revelado. Durante os dias que se seguem, várias pessoas virão visitá-lo. O sétimo dia, último da iniciação, é o "dia do mercado". O iniciado é conduzido ao mercado por seu *ojugbona*, o assistente de seu iniciador durante os rituais de iniciação, de onde ele traz frutas para seu *orisha*. Quando retorna, encontra o trono desfeito e o altar de seu *orisha* colocado numa esteira. Uma vez oferecidas as frutas para o *orisha*, o *ojugbona* leva o *iyawo* para casa. Três meses mais tarde, ele deverá participar de uma cerimônia, o *"ebo* de três meses" ou *"ebo metá"*,[38] que marca sua entrada na vida sacerdotal propriamente dita. Uma vez realizado esse ritual, ao longo do qual são sacrificados um animal "com quatro patas" para Eleguá e outros animais em intenção a outros *orisha*, o *iyawo* poderá praticar a adivinhação para clientes e participar das cerimônias geralmente proibidas aos não iniciados.

Essa iniciação, tal como acaba de ser descrita, é muito próxima, consideradas todas as variantes no interior das diferentes casas de culto, dos rituais praticados na santería cubana. O que Curry chama de o "dia do trono" corresponde ao *día del medio* dos *santeros* e as "vestes do trono" correspondem ao *traje del medio*, que será novamente usado na cerimônia de apresentação aos tambores e nos rituais funerários do iniciado. Segundo Ysamur Flores-Peña (1994: 13), um *santero* porto-riquenho estabelecido em Los Angeles, essas

---

[38] O termo yoruba *ẹbọ* designa a oferenda ou o sacrifício feito para um *orisha*. *Mẹ́tá* em yoruba significa "três".

roupas são para o iniciado um "traje de glória". E é justamente em sua confecção que se exprime uma estética africana que permite distinguir as práticas afro-americanas das afro-cubanas.[39] Vimos que Margie Baynes Quinones, a iniciadora de Weaver, foi a primeira sacerdotisa afro-americana a desafiar a tradição cubana, ao vestir um *iyawo* com roupas africanas nos rituais de iniciação. É preciso dizer que os afro-americanos não aceitavam bem a utilização de roupas afro-cubanas de inspiração colonial, pois viam nisso uma herança do passado escravagista. Donna Daniels (1997), que estudou a comunidade de praticantes da religião dos *orisha* na região de São Francisco, relata a história de Sula, uma sacerdotisa afro-americana iniciada no ritual afro-cubano e iniciada de novo na Nigéria, em função da tensão criada em sua primeira iniciação entre a imagem que ela tinha de si mesma e aquela veiculada pelos rituais da santería. Sula, iniciada no culto de Oshún, propusera a seu *padrino* usar roupas confeccionadas num tecido que imitava a pele de um leopardo, "inspiradas nos figurinos de palco de Josephine Baker" (*ibid.*: 258). Sua escolha refletia a percepção que tinha de sua relação com seu *orisha*, associada à sexualidade, mas também de sua conexão com a África e o poder feminino. O *padrino* de Sula recusara suas sugestões, pedindo-lhe para usar "roupas tradicionais", ou seja, saia e camisa brancas e um lenço da mesma cor na cabeça, o que para Sula equivalia a se vestir como uma *mammy*, uma escrava negra. A imposição de um código vestimentar estrito fora percebida por Sula como o sinal de uma prática repressiva, que não estava de acordo com suas expectativas. Algum tempo depois, ela foi para a Nigéria para receber uma nova iniciação, desta vez de acordo com sua visão do que devia ser uma religião africana.

A diferença entre as duas iniciações reside, portanto, na percepção que os iniciados afro-americanos têm da natureza de seu engajamento religioso: eles praticam uma religião que se quer africana, descolonizada e visível aos olhos da sociedade americana. As mudanças trazidas ao traje ritual visam apagar toda influência europeia. As roupas usadas nas iniciações *santeras* lembram, de fato, as que estavam na moda nas cortes europeias dos séculos XVI e XVII (Flores-Peña, 1994: 14). Além disso, o trono da iniciação lembra o baldaquim dos altares católicos ou aquele que fica sobre os tronos dos reis (Brown, 1993: 44). Os rituais de iniciação, chamados *kariocha*, visam dar "à luz" um "novo rei". Uma das informantes de Lydia Cabrera ([1954] 1975), Calixta Morales (Odé

---

[39] Sobre a importância de uma abordagem estética na análise da relação que o iniciado estabelece com sua divindade, ver Brown, 1996.

Deí), declarava que os sacerdotes e sacerdotisas da religião lucumí formavam "uma corte" na qual os reis e rainhas eram os *orisha*. A metáfora da realeza continua presente nas práticas contemporâneas da religião afro-cubana. O *oriaté*, o especialista dos rituais de iniciação, é também chamado *Oba*, que significa "rei" em yoruba. No entanto, na adivinhação das raízes afro-americanas, o imaginário europeu, presente na santería, é suplantado por um imaginário africano, em que a nobreza e a realeza africanas tornam-se os modelos dominantes.

Esse processo de apropriação das práticas religiosas *santera*s pelos afro-americanos foi longo e difícil. Paralelamente ao trabalho de reinterpretação realizado por Adefunmi e seus companheiros, outros iniciados afro-americanos se esforçaram em trazer as práticas religiosas para sua pureza original, mesmo adaptando-as às necessidades atuais. Lloyd Weaver (1986: 17-18) relata as reuniões de sacerdotisas e sacerdotes afro-americanos nos apartamentos dos guetos negros de Nova York com o intuito de discutir sobre as significações dos *odù* (os signos da prática divinatória de Ifá) e adaptá-las às suas experiências cotidianas. Esse trabalho permitiu que se redefinisse o sistema religioso em função das necessidades da comunidade afro-americana, fazendo dos iniciados na "religião yoruba" não apenas conselheiros espirituais, mas também "assistentes sociais e filósofos" (*ibid.*). Essas discussões intermináveis sobre os detalhes rituais e sobre a significação dos *odù* eram também alimentadas pela leitura das obras sobre a religião africana, notadamente yoruba. Foi assim que os iniciados afro-americanos descobriram que, na África, a iniciação no culto dos *orisha* não seguia o modelo cubano, no qual o noviço recebe, além do *orisha* a quem será consagrado, quatro ou cinco outras divindades. Mesmo que tivessem sido iniciados segundo a tradição afro-cubana, os sacerdotes afro-americanos começaram a dar um único *orisha* ao noviço, "como se faz na África". Essa mudança ritual abriu caminho para uma modificação da religião ainda mais importante, também inspirada no modelo africano: a criação do *egbé*, sociedades de iniciados no culto de uma mesma divindade.

Em 19 de julho de 1987, no Brooklyn, durante uma cerimônia pública que marcava o segundo dia de iniciação, chamado na santería *el día del medio*, um sacerdote de Obatalá, Tony Reinolds (Ade L'ola), entrou em transe. O deus, no corpo de seu "cavalo",[40] lançou um apelo à unidade dos inicia-

---

[40] O iniciado é frequentemente considerado o "cavalo" de sua divindade protetora, que o "monta" por ocasião da possessão ritual.

dos "na religião". Os primeiros que o seguiram foram os iniciados no culto de Oshún, que tiveram uma primeira reunião em 4 de agosto de 1987. Seis outros *egbé* foram fundados na sequência: os *egbé* consagrados a Obatalá e Yemonjá, em janeiro de 1988, o de Aganjú, em junho de 1988, os de Oyá e Shangó, em outubro do mesmo ano, e aquele dedicado ao culto dos "guerreiros" — Elegbá, Ogún e Oshosi — em maio de 1991[41] (Mason, 1993: 26). A finalidade dessas sociedades é criar instituições que trabalhem para o bem da comunidade. Alguns de seus membros veem nessa mudança o renascimento dos antigos *cabildos* cubanos, as associações étnicas de negros, escravos ou libertos, que deram origem à religião afro-cubana. No entanto, os *egbé* oferecem também a oportunidade de se discutir como deveriam ser realizadas, de forma correta, as cerimônias para um mesmo *orisha* nas diferentes casas de culto ou linhagens religiosas.

Associações inicialmente multirraciais e multiculturais, os *egbé* parecem tornar-se, com cada vez mais frequência, sociedades afro-americanas (Vega, 1995a: 243). As reuniões são marcadas pela vontade de se afirmar no interior de uma comunidade, onde o engajamento religioso se desdobra em ativismo social. Assim, o *Egbé Omó Yemonjá* (a Sociedade dos Filhos de Yemonjá) organiza, desde sua fundação, uma cerimônia anual na praia de Far Rockaway Beach (Nova York) durante o mês de setembro. Em 1990, os membros dessa sociedade foram para Ibadan, na Nigéria, para visitar o templo de Yemonjá. Lloyd Weaver, um dos membros, conta como, numa madrugada de 1989, ladrões entraram no templo para roubar uma estátua, chamada Ogun Leki, cujo roubo fora encomendado por colecionadores estrangeiros. Naquela mesma madrugada, Weaver e seu amigo Olukunmi, herdeiro do título de Balé Yemonjá de Ibadan, conseguiram recuperar a estátua. Algum tempo depois, sete membros do *egbé* afro-americano viajaram para lá para ajudar financeiramente na reinstalação da estátua e na restauração do templo. Em sinal de gratidão, os sacerdotes yoruba de Yemonjá criaram uma estátua "gêmea" de Ogun Leki, que os iniciados norte-americanos levaram para os Estados Unidos. Esse gesto constituiu também uma legitimação do grupo de iniciados norte-americanos, "o reconhecimento da real existência de Yemonjá em Nova York" (Weaver e Egbelade, 1999: ix). Todos os anos, essa estátua é colocada num templo provisório erigido à beira-mar, por ocasião das cerimônias para Yemonjá (*cf.* foto 47). Todas as ofertas recebidas pela deusa são, em

---

[41] Encontramos aqui os vestígios das origens cubanas dessa religião, com uma sociedade "africana" consagrada ao culto de uma criação cubana: os "guerreiros".

seguida, jogadas no mar. Esses rituais coletivos permitem, assim, que os praticantes da religião dos *orisha* se reúnam periodicamente, afirmando publicamente seu pertencimento a uma mesma comunidade religiosa.

As tensões no seio da "comunidade religiosa"

As tensões que percorrem a comunidade dos praticantes da religião dos *orisha* exprimem também as dificuldades vividas pelos iniciados cubanos em sua chegada ao solo americano.[42] A difusão das práticas religiosas *santeras* nos Estados Unidos não aconteceu sem problemas: a falta de alguns elementos rituais e a dificuldade de reunir todos os especialistas rituais tornavam particularmente difícil a realização de algumas cerimônias, especialmente as iniciações. Na santería cubana, um *iyawo* deve ser apresentado aos tambores sagrados (*batá*) sete dias após sua iniciação. A essência sagrada dos tambores, chamada em Cuba de *añá* (do yoruba *àyàn*), "toma conhecimento" então do novo iniciado e de seu pacto com o *orisha*. Ora, até 1976, todos os *batá* tocados nos Estados Unidos eram *aberinkulá*, ou seja, não consagrados, o que punha em dúvida a legitimidade dos iniciados americanos, pois sua iniciação era considerada incompleta.

Os tambores *batá* estavam presentes em Nova York, ao menos desde os anos 1950, quando músicos cubanos colaboravam com a trupe de Katherine Dunham. Em 1955, Julito Collazo e Francisco Aguabella, dois músicos que tocavam na trupe de Dunham, teriam trazido, segundo Thompson (1993: 170), tambores *batá* para os Estados Unidos. Essa informação é confirmada por John Mason (1992: 15), segundo o qual, por ocasião do primeiro *bembé* público organizado por Pancho Mora em Nova York, no início dos anos 1960, os instrumentos tocados eram realmente *batá aberinkulá*.

Entretanto, o primeiro conjunto de tambores *batá* consagrados — três tambores bimembranófonos e ambipercussivos, chamados, do menor ao maior, *okonkolò, itotelé* e *iyá* (a mãe) — só foi trazido de Cuba em 1976, pelo *babalawo* e *omó añá*[43] "Pipo" Peña de Miami (*ibid.*). Eles foram tocados pela primeira vez nos Estados Unidos, no Harlem, na casa da célebre sacerdotisa

---

[42] Utilizo aqui a expressão "comunidade religiosa" para enfatizar a aspiração, sempre muito viva entre os praticantes da religião dos *orisha*, à unidade das diferentes modalidades de culto, uma unidade sempre questionada pelas tensões que atravessam esse universo religioso.

[43] Um *omó añá* é um tocador dos tambores *batá*, iniciado no culto de Añá, o espírito que reside nos tambores sagrados. Apenas os *omó añá* (ou *omó Ayan*) podem tocar esses tambores.

cubana Olympia Alfaro, iniciada no culto de Yemayá. Foi a primeira vez que iniciados americanos na religião dos *orisha* puderam se apresentar diante dos tambores. Alguns haviam esperado mais de dez anos por isso (*ibid.*: 15-16). Em 1979, o porto-riquenho Onelio Scull, iniciado no culto de Shangó e *olubatá*,[44] trouxe o segundo jogo de *batá* para Nova York.[45] Julito Collazo, que era filho de uma *santera* muito conhecida em Havana e que se tornara *omó añá* na linhagem do célebre *olubatá* Pablo Roche e do não menos célebre Nicolas Angarica, ajudou na preparação ritual desses tambores em Cuba. Mario Arango forneceu o terceiro jogo.

Desses primeiros tambores, nasceu uma segunda geração de *batá de fundamento*.[46] Assim, os de Alfredo "Coyunde" Vidaux, primeiro jogo construído e consagrado nos Estados Unidos, "nasceram" do Añá de Onelio Scull (Mason, 1992: 16). Mas foi com a chegada dos Marielitos, nos anos 1980, que os *batá* começam a se difundir nos Estados Unidos. Autores como Friedman (1982), Amira e Cornelius (1992), Cornelius (1989) e Mason (1992) salientaram o papel central desempenhado por Orlando "Puntilla" Ríos no desenvolvimento da música *batá* nos Estados Unidos. Puntilla, que chegou de Cuba em 1981 com os Marielitos, é dono de um jogo de tambores de *fundamento* e formou inúmeros tocadores de *batá* em Nova York. É, atualmente, o *olubatá* mais célebre e mais influente desse país. Foi, contudo, necessário esperar o ano de 1990 para que o primeiro jogo de *batá* fosse consagrado para um negro americano, Geraldo "Yao" Gerrard, primeiro *omó añá* afro-americano a se tornar *olubatá*.

Os pioneiros da música *batá* nos Estados Unidos — Collazo, Aguabella, Puntilla, Gerrard e Coyude — se inserem na linhagem de Pablo Roche, músico célebre em Cuba por sua colaboração com Fernando Ortiz, pai dos estudos afro-cubanos. Nos anos 1930, Ortiz tornou-se o porta-estandarte do movimento "afro-cubanista", inspirado pelos movimentos artísticos europeus do primitivismo e da arte negra. Em 1936, ele organizou em Havana um concerto

---

[44] Um *olubatá* é o proprietário de um jogo de *batá de fundamento*, ou seja, de tambores consagrados.

[45] Segundo Vega (1995b: 206), ela também porto-riquenha e iniciada, esse jogo de *batá* teria sido o primeiro a chegar a Nova York. Ela tira suas informações de uma entrevista com Onelio Scull. Vimos como a primazia é um poderoso fator de legitimação nesse universo religioso. Assim, como para a primeira iniciação nos Estados Unidos, o fato de o primeiro jogo de *batá* ter sido introduzido nesse país por um porto-riquenho, e não por um cubano, concede *ipso facto* uma maior legitimidade aos iniciados porto-riquenhos, frequentemente criticados pelos *santeros* cubanos por não terem "nascido na religião".

[46] Na santería, os altares dos *orisha*, bem como os tambores de *fundamento*, podem "dar à luz" outros altares e a outros tambores. Essa cerimônia é conhecida, no caso das iniciações, com o nome de *paritorio*, "parto". No caso dos tambores, um jogo de *batá* já consagrado "transmite a voz" ao novo jogo, ou seja, lhe atribui o poder de falar com os *orisha*. O dono do primeiro se torna, assim, o *padrinho* do dono do segundo, originando linhagens religiosas de tocadores de *batá*, como acontece com as *ramas* ou famílias de santo.

com tambores *batá*, tocados por Pablo Roche, Aguedo Morales e Jesús Pérez. Na conferência que proferiu na abertura desse espetáculo, Ortiz apresentou os yoruba como o povo "mais civilizado da África Ocidental" e os tocadores de *batá*, que eram todos seus informantes, como "artistas cubanos prodigiosos, herdeiros de uma prestigiosa tradição familiar, conscientes de seus deveres cívicos de cultura, tolerância e cubanidade" (Ortiz, 1937, *in* Argyriadis, 2005). Pablo Roche, o tamborileiro principal, teria herdado os primeiros *batá de fundamento* fabricados por dois escravos lucumís, Añabí (Ño Juan, o manco) e Atandá (Ño Filomeno García). Graças à caução científica de Ortiz, essa genealogia religiosa, em nítido contraste com outras tradições defendidas por linhagens rivais, tornou-se a narrativa fundadora e legitimadora da tradição musical afro-cubana (*ibid.*).

Hoje, há um grande número de jogos de *batá* nos Estados Unidos. Somente em Nova York, há os tambores de Eugenio "Totico" Arango, aos quais "prestaram juramento" (*jurarse*), ou seja, foram iniciados, uns 15 percussionistas latino-americanos; os de Louis Bauzo, que dá cursos no Boys Harbor de Manhattan; os de Carlos Gómez, que é também *babalawo*; os de Pedro Martínez que, em 2001, trouxe de Cuba um jogo de tambores consagrados; e os de Máximo Teixidor, que fez o mesmo em 2002. A esses se acrescentam, entre outros, os tambores de Ray Datiz, de Patato Valdez e de Milton Cardona, bem como os de Nanette García, que, após ter estudado durante sete anos com Felipe García Villamil, fundou um grupo de *batá* composto exclusivamente por mulheres.

A difusão dos tambores *batá* nos Estados Unidos não foi fácil, em função da raridade dos instrumentos consagrados e das informações disponíveis sobre a música sagrada afro-cubana. As orquestras pioneiras de Tito Puente, Mario Bauzá, Franck Machito Grillo e Mongo Santamaría, que haviam integrado em sua música os ritmos sagrados, haviam fascinado toda uma geração de jovem músicos que buscavam aprender a música sagrada afro-cubana. Porém, os raros músicos cubanos que sabiam tocar os *batá* não tinham nenhuma intenção de dividir seu saber com os que não eram cubanos. Os tocadores de *batá de fundamento*, bem como os proprietários dos instrumentos, são, de fato, bem pagos cada vez que participam de uma cerimônia ritual. Eis por que o organizador de um *bembé* que não pode pagar o preço de um jogo de *fundamento* contratará um grupo de *batá aberinkulá*, que cobrará muito mais barato.[47]

---

[47] Um *bembé*, também chamado em Cuba de *tambor*, pode custar milhares de dólares, pois inclui a preparação de um trono para o *orisha*, o pagamento dos tocadores de tambor e, frequentemente, a contratação dos serviços de um sacerdote, consagrado à divindade à qual a cerimônia é dedicada, para que ele "dance para o *orisha*", o que implica que será possuído pela divindade. A isso se acrescenta tam-

No início dos anos 1970, jovens músicos, frequentemente oriundos da imigração porto-riquenha, descobriram uma outra fonte da tradição *santera*: os livros de Fernando Ortiz (1952, [1951] 1985) de onde tiraram as partituras dos cantos sagrados afro-cubanos. Foi também a partir de ilustrações contidas nessas obras que foi recriado um jogo de *batá* não consagrado (Vega, 1995a: 149). *Los bailes y el teatro de los Negros en el folklore de Cuba* de Ortiz ([1951] 1985) tornou-se, assim, a Bíblia dessa nova geração de percussionistas porto-riquenhos, reunidos no *Drummers Collective*. Isso acarretou uma cristalização da técnica utilizada na música afro-cubana, cujo modelo advinha das pesquisas feitas por Ortiz nos anos 1930 e 1940. Essa é a razão pela qual Puntilla, em sua chegada no início dos anos 1980, viu sua competência de *batalero* (*tocador de batá*) ser questionada pelos percussionistas nova-iorquinos, pois sua forma de tocar não correspondia às transcrições de Ortiz (Knauer, 2000: 5).[48]

Os discos de Mongo Santamaría, um músico cubano que incorporara à sua música os ritmos afro-cubanos, foram outra fonte de inspiração para os músicos norte-americanos. Para *Mongo in Havana*, de 1960, ele se unira a Jesús Pérez e Mercedita Valdés, duas grande figuras da música cubana que ajudaram Fernando Ortiz em seu trabalho de documentação sobre a tradição musical afro-cubana (Vega, 1995a: 145). O disco de Mongo Santamaría, intitulado *Drum and Chants*, tornou-se, assim, um elemento-chave na aprendizagem dos jovens músicos porto-riquenhos. Em fins dos anos 1970, a comunidade dos percussionistas cubanos se abriu para membros de outras comunidades. Foi assim que Larry Harlow, um judeu que dirige uma orquestra de música latina, pôde se iniciar, em 1975, na religião dos *orisha*, em Nova York, trazendo com ele outros membros de sua orquestra (ibid.: 147).[49]

Com a chegada dos Marielitos nos anos 1980, alguns iniciados cubanos conseguiram trazer o *Añá* para consagrar seus tambores. Foi o caso de Felipe García Villamil, hoje um dos músicos mais respeitados nos Estados Unidos, *santero, palero* e *abakuá*, mas também *omó añá* e *olubatá*. Ele fundou em Cuba um grupo de *batá* chamado *Emikeké*. Foi de lá que mandou vir os *fun-*

---

bém a preparação de novas roupas rituais (*ropa de santo*) para o dançarino, as despesas de comida e os animais que, segundo o caso, serão sacrificados para a divindade.

[48] Lisa Knauer (2001: 16) ressalta a concorrência que existe entre porto-riquenhos e cubanos no campo musical. Segundo ela, os cubanos, que eram acusados de "desviar" a tradição musical, se queixavam em âmbito privado das limitações técnicas dos percussionistas porto-riquenhos e dominicanos. Como vimos, essa mesma concorrência está presente no campo religioso.

[49] Segundo Lisa Knauer (comunicação pessoal), haveria em Nova York uma casa de culto formada exclusivamente por judeus.

damentos dos *batá*, pois seus tambores haviam ficado na ilha. Ele pôde, então, fabricar novos tambores, colocando neles os elementos que simbolizam sua essência espiritual e, com a ajuda de um *babalawo*, consagrá-los durante uma cerimônia específica (Vélez, 2000: 118). Na mesma época, um grupo de *babalawo* que fundara o Templo Bonifacio Valdés em Nova Jersey, descontentes com a ausência de tambores consagrados, decidiram criar seu próprio jogo de *batá de fundamento*. Foram necessários cinco meses, de 30 de maio a 31 de outubro de 1982 (Brown, 1989: 130). Como não dispunham de *batá* consagrados de que poderiam originar esses novos tambores, eles lhes deram vida por um novo método, que Brown chama de *from scratch*, ou seja, "partindo do zero". María Teresa Vélez (2000: 126) ressalta o caráter pouco ortodoxo desse "nascimento", que poderia ter se tornado uma nova tradição nos Estados Unidos, substituindo a forma cubana de consagrar os tambores. Isso não impediu que os *babalawo* instalassem esses tambores em seu templo e que os alugassem mediante um alto preço (de 450 a 550 dólares por dia) quando uma casa de culto que não dispunha de lugar suficiente para organizar um *bembé* decidia realizá-lo alí (Brown: 1989: 150). Porém, a chegada dos Marielitos, dentre os quais se encontravam *omó añá*, permitiu que se restabelecesse a tradição cubana, e as linhagens dos tambores sagrados originárias de Cuba tornaram-se de novo predominantes. Com a proliferação dos jogos de tambores consagrados, a rivalidade, a concorrência e as acusações, que tinham como foco a ortodoxia dos rituais, tornaram-se moeda corrente.[50]

De fato, o campo religioso afro-americano parece reproduzir algumas das tensões que já existiam em Cuba. Se a introdução dos *batá* nos Estados Unidos tornou possível a realização das cerimônias e, especialmente, das iniciações, isso não foi suficiente para apagar as tensões estruturais que atravessam o mundo religioso afro-cubano. É o caso da relação entre o *oriaté* e o *babalao*, cujos papéis rituais são, a um só tempo, complementares e rivais.[51] Em Cuba, o termo "santería" designou por muito tempo, de forma global, duas *Reglas* (conjuntos rituais) distintas: a *Regla de Ocha* e a *Regla de Ifá*. Ora, a maioria dos iniciados nessa religião tem consciência das diferenças inerentes a esses dois cultos, e eles se reconhecem enquanto membros seja da comunidade

---

[50] Segundo Miguel "Willie" Ramos (comunicação pessoal), nos Estados Unidos, haveria apenas quatro jogos de *batá* consagrados, originários de Matanzas, todos os quatro na Califórnia, entre eles o de Francisco Aguabella. Todos os outros reproduzem a tradição de Havana.

[51] *Babalao* é a adaptação cubana do termo yoruba *babaláwo*, "o pai dos segredos" (de *baba-ní-awo*), geralmente utilizado nos Estados Unidos.

dos *olochas* (iniciados no culto dos *orisha*), seja daquela dos *babalaos*.⁵² David Brown (1989) mostrou como, no período que vai da independência cubana, em 1898, aos anos 1950, foi desenvolvido um processo de "profissionalização" do sacerdócio, no qual os *oriatés* se tornaram, em Cuba, as novas autoridades em matéria de ritual. O *oriaté*, ainda chamado de *Oba* (rei), é o especialista que preside ao conjunto dos rituais da iniciação lucumí. É ele quem realiza a adivinhação do terceiro dia, chamada *itá*.⁵³ Atualmente, os *oriatés* são em sua maioria *homens*.⁵⁴

O papel ritual do *oriaté* encarna a tentativa de se estabelecer um modelo de ortodoxia para o culto. Já o manual para os *oriatés*, redigido por Nicolas Angarica em 1955, um dos textos mais consultados pelos iniciados na religião lucumí, pregava a necessidade de uma codificação e de uma estandardização das práticas rituais.⁵⁵ Uma outra obra (Elizondo, 1934), re-editada nos anos 1980 em Union City (Nova Jersey), apresenta o papel do *italero* como fundamental na realização dos rituais lucumís (*ibid.*: 95). Segundo Lydia Cabrera (1980: 184), os *babalaos* outrora gozavam de prerrogativas rituais que os colocavam acima dos *olochas* (os iniciados no culto dos *orisha*). Entretanto, por recusa ao "despotismo" dos *babalaos* que tentavam dominá-los, os *santeros* teriam se tornado ritualmente independentes. Foi então que surgiu a figura do *oriaté* enquanto *Oba* da *Regla de Ocha*, cujo papel ritual é complementar — e, por vezes, como veremos, antagônico — àquele do *babalao*. Essa afirmação é questionada pelo trabalho do historiador e *oriaté* Miguel "Willie" Ramos, um cubano residente em Miami que defende a prioridade histórica do *oriaté* sobre o *babalao* em Cuba. Segundo ele, não haveria nenhuma informação confiável concernente às atividades rituais realizadas por *babalaos* que sejam comparáveis às dos *oriatés* nas cerimônias de iniciação.⁵⁶

---

⁵² Um *babalao* é, na maioria dos casos, também iniciado na *Regla de Ocha*, tornando-se membro das duas *Reglas*. Apesar disso, ele se considerará antes de tudo um membro da *Regla de Ifá*.

⁵³ Ele será então chamado *italero*.

⁵⁴ Antigamente, o *oriaté* teria sido um papel ritual feminino. Timotea "Latuán" Albear (Ajayí Lewú), uma das mais célebres mulheres *oriaté* (também chamadas *oriatesas*), transmitiu seus conhecimentos a Octavio Samá (Obadimelli), o primeiro homem cubano a assumir o cargo ritual de *oriaté*. Segundo Miguel "Willie" Ramos (1996: 70-71), apesar da atual predominância dos homens, "as mulheres podem igualmente aspirar a se tornarem *oriaté*".

⁵⁵ Sobre o papel ritual do *oriaté*, ver também Cortez, 1980; Guzman, 1984.

⁵⁶ A única exceção seria representada por Ño Blás Cárdenas (Oba Kole), um *babalao* de Matanzas que trabalhou como *oriaté* para Má Monserrate (Oba Teró), quando ela estava muito idosa. Essa colaboração que remonta ao início do século XX — Oba Teró faleceu em 1907 — teria sido motivada, segundo Ramos (2003: 43), pelo desejo de Oba Kole de se apropriar dos conhecimentos rituais dessa célebre *iyalorisha*.

A presença de um *oriaté* ou de um *babalao* num ritual é objeto de negociações complexas em torno de sua legitimidade e de suas competências respectivas. Assim, segundo alguns, o único que pode realizar os rituais de iniciação na religião lucumí é o *oriaté*, o "mais importante no quarto das iniciações" (Ramos, 1982: 20). Ele pode ter seus próprios afilhados, ou iniciar os afilhados de *padrinos* ou *madrinas* que recorrem, para isso, a seus serviços. De fato, todo iniciado na religião lucumí pode, ao fim de seu primeiro ano de iniciação, chamado em Cuba de *iyaworaje*, tornar-se o "padrinho" de um noviço, praticar a adivinhação com os búzios (*dilogun*) e efetuar as cerimônias preliminares à iniciação, como as que consistem em dar os *elekes* (os colares consagrados aos *orisha*) ou os "guerreiros" (uma proteção para o noviço). No entanto, ele não pode realizar todas as cerimônias ligadas à iniciação propriamente dita, que permanecem uma prerrogativa do *oriaté*. Os *oluós* (*oluwo*), que são *babalaos* previamente iniciados no culto de um *orisha*, são também autorizados a entrar no quarto onde são realizados os rituais de iniciação. Diferentemente do *oriaté*, o *babalao* pratica a adivinhação com o *opelê*, a corrente de adivinhação yoruba chamada em Cuba de *ekuelé*, e realiza todas as cerimônias de iniciação no culto de Ifá, como o "Kofá" para as mulheres e a "mão de Orula" para os homens.

Nos Estados Unidos, muitos conflitos opõem os *babalawo*[57] aos *oriatés*, conflitos que reproduzem as tensões existentes no campo religioso afro-cubano. Eles se dão, sobretudo, no que tange à adivinhação do *eledá*, a divindade "dona da cabeça", e à natureza dos *orisha* consagrados pelos *babalawo* ou pelos *oriatés*. Os *babalawo* questionam a legitimidade e a eficácia da adivinhação com o *dilogun*, baseada na interpretação do jogo dos búzios. Para eles, o *orisha* ao qual o noviço será consagrado só pode ser identificado pela adivinhação com o *opo Ifá*, a bandeja de Ifá, e os *ikin* (as nozes da palmeira de dendê), que permitem a leitura de 256 combinações diferentes, cada uma associada a um *itan*, uma das histórias que pertencem ao *corpus* de conhecimentos de Ifá. Além disso, as entidades espirituais "assentadas" por um *oriaté* não teriam a mesma força daquelas "assentadas" por um *babalawo*. É o caso dos "guerreiros" — Eleguá, Ogún, Oshosi e Osun — que não são "carregados" da mesma forma, caso sejam preparados por um ou por outro. No caso de um *babalawo*, é a própria essência da divindade que muda: o primeiro *orisha* "assentado" não é mais um Eleguá, mas um Eshu. Eleguá seria, de fato, uma força domesticada, o Eshu socializado que vive na casa. Somente

---

[57] O termo *babalawo* substitui nos Estados Unidos *babalao*, termo geralmente empregado em Cuba.

os *babalawo* podem "assentar" um Eshu. O *santero* pode "consagrar" apenas 21 "caminhos" (qualidades) de Eleguá, enquanto o *babalawo* pode consagrar tantos "caminhos" quantos *odù* existirem. Assim, o iniciado na santería, que possui normalmente um Eleguá que foi consagrado por um *santero*, se tiver que realizar um ritual na *Regla de Ifá*, deverá também "assentar" um Eshu "de *babalawo*".

Apesar dessas controvérsias sobre a forma "ortodoxa" de realizar os rituais, esses dois especialistas reivindicam a legitimidade de sua autoridade ritual por meio de um mesmo discurso sobre a "tradição africana". E o fato de que as raízes dessa "tradição" são múltiplas permite a elaboração de um grande número de variantes no interior da mesma religião. Como em Cuba, a organização das atividades rituais da religião lucumí nos Estados Unidos seguiu um duplo modelo, dividido entre casas *babalawo-centered* e *oriaté-centered*. Nos anos 1980, David Brown (1989) estudou uma casa de culto *babalawo--centered*, onde os rituais são dirigidos por especialistas da adivinhação segundo o sistema de Ifá. Essa casa, o Templo Bonifacio Valdés, que se encontra em Nova Jersey, é apresentada como um centro "legalmente registrado, com finalidades não lucrativas, agrupando indivíduos que pertencem a uma mesma comunidade, cujo discurso é afro-cubano, ainda que de origens raciais e étnicas diversas" (*ibid.*: 121). Esse templo, que encarna uma das tentativas de reunir diferentes casas de culto numa mesma comunidade de adeptos da religião dos *orisha*, tira seu nome de um *babalawo* cubano, Bonifacio Valdés, que viveu no início do século XX e de quem Luis Castillo, fundador do Templo, é descendente direto na linhagem religiosa de Ifá (*ibid.*: 124). Valdés teria sido um *babalawo* branco que lutou pela independência de Cuba, em 1898. Castillo foi iniciado no culto de Ifá, em 1963, antes de emigrar para os Estados Unidos, em 1969. Em sua chegada, quis formar uma associação de *babalawo* em Hoboken (Nova Jersey), não longe de Union City, que já era, nessa época, considerada "a Meca" da religião afro-cubana nessa região. Em torno de 1972, Castillo conseguiu constituir um grupo informal de 35 a 40 *babalawo* provenientes de Nova Jersey e de Nova York, entre os quais havia Francisco "Pancho" Mora e Oswaldo "Cuco" Morales. Com esse apoio, ele fundou o Templo Bonifacio Valdés.

Segundo Brown (*ibid.*: 126), esse templo é provavelmente a primeira associação de *babalawo* cubanos nos Estados Unidos. Ao longo dos anos, ele perdeu um grande número de membros, em função dos conflitos a respeito da "tradição" e da forma correta de se realizarem os rituais. Pancho Mora teria, assim, interrompido sua colaboração em meados dos anos 1970. Ora, embora essa organização tenha rapidamente integrado sacerdotes afro-cubanos, que chegaram de Guanabacoa (Cuba) durante o êxodo do Mariel, a maior parte de seus membros era branca. Brown (*ibid.*: 142) afirma ter encontrado nesse templo apenas dois ou três *babalawo* negros, apesar da chegada nos Estados Unidos, com os Marielitos, de especialistas rituais afro-cubanos muito célebres, como Miguel Angel Castillo, Adolfo Fernández, Ramón Esquivel, Puntilla, El Negro e Roberto Borrell. Segundo Brown (*ibid.*), as casas da *Regla de Ocha* reproduziriam a "linha de cor" existente na sociedade norte-americana: os *ilés* se diferenciariam segundo a cor da pele de seus membros, as casas de culto fundadas por padrinhos brancos iniciando, sobretudo, afilhados brancos, e as fundadas por padrinhos negros, afilhados negros.[58]

Na época do estudo de Brown, o Templo Bonifacio Valdés era alugado aos membros da associação, mas não unicamente. Durante o verão, período durante o qual se concentravam as iniciações, uma vez que os noviços aproveitavam as férias para realizar os rituais, o templo ficava reservado todos os finais de semana. Nos anos 1980, o preço da locação era de cem dólares por um dia e 250 por uma semana inteira (*ibid.*: 150). Eram guardados no templo os altares de todos os *orisha*, inclusive o de Orunmilá (ou Orula), bem como um conjunto de *batá* consagrados. No final dos anos 1980, os rituais realizados no templo reuniam iniciados oriundos de Nova York e Nova Jersey. Ora, a descrição que David Brown (*ibid.*) faz desses rituais deixa bem clara a separação entre *olorisha* (os iniciados na religião lucumí) e *babalawo* durante as cerimônias. Estes ocupavam o subsolo e o segundo andar, enquanto os *olorisha* ocupavam o primeiro. Geralmente, os *babalawo* não participavam das cerimônias públicas, com danças e cantos para os *orisha*, com exceção da adivinhação, chamada Añá Bí e efetuada ao pé dos tambores (*ibid.*: 152).

Todas as casas de culto relacionadas ao Templo Bonifacio Valdés mostram a grande influência dos *babalawo* em suas práticas rituais. Além disso, os iniciados são ligados às linhagens religiosas dos *babalawo* do templo, uma vez que recebem os *guerreros* de suas mãos. Vários deles se tornarão, por sua vez, *babalawo*. Nas casas dirigidas por um *babalawo* ou dependentes dos serviços de um *babalawo*, este ocupará sempre a posição mais elevada na hierarquia, independentemente de seu tempo de iniciação. Assim, um jovem *babalawo* iniciado há dois anos será o "mais velho" de um *olorish*a iniciado há trinta anos. Isso seria motivado pela posição dominante de Orunmilá em

---

[58] Isso, contudo, não é a regra, porque existem muitas casas de culto onde não existem barreiras raciais.

relação aos outros *orisha*, posição que é evidentemente questionada nas casas onde os *oriatés* predominam.

Nas casas *babalawo-centered* (ou *Orunmilá-centered*), o afilhado recebe colares sagrados das mãos de seu *padrino* ou *madrina* na Ocha. Depois, um *babalawo*, que se torna seu *padrino* em Ifá, lhe entrega os *guerreros*. Durante a iniciação, ou *asiento*, o afilhado adquirirá um segundo *padrino* ou *madrina*, que desempenhará o papel ritual de *ojugbona*. É apenas após ter obtido os "guerreiros" que ele poderá aceder ao primeiro nível da iniciação no culto de Ifá, recebendo a "mão de Orula", ou *Awofaka* para os homens, e *Kofá* para as mulheres. O afilhado se insere então numa rede de parentesco religioso que o liga a linhagens diferentes. O papel desempenhado pelo *babalawo* em sua vida religiosa dependerá das relações já estabelecidas em sua casa ou em sua família religiosa (*rama*) com o culto de Ifá. É preciso, entretanto, observar que, em várias casas ou *ramas* de Ocha, os *babalawo* não são considerados indispensáveis à realização dos rituais.

A iniciação de um afilhado no culto de Ifá acarreta a reorganização dos laços rituais entre iniciador e iniciado. De fato, o novo sacerdote de Ifá ocupará uma posição mais elevada na hierarquia que seu próprio iniciador, se este já não tiver sido iniciado no culto de Ifá. Da mesma forma, ele não será mais submetido ritualmente a seus "irmãos" mais velhos.[59] "Essa mudança radical do estatuto pode provocar graves problemas nas relações entre iniciador e iniciado. Uma regra de respeito tácito entre as duas *Reglas* reconhece o lugar especial ocupado pelo *padrino* ou pela *madrina* na vida de um *babalawo*, independentemente de seu novo lugar [na religião]" (Brown, 1989: 188). Ora, essa organização das atividades rituais, nas quais o *babalawo* desempenha um papel dominante, não é aceita por todas as casas de culto. O controle exercido pelos *babalawo*, exclusivamente homens, nas primeiras casas de culto em Nova York dirigidas por mulheres só podia criar conflitos.[60] Beatriz Morales (1990: 148) relata o caso de Helena, uma sacerdotisa pertencente à primeira onda de imigrados que questionou essa hierarquia ao se liberar da tutela dos *babalawo*. Da mesma forma, quando vários sacerdotes e sacerdotisas chegados com os "voos da liberdade", entre 1965 e 1973, quiseram dar os *guerreros* a seus afilhados, como se fazia em Cuba, foram confrontados com a oposição dos *babalawo*, que não reconheciam a legitimidade dos rituais

---

[59] Faz-se aqui referência ao tempo de iniciação e não à idade biológica do iniciado.

[60] As mulheres podem receber o *Kofá* e tornarem-se *apetebí*, assistentes de um *babalawo*, mas não podem ser plenamente iniciadas no culto de Ifá. No próximo capítulo, voltaremos às tensões provocadas por essa restrição.

dos *santeros*.⁶¹ Entre esses iniciados havia um certo número de *oriatés* que naquela época eram bem menos numerosos nos Estados Unidos do que os *babalawo*.⁶² Esses *oriatés*, que dispunham também do *pinaldo*, um ritual que autoriza o sacrifício de animais para os *orisha*, tornaram-se rapidamente rivais dos *babalawo* no mercado religioso (*ibid*.: 171).⁶³

De uma forma geral, as casas de culto *oriaté-centered* têm uma organização ritual menos hierárquica do que as casas *babalawo-centered*, conformando-se, segundo Teresa Vélez (2000: 29), ao que existe em Cuba, onde as casas de Havana seriam mais dependentes dos *babalawo*, ao passo que as casas de culto de Matanzas seriam mais próximas dos *oriatés*. É verdade que, quando se leva em consideração os trabalhos feitos nos Estados Unidos, observa-se que os pesquisadores parecem ter dado um peso diferente à hierarquia em função da orientação ritual da casa de culto na qual trabalharam. Se na obra de Brown (1989) esse peso é onipresente — apesar das possíveis reorganizações rituais —, isso não acontece no estudo feito por Steven Gregory (1999) de uma casa de culto que não recorre aos serviços dos *babalawo*. De uma forma geral, as casas afro-americanas tenderão a se colocar do lado dos *babalawo*. Nos percursos individuais dos membros do orisha-voodoo, a iniciação no culto de Ifá segue, quase logicamente, aquela no culto dos *orisha*. Nos *ilés* afro-americanos, os rituais podem então ser realizados, na ausência do *oriaté*, por um *babalawo*, mesmo quando se trata de uma iniciação.

Essa mudança nos rituais é muito criticada, não somente pelos *santeros* cubanos, mas também pelos *babalawo* yoruba. Segundo Wande Abimbola (1997: 27), um *babalawo* deveria iniciar fiéis apenas no culto de Ifá, mesmo no caso em que ele tenha sido previamente iniciado no culto de uma outra divindade. A iniciação no culto dos *orisha* pelos *babalawo* não encarnaria o retorno a uma prática "puramente africana", mas seria uma "especificidade norte-americana": "Espero que com o número crescente de iniciados nessa religião nos Estados Unidos haja a compreensão de que é preciso deixar os sacerdotes

---

⁶¹ Em Cuba, os *santeros* sempre deram os *guerreros* a seus afilhados, inclusive às mulheres assim que chegavam na menopausa. Miguel "Willie" Ramos entrevistou uma *iyalorisha* cubana, Maria Eugenia, hoje falecida, que fora iniciada, em 1923, e recebera os *guerreros* das mãos de sua *madrina*. As críticas dos *babalawo* não parecem assim se fundar numa primazia ritual, historicamente atestada e geralmente aceita.

⁶² Ernesto Pichardo confirma essa informação. Até 1967, data das primeiras iniciações em Miami, não havia nenhum *oriaté* nessa cidade, embora se dispusesse de um certo número de *babalawo*. Isso tornava impossível a realização das iniciações (Pichardo e Pichardo, 1984: 6).

⁶³ Os mesmos rituais, realizados com um *babalawo*, tornam-se muito mais caros. Os *santeros* acusam frequentemente os *babalawo* de se aproveitarem da boa vontade de seus afilhados cobrando-lhes valores por demais elevados em retribuição a seus serviços.

de cada *orisha* iniciarem seus próprios povos" (*ibid.*). Abimbola defende aqui o modelo yoruba, segundo o qual os noviços são consagrados no culto de seu *orisha* protetor por um corpo sacerdotal consagrado a esse culto específico. Os *egbé*, que reúnem os iniciados de uma mesma divindade, seriam, assim, a inovação norte-americana que mais se aproxima da "tradição yoruba".

Da Kawaida *ao* ìwà pèlé

Atualmente, o movimento de "purificação" da religião lucumí seduz também os praticantes cubanos e porto-riquenhos.[64] Após uma viagem à Nigéria nos anos 1980, Yrmino Valdés Garriz, um iniciado porto-riquenho, lançou "uma campanha de retificação" das práticas religiosas (Brown, 1989: 108). Da mesma maneira, mais recentemente, os membros da *Asociación Cultural Yoruba* (ACY), uma associação de *babalawo* cubanos apoiada pelo Estado, abriram um museu em Havana que mostra aos visitantes representações dos *orisha* com traços africanos, bem diferentes daquelas geralmente presentes nos altares afro-cubanos (*cf.* Argyriadis e Capone, 2004). Essa mesma associação propôs, em 1992, por ocasião do Primeiro Seminário Internacional sobre os Problemas da Cultura Yoruba em Cuba, o restabelecimento da "ortodoxia ritual" por um processo de "yorubanização" da santería (Menéndez, 1995: 38). O desejo de se ter uma prática religiosa mais "pura" e mais "africana" não é, portanto, de forma alguma o apanágio dos negros norte-americanos. No entanto, a busca das origens africanas é frequentemente percebida pelos *santeros* norte-americanos como uma negação de seu próprio papel na transmissão das tradições africanas.

Para os praticantes afro-americanos, o que importa na prática religiosa não é a resolução dos problemas cotidianos, mas a reorganização de seu vivido graças à incorporação de uma nova ética, de valores e de princípios africanos que permitirão, introduzindo um novo quadro de referências, uma reinterpretação de seu lugar e de seu papel na sociedade americana. Vimos que a família é uma das preocupações principais dos praticantes do orisha--voodoo, pois é por meio dela que se torna possível reorganizar a "Nação Negra", realizando o antigo sonho de uma "comunidade afro-americana". Porém, a ênfase posta no desenvolvimento de uma abordagem ética das práticas re-

---

[64] Houk (1992) analisou um movimento semelhante de "retorno às raízes" entre os praticantes do shangó de Trinidad.

ligiosas de origem africana se inscreve igualmente na continuidade de outras tradições afro-americanas que visam "moralizar" a vida dos descendentes de africanos nos Estados Unidos. O ritual do Kwanzaa, criado em 1966 por Maulana Karenga, encarna bem esse desejo de estabelecer uma tradição religiosa, impregnada de preceitos éticos e completamente distinta das tradições religiosas monoteístas e notadamente do cristianismo.

O Kwanzaa, primeira festa afro-americana, é o "produto de uma síntese cultural criativa" (Karenga, 1988: 15). Seus valores e práticas foram selecionados nas diferentes culturas africanas "num verdadeiro espírito pan-africanista" (*ibid.*). O ritual do Kwanzaa, que ocorre de 26 de dezembro a 1º de janeiro de cada ano, se inspira nas celebrações africanas que marcam a colheita das primícias. Seu nome vem da expressão swahili *matunda ya kwanza*, que significa "os primeiros frutos". Essa língua foi escolhida por Karenga e seu movimento, a *US Organization*, porque era falada num grande número de Estados africanos e era, aos olhos dos militantes do nacionalismo negro, "essencialmente não étnica e pan-africana" (*ibid.*: 110). Da mesma maneira, o ritual se quer "pan-africano" e reivindica suas origens em antigos rituais egípcios, bem como nos rituais yoruba para os novos inhames. Todos tinham como finalidade restaurar — no sentido de renovar e fortalecer — a fertilidade da terra (*ibid.*: 19). Porém, esse ritual é também uma comemoração do passado, notadamente dos ancestrais, que são venerados como "intercessores espirituais entre os homens e o Criador" e como "modelos para uma vida ética" (*ibid.*: 20).

O Kwanzaa se inspira na "teoria Kawaida" elaborada por Karenga (1980), para quem "toda mudança revolucionária para a América negra deve ser atingida através da revelação de sua herança cultural aos afro-americanos".[65] Nos anos 1960, o movimento negro pregava o "retorno às origens", designado igualmente pela expressão *Back to Black*. A redescoberta da história e da cultura africanas, dos valores e princípios não europeus, permitia que se reorganizasse a luta pela autodeterminação dos negros norte-americanos segundo um modelo afrocêntrico. A restauração cultural era expressa pelas mudanças de nome, pelo uso de roupas africanas, pelos penteados afro, pelo estudo das línguas africanas (notadamente o swahili e o yoruba) e pela revitalização das cerimônias africanas ligadas ao ciclo de vida, como o casamento ou os ritos funerários. O Kwanzaa, não é, portanto, uma simples celebração, mas a expressão de um "modo de vida" africano, uma semana consagrada à memória,

---

[65] Sobre o impacto da teoria Kawaida sobre os militantes do nacionalismo cultural, ver Baraka, 1972.

ao engajamento comunitário, à afirmação dos princípios que estruturam a vida dos afro-americanos. O ritual quer promover o sentido da comunidade e estreitar os laços entre seus membros por meio de um de seus princípios: o *Ujima*, o trabalho coletivo e a responsabilidade. Os outros princípios (*nguzo saba*) do Kwanzaa são: o *Umoja*, a unidade no seio da família, da comunidade, da nação e da "raça"; o *Kujichagulia*, a autodeterminação; o *Ujamaa*, a cooperação econômica entre afro-americanos; o *Nia*, a restauração da antiga grandeza do povo negro; o *Kuumba*, a criatividade com vistas a melhorar a comunidade afro-americana; o *Imani*, a fé, ou seja, "crer de todo o coração em nosso povo, nossos pais, nossos professores, nossos líderes, bem como na justeza de nossa luta e na vitória futura" (Karenga, 1988: 45).

Porém, o elemento principal do Kwanzaa é a unidade da família afro-americana, em sua profundidade genealógica. Para Karenga, um povo que não tem laços com seus ancestrais jamais poderá trabalhar para seu futuro. Os princípios que fundamentam o ritual foram inspirados pelos ancestrais, pois são esses valores e princípios que permitiram que os descendentes de africanos suportassem a opressão, a escravidão e o racismo da sociedade americana. Nesse sentido, o Kwanzaa é mais uma celebração cultural do que uma cerimônia religiosa. Todo "africano", qualquer que seja sua profissão de fé, pode, assim, participar do ritual, que "não é uma alternativa a sua religião ou sua fé, mas [a expressão] de uma cultura africana, compartilhada e querida por todos" (*ibid.*: 34).

Os princípios da Kawaida continuam a inspirar alguns praticantes da religião dos *orisha*, como Medahochi ou os membros do *Ilé Asuwada*. Sua influência se exprime também pela importância atribuída à família entre os iniciados nessa religião. A crença yoruba na reencarnação permite pensar a continuidade no seio do grupo familiar, que é composto tanto pelos vivos quanto pelos mortos e por aqueles que ainda não nasceram. O homem pode mudar de estado, mas continua a fazer parte do mesmo grupo, da mesma linhagem. Essa ideia de uma continuidade espiritual permite o afastamento da tradição cristã. Da mesma forma, a noção de destino ou predestinação está longe da doutrina calvinista, que faz do destino uma escolha divina na qual o homem não pode intervir. Ora, segundo a tradição yoruba, a cabeça (*orí*), na qual reside o destino de cada um, é escolhida pelo indivíduo antes de seu nascimento e, uma vez na terra, este poderá modificar o rumo do seu destino por meio de sacrifícios ou rituais apropriados. Porém, o destino está também ligado à ideia de caráter, através da qual se elabora a ética yoruba. O caráter (*ìwà*) é um dos três valores principais da religião yoruba, com o *àṣẹ* (o poder de realização) e o *ìtútù* (o frescor, a calma). Para que um indivíduo atinja o equilíbrio entre as diferentes forças que estruturam o mundo, ele deverá ter um *ìwà pèlé*, um caráter doce e gentil, noção que não exclui a força e a firmeza, indispensáveis ao re-equilíbrio energético. O *ìwà pèlé* é também a "chave" para a ancestralidade, pois o desenvolvimento de um bom caráter permitirá que, um dia, os afro-americanos se tornem ancestrais que poderão interceder em favor de seus descendentes.

Nos últimos anos, nos vemos então confrontados com uma proliferação de obras, redigidas por autores norte-americanos ou por yoruba residentes nos Estados Unidos, que propõem uma "teologia africana" a partir da leitura dos *odù*, os signos do sistema divinatório de Ifá.[66] A tradição oral yoruba está, de fato, inscrita na literatura divinatória, notadamente nos *itan* (histórias) de Ifá, que servem de modelo à comunidade afro-americana. Ora, todo processo divinatório dá lugar a múltiplas interpretações. Os textos mais utilizados nas casas de culto afro-americanas são os de Bascom e Abimbola, que dão sua própria interpretação a cada história. Por ocasião da adivinhação, os membros da Oyotunji Village se referem com frequência à obra de William Bascom (1969). Embora se trate de um autor branco, Bascom não teria, aos olhos deles, desnaturado as tradições africanas, enquanto outros autores, como Philip Neimark (1993), um *babalawo* branco e judeu que publicou uma obra sobre o oráculo de Ifá com o nigeriano Afolabi A. Epega, são extremamente criticados. Neimark é até acusado de ter "roubado" os segredos dos Epega, uma antiga família de *babalawo* yoruba, e de ter alterado as tradições yoruba, querendo modernizá-las (Clarke, 1997: 188-189).[67] Outras interpretações dos mesmos textos são consideradas legítimas porque produzidas por afro-americanos engajados na luta pela restauração da cultura africana.

É o caso de Maulana Karenga (1999), que elaborou uma interpretação dos *odù Ifá* segundo os preceitos da Kawaida, que ele define como uma "busca incessante de alternativas e de modelos de excelência no seio de nossa cultura, através dos quais se pode afirmar nossa própria verdade cultural e trazer nossa contribuição particular aos avanços da história da humanidade". Sua obra tem como finalidade "apresentar os ensinamentos éticos dos *odù* numa linguagem moderna, embora preservando sua diferença enquanto antigo *corpus* de literatura moral, capaz de enquadrar e inspirar uma reflexão ética e filosófica contem-

---

[66] Ver, entre vários outros, Ibie, 1986; Elebuibon, 1994; Falade, 1998; Karade, 2001.

[67] Paradoxalmente, Bascom teria sido iniciado na sociedade Ogboni pelo avô de Afolabi Epega, Onadele, que, em 1931, já publicara na Nigéria uma obra sobre os deuses yoruba. Afolabi Epega iniciou, por sua vez, Philip Neimark no culto de Ifá (*cf.* Neimark, 1993: xiii).

porânea" (Karenga, 1999: iii). Segundo a "tradição da Kawaida", o autor propõe um diálogo com "a cultura africana" para melhor compreender o alcance desses ensinamentos e sua importância para a comunidade afro-americana. A tradição é, assim, pensada como um processo constante de reinterpretação que visa à sua compreensão, mas também à sua racionalização para tornar esses conceitos operatórios no contexto atual. Para isso, Karenga propõe "uma variante Kawaida ou afro-americana da tradição de Ifá" que permite passar de uma tradição puramente divinatória a uma interpretação essencialmente ética (*ibid.*: iv-v). Uma leitura do *corpus* de conhecimentos de Ifá, segundo a filosofia da Kawaida, exaltará, então, "os quatro pilares de uma tradição ética africana mais vasta": a dignidade e os direitos humanos; o bem-estar e o desenvolvimento da família e da comunidade; a importância e a preservação do meio ambiente; a solidariedade mútua e o bem comum para o conjunto da humanidade (*ibid.*: xi).

Adaptar um saber antigo à realidade contemporânea é uma questão central para a maioria dos iniciados, independentemente de sua cor de pele e engajamento político. Na 8ª COMTOC, que ocorreu em Havana, em 2003, o *babalawo* Fa'lokun Fatunmbi,[68] um branco norte-americano iniciado, em 1989, no culto de Ifá no *Egbé Ifá de Ode Remo* (Nigéria), insistiu quanto à importância de trazer modificações ao sistema de Ifá, criando novos *odù*. As necessidades são muito diferentes no Novo Mundo e na África e, consequentemente, demandam soluções adaptadas a cada contexto. Frequentemente, essas adaptações decorrem de uma relação direta com as divindades, que, por intermédio da adivinhação, "inspiram" os *babalawo*, sugerindo-lhes as respostas corretas aos diferentes problemas propostos pelos consulentes. Os *babalawo* têm, portanto, a responsabilidade e a obrigação moral de registrar essas soluções inéditas, de preservar essas novas informações e de criar *odù* que respondam a questões específicas, como as doenças sexualmente transmissíveis ou os problemas ligados à poluição e à preservação do meio ambiente. Eles têm um dever de transmissão para as futuras gerações. Esse trabalho de reinterpretação não é novo, se é verdade que, em Cuba, inúmeros *patakís* (mitos) foram criados ao longo de toda a história afro-cubana, apesar da constante reivindicação de uma tradição africana imemorial e imutável. Nos Estados Unidos, o *corpus* de conhecimento de Ifá tornou-se atualmente, para os iniciados de qualquer cor e origem, o Livro por excelência, o reservatório de uma ética e de um saber ancestrais.

---

[68] Antes da iniciação, seu nome era David Wilson. Ele é autor de várias obras sobre Ifá e sobre o *ìwà pèlé* (*cf.* Fatunmbi, 1991 e 1992).

1. *First African Baptist Church*, fundada por um escravo, George Leile, em 1777, em Savannah (Geórgia).

2. First Baptist Church, a mais antiga igreja batista dos Estados Unidos, fundada em Charleston (Carolina do Sul) em 1699.

3. Shangó dançando diante de tambores *batá*. Mosaico de Manuel Vega. Metrô de Nova York, 110th Street.

4-5. As primeiras *botánicas* de Nova York.

6-7. Reprodução do brasão e da bandeira do nacionalismo negro, com símbolos da grandeza do passado egípcio, como o *ankh* (in Adefunmi, 1970).

8-9. Altares de santería para os deuses Eleguá, Ogún, Oshosi, Oyá,
no American Museum of Natural History, em Nova York.

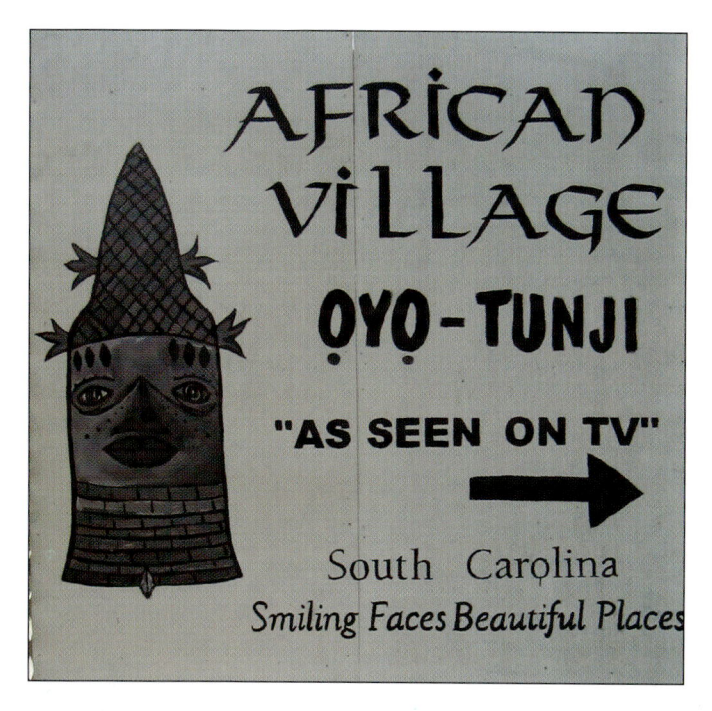

10. Painel na estrada que mostra o caminho para a "aldeia africana".

11. "Atenção. Você está deixando os Estados Unidos. Você acaba de entrar no reino yoruba..."

12-13. Painel na entrada de Oyotunji Village.

14-15. No templo de Shangó, divindade protetora da dinastia real da antiga capital do império yoruba. Oyotunji Village.

16. Pátio do palácio real, com o brasão do rei e as bandeiras de Oyotunji, notadamente, a bandeira do nacionalismo negro (vermelha, verde e ouro) com um *ankh* egípcio.

17. O brasão real, com o leopardo que segura um *ankh* egípcio e uma espada, no recinto do Aafin, o palácio real. Oyotunji Village, maio de 2004.

18. Templo de Eshu na porta do palácio real de Oyotunji Village.

19. Templo de Ogún com o sacrifício de um pombo. Oyotunji Village.

20. No recinto do templo de Oshún. Oyotunji Village.

21. Reprodução de um motivo decorativo dos palácios daomeanos de Abomey, que mostra o carneiro cuspindo fogo, representação do deus Heviosso *(cf.* Foto p. 178 *in* Verger, 1995 [1954]). Pátio interior dos templos de Obatalá e Shangó. Palácio real de Oyotunji Village.

22. Os trailers ladeiam as construções africanas. Oyotunji Village, maio de 2004.

23-24. Grupo de turistas afro-americanos num passeio pelos templos dos *orisha*. Oyotunji Village, maio de 2004.

25. Sepultura de Akinyele Awolowo, um dos fundadores de Oyotunji.

26. Olokun, divindade das profundezas abissais, representação dos ancestrais africanos. Oyotunji Village.

27-28. Esculturas monumentais na entrada dos templos de
Olokun e de Oshún. Oyotunji Village.

29. Altar de Yemonjá que mostra bem as influências *santeras*, na coroa posta sobre o receptáculo, o melaço (*em baixo, à esquerda*) ou o colar consagrado a essa divindade. Oyotunji Village.

30. Saída do Egungun real no pátio do templo de Yemonjá. Oyotunji Village, maio de 2004.

31. O Egungun da linhagem real homenageia Olokun, representação dos ancestrais desconhecidos, mortos durante o tráfico de escravos.

32. O Egungun dança diante de um grupo de colegiais afro-americanos que vieram conhecer a "aldeia africana" com seus professores.

33. As roupas dos Egungun de Oyotunji Village combinam as formas tradicionais africanas com os desenhos característicos dos *quilts*, cobertas confeccionadas com pedaços de tecido, na técnica patchwork, que representam os membros falecidos das famílias afro-americanas.

34-35. Representações do passado egípcio na recriação de um reino yoruba.
Oyotunji Village, maio de 2004.

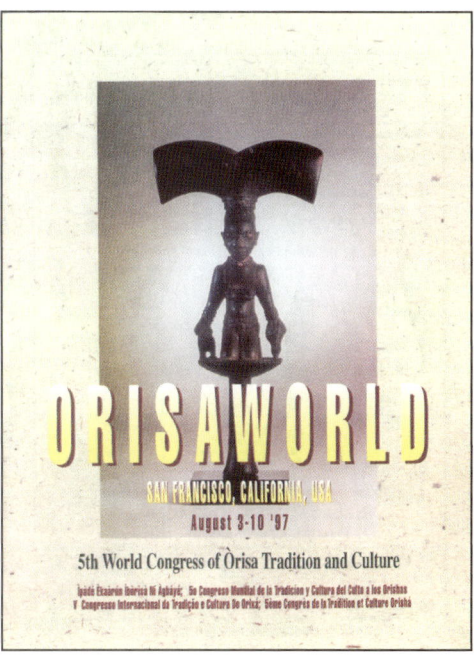

36. O rei Adefunmi I na 5ª Conferência Mundial sobre a Tradição e a Cultura dos *Orisha* (COMTOC). São Francisco, 1997.

37. Um grupo de iniciados do shangó de Trinidad e Tobago canta diante do Arabá de Ilé-Ifé (sentado, no centro). À sua esquerda, o Oba José Mendes, *babalorisha* brasileiro, vestido à africana. 5ª COMTOC, São Francisco.

38. Mães-de-santo brasileiras e *babalawo* yoruba participam da abertura da 9ª COMTOC na Universidade do Estado do Rio de Janeiro (UERJ). 1º de agosto de 2005.

39. Um *babalawo* yoruba realiza a adivinhação na abertura da 9ª COMTOC.

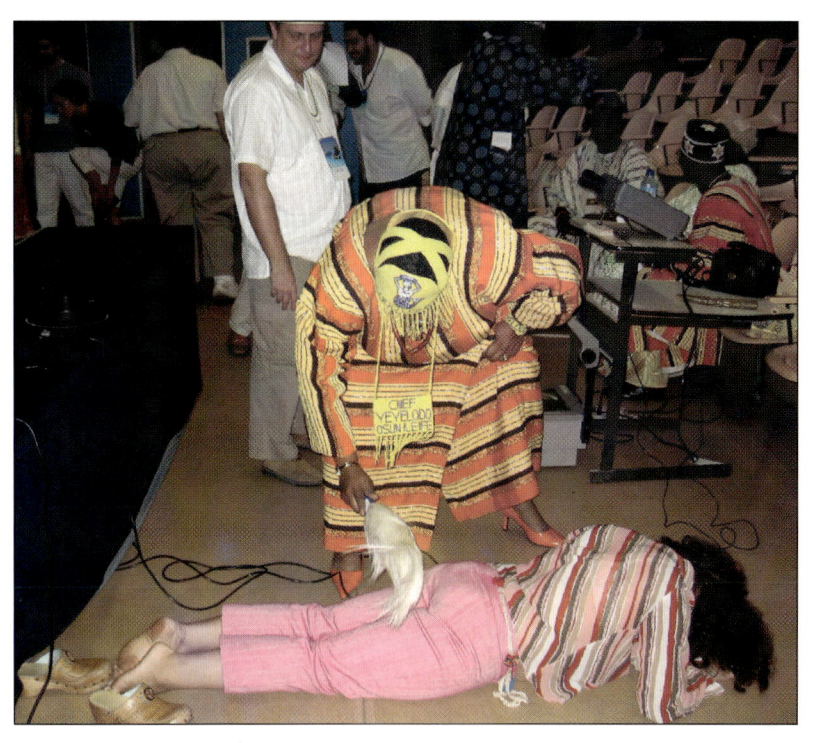

40. Uma iniciada norte-americana, exibindo o título recebido em Ilé-Ifé, realiza um ritual de "limpeza espiritual" numa praticante brasileira. Rio de Janeiro, 9ª COMTOC.

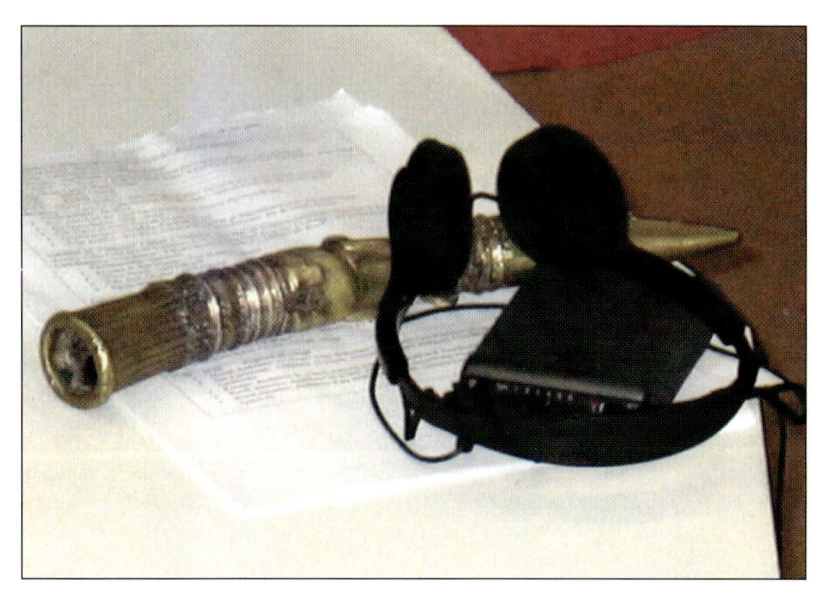

41. Fones para a tradução e cetro do poder dos *babalawo*. Casamento da "tradição" e da "modernidade" durante as COMTOC.

42. Convite à segunda cerimônia para a unidade da religião africana nos Estados Unidos, organizada pelo NARC.

43. O encontro dos deuses africanos: o *loa* do vodou haitiano Mali Louise com um *obosom* akan, no meio dos praticantes da religião yoruba.

44. Os *abosom* encontram os *loas* no primeiro fim de semana ecumênico da "religião africana", organizado pelo National African Religion Congress (NARC), de 2 a 4 de abril de 1999, no Holiday Inn da Filadélfia.

45. O rei Adefunmi de Oyotunji Village (no centro da foto) participa da primeira cerimônia pela unidade da religião africana nos Estados Unidos.

46. Membros do Egbé Yemonjá dançam para a deusa do mar na praia de Far Rockaway, Nova York. Setembro de 2009.

47. Iniciados se prosternam na frente da estatua de Yemonjá, trazida da Nigéria pelos membros do Egbé Yemonjá.

CAPÍTULO VII

Da unidade cultural africana ao particularismo étnico

O lugar central atribuído a Ifá na prática religiosa não é aceito da mesma maneira por todos os praticantes da "religião dos *orisha*". Vários deles, especialmente as mulheres, veem com desconfiança o aumento de poder desse sacerdócio. Outros temem a transformação de Orunmilá (o deus da adivinhação) em único depositário do saber ancestral. A proliferação das iniciações no culto de Ifá, que hoje se tornou uma etapa quase obrigatória no percurso religioso dos iniciados norte-americanos, põe em cena as tensões no seio da comunidade religiosa. Vimos que o "equilíbrio energético" é uma das noções fundamentais da religião yoruba. Na prática religiosa, tudo deveria ser "equilibrado", as forças contrárias mantendo uma relação harmoniosa através de sua oposição mútua. Ora, o papel central atribuído aos *babalawo* coloca em segundo plano as sacerdotisas e os sacerdotes iniciados no culto dos *orisha*. Se os homens heterossexuais sempre têm a possibilidade de continuar seu percurso religioso até a iniciação no culto de Ifá, as mulheres e os homossexuais são definitivamente excluídos dele. As mulheres podem receber o *Kofá*,[1] primeiro nível de compromisso nesse culto, que não lhes permite, contudo, aceder ao nível superior, reservado aos homens. As mulheres se tornam *apetebí*, assistentes do *babalawo*, mas não podem exercer as mesmas funções que ele nem realizar a adivinhação por Ifá (com o *opelê* ou os *ikin*). Isso desenca-

---

[1] O termo yoruba *Kọ́fá* significa "estudar Ifá" (Abimbola, 1997: 86).

deou uma polêmica que continua a agitar a comunidade dos praticantes da "religião dos *orisha*" em todas suas variantes, ilustrando de forma emblemática as tensões que atravessam o campo religioso afro-americano.

Mulheres e segredos

Desde o início do *Yoruba Temple* no Harlem, o lugar atribuído às mulheres na religião yoruba tem sido longamente discutido. Vimos que uma das primeiras decisões tomadas por Adefunmi foi introduzir a poligamia. Para ele, "as mulheres [eram] iguais aos homens ao nível intelectual, mas [deviam] deixar para estes o direito de decidir em nome do casal" (Clapp, 1966: 19). Por sua vez, os homens tinham que prestar juramento a Ogún, comprometendo-se sempre a sustentar uma mulher grávida. A maioria das mulheres afro-americanas integrantes do *Yoruba Temple* participara, de uma forma ou de outra, das atividades dos muçulmanos negros, notadamente da *Nation of Islam*. Ora, os "yoruba" norte-americanos queriam ser vistos como um grupo que não pregava a submissão das mulheres, uma vez que, "tradicionalmente", os yoruba respeitavam "o status econômico independente" de suas mulheres (*ibid.*). No início dos anos 1970, a poligamia tornara-se, contudo, a forma principal de casamento no seio da comunidade da Oyotunji Village. Os homens não podiam se divorciar; apenas as mulheres tinham esse direito, quando, por exemplo, o homem não atendia às necessidades da família. Essa liberdade atribuída às mulheres de certa forma compensava a proibição que pesava sobre elas e que as obrigava a permanecerem casadas com um único homem por vez. Esse equilíbrio delicado entre os sexos desencadeou várias crises que foram resolvidas de diferentes formas.

Em 1972, foi promulgada na Oyotunji Village uma lei "contra a confraternização", que proibia relações entre mulheres solteiras e homens casados (Clarke, 1997: 274). Uma mulher e um homem só podiam "confraternizar" após seu casamento. Em 1974, as tensões entre homens e mulheres chegaram a seu limite. No final desse ano, um colóquio organizado na aldeia para discutir as relações entre os sexos levou à promulgação de novas leis que redefiniam as prerrogativas masculinas quanto ao casamento. Dentre as restrições ao poder masculino no casal, foi decidido que se o homem não fosse iniciado e, contudo, decidisse casar-se com uma sacerdotisa, ele tinha a obrigação de respeitar os tabus alimentares de sua esposa, considerá-la um ser sagrado, por ser iniciada no culto dos *orisha*, e reconhecer seu status espiritual. Na época do estudo feito por Carl Hunt (1979: 97), a maioria dos homens tinha apenas uma esposa, e aqueles que tinham várias as desposaram antes de 1974, quando as relações entre homens e mulheres começaram a ser questionadas. O elemento desencadeador dessa crise foi a multiplicação dos casos de maus tratos contra as mulheres. A sociedade feminina, que na época se chamava sociedade *egbebinrin*, trouxe para a corte do rei casos de abusos cometidos pelos homens da aldeia. Sob a direção de Majile, a esposa principal do rei, as mulheres começaram a protestar contra sua "posição servil".[2]

Adefunmi ordenou que todos os sacerdotes e sacerdotisas de Oyotunji preparassem textos, que deviam ser apresentados publicamente em janeiro de 1975, sobre as relações de gênero "na sociedade africana" (*ibid.*: 108). Os homens defenderam a ideia de que o sexo masculino era fisicamente superior ao feminino, de que os homens sempre governaram na África e deviam continuar a fazê-lo em Oyotunji. As mulheres responderam que, se os homens eram superiores fisicamente, as mulheres haviam sempre gozado na África de certos direitos e prerrogativas, como o direito à propriedade e aos ganhos advindos de suas atividades comerciais. Fundando-se em textos de africanistas, como a obra consagrada às mulheres africanas publicada sob a direção de Denise Paulme (1963), as sacerdotisas de Oyotunji reivindicavam um papel mais importante para as mulheres. A reação dos homens foi muito negativa. O rei decidiu então submeter os homens a testes de superioridade: testes de força, resistência, habilidade e raciocínio, aos quais se acrescentavam provas de sobrevivência para verificar a pretensa superioridade inata dos homens. Os testes de força, como o braço de ferro, mostraram que essa superioridade física não era tão evidente assim. As mulheres se defendiam muito bem.

Se compreendiam bem as razões "sociais e biológicas" da poligamia, as mulheres não aceitavam de bom grado sua total subordinação aos interesses e desejos masculinos, reivindicando o direito de desempenhar seu próprio papel na sociedade "africana" reconstruída em Oyotunji. A resistência delas provocou a promulgação de uma série de leis que lhes reconheciam o direito à propriedade e a certa independência. Entre outras coisas, as mulheres tinham o direito de se reunir livremente e podiam deixar seus maridos "se servirem sozinhos" se as reuniões de sua sociedade ocorressem na hora das refeições. Essas novas margens de liberdade foram muito mal recebidas pelos

---

[2] O nacionalismo negro sempre foi marcado pelo machismo de seus militantes. Em 1971, ocorreu um dos casos mais emblemáticos das difíceis relações entre mulheres e homens no seio das organizações revolucionárias. Maulana Karenga, o fundador da *US Organization*, foi preso e declarado culpado por ter agredido uma mulher membro de sua organização, o que provocou a dissolução desta em 1974.

homens. Afolabi, um dos residentes, proferiu um discurso contra Majile, que era também a Iyalodé (chefe das mulheres) da aldeia, acusando-a de querer dividir a comunidade. Esse questionamento do poder da principal esposa do rei acarretou a partida de Afolabi da aldeia. Como analisa com pertinência Hunt (1979), homens afro-americanos, que tinham deixado para trás uma sociedade onde todas as instituições eram controladas por homens brancos, dificilmente podiam aceitar que essas mesmas instituições pudessem ser postas sob o controle das mulheres. O poder devia permanecer um atributo dos homens negros.

No campo religioso, as coisas não eram muito diferentes. O machismo, que caracterizava as relações entre homens e mulheres nos movimentos nacionalistas, se fazia também presente nas práticas religiosas afro-cubanas, onde o sacerdócio considerado mais elevado, o do *babalawo*, era proibido às mulheres. Se a orientação sexual não é um fator de exclusão no universo da religião dos *orisha* (a *Ocha* dos cubanos), onde há um grande número de homossexuais, o culto de Ifá e a iniciação como *omó añá* só são acessíveis aos homens heterossexuais.[3] Se as mulheres podem tornar-se *madrinas* (mães de santo) e ter um certo número de afilhados, os homens têm a possibilidade de continuar seu percurso religioso, podendo se iniciar no culto de Ifá ou se tornar *oriaté*, especialista dos rituais de iniciação. Ora, esse cargo ritual, outrora reservado às mulheres, é hoje exclusivamente masculino. Uma mulher *santera* pode sempre se colocar sob a proteção de Orula (Orunmilá, o deus da adivinhação), recebendo o *Kofá*, que corresponde ao primeiro nível de iniciação entre os homens, mas não poderá de forma alguma prosseguir seu caminho na via de Ifá, se não for como *apetebí*, assistente do *babalawo*. A situação é a mesma no que tange à música sagrada: os tocadores de *batá* são homens, e as mulheres, suas *apetebí*. De forma geral, elas são esposas, irmãs ou mães dos oficiantes e têm um papel fundamentalmente subordinado.

A proibição ritual que impede as mulheres de serem iniciadas nos mistérios do culto de Ifá encontra sua origem e sua justificativa num dos *odù* de Ifá, Irété Ogbé. Ora, nem todos os *babalawo* estão de acordo quanto à interpretação dos *odù*, e alguns se dedicam à recompilação das diferentes versões dos signos divinatórios para aperfeiçoarem seus conhecimentos religiosos. A exegese do *odù* Irété Ogbé tornou-se, há alguns anos, o pomo da discórdia

---

[3] Em Havana, existiriam, contudo, alguns casos de *babalaos* homossexuais. Segundo Silvina Testa (comunicação pessoal), os tradicionalistas do culto de Ifá se preocupariam com a possível proliferação desses casos "pouco ortodoxos", pois, com oito *babalaos* homossexuais, seria possível iniciar outros, o que poderia conduzir à criação de um ramo de *babalaos addodis* (homossexuais).

entre os partidários da ortodoxia afro-cubana e os defensores da "religião yoruba". Nos templos e linhagens religiosas yoruba, na Nigéria e na maioria das casas de culto afro-americanas nos Estados Unidos, as mulheres são iniciadas de forma completa no sacerdócio de Ifá. Ora, segundo o *odù* Irété Ogbé, Odù teria proibido Orunmilá de revelar seus segredos às suas mulheres.[4] As esposas do primeiro *babalawo*, o deus Orunmilá, não podiam, pois, olhar na cabaça da existência, a *igbá odù*, onde estavam escondidos seus *fundamentos* (secretos). Isso justificaria a proibição atual que impede às mulheres o acesso aos segredos dos *babalawo*.[5]

O caso de D'Haifa Odufora Ifatogun, uma judia americana iniciada no culto de Ifá em 1985, está no centro de uma polêmica que está longe de se esgotar e que incide sobre a legitimidade da predominância dos *babalawo*, bem como sobre a ortodoxia das práticas religiosas afro-cubanas e yoruba. D'Haifa, que é formada em hipnoterapia clínica, foi iniciada no culto de Obatalá em Nova York, em maio de 1979, por dois cubanos, o *babalorisha* Carlos Gonzales (Ade Oshún) e o *ojugbona* Benigno Dominguez (Ifafumike). Nessa ocasião, ela recebeu o nome ritual de Odufora. Em janeiro de 1985, foi consagrada no rito de Ifá por Baba Ifayemi Elebuibon, um *babalawo* yoruba da cidade de Oshogbò, autor de um livro sobre o papel da *apetebí* no sistema de Ifá (Elebuibon, 1994). Ela tornou-se então a primeira mulher iniciada nesse culto nas Américas e no conjunto do mundo ocidental. A reação dos cubanos e dos iniciados americanos fiéis à "ortodoxia afro-cubana" foi imediata. Raros são aqueles que reconheceram a legitimidade dessa iniciação, realizada por um nigeriano de quem se suspeitava ter vendido segredos religiosos a quem pagasse mais.[6] A grande maioria declarou que, na tradição de Ifá, "tal como foi preservada em Ilé-Ifé", uma mulher não pode se tornar *babalawo*,

---

[4] Segundo o *odù* Irété Ogbé, o *orisha* Odù teria recebido de Olodumare, o deus supremo, um pássaro, símbolo do poder feminino. Odù desceu à terra levando com ela esse pássaro, chamado Aragamago. Orunmilá, o deus da adivinhação, decidiu desposá-la, mas, antes disso, fez uns sacrifícios à terra para que Odù "não o matasse e comesse". Quando Odù chegou à casa de Orunmilá, encontrou os sacrifícios na rua, abriu a cabaça onde guardava seu pássaro e este comeu os sacrifícios. Odù entrou na casa e disse a Orunmilá que ela não queria lutar contra ele e que sempre iria protegê-lo de seus inimigos. Porém, ela pediu a Orunmilá que nunca nenhuma de suas outras mulheres olhasse "a cara dela". Cada vez que esse tabu não fosse respeitado, Odù retiraria sua proteção a Orunmilá, liberando a fúria destruidora de seu pássaro. Todos os iniciados no culto de Orunmilá, seus *awos*, devem respeitar essa proibição, porque "Odù é o poder do *awo*".

[5] Pierre Verger (1965: 153) associa Odù (ou Odù *logboje*), que não deve ser confundida com o *odù Ifá*, o signo divinatório de Ifá, com Ìyámi Òṣòrongà, "a dona do pássaro" e chefe das *ajé* (as bruxas). Sobre Ìyámi Òṣòrongà e o poder feminino das *eleiyé*, ver também Capone (2004).

[6] As más línguas se soltaram na Internet, especialmente no grupo de discussão do OrishaNet (*cf.* Capone, 1999*a*). Alguns acusaram D'Haifa de ter pagado 10 mil dólares por sua iniciação no culto de Ifá, de que somente Ifayemi Elebuibon e seus próprios afilhados teriam participado. Isso questionava auto-

ou *mamalawo*, como zombavam alguns, e que somente as mulheres já na menopausa podem participar de certas cerimônias dedicadas a Ifá e tornar-se *Iyanifá*. Esse título, que significa "a Mãe que possui [os conhecimentos de] Ifá", era, em contrapartida, reivindicado por D'Haifa, que fora iniciada com a idade de 42 anos.

Em janeiro de 1992, sete anos após sua iniciação no culto de Ifá, D'Haifa recebeu, em Ilé-Ifé, Olofin, a mais alta consagração para um *babalawo*, das mãos do Aṣeda[7] de Ifé, Chief Adeyefa Olatunji. Em 1995, foi nomeada Iyá Arabá-Agbayé ("Mãe de todos os Arabá do mundo"), numa cerimônia realizada por 16 *babalawo* do templo de Ifá Oke Tase, em Ilé-Ifé. Era a primeira vez que um título desses era conferido a uma mulher e, ainda mais, branca, judia e americana. A polêmica voltou à baila. Os praticantes da religião lucumí criticavam a utilização de um título ritual — *Iyanifá* — que fora perdido para sempre em Cuba, substituído pelo de *apetebí*. Na realidade, o caso de D'Haifa trazia à tona as tensões estruturais subjacentes à religião afro-cubana, tensões que opõem os *babalawo* aos *santeros*, e especialmente às mulheres.

Dentre os defensores da legitimidade da iniciação de D'Haifa, havia dois *babalawo* americanos, ambos brancos e ligados a linhagens nigerianas: David Wilson (Fa'lokun Fatunmbi) e Philip Neimark (Fagbamila). David Wilson foi, em 1989, à Nigéria, onde foi iniciado no culto de Ifá e recebeu o nome ritual de Fa'lokun Fatunmbi. Americano branco, de olhos azuis, fundador do *Awo Study Center*, dedicado ao ensino das técnicas divinatórias e dos rituais para os iniciados no culto dos *orisha* e de Ifá, e co-fundador, com Luisah Teish[8] (Apetebí Orunmilá Iyá l'Orisa Oshun Miwa), do Ilé Orunmila Oshún de Oakland (Califórnia), Fa'lokun Fatunmbi reivindica sua filiação à linhagem do *Egbé Ifá Ogún de Ode Remo*, uma cidade do estado de Ogun (Nigéria). Por essa razão, ele está sob a proteção espiritual do Arabá de Ode Remo, Adesanya Awoyade, bem como do *babalawo* nigeriano, residente nos Estados Unidos, Adebolu Fatunmise. O outro defensor de D'Haifa é Philip Neimark, um empresário judeu que declara ter ganhado seu primeiro milhão de dólares com a idade de 30 anos. Autor de vários livros, foi iniciado por Afolabi Epega, "sexta geração de uma linhagem de *babalawo* nigerianos", em Ode Remo. Neimark,

---

maticamente a ortodoxia dos rituais realizados, que devem ocorrer, segundo os cubanos, na presença de vários iniciados, entre os mais antigos na religião.

[7] O Aṣeda é o sacerdote de Ifá que ocupa a posição inferior ao Arabá, o chefe dos *babalawo* na Nigéria. Olofin é um dos nomes dados na Nigéria a Olodumare ou Olorun, o deus supremo.

[8] Luisah Teish, afro-americana originária da Louisiana, é autora de várias obras sobre a religião yoruba. Ver entre outras, Teish, 1985 e 1994.

que é o fundador da *Ifá Foundation of North America*, encontrou D'Haifa no *Omega Institute*, no estado de Nova York, onde ele dava cursos sobre os *orisha*. Segundo suas próprias palavras, que foram retomadas num site de sua organização, jamais encontrara "indivíduo mais evoluído ao nível espiritual" que D'Haifa, e seu "visual andrógino" seria a prova de que ela é "pura espiritualidade". Neimark sugere aí que, a despeito de sua idade, no momento da iniciação, D'Haifa não era mais limitada por sua natureza feminina e por todas as restrições rituais que a acompanham. Seu visual andrógino a colocava acima das oposições de gênero e, portanto, das discriminações ligadas à tradição da santería.

No final dos anos noventa, Philip Neimark decidiu permitir que as mulheres se iniciassem no culto de Ifá em seu centro *Ola Olu*, que, na época, era situado em Bloomington (Indiana).[9] A primeira a se tornar *Iyalawo*, em dezembro de 1997, foi sua própria mulher, Vassa, seguindo o comando do deus Orunmilá, que teria pedido, com insistência, sua iniciação nas sessões de adivinhação. O exemplo de Vassa foi seguido por outras mulheres, de todas as origens e cores de pele, como Iyalawo Falomo, uma negra norte-americana que se submeteu aos rituais de iniciação em *Ola Olu*, após ter consultado o *babalawo* nigeriano Afolabi Epega, iniciador de Neimark. Epega teria criticado duramente os rituais afro-cubanos, uma vez que Falomo recebera o Kofá, que continha, como de praxe entre os cubanos, apenas dois *ikin*, nozes de palma utilizadas para a adivinhação segundo o sistema de Ifá.[10] Ora, conforme o nigeriano, nada podia ser feito sem o jogo completo, ou seja, os 16 *ikin*.

Essas mesmas críticas contra a "ortodoxia" cubana são feitas por outra nigeriana, ela própria iniciada como *Iyanifá*, em 1988, por Fagbemi Ojo Alabi, *oluwo* do estado de Ogun. Farounbi Aina Mosunmola Adewale-Somadhi, mais conhecida pelo nome de Chief FAMA, colabora com Fa'lokun Fatunmbi no *Awo Study Center*. Ela também fundou com seu marido, Baba Ifabowale, o *Ilé Orunmilá* de San Bernardino (Califórnia). Numa obra publicada em 1993, relata as informações obtidas junto a seu mentor, Fagbemi Ojo Alabi, a respeito da iniciação das mulheres no culto de Ifá. Sua iniciação teria

---

[9] *Ola Olu* era apresentado como um lugar de retiro espiritual, criado por uma fundação religiosa sem finalidades lucrativas. Ali eram realizados *workshops* e iniciações, individuais ou de grupo. Em 1998, foi decidido que duas bolsas por ano seriam oferecidas para financiar as iniciações, na religião dos *orisha* ou no culto de Ifá, daqueles que não dispunham de meios para tal. As iniciações custavam de 3.500 a 8 mil dólares por pessoa. A partir de fevereiro de 1999, um novo centro começou a funcionar em Daytona Beach (Flórida).

[10] Segundo a tradição cubana, as mulheres recebem, dependendo de seu *odù*, de dois a cinco *ikin* ou *ikines*.

sido pedida diretamente por Orunmilá, por meio de sonhos e transes. Esse tipo de experiência se chamaria, na Nigéria, *Ifá nro enyan*: "Ifá quer que uma pessoa receba a iniciação" (FAMA, 1993: 19). Ela então recebeu a "mão de Ifá", chamada, na Nigéria, de *Ise'Fa*, o primeiro passo para a iniciação, durante o qual são atribuídos os *ikin*, de 18 a 21 nozes de palma: 16 para a adivinhação, uma como *adelé* (guardião) e as restantes como representação de Eshu na adivinhação. O apelo divino para a iniciação no culto de Ifá, chamada *Itefa*, foi confirmado numa nova sessão de adivinhação. Segundo Chief FAMA, sua iniciação foi imediatamente criticada por pessoas "não iniciadas" no *Ifá Temple* (Ijo Orunmilá Ato) de Lagos. Os *babalawo* presentes tomaram sua defesa, pois ela só fizera obedecer às ordens de Orunmilá. Além disso, segundo seu iniciador, não existiria nenhum *odù* que proibiria a iniciação das mulheres no culto de Ifá e afirmaria que somente os homens podem ter acesso a seus segredos. Entretanto, se uma mulher já iniciada no culto de Ifá pode participar da iniciação de um outro *babalawo*, "ela não pode ver *Odù*", ou seja, os segredos guardados na *igbá odù (ibid.*: 23-24). Essas mesmas informações são confirmadas por outros iniciados. Num número de *Orunmila*, o jornal do *Orunmilá Youngsters International, Indigene Faith of Africa*, publicado na Nigéria, a filha do antigo Arabá de Lagos, Chief Fagbemi Ajanaku, declarava ter sido iniciada no culto de Ifá por seu pai, em 1960. Ela acrescentou que, na Nigéria, muitas mulheres haviam sido iniciadas como ela e que haveria, inclusive, uma, "em algum lugar na região de Oyo", que utilizava o *opelê* nas sessões de adivinhação, apesar de isso ser uma prerrogativa masculina (*ibid.*: 22).

A legitimação das iniciações das mulheres no culto de Ifá partia do princípio de que apenas os deuses podiam decidir quem devia ser iniciado. Se uma mulher, branca e estrangeira, fosse escolhida por Orunmilá, ninguém podia julgar a "ortodoxia" de uma tal iniciação. Chief FAMA tomou então posição, ao lado de Fa'lokun Fatunmbi, em favor da iniciação das mulheres americanas no culto de Ifá, dando seu apoio, embora indiretamente, às inovações introduzidas por Philip Neimark. Paralelamente, as adeptas femininas do orisha-voodoo foram incentivadas por Adenfunmi a tomarem a via espiritual de Ifá e várias foram para a África para serem iniciadas. Atualmente, há quatro centros principais que defendem a ortodoxia dessas práticas nos Estados Unidos: o *Awo Study Center*, de Fa'lokun Fatunmbi, com o qual colabora a Chief Fama; o *Ifá Foundation of North America*, de Philip Neimark; a Oyotunji Village e o *Ilé Orisha Shangó* de Nova York, cujo chefe é *Iyanifá* Ifasina. A legitimidade dessas práticas é reivindicada, baseando-se nos ensinamentos dos guardiões da tradição africana na Nigéria, os *oluwo*, Arabá e outros iniciados de alto escalão no culto de Ifá.

A defesa daquilo que é percebido pelos cubanos e pelos praticantes norte-americanos da religião lucumí como uma ruptura com a tradição afro-cubana provocou o questionamento do papel desempenhado pelas elites religiosas yoruba no estabelecimento de uma "ortodoxia" comum ao conjunto dos praticantes da religião dos *orisha* no mundo. Assim, em maio de 1997, alguns meses antes da primeira COMTOC nos Estados Unidos, Baba Eyogbe, um *babalawo* de Seattle, *webmaster* do site OrishaNet, declarava, no fórum de discussão, que o caso de D'Haifa questionava diretamente a autoridade do Arabá de Ilé-Ifé. O Arabá, também chamado *babalodu*, é um *babalawo* que recebeu a cabaça da existência (*igbá iwà*). É geralmente o mais velho dos *babalawo* numa região, província ou estado nigeriano. Ora, uma vez que o Arabá de Ilé-Ifé é considerado "a encarnação do *odù*", ele detém um poder todo especial. As dinastias reais yoruba tiram sua legitimidade de seus laços de descendência de Ilé-Ifé, e o Arabá dessa cidade é uma das mais altas autoridades religiosas entre os yoruba.[11] Mas essa autoridade estava, para Baba Eyogbe, estreitamente ligada ao respeito à tradição, legada pelo próprio Orunmilá, e aos preceitos contidos nos *odù*. O fato de D'Haifa ter recebido Olofin das mãos do Aṣeda de Ifé, espécie de número dois da hierarquia dos *babalawo* da cidade santa, berço de todos os yoruba, questionava a ortodoxia das práticas religiosas dos *babalawo* yoruba e de seu principal representante, o Arabá de Ilé-Ifé. Aos olhos dos praticantes da religião lucumí e dos *babalawo* do Novo Mundo, isso constituía um ataque direto à tradição "da diáspora":

> Haveria um *odù* que afirme que o Arabá tem o poder de mudar Ifá? Certamente não. A legitimidade do Arabá, como de qualquer outro *babalawo*, reside na forma meticulosa pela qual este segue os ensinamentos dos *odù* e de Ifá. [...] Ora, parece que a aceitação de D'Haifa pelo Arabá ameaça criar uma ruptura permanente nas relações entre a África e o Novo Mundo.
>
> Baba Eyogbe, mensagem de 14 de maio de 1997, OrishaNet.

Os ataques repetidos contra a iniciação de D'Haifa resultaram em posicionamentos, no seio da comunidade lucumí norte-americana, fundamental-

---

[11] Pode-se também atribuir o título de Arabá a pessoas que não são yoruba. Assim, o cubano Omar Quevedo, da *Asociación Cultural Yoruba de Cuba*, se definiu como "Arabá Ifá" numa entrevista dada a um jornalista por ocasião da 8ª COMTOC (*cf.* "Cuba: Congreso Mundial Yoruba. ¿Podrá Ifá arreglar nuestro mundo imperfecto?", Latinoamerica-online).

mente antinigerianos. D'Haifa se defendeu, clamando pela vontade soberana dos *orisha*. Num artigo publicado num jornal nigeriano, *The Guardian*, declarou que o mesmo *orisha* Oyá, pela boca de um de seus iniciados, lhe revelara que "o *orisha* é apenas uma palavra africana para a energia primordial, mas que a energia em si não é africana. Eis a razão pela qual o *orisha* pode se manifestar em qualquer indivíduo, em qualquer lugar do mundo".[12] Oyá teria pedido também a D'Haifa para romper com as proibições "que impediam a evolução da tradição dos *orisha*" (*ibid.*). Foi, portanto, para obedecer a essa divindade que D'Haifa decidiu realizar a primeira iniciação de um noviço no culto de Ifá, jamais realizada antes por uma mulher. Uma vez confirmada a fundamentação desse pedido pela adivinhação, D'Haifa enviou uma carta, datada de 3 de junho de 2001, ao Arabá Agbayé, Chief Aworeni, e aos 16 *babalawo* chefes do templo de Ifá Oke Tase de Ilé-Ifé, que, em 1995, lhe concederam o título de Iyá Arabá-Agbayé ("Mãe de todos os Arabá do mundo"), para comunicar suas intenções e solicitar colaboração. Seu pedido foi aceito e, em julho do mesmo ano, D'Haifa foi à Nigéria com seu afilhado, Hermes Torres II. Eles participaram das cerimônias celebradas no Oduduwa Grove, a gruta sagrada do fundador mítico de Ilé-Ifé, receberam a benção diante do altar de Obatalá e, em 22 de julho, a cerimônia de iniciação ocorreu com a ajuda do Arabá Agbayé, Chief Adisa Awoyemi Aworeni. Alguns dias mais tarde, em 29 de julho, D'Haifa recebeu a *igbá odù* no templo de Ifá Oke Tase de Ilé-Ifé. Em 6 de outubro, o Chief Babalola Ifatogun de Ilobu (estado de Oshun, Nigéria) declarou, "após ter realizado a adivinhação", que não há *odù* que proíba que as mulheres recebam o *orisha* Odù ou que elas mesmas efetuem iniciações no culto de Ifá (*ibid.*).

Esse novo ataque à "tradição" não podia ficar sem resposta. Em março de 2003, o *International Council for Ifá Religion*, que tem entre seus membros Wande Abimbola, o *babalawo* norte-americano Fasina Falade e o professor Idowu Odeyemi, emitiu um comunicado em que, "segundo as indicações de Ifá", era formalmente proibido que as mulheres entrassem em possessão do *orisha* Odù. Qualquer mulher que infringisse esse tabu deveria ser responsabilizada por seus atos e assumir as consequências, tanto no plano físico quanto no espiritual. O *International Council for Ifá Religion* decidiu também retirar o título de "Yeye Arabá" (Iyá Arabá-Agbayé) de D'Haifa, culpada por não ter se registrado no Conselho, "única organização no mundo habilitada a reunir os iniciados no culto de Ifá". Além da evidente vontade de impor uma

---

[12] "Odyssey of an American Female Babalawo", *The Guardian* de 27 de outubro de 2002.

"ortodoxia" ao conjunto das variantes regionais e de se afirmar como único guardião dessa tradição, o *International Council for Ifá Religion* enviava ali uma mensagem muito clara. Se, por um lado, as mulheres podiam ser iniciadas no culto de Ifá como *Iyanifá*, por outro, elas não deviam se colocar ao mesmo nível dos chefes desse culto na Nigéria.

Porém, os dissabores de D'Haifa não colocaram um ponto final nas polêmicas sobre o papel das mulheres no culto de Ifá. Se essa questão já estava na ordem do dia na 5ª COMTOC de São Francisco, em 1997, na 8ª COMTOC, que ocorreu em Havana, em julho de 2003, Fa'lokun Fatunmbi foi o porta-voz das reivindicações femininas. Em sua intervenção, intitulada "Ifá in the diaspora", Fatunmbi declarou que, segundo os ensinamentos recebidos em Ode Remo, era desejável manter um equilíbrio absoluto entre os iniciados no culto de Ifá, homens e mulheres. Tradicionalmente, o componente feminino de Ifá é cercado de tabus e não é abertamente discutido. Por isso, o componente masculino do culto de Ifá ganhara na América uma ênfase especial. E acrescentou diante de cubanos estupefatos:

> Considero, de forma geral, que a iniciação no culto de Ifá tem como finalidade permitir que os homens entrem em contato com o que chamarei de seu *ashé* [energia, força] feminino, através da utilização de Odù, que significa "ventre", e dos *ikin*, que são os grãos desse ventre. O processo ritual permite que os homens façam nascer o *orisha* [...]. Na base de meus estudos concernentes aos *odù*, parece-me claro que formas de cooperação entre os gêneros são essenciais no processo ritual do culto de Ifá.[13]

Ora, qualquer inovação deve ser diretamente inspirada pelas divindades. Retomando a mesma razão já evocada para D'Haifa e para Neimark, ou seja, a intervenção direta dos *orisha* junto aos homens para que estes modifiquem suas práticas religiosas, Fa'lokun Fatunmbi desenvolve aqui uma estratégia das mais clássicas, que visa introduzir uma mudança no seio da religião dos *orisha*. O peso da tradição, resultante das exegeses produzidas pelos *babalawo* a partir do estudo dos *odù*, não pode se opor à vontade divina. Porém, essa posição também coloca em evidência as relações, geralmente tensas, entre

---

[13] Desde o início de 2004, *Iyanifá* começaram a ser consagradas em Cuba, desafiando as proibições dos tradicionalistas afro-cubanos. O movimento em favor das iniciações das mulheres no culto de Ifá ganhou amplitude nos Estados Unidos. Em 29 de outubro de 2005, ocorreu, no Garfield Park Conservatory de Chicago, a 2ª Conferência Anual das *Iyanifá*, organizada pelo *Iyanifá Worldwide Congress*, com o apoio do Arabá Agbayé de Ilé-Ifé, Adisa Aworeni, o mesmo que participara da iniciação do afilhado de D'Haifa, em 2001.

os detentores das tradições dos dois lados do Atlântico. O lugar das mulheres no culto de Ifá parece, assim, canalizar as tensões que atravessam o universo dos praticantes da religião dos *orisha*, opondo a "tradição yoruba" àquela da "diáspora".

Os yoruba da Nigéria e os yoruba "da diáspora"

As reações exacerbadas dos praticantes da religião lucumí contra a iniciação de uma mulher por *babalawo* nigerianos suscitaram também uma reflexão sobre as relações entre as práticas religiosas da "diáspora" e as da "terra-mãe". A organização da 5ª COMTOC em São Francisco, em 1997, já encenara, de forma exemplar, as tensões no interior da comunidade religiosa. Esse congresso foi organizado por praticantes afro-americanos ligados ritualmente aos nigerianos. Veremos, no próximo capítulo, que o movimento das COMTOC estava, em 1981, submetido à autoridade de alguns representantes das elites yoruba da Nigéria, como Wande Abimbola e Omotoso Eluyemi, que se tornaram particularmente ativos no campo religioso dos Estados Unidos. A comunidade *santera* norte-americana foi excluída desse evento histórico, primeira reunião de grande envergadura dos praticantes da religião dos *orisha* nos Estados Unidos. Isso ocasionou uma onda de reações negativas da parte dos praticantes cubanos-americanos, que viram com maus olhos o convite feito pelos organizadores aos responsáveis pela *Asociación Cultural Yoruba* (ACY), uma associação de *babalawo* cubanos apoiada pelo governo castrista.[14] Além disso, a tutela nigeriana exercida sobre os praticantes da religião dos *orisha* foi percebida como uma ingerência inaceitável nas práticas cubanas. No centro dos debates, uma mesma questão: qual das duas tradições, a cubana ou a nigeriana, era a mais "pura", a mais "autêntica"?

Alguns *babalawo* norte-americanos iniciados na tradição lucumí, como Baba Eyogbe de Seattle, se queixavam do que chamavam de "um complexo de inferioridade". Os afro-americanos tendiam a pensar que a prática religiosa dos yoruba da Nigéria era a única correta. Mas essa busca de uma ortopraxia, sempre sonhada pelos iniciados nessa religião, não levava em conta as mudanças sofridas pela sociedade tradicional yoruba sob o peso do colonialismo e da evangelização levada adiante pelos missionários protestantes. Da mesma forma, o desejo de purificar as práticas religiosas e a língua ritual, com-

---

[14] Sobre essa associação e suas relações com o governo cubano, ver Argyriadis e Capone, 2004.

parada ao yoruba standard, esquecia o fato de que, na Nigéria, até a segunda metade do século XIX, não existia povo yoruba propriamente dito. Antes de 1850, o termo yoruba só designava, de fato, os habitantes do reino de Oyo, os *"Yoruba proper"*. Foi somente a partir dessa data que os missionários protestantes começaram a sistematizar uma língua comum aos diferentes grupos étnicos que reivindicavam o mesmo ancestral, Oduduwa, dando origem ao yoruba standard.[15]

Esses missionários eram, em grande parte, antigos escravos libertados pela Marinha inglesa, que lutava, desde 1808, contra o tráfico de escravos ao norte do Equador. Esses escravos libertos, chamados *saros* ou *krios*, haviam sido reunidos em Freetown, em Serra Leoa, onde frequentavam as escolas missionárias. De retorno à Nigéria e, especialmente, a Lagos, participaram de um movimento cultural e político, o Renascimento Cultural de Lagos, que deu origem ao processo de elaboração da identidade yoruba. John Peel (1989 e 2000) e outros historiadores, como Robin Law (1973), analisaram o processo de "etnogênese" que se desenvolveu no seio da comunidade yoruba a partir do final do século XIX, dando origem ao nacionalismo nigeriano. Esse nacionalismo sustentava a adoção de nomes africanos, o uso de roupas tradicionais e a redescoberta do casamento tradicional e da poligamia, estratégias de afirmação identitária que foram retomadas pelos "yoruba" norte-americanos. A "nação yoruba", reivindicada pelo movimento do Renascimento Cultural de Lagos, não corresponde, pois, a nenhuma realidade preexistente à época colonial. Trata-se de uma noção elaborada nos círculos dos repatriados, a partir de elementos escolhidos, de uma língua e de uma história comuns, sistematizadas nos escritos dos missionários e dos pesquisadores. A reconstrução da história de Oyo por Samuel Johnson (1921) é, talvez, o melhor exemplo disso. É, portanto, graças a esse movimento político e cultural, cujo centro era Lagos, que a identidade yoruba se propagou do outro lado do Atlântico. Até então, nas Américas, não havia yoruba propriamente dito entre os escravos: havia egba, ejebu, oyo e ijesha. Havia nagôs no Brasil e lucumís em Cuba, mas não yoruba. A utilização desse termo como denominador comum às diferentes etnias, reivindicando um mesmo ancestral mítico, só se torna efetiva no final do século XIX.

Esses argumentos foram retomados pelos praticantes da religião lucumí nos Estados Unidos, que veem com desconfiança o estabelecimento de novas elites religiosas, dependentes dos nigerianos, notadamente, do Arabá de

---

[15] *Cf.* Bowen, 1857; Crowther, 1843 e 1852; Peel, 2000.

Ilé-Ifé, por meio da distribuição de títulos e outros cargos rituais. As tensões entre praticantes afro-americanos e iniciados cubanos tocam diferentes pontos. Entre os principais estão a questão racial e a utilização política da religião. A maioria dos cubanos nos Estados Unidos, especialmente em Miami, é branca, anticastrista e com posições políticas dificilmente conciliáveis com as da maioria dos afro-americanos. O fato de os praticantes da religião lucumí estarem geralmente de acordo quanto à necessidade de "purificar" as práticas religiosas, apagando as influências católicas, não implica qualquer tipo de submissão aos partidários da tradição nigeriana. Para eles, os desgastes produzidos pela escravidão e pela destruição das estruturas políticas tradicionais pelo colonialismo acarretaram o desaparecimento de alguns cultos na Nigéria e a influência certeira dos missionários cristãos sobre as práticas religiosas locais. As tradições da "diáspora", notadamente afro-cubanas e afro-brasileiras, tornam-se, assim, modelos para os nigerianos, obrigados a "ir para o Novo Mundo para redescobrir as tradições de seus ancestrais" (Oba Odenile, OrishaNet, 24 de fevereiro de 1997).[16]

A polêmica que opõe os afro-americanos aos iniciados na religião lucumí constitui o exemplo mais claro desse confronto entre diferentes modelos de tradição. Os afro-americanos, frequentemente iniciados pelos yoruba na Nigéria, gostariam de impor a autoridade do Arabá de Ilé-Ifé, chefe do culto de Ifá na Nigéria, e do Ooni, o rei dessa cidade sagrada, ao conjunto dos cultos de origem africana nas Américas.[17] De seu lado, os iniciados na religião lucumí, que também reivindicam uma identidade yoruba, tentam resistir às pressões dos yoruba da Nigéria e dos "yoruba" norte-americanos. As palavras de Ernesto Pichardo, fundador da *Church of the Lucumí Babalú Ayé* de Miami e um dos mais ativos protagonistas no processo de unificação das diferentes modalidades da religião dos *orisha*, resumem esse debate, em que a tradição ocupa um lugar central:

> Em Cuba, é a região de Oyo que predomina na prática religiosa lucumí, e não a de Ilé-Ifé. Os Congressos Internacionais de que participam os yoruba dão uma falsa imagem da realidade cubana. Todos os *babalawo* de Cuba sabem muito bem que Ifá provém de Ilé-Ifé, mas essa não é a tradição herdada em Cuba. Nem em Cuba nem nos Estados Unidos se reconhece a autoridade do Ooni, apesar da campanha internacional que ele lidera. Em Cuba, só há um grupo muito pequeno, não muito

---

[16] Numa outra obra (Capone, 2004a), analisei esse mesmo processo no seio do universo religioso afro-brasileiro.

[17] Sobre o ganho de importância do Ooni de Ilé-Ifé durante a colonização britânica e sobre o papel que desempenhou na construção de uma identidade pan-yoruba, ver Martineau, 2004.

significativo, chamado *Ilé Tuntún*, que aceitou a tutela do Ooni.[18] Nossa posição é totalmente diferente. No Novo Mundo, existe uma resistência muito forte contra a ideia de um Papa da religião [dos *orisha*]. Isso equivaleria a impor a autoridade de Ilé-Ifé, que, historicamente, está em contradição com a autoridade de Oyo. Significaria impor novos sistemas regionais em Cuba. Pedimos que respeitem nossa herança... mas os yoruba têm dificuldade em respeitar essa diferença regional!

Ernesto Pichardo, Miami, abril de 2000.

A rivalidade entre Oyo e Ifé vem de longe. Segundo a tradição oral de Ilé-Ifé, os refugiados da antiga capital do império yoruba, Oyo, destruída por volta de 1830, haviam se instalado em Ogunshua, perto de Ifé. Em 1850, atacaram os habitantes de Ilé-Ifé, obrigando-os a recuar para o sul da cidade. Quatro anos mais tarde, os habitantes de Ifé conseguiram retomar sua cidade e as pessoas de Oyo foram reunidas num bairro de Ifé, chamado Modákéké (Abraham, 1958: 278). A rivalidade entre Ifé e Oyo está enraizada na história yoruba, embora Ilé-Ifé seja considerada, pelo conjunto dos yoruba, o berço tradicional de sua cultura. Essa rivalidade é retomada pelos *babalawo* yoruba que residem nos Estados Unidos e pelos *babalawo* norte-americanos iniciados na Nigéria. É o caso de Fasina Falade, Chief Olubikin de Ilé-Ifé, que vive em Lynwood (Califórnia) e é o fundador de uma comunidade religiosa de *babalawo*, chamada Ijo Orunmilá. Em seu site, Falade explica o que significa o termo *modákéké*: o "reino do caos", ou seja, "a confusão que resulta de falsos conhecimentos". Na Nigéria, até hoje chamar alguém por esse termo equivale a ofendê-lo. Segundo Abraham (1958: 421), "Ogunshua Modákéké" qualifica uma pessoa brutal, selvagem (*a bushy-hair person*). Para os partidários da tradição de Ifé, é chegado o tempo de mostrar o caminho aos irmãos perdidos "da diáspora", purificando "as águas" da tradição yoruba na América. Fasina Falade, que é, por outro lado, ligado a Franck Obeché, o *babalawo* cubano fundador do *Ilé Tuntún* em Havana, explica esse processo da seguinte forma:

> Nossos pais e mães foram trazidos para terras longínquas, arrancados de suas culturas e costumes. Sem identidade, sem orientação, sem meios para escapar. [...] Um dia, chegou um vendedor, vestido de vermelho e preto, e ofereceu água aos filhos deles. Disse "É verdade, a água está turva, mas ainda pode nos dar forças, antes que encontremos uma fonte melhor para nos saciarmos". As pessoas se

---

[18] Sobre esse grupo e suas relações com os nigerianos, notadamente a família de Wande Abimbola, ver Argyriadis e Capone, 2004.

refrescaram com a esperança da fé e perseguiram sua busca da verdade. [...] Encontraram a verdade, voltando-se em direção àqueles que tinham deixado atrás de si [...]. Conseguiram contatar aqueles que haviam permanecido no país das origens. [...] Apreciamos as águas lamacentas, mas é chegado o tempo de beber na fonte refrescante da verdade, que se encontra em Ilé-Ifé. [...] É chegado o tempo de nos unirmos sob a bandeira dos Ancestrais e de provarmos que merecemos o título de "Omó Olodumare" [filhos de Olodumare, o deus supremo yoruba].

Fasina Falade, http://www.anet.net/~ifa/

Essa atitude não podia deixar de provocar reações negativas da parte dos cubanos de Miami. Ernesto Pichardo vê nisso uma tentativa da parte dos *babalawo* nigerianos de ocuparem uma posição preeminente no seio das comunidades religiosas da "diáspora", que reivindicam uma origem yoruba. Como no Brasil, onde os líderes das casas de culto tradicionais se opõem abertamente às pretensões hegemônicas dos yoruba, os líderes da religião lucumí nos Estados Unidos percebem de uma forma negativa essas intrusões:

Eles chegam como imigrantes e se transformam em especialistas da religião. Mas, aqui, devem enfrentar a resistência dos lukumí. Somos a maioria e não permitimos que façam tudo isso simplesmente porque são yoruba... Eles são etnocêntricos. Disseram-me que se eu fosse a Ilé-Ifé, validariam minha iniciação religiosa e me proclamariam *ogboni* [título de uma sociedade secreta yoruba]. Eu respondi que, quando o Ooni viesse a Miami, seria eu quem reconheceria seu status religioso. O que estão pensando? Fariam qualquer coisa por dinheiro! Vêm aqui para vender títulos de chefe, de rei... Aquilo me custaria 5 mil dólares, além de tudo que seria preciso desembolsar para as cerimônias. Não posso aceitar, porque quando fui iniciado no culto de Shangó, foi o próprio Shangó que me deu um nome e um título. Vê-se que a motivação deles não é pura, não é sincera, não é religiosa. É política e econômica. E tudo isso para que venham nos dizer que o que fazemos não é autêntico!"[19]

Ernesto Pichardo, Miami, abril de 2000.

---

[19] A respeito da visita a Tampa de Wande Abimbola, "Awise, porta-voz dos yoruba no mundo", o *babalorisha* Raul Canizares (1999: 140) escreveu: "O Awise é o porta-voz dos *babalawo* yoruba no mundo. Quando o Awise me deu a honra de vir à minha casa em Tampa, convidei os *babalawo* cubanos da cidade para virem homenageá-lo. Apenas um compareceu. E este, com uma insolência que só pode ser atribuída à sua ignorância, explicou ao Awise como a verdadeira religião fora preservada em Cuba, pois os yoruba na África haviam esquecido sua própria religião. Quer dizer que, por irônico que pareça, a maioria dos *babalawo* cubanos não aceita seus homólogos africanos".

Tradição de Ilé-Ifé contra tradição de Oyo. A identidade comum "yoruba" deve, portanto, lidar com as diferenças políticas que opõem os "irmãos inimigos da diáspora" aos chefes do culto na África. Porém, as tensões não se limitam à identificação de que tradição ancestral fora preservada em solo americano. Elas tangem também aos acréscimos "supérfluos" feitos à "ortodoxia" ritual pelos "yoruba da diáspora", especialmente pelos praticantes da religião lucumí.

Num número da revista *Orişa*,[20] um *babalawo* chamado Awo Ifashadé, residente na Espanha, mas membro do *Ilé Orisha Shangó* de Nova York, submete a uma crítica implacável as práticas "irracionais" da religião lucumí. Lembremos que o *Ilé Orisha Shangó* é um dos raros centros nos Estados Unidos que reconheceu a legitimidade das iniciações de mulheres no culto de Ifá como *Iyanifá*. Além disso, Awo Ifashadé se apresenta como membro da linhagem dos Epega de Ode Remo, uma posição adquirida pela iniciação no culto de Ifá na Nigéria. Segundo ele, a "religião yoruba tradicional" pregaria práticas religiosas "mais racionais" e uma liturgia "mais inteligente e mais simples", fruto de um "saber a um só tempo milenar e moderno". A ênfase na modernidade de um culto ancestral (também chamado "ancestralismo" por Ifashadé) permite que se formule a primeira crítica feita aos cultos afro-americanos, a saber, que "não evoluem nem se adaptam às exigências dos tempos modernos". Dentre outros pontos que diferenciam as práticas da "diáspora" daquelas da "terra-mãe", figuram os rituais de consagração sacerdotal, uma diferença que se imputaria ao esquecimento, nas religiões afro-americanas, dos fundamentos da religião, provocado pela lei do segredo. Da mesma forma, a iniciação no culto de Ifá, segundo a religião lucumí, não se dá conforme as práticas yoruba, como vimos no caso da *Iyanifá*. Porém, Ifashadé também questiona um dos próprios fundamentos do culto de Ifá em Cuba, "o fundamento de Olofin", último nível de iniciação que, a seus olhos, nada mais é do que um substituto parcial do símbolo religioso mais poderoso no culto de Ifá na Nigéria: a *igbá odù* ou *igbá ìwà*. Essa redução dos conhecimentos religiosos, consequência da perda das tradições africanas nas Américas, teria também provocado a transformação da religião dos *orisha* numa espécie de "politeísmo absurdo e injustificado", ao passo que "uma religião moderna, racional e inteligente [sic] não é concebível fora de uma abordagem monoteísta".

---

[20] Essa revista é apresentada como a *revista interactiva de la religión yoruba*. Trata-se, aqui, do nº 2 do primeiro ano, disponibilizado na Internet em maio de 1999.

Essa crítica é emblemática das mudanças sofridas pelas religiões africanas sob a influência das políticas dos administradores ingleses na África, que, a partir do final do século XIX, começaram a inventar "tradições africanas para os africanos", transformando costumes flexíveis em prescrições rígidas (Ranger, 2003). Esse processo de cristalização dos costumes tribais se traduziu pela criação da noção de "religião tradicional africana", pensada como algo imemorial e imutável, com ênfase nos rituais de continuidade e de estabilidade. A partir de 1917, os missionários anglicanos começaram a recolher informações a respeito das "ideias religiosas dos negros" para compreender sua relação com a sociedade tradicional. Isso conduziu a uma adaptação das crenças locais à religião cristã, que se ilustrou, principalmente, na tradução da Bíblia em língua autóctone. Dessa adaptação, e de sua reinterpretação pelos intelectuais africanos, nasceu a invenção da "religião tradicional" (*ibid.*). A importância atribuída a um deus supremo, nesse caso, o deus Olorun (também chamado de Olodumare), seria, assim, para alguns, antes o produto de uma "tradição inventada" do que a herança de um saber ancestral.[21]

Porém, segundo Awo Ifashadé, as práticas religiosas da "diáspora" pecam também por um excesso de ritualismo, notadamente por sua inclinação para a magia e para a feitiçaria, ausentes "das autênticas tradições religiosas yoruba". A perda destas teria acarretado o "barbarismo dos atos sacrificiais", "verdadeiras sessões de martírio e tortura", bem como uma complexidade litúrgica injustificada e uma fragmentação ritual excessiva, em que "cada iniciado estabelece suas próprias regras e seus próprios procedimentos litúrgicos". Assim, na iniciação, os rituais de consagração dos praticantes da religião lucumí duram sete dias, dando provas de um "barroquismo ritual gratuito", ao passo que, na "religião tradicional yoruba", eles duram apenas três dias.[22] Além disso, na cerimônia, os primeiros recorrem ao *oriaté*, especialista desse tipo de ritual, enquanto os segundos recorrem ao *babalawo*, "sacerdote supremo" dessa religião. Essa última prática constitui uma verdadeira heresia aos olhos dos *santeros* cubanos, para quem um *babalawo* não pode consagrar um iniciado no culto dos *orisha*. Ora, atualmente, entre os praticantes norte-americanos da religião yoruba, o papel ritual do *babalawo* se tornou central:

---

[21] *Cf.* Hobsbawm e Ranger, 2003. Sobre a interpretação da religião yoruba como monoteísta, ver a obra de Bolaji Idowu (1962), tirada da tese de doutorado em teologia desse ministro da igreja metodista da Nigéria. Esse texto se tornou uma obra de referência para os praticantes da "religião yoruba" nos Estados Unidos.

[22] Na realidade, os rituais de iniciação na santería se concentram também nos três primeiros dias. O sétimo e último dia é consagrado à cerimônia do mercado, quando o *iyawo* sai pela primeira vez, acompanhado do *ojugbona*, para ir "roubar" frutas na feira (*ir a la plaza*).

é geralmente esse especialista ritual que dirige o *ilé* afro-americano e que realiza as cerimônias para os *orisha*, além daquelas destinadas a Ifá.

A onda de iniciações no culto de Ifá, tão forte entre os iniciados afro-americanos, suscitou críticas não apenas da parte dos praticantes da religião lucumí, mas também dos adeptos da tradição yoruba. Assim, Wande Abimbola (1997: 28) condena a atitude dos *babalawo* norte-americanos que vão se iniciar na Nigéria, mas que não se dedicam a aprender os fundamentos de sua religião:

> Uma iniciação não faz de uma pessoa um *babalawo*. O que a torna tal é o conhecimento dos *odù*, os versos de Ifá, o conhecimento das ervas e folhas e da maneira de efetuar os sacrifícios. É isso que faz um *babalawo* e que só pode ser aprendido pelo estudo. A iniciação é apenas um começo, uma forma de se tornar membro [de um sacerdócio]. A iniciação não é uma entrega de diploma.

Se os afro-americanos devem ir à África para se iniciarem "segundo a tradição", devem também permanecer ligados, por laços de submissão ritual, a seus iniciadores, único meio de aperfeiçoar seus conhecimentos religiosos.

Ser ou tornar-se yoruba

Adefunmi foi um dos primeiros afro-americanos a ir à África para efetuar sua iniciação no culto de Ifá. Vimos que, em fins de 1972, ele acompanhou o grupo de dança de Dinizulu numa turnê africana. Essa viagem lhe permitiu ser iniciado no culto de Ifá, em Abeokutá (Nigéria), pelo Oluwa de Ijeun (Adefunmi, 1982: v). Em junho de 1981, numa segunda viagem para esse país com a finalidade de participar da 1ª COMTOC, em Ilé-Ifé, Adefunmi foi coroado por Okunade Sijuwade Olubuse II, o Ooni de Ilé-Ifé, recebendo o título de "chefe dos yoruba da América".

Ora, as relações entre o pai do movimento yoruba nos Estados Unidos e os nigerianos nem sempre foram fáceis. Nos anos 1960, Adefunmi não estava muito convencido do caráter tradicional das práticas religiosas dos yoruba da Nigéria, cuja cultura fora enfraquecida pelos colonizadores. Segundo ele, o que restava "era apenas uma versão degenerada das culturas africana e ocidental" (*in* Clapp, 1966: 4). Essa desconfiança da parte do fundador do *Yoruba Temple* e de seus membros era consoante com as dos nigerianos, que viam com olhos críticos a revitalização de seus costumes nas ruas nova-iorquinas. Os yoruba que residiam em Nova York achavam que os afro-americanos tinham um ar "bobo" (*silly*), vestidos de forma bizarra com roupas tradicionais africanas (*ibid.*: 24). Ampin Blankson, o adido cultural do Consulado da Nigéria em Nova York, convidado para uma cerimônia pública, organizada pelo *Yoruba Temple*, declarou em seguida "não ter compreendido uma única palavra do que [os membros do *Yoruba Temple*] estavam cantando" e que vira apenas uma mistura "de todas as coisas africanas que estes viram ou ouviram em suas vidas": "Era um divertimento para quem não conhece nada da África" (*ibid.*: 25).

Apesar de seus esforços, os "yoruba" de Adefunmi não eram, portanto, reconhecidos como tais pelos nigerianos, que olhavam com suspeita aqueles "estrangeiros" que posavam de defensores das tradições africanas. Isso não impedia que Adefunmi (1970: 8) declarasse, nos panfletos publicados pela *Yoruba Academy* para os membros do *Yoruba Temple*, que "a maioria dos negros do Sul dos Estados Unidos era originária das feiras fervilhantes e das antigas cidades com altas muralhas da Nigéria Ocidental". Na realidade, durante os anos 1960 e 1970, Adefunmi não era o único a postular uma continuidade entre as práticas religiosas afro-americanas e yoruba. Em 1976, Ulysses Duke Jenkis defendera uma tese de doutorado que tratava da sobrevivência da cultura yoruba no seio da Igreja negra, que foi publicada dois anos mais tarde com o título *Ancient African Religion and the African-American Church* (1978). Segundo Jenkins, a igreja batista afro-americana reproduziria, por sua estrutura e seus princípios filosóficos, o que chama de *Yoruba Church* (*ibid.*: 103). As provas dessa herança yoruba se encontrariam na tradição oral, nas noções de pessoa, alma e sacrifício, bem como nos cantos, especialmente, nos *spirituals* que "louvam um deus cujas características não deixam de evocar as dos deuses yoruba". Jenkins chegou mesmo a afirmar que as reuniões dos *babalawo* de Ilé-Ifé lembravam-lhe as reuniões entre o ministro e os diáconos das igrejas protestantes (*ibid.*: 115). Nessa mesma época, George Eaton Simpson (1978), retomando teorias já defendidas por Melville Herskovits, salientava a sobrevivência, nos Estados Unidos, de certas práticas e elementos religiosos africanos, particularmente a crença nas divindades associadas às forças da natureza. Isso levaria autores contemporâneos, como Anthony Pinn (2000: 243), a afirmarem a persistência nos Estados Unidos de crenças religiosas e práticas oriundas das tradições yoruba, um fenômeno que seria anterior ao trabalho desenvolvido por Adefunmi e seu grupo.

Para os "yoruba" da Oyotunji Village, a chegada das religiões de origem africana nos Estados Unidos era o resultado de uma missão divina confiada aos cubanos: os *orisha* lhes teriam ordenado que "devolvessem ao povo negro seus segredos" (Clarke, 2004: 71). O objetivo de Adefunmi tornara-se então o de "trazer a santería de volta a suas raízes africanas", evidenciando a importância do modelo africano, encarnado pela estrutura da aldeia pré-colonial. Ele modificara também a pronúncia dos termos espanhóis e lucumís, em função do yoruba standard, convenção linguística elaborada pelos missionários protestantes.[23] Além disso, de modelo de comunicação entre o consulente e os deuses pela mediação do sacerdote, a sessão de adivinhação se transformou no *locus* principal de elaboração de uma linguagem construída segundo uma ideologia racializante, que prega a redenção da "Nação Negra". A Oyotunji Village tornou-se então uma alternativa "racializada" à santería cubana. Porém, se a negritude (*blackness*) era qualidade suficiente para que pudessem se reconhecer como membros de uma mesma comunidade, a "yorubanidade" devia ser (re)construída por rituais que resgatavam o laço com o passado africano. A *blackness* só era, portanto, um primeiro passo para a aquisição de uma identidade "étnica" por meio de uma identidade religiosa.

Ora, a despeito das relações ambivalentes que os membros da Oyotunji Village tinham com os yoruba da Nigéria, a única forma para Adefunmi legitimar seu papel e suas escolhas era se colocar sob a tutela das autoridades políticas e religiosas nigerianas. Em junho de 1981, Adefunmi foi patrocinado pelo *Caribbean Visual Arts and Research Center* de Nova York (que se tornaria o atual *Caribbean Cultural Center*) com a finalidade de participar da 1ª COMTOC, onde apresentou uma palestra sobre a religião yoruba nos Estados Unidos. Nessa ocasião, recebeu a espada, que simboliza a autoridade do chefe, das mãos do Ooni de Ilé-Ifé, bem como um título que contrastava, de forma emblemática, com a posição por ele ocupada no seio da comunidade de Oyotunji. Segundo Mikelle S. Omari (1996: 96), Adefunmi teria sido proclamado "*Alashé* do Novo Mundo", o que poderíamos traduzir por "aquele que comanda, que detém o poder no Novo Mundo" (do yoruba *ní-àṣẹ*, "ter o comando"). Kamari Clarke (1997) fala do título de *Balé,* o que é confirmado pelos membros da comunidade que qualificam seu chefe, a um só tempo, de *Oba* (rei) e de *Balé*. Ora, o termo yoruba *Ọba* faz simultaneamente referência ao chefe de um reino e ao chefe de uma região politicamente menos importante. O termo

---

[23] Segundo Medahochi, ao recuperar sua verdadeira língua, o afro-americano recupera também sua própria visão do mundo — "*our* Imago Mundi *or our own image of spiritual and physical universe*" (Medahochi, 1995: 16) — e seu *itọn mimo*, sua história divina: "quando os afrikanos dos Estados Unidos foram 'libertados' da escravidão, estavam 'surdos, cegos e mudos' para tudo o que era africano. Os afrikanos dos Estados Unidos estavam surdos, porque não compreendiam mais a própria língua, estavam mudos porque não podiam mais falar, estavam cegos porque não podiam mais ter sua própria visão do mundo" (*ibid.*: 18).

Bálẹ̀ define, em contrapartida, o chefe de uma cidade no interior de um reino (*cf.* Abraham, 1958) e implica, portanto, uma dependência política em relação a uma instância superior, no presente caso, o Ooni de Ilé-Ifé.

O coroamento de Adefunmi em Ilé-Ifé constituiu um acontecimento histórico pelo fato de que, pela primeira vez, o título de chefe yoruba era atribuído a um estrangeiro, residente do outro lado do oceano. Ora, como Kamari Clarke lembra, a autenticidade desses títulos é constantemente questionada pelos tradicionalistas yoruba que veem com maus olhos a constituição de alianças com os negros norte-americanos. Tensões vêm à tona, em certas ocasiões, como foi o caso na cerimônia de coroamento de Adefunmi, durante a qual o Ooni se expressou, por intermédio de seu porta-voz, em inglês, em vez do tradicional yoruba, o que constituía uma quebra da tradição (Clarke, 1997: 216-217).

Essa cerimônia inédita constitui um excelente exemplo da habilidade política dos chefes tradicionais yoruba, cujo poder foi reduzido, de forma drástica, pela colonização inglesa e pelo governo federal nigeriano. Encenando rituais pretensamente autênticos, esses chefes autorizam e legitimam o nascimento de novas elites no seio da "diáspora americana", elites que lhes serão submetidas ritual e politicamente. Porém, se é verdadeiro que os costumes foram modificados para poder integrar chefes "yoruba", que eram chefes somente por uma escolha política e identitária ligada à história dos negros norte-americanos, é igualmente verdadeiro que Adefunmi foi obrigado a aceitar uma posição política inferior àquela que ocupava em seu reino americano.[24] Além disso, nessa negociação das relações rituais e políticas com os chefes yoruba, o Ooni pediu que os "yoruba" norte-americanos voltassem, uma vez por ano, a Ilé-Ifé, para manter os laços entre o chefe tradicional dos yoruba e seus súditos de além-mar (*ibid.*: 217-218). Por essa razão, em 1993, Adefunmi, que, na cerimônia de 1981, adquirira o direito de falar em nome do rei de Ilé-Ifé, foi proclamado *Arabá de Ijọ Orunmilá*, "chefe da sociedade afro-americana de Ifá" (*ibid.*: 221). Ora, o Arabá é geralmente o mais velho dos *babalawo* numa região, província ou estado e é submetido à autoridade do Arabá de Ilé-Ifé. O título atribuído a Adefunmi estabelecia, assim, um laço direto entre a Nigéria — mais precisamente o país yoruba — e o território de Oyotunji nos Estados Unidos, considerado uma "província" yoruba.

A legitimidade desse título fora das fronteiras nigerianas é questionada pelos tradicionalistas yoruba, para os quais a identidade yoruba se funda em

---

[24] Lembremos que, na Oyotunji Village, cada homem casado e com filhos é o chefe de seu *compound* e, por isso, tem direito ao título de *Balé* (Hunt, 1979: 103).

laços biológicos demonstrados, e não pode ser reivindicada por uma busca ideológica das raízes, como o fazem os "yoruba" da Oyotunji Village. Assim, paradoxalmente, aos olhos dos tradicionalistas yoruba, os afro-americanos de Oyotunji permanecem *oyinbo*, um termo yoruba que designa os brancos, especialmente os europeus. Kamari Clarke (*ibid.*: 224) dirigiu uma enquete que mostra que, aos olhos dos tradicionalistas da atual Oyo e de Abeokutá, a condição de escravo a que haviam sido condenados os ancestrais dos afro-americanos é incompatível com a reivindicação, quatro séculos mais tarde, de laços genealógicos com a nobreza africana. Ora, essa constatação vai de encontro às convicções dos membros da Oyotunji Village, para quem a redenção cultural dos negros norte-americanos está intimamente ligada à redescoberta dos laços com as linhagens nobres ou reais yoruba na adivinhação das raízes. Para os yoruba da Nigéria, ao contrário, a identidade yoruba está ligada ao lugar de nascimento. Entretanto, para alguns deles, as iniciações rituais a que se submetem os negros norte-americanos na Nigéria permitiria às pessoas que não são yoruba "de nascimento" reivindicar uma identidade yoruba. Porém, essa identidade não pode ser "autêntica", uma vez que, como declarou um dos informantes yoruba de K. Clarke (*ibid.*: 212), o conhecimento *ijinle* (profundo) da cultura yoruba é algo inato, que um *oyinbo* não pode adquirir. E acrescentou: "Vocês, americanos, podem vir aqui e comprar o status de *babalawo*, podem aprender alguns cantos e comprar livros para aprender os *ese* (versos do *corpus* de Ifá) e interpretar os *odù*. Porém, aqui, vocês serão sempre *oyinbo*" (*ibid.*).[25] Esse mesmo ceticismo em relação aos afro-americanos é expresso por outro informante, originário de Oyo:

> Perguntei-lhes sobre sua comunidade, onde estava situado o palácio, onde estava a feira, e compreendi que estavam se esforçando muito para fazer dela uma aldeia africana típica... Eles são africanos? Não podem ser. Isso não é possível, porque não vivem na África (*ibid.*: 214).

As críticas dirigidas aos afro-americanos encenam também as diferentes percepções da identidade yoruba, que acarretam uma constante negociação

---

[25] Para ilustrar o choque cultural entre os yoruba da Nigéria e os "yoruba" norte-americanos, Kamari Clarke (2004: 107-111) descreve a chegada ao aeroporto de Lagos de um grupo de iniciados da Oyotunji Village, bizarramente vestidos com roupas tradicionais africanas e usando nos rostos marcas tribais yoruba. O diálogo que travaram com os oficiais da alfândega nigeriana mostra bem a clivagem entre as diferentes concepções sobre a natureza da identidade africana entre os afro-americanos e os nigerianos. Frente às reclamações dos membros de Oyotunji, que, apesar de seus passaportes americanos, afirmavam ser "africanos", um dos funcionários aduaneiros exclamou: *Òyinbó ni they are Africans!*, ou seja, "Os homens brancos estão dizendo que são africanos!"

dos valores e símbolos a ela ligados com vistas a conferir-lhe características tradicionais. Ora, a tradicionalidade dos yoruba na Nigéria é também questionada pelos "yoruba" norte-americanos. Após uma viagem à África, vários deles falaram de sua decepção a K. Clarke. Esperavam encontrar a terra-mãe na África, mas haviam descoberto um país onde a influência dos grupos cristãos e muçulmanos era esmagadora, mesmo entre os chefes tradicionais. Apesar dessas reservas, os residentes da Oyotunji Village, ao retornarem aos Estados Unidos, limitaram seus comentários, com receio de questionar os laços que acabavam de estabelecer com os chefes tradicionais yoruba na Nigéria. As críticas sobre o impacto do cristianismo e do islã entre os nigerianos foram prudentemente reservadas às conversas privadas. Decidiram, contudo, que a preservação das tradições culturais e religiosas yoruba não podia mais ser levada adiante pelos yoruba da África, excessivamente influenciados pela "cultura do homem branco", e que ela cabia de pleno direito aos "africanos da diáspora". Oyotunji devia desempenhar um papel-chave nesse processo: o futuro da África estava, doravante, nas mãos dos negros norte-americanos.

Uma tal realização implicava igualmente a reivindicação de um papel político que os "yoruba da diáspora" deviam desempenhar na "terra-mãe". Segundo Kamari Klarke, os habitantes da Oyotunji Village acreditam firmemente que têm o direito de controlar o território africano de onde seriam originários. Assim, exaltando as conexões "diaspóricas" entre sua comunidade e o antigo império yoruba de Oyo, consideram a Oyotunji Village um reino africano situado "fora do território do Estado pós-colonial nigeriano" (*ibid.*). Para Adefunmi, os verdadeiros descendentes do reino de Oyo vivem nos Estados Unidos e, através dos rituais de adivinhação, podem resgatar seu passado e sua identidade perdida. Ora, o reino de Oyo foi destruído na primeira metade do século XIX, e uma nova cidade foi fundada, chamada New Oyo, que se tornou a herdeira das tradições da antiga capital do império yoruba. É essa cidade que é considerada a terra-mãe dos "yoruba" da Oyotunji Village. Porém, o que permite estabelecer esse laço de descendência não é o estado atual das práticas culturais e religiosas yoruba, mas seu passado, sua história. A obra do Reverendo Johnson (1921), sempre citada pelos membros de Oyotunji Village, coloca em cena a rivalidade entre Oyo e Ilé-Ifé, que subjaz às relações entre os antigos reinos yoruba, rivalidade que, como vimos, ainda persiste atualmente. Ilé-Ifé é reconhecida pelo conjunto dos yoruba como o berço, o lugar onde a humanidade inteira foi criada. Todos os reis yoruba, que têm o direito de portar a coroa perolada, símbolo de autoridade suprema, consideram-se descendentes do fundador mítico dessa cidade, Oduduwa.

A narrativa de Johnson faz de Oyo o *locus* da grandeza passada yoruba: se Ilé-Ifé é o berço do povo yoruba, Oyo é a fonte de seu prestígio e de seu poder econômico e militar. E é a partir da descrição feita dessa grandeza passada que Adefunmi e seus companheiros revitalizaram a cultura yoruba. O estabelecimento de uma chefia yoruba em solo americano parece, assim, reproduzir as mesmas questões em jogo e as mesmas tensões que subjazem às relações entre Oyo e Ilé-Ifé, entre poder secular e poder religioso. Oyotunji precisa de Ilé-Ifé para legitimar sua posição no seio da comunidade religiosa "yoruba" na América, mas, ao mesmo tempo, tem que relativizar esse laço de dependência para poder afirmar plenamente seu papel de vanguarda religiosa e política. Fazer com que essa comunidade exista requer, assim, que se recomponha uma etno-história fragmentada, que se remendem os pedaços espalhados nos dois lados do Atlântico. Para criar uma identidade coletiva, dotada de uma memória fundadora, é preciso, então, apagar as descontinuidades e salientar, ao contrário, a continuidade: partilhando, por exemplo, um ancestral comum — Oduduwa — e relegando ao passado a tragédia da escravidão, marca última da descontinuidade.

Hoje, a cultura yoruba não está mais confinada a um território bem definido, ela é veiculada e alimentada por redes transnacionais.[26] Pode-se dizer, com Hannerz (1996), que o "neo-yoruba" é um "cosmopolita", no sentido de que deve integrar uma cultura que se define pela plurilocalidade e pelo "multitradicionalismo": ele deve construir sua identidade recompondo as diferentes facetas da experiência da "diáspora", confrontando-se com a "terra das origens".[27] Partilhada entre referências múltiplas, a cultura yoruba tornou-se uma cultura "desterritorializada", apesar das tentativas dos membros da Oyotunji Village de reconstruir um pedaço da África na América. Ora, os diferentes modelos de tradição (entre a "diáspora" e o país yoruba) engendram conflitos na percepção e na definição desse território, real ou mítico. A cultura yoruba constitui, assim, uma espécie de metacultura (*cf.* Turner, 1993), ligada a todas as versões da tradição que reivindicam uma origem yoruba, embora permanecendo fundamentalmente diferente delas. Isso permite que

---

[26] O conceito de transnacionalização, da mesma forma que os de globalização e de desterritorialização, é controverso e polissêmico (*cf.* Capone, 2004*b*). De uma forma geral, pode-se dizer que uma relação transnacional é uma relação que se constrói para além do quadro nacional, realizando-se, ao menos parcialmente, independentemente do controle ou da ação mediadora dos Estados.

[27] É o que fazem, entre outros, os defensores da "unidade na diversidade" no Brasil (*cf.* Capone, 2004*a*). Vários autores, como Basil Davidson (1969), Jahneinz Jahn (1990) e Sterling Stuckey (1987), tentaram demonstrar a unidade das diferentes culturas africanas, salientando seus valores comuns: o *muntu* (ou *ashé*) para Jahn, ou o *ring shout* para Stuckey, seriam metáforas dessa unidade.

os iniciados nos Estados Unidos renegociem constantemente seus laços com a "terra das origens" e com seus "irmãos da diáspora". Não há mais um Outro, mas uma gradação de Outros, e essa multiplicidade permite a reorganização da identidade, que, como vimos, não é única nem imutável. A comunidade transnacional "yoruba" se constitui, assim, dos dois lados do Atlântico, graças às trocas contínuas entre esses dois territórios míticos, uma vez que a identidade yoruba na Nigéria precisa também de seu "espelho" americano para poder existir. As trocas bidirecionais, que existem pelo menos desde o século XIX, criaram um sistema sociocultural transnacional que só pode existir nessa multiplicidade de lugares (*cf.* Capone, 1999*a*, 2004*b*; Matory, 1999*a* e *b*, 2005). O acontecimento fundador é a escravidão, mas é o restabelecimento do culto dos ancestrais, como no caso da Oyotunji Village, que está na fundamentação dessa comunidade "africana".

Além disso, os diferentes segmentos da "nação yoruba" hoje estão ligados entre si pelos novos meios de comunicação, como a Internet. A "etnicidade" não está mais ancorada num lugar, mas se constrói graças a essa circulação entre diferentes espaços, reais e virtuais, produzindo identidades "desterritorializadas", o que implica uma reconsideração dos processos identitários, uma vez que a noção de identidade está geralmente ligada à de território, pátria e raízes. Ora, a reflexão crítica sobre a noção de etnia, empreendida a partir do final dos anos 1960, acarretou a desconstrução das categorias de etnicidade e de identidade, questionando as abordagens essencialistas e culturalistas das questões identitárias. Fredrik Barth (1969) propôs uma abordagem dinâmica da etnicidade, uma noção que, até os anos 1960, estava associada a critérios objetivos, como a partilha de uma mesma cultura por todos os membros de um grupo.[28] Substituindo a abordagem essencialista, que concebe a etnicidade em termos de herança biológica e de origens ancestrais, por uma abordagem interacional e subjetiva, Barth salienta os processos pelos quais, reivindicando uma identidade étnica determinada, os indivíduos se identificam — e são identificados pelos outros — como membros de um grupo específico. A ênfase é dada então aos processos de diferenciação, que implicam a seleção pelos atores sociais de uma identidade que possa expressar uma "ética de grupo". A identidade étnica, que Barth (1969: 11) define em termos de "adscrição", não é mais determinada pela partilha de uma cultura comum,

---

[28] Retomando a definição proposta por Cohen (1974: ix-x), o termo "etnicidade" faz referência aqui ao "nível de conformidade com um conjunto partilhado de normas e valores, mostrado pelos membros de um grupo étnico numa interação social". Sobre a relação entre etnia e etnicidade, ver Taylor, 1991. Para um questionamento da noção de etnia na África, ver Amselle e M'Bokolo, 1985.

mas pela autoatribuição de uma identidade contrastiva. Ela se torna então o produto de um duplo processo de reconhecimento da alteridade: por si mesmos e pelos "outros". Um "yoruba" é, assim, aquele que se considera e é considerado como tal pelos "outros". Ora, se um grupo étnico é definido segundo essa dupla lógica de atribuição, sua sobrevivência dependerá da manutenção das fronteiras entre "nós" e "os outros". Para Barth, são, portanto, as fronteiras entre grupos, mais do que o conjunto dos traços culturais veiculados, que definem os grupos étnicos (*ibid.*: 15).

Abner Cohen (1974: xiii) criticou a tendência de se interpretar a etnicidade como simples estratégia, "manipulada por indivíduos a fim de impor seus interesses e maximizar seu poder", uma vez que essa abordagem da etnicidade não levaria em conta, segundo ele, a potência dos símbolos que os indivíduos manipulam em sua luta pelo poder. Ora, se, como afirma Barth, os grupos étnicos existem "por contraste", ou seja, porque estabelecem fronteiras simbólicas entre "nós" e "os outros", alguns traços de suas culturas devem se transformar em sinais diacríticos para a percepção da diferença. Sabemos que a cultura não é algo dado, que ela é constantemente reinventada, reorganizada e investida por novas significações. Os processos de construção da identidade étnica selecionam, assim, alguns elementos culturais que servirão de marcas distintivas dessa mesma identidade, atribuindo-lhes novas significações graças a mecanismos de *filling-up* ou "preenchimento" (Levine, 1999: 171). Esses símbolos identitários, carregados de sentido, adquirem uma nova autonomia em relação ao conjunto do que é considerado a tradição cultural do grupo em questão. O fato de que vários grupos façam referência aos mesmos símbolos ou práticas não exclui, portanto, uma diferenciação interna, completamente independente dos materiais culturais elevados a símbolos identitários.

Porém, será que podemos aplicar a análise dos grupos étnicos a grupos religiosos? Isso parece legítimo se, nos apropriando da definição de Anne-Christine Taylor (1991: 244), pensarmos a etnicidade como uma espécie de "significante flutuante". A etnicidade não é algo monolítico ou um constructo analítico operacional; ela deveria ser pensada como um repertório de signos em constante reagenciamento, por meio dos quais "a consciência coletiva de uma cultura partilhada" (Comaroff e Comaroff, 2009: 38) pode se expressar. O conteúdo dessa noção é, assim, o produto de condições históricas determinadas, no qual a dimensão política exerce um papel fundamental. A etnicidade é também, frequentemente, um instrumento político, uma noção forjada do interior que torna possível, no caso que nos interessa, o desenvolvimento de um discurso religioso segundo uma lógica política. Vimos que o campo do que hoje se chama "religião dos *orisha*" é estruturado pelas negociações entre diferentes cultos, que implicam a articulação de princípios antagonistas ou contraditórios e a produção de identidades híbridas e polissêmicas. Essas renegociações acarretam também a redefinição dos espaços rituais e políticos, assim como a reformulação das relações entre espaços e identidades. Isso vale para todos os grupos "neotradicionalistas" que revitalizam religiões étnicas ou cultos ancestrais, promovidos ao papel de matrizes de identidade. Esses mesmos grupos denunciarão qualquer deriva sincretista em nome do retorno à autenticidade da tradição, independentemente do que é concretamente feito por uns e outros. Sem querer substituir necessariamente uma abordagem essencialista por outra instrumentalista, é então possível pensar a etnicidade não apenas "nas fronteiras", mas também "do interior", no qual as origens, "socialmente construídas", ocupam um lugar central (Levine, 1999: 168). A revitalização do culto dos ancestrais entre os afro-americanos permite, assim, a elaboração de uma identidade étnica na fronteira entre o biológico — a predisposição genética ao sacerdócio — e o cultural. Barth (1994: 17-18) já salientou o papel desempenhado por instituições "culturalmente valorizadas" na manutenção das fronteiras, por meio da ativação de processos de "coesão" (*convergence*) do grupo étnico. Como mostrou Odile Hoffmann (2005), as "origens" ou os "traços culturais" se tornam, assim, ferramentas de posicionamento social e político que podem ser manipuladas por indivíduos e por grupos. Isso mostra a importância de uma abordagem histórica da "genealogia" de suas construções culturais, que permite apreender a evolução dos grupos étnicos e religiosos em termos de estratégia de resistência em relação aos outros grupos e sistemas religiosos. Esses processos só têm sentido nesse contexto ampliado, ao mesmo tempo histórico, social, político e religioso.

No caso que nos concerne, o reconhecimento pleno e total de Oyotunji como reino yoruba "fora das fronteiras nigerianas" passa também pelo estabelecimento de uma dinastia real, que simboliza a continuidade da presença "yoruba" no solo americano. No final dos anos 1970, Carl Hunt (1979: 119) se preocupava com o futuro de Oyotunji, uma vez que a ausência de uma linha de descendência claramente definida lançava dúvidas sobre a sobrevivência da comunidade após o falecimento de seu fundador. Ora, a ideia de uma estrutura hierárquica centralizada está fundamentalmente ligada à da redescoberta de uma herança africana. O imaginário aristocrático que exalta a nobreza dos africanos reduzidos à escravidão havia muito estava presente entre as elites negras norte-americanas. Foi assim que o liberto Oluadah Equiano justificou, em 1789, a luta que travava contra a subserviência e a degradação inerente à condição escrava. Segundo ele, o tráfico de escravos tinha acarretado uma "morte social", pela destruição das linhagens africanas e das estruturas familiares. O tema da herança cultural africana, comprometida pela destruição dos laços com a nobreza e a realeza africanas na travessia do Atlântico, ocupava, já no final do século XVIII, um papel central na literatura afro-americana.

A reivindicação de uma identidade africana passa também pelo restabelecimento de um poder hierárquico e hereditário, encarnado pelo rei. Ora, as tentativas de criação de uma dinastia real nos Estados Unidos deixam em segundo plano as características principais do poder tradicional na África, que resulta de um sutil equilíbrio entre "autocracia" e "democracia". Nos reinos yoruba, notadamente em Oyo, a sociedade Ogboni exerce um papel mediador entre o rei (o *Alaafin*) e a instituição do Oyo-Mesi, conselho formado pelas linhagens não reais dominantes da cidade, que elegia o rei. Os Ogboni pertenciam ao "círculo interno" do poder e, com o Oyo-Mesi, exerciam um controle direto sobre o rei. Em contrapartida, em Oyotunji, o Oba ocupa uma posição que parece questionar esses mecanismos tradicionais de gestão do poder. Se ele continua sendo responsável por seus atos diante do conselho dos Ogboni, não é submetido a nenhuma outra forma de controle que não seja o dos deuses, conforme o provérbio yoruba: *Ọba aláàṣẹ èkejì òrìṣà*, "um chefe dotado de autoridade só deve prestar contas aos deuses" (Abraham, 1958: 71).

A fim de dar continuidade ao reino africano de Oyotunji, os habitantes da aldeia almejavam, desde os anos 1970, a criação de uma verdadeira dinastia real. E isso foi feito no final dos anos 1990, quando o filho de Adefunmi, Adegbolu Adefunmi, foi coroado "príncipe da Oyotunji Village", tornando-se o herdeiro da coroa yoruba na América. Casado com Ifetayo Oyemuyiwa, com quem criou um grupo de dança e percussão africana, durante os últimos anos de vida de seu pai, ele tomou seu lugar em vários rituais com forte potencial simbólico, como aquele realizado em dezembro de 2002, numa praia de Key West (Flórida). Os responsáveis pelo Key *West's African-Bahamian Museum* haviam descoberto na praia as sepulturas de 295 africanos que faziam parte dos 1.400 escravos libertos pela Marinha americana em 1860, durante sua viagem para Cuba. Esses africanos, que não puderam ser reenviados para a África com seus companheiros de infortúnio, haviam falecido sem receber os ritos funerários apropriados. Adefunmi enviou seu filho, apresentado pela imprensa como "o príncipe da tribo yoruba-africana na América",[29] para coordenar os três dias de rituais funerários e de purificação. As cerimônias começaram por um ritual que visava trazer os espíritos dos mortos para o cemitério para transformá-los em ancestrais.

Essa mesma preocupação de fazer com que se reconhecesse a legitimidade do papel desempenhado por Adefunmi nos Estados Unidos acarretou a implantação de laços sólidos com dinastias reais yoruba na África. Assim, a princesa Adeyinka O. Adefunmi, filha de Adefunmi e da rainha Iyá Orité Olasowo, casou-se com o príncipe yoruba Waziri A. Adeyemi, de Ede (Nigéria). Esse casamento, celebrado na Oyotunji Village em 4 de outubro de 1997, concretizou a aliança política entre dois "reinos yoruba", dos dois lados do Atlântico. Após o falecimento de seu pai, Adegbolu foi coroado, em julho de 2005, novo rei de Oyotunji, em quatro dias de celebração realizados sob a égide do Oba Okunade Sijuwade Olubuṣe II, o Ooni de Ilé-Ifé, que concedera o título de "chefe dos yoruba da América" a Adefunmi em 1981. Adegbolu tornou-se rei com 28 anos e recebeu o nome de Oba Adejuyigbe.[30]

O estabelecimento das linhagens yoruba nos Estados Unidos

Vimos que a maioria dos *ilés* norte-americanos encontra sua origem em linhagens religiosas cubanas, e que essa dependência ritual foi progressivamente questionada com a criação da Oyotunji Village e a realização de iniciações em solo americano. John Mason (1993: 10) chega mesmo a afirmar que 90% das iniciações de americanos hoje são feitas nos Estados Unidos, o que destronaria definitivamente Cuba enquanto "Meca" da religião. Porém, na Nigéria, atualmente, novos centros da tradição tomam o lugar de Havana ou Matanzas. O *babalawo* Fa'lokun Fatunmbi (2003) tentou reconstituir a história das iniciações na África. Segundo ele, após as iniciações realizadas em Abeokutá por Adefunmi, foi Ode Remo, no estado de Ogun (Nigéria), que se tornou a destinação preferida dos aspirantes norte-americanos a uma iniciação segundo os costumes tradicionais yoruba. Assim, no começo dos anos 1980, um americano, Awo Fagbemi, teria, por intermédio do antropólogo William Bascom, contatado o herdeiro de uma linhagem de *babalawo* nigerianos, Baba Epega. Este o apresentou ao Arabá de Ode Remo, Baba Adesanya Awoyade, que realizou

---

[29] "Africans buried on Higgs Beach to be memorialized", *The Associated Press* de 4 de dezembro de 2002 (disponível na Internet em keynews.com).

[30] Comunicação pessoal de Babatunde Lawal, Rio de Janeiro, agosto de 2005.

sua iniciação no culto de Ifá. O objetivo da linhagem de Ode Remo era "difundir Ifá no mundo". E são as iniciações realizadas na Nigéria que permitiram o estabelecimento dessa linhagem nos Estados Unidos (cf. quadro 7):

> Quando Awo Fagbemi foi pela primeira vez a Ode Remo, era raro que uma iniciação no culto de Ifá ocorresse num lugar diferente da aldeia de nascimento [do noviço]. Isso implicava que todos aqueles que não haviam nascido na Nigéria não podiam ter acesso a ela. O Arabá de Ode Remo considerava, ao contrário, que o culto de Ifá deveria se abrir àqueles que não provinham das regiões yorubáfonas da África Ocidental, e que era preciso assegurar a aprendizagem, a instrução religiosa e a direção espiritual desses novos iniciados, pois eles traziam de volta [*taking back*] a linhagem de Ode Remo aos Estados Unidos.
>
> Fatunmbi, 2003.

"Trazer a linhagem de Ode Remo aos Estados Unidos" significa também estabelecer um controle sobre os praticantes da religião dos *orisha* nesse país. A abertura do culto de Ifá a estrangeiros mostra o interesse que algumas elites religiosas nigerianas tinham em manter seu domínio sobre as novas elites religiosas que estavam se formando "na diáspora". Mas a iniciação também podia se transformar numa espécie de adoção dos novos iniciados no seio das linhagens yoruba. Assim, a *iyalorisha* Sandra Medeiros Epega, iniciada no candomblé em São Paulo, foi "adotada" por Olarimiwa Epega, o pai de Afolabi Epega, sétima geração de *babalawo* de Ode Remo e proprietário, em Lagos, de uma grande usina que produz medicamentos naturais, exportados para os Estados Unidos. Essa adoção, determinada pela realização dos rituais de iniciação com os nigerianos, tornou possível a implantação do clã Erin Epega no Brasil.[31]

As iniciações em Ode Remo continuaram ao longo dos anos 1980 e 1990. Em 1988, foi a vez de Renaud Simmons (Shangó Deí), que fora iniciado, em Nova York, em dezembro de 1967, por Asunta Serrano, e que depois se tornou o primeiro *oriaté* afro-americano.[32] Antes de seu falecimento, em março de 2002, Renaud Simmons também foi iniciado na Nigéria no culto dos

---

[31] O terreiro de Sandra M. Epega constitui um exemplo de candomblé "reafricanizado", um processo que analisei numa obra anterior (cf. Capone, 2004a). Ele se chama *Ilé Leuiwyato* ("Templo da Tradição dos *orisha*") e está situado em Guararema, no estado de São Paulo.

[32] Simmons parece estar na origem das iniciações realizadas, nos *ilés* afro-americanos, sem a presença de um *oriaté*. Ao se tornar *babalawo*, em 1988, teria rapidamente retomado sua atividade de *oriaté*, o especialista dos rituais de iniciação. Esse duplo papel, de *oriaté* e *babalawo*, teria produzido uma certa ambiguidade a respeito das competências rituais utilizadas por Simmons nos rituais. Isso teria servido como precedente à intervenção dos *babalawo* afro-americanos nas iniciações no culto dos *orisha*.

Egungun e na sociedade Ogboni. Alguns anos mais tarde, David Wilson, um branco norte-americano, foi à Nigéria para se iniciar no *Egbé Ifá Ogunti Ode Remo*, tomando o nome ritual de Fa'lokun Fatunmbi. Um outro branco, o judeu Philip Neimark, também foi iniciado por um membro da linhagem Epega, Afolabi Epega, autor de um grande número de livros sobre Ifá. Afolabi é hoje o chefe espiritual do clã Epega. Em 1990, Baba Ifatunji, já iniciado no culto de Shangó por Adefunmi e fundador do primeiro *Egbé Egungun* (casa de culto dos ancestrais) nos Estados Unidos, foi iniciado no culto de Ifá pelo Arabá de Ode Remo, Adesanya Awoyade. Em 1999, respondendo ao convite de Wande Abimbola, recebeu o título de Olodu de Oyo. Seguindo os passos de Renaud Simmons, seu iniciador, Elton Fonville foi consagrado, em 1993, no culto de Ifá, sempre por Adesanya Awoyade, e recebeu o nome ritual de Fa'lofin.

Esses poucos exemplos não restituem a amplitude do fluxo de iniciados entre os Estados Unidos e a Nigéria. Várias vezes, tive a oportunidade de falar com mulheres afro-americanas que foram a Ode Remo para se iniciar no culto dos *orisha*. Voltaram de lá mostrando com orgulho as fotos dos rituais realizados. Encontravam nisso uma compensação à brevidade das cerimônias, que se desenrolam em apenas alguns dias. Atualmente, a aldeia na Nigéria recebe um número considerável de candidatos à iniciação, o que fez com que o Oba Sunday Adeolu, rei de Ode Remo, decidisse recentemente melhorar a infraestrutura de seu território para torná-lo mais atrativo aos olhos dos estrangeiros, particularmente dos americanos. Para fazê-lo, nomeou como Ministro do Turismo do Distrito de Ode Remo o *babalawo* Oluwasina Kuti, que é, além disso, mentor de Fa'lokun Fatunmbi.

Outros centros também desempenham um papel importante no estabelecimento das linhagens yoruba nos Estados Unidos. É o caso de Ilé-Ifé, a cidade santa yoruba, onde Edward James se iniciou no culto de Ifá, em 1964, e onde o Arabá Fasuyi Omopirola, hoje falecido, iniciou, em meados dos anos 1980, Fasina Falade. Antigo membro do *Black Panther Party*, aquele que antes se chamava Jimmie Wilson Jr., originário de Austin (Texas), abriu um templo em 1985, um ano antes de ir a Ilé-Ifé para se iniciar no culto de Ifá. O mentor de Fasina Falade, falecido em 2006, era Omotoso Eluyemi, Apena de Ifé, arqueólogo e diretor geral da Comissão Nacional para os Museus e Monumentos da Nigéria, bem como vice-presidente das COMTOC. Fasina Falade recebeu o título de Chief Olubikin de Ilé-Ifé e é o fundador do *Ijo Orunmilá* e do *Ara Ifá Orunmilá*, dois centros consagrados ao culto de Ifá em Los Angeles. Adedoja E. Aluko é outro afro-americano iniciado no culto de Obatalá por Omotoso Eluyemi. Ele é atualmente chefe do *Ilé Orunmilá Temple* de Miami. Em setembro de 2000, foi para a Nigéria em companhia de seu iniciador para visitar o *Oke Tase Temple*, o principal templo de Ifá de Ilé-Ifé, e conversar com o Arabá dessa cidade sobre a situação do culto de Ifá na América. Ora, é justamente nesse templo que D'Haifa recebeu o título controvertido de Iyá Arabá-Agbayé, em 1995. Por outro lado, Baba Ifayemi Elebuibon, seu iniciador no culto de Ifá, é também muito ativo nas redes que ligam a Nigéria e os Estados Unidos. Porta-voz (*awise*) de Oshogbò, é também o vice-presidente das COMTOC pela África. Em 2001, foi o presidente do comitê organizador da 7ª COMTOC em Ilé-Ifé e é membro organizador das Conferências Mundiais sobre a Tradição dos *Orisha* e Cultura pelo menos desde 1997. Elebuibon descende de Ollutimehin, um dos fundadores da cidade de Oshogbò, no estado de Oshun (Nigéria). Em 1999, iniciou no culto de Obatalá uma afro-americana com o nome de Olapetun Orisatolu, que já fora iniciada no culto dos *Egungun* na Oyotunji Village pelo Chief Adenibi Ajamu e Ayobunmi Sangode. Ela fundou o *Yeye Mi*, uma organização religiosa baseada em Archer (Flórida).

As viagens à Nigéria contribuíram também para a criação de novas "comunidades religiosas" de um lado a outro dos Estados Unidos. Assim, Donna Daniels (1997), que fez um estudo sobre a comunidade dos adeptos da religião dos *orisha* na baía de São Francisco, fala da influência dessas viagens sobre uma comunidade religiosa criada nos anos 1970 e com população estimada, no início dos anos 1990, em aproximadamente 1.500 pessoas.[33] A primeira onda de viagens começou no final de 1970 e se prolongou durante a década seguinte. Ela dizia respeito, sobretudo, a homens afro-americanos, militantes do nacionalismo negro, que iam para a Nigéria para adquirir conhecimentos sobre a "religião tradicional yoruba". Alguns deles voltaram aos Estados Unidos com o título de *babalawo* e, a partir dos anos 1980, essas viagens tiveram uma finalidade declarada: a iniciação no culto de Ifá. Isso deu origem à atual comunidade de *babalawo* nessa região dos Estados Unidos. As mulheres também começaram, desde a segunda metade dos anos 1980, a ir para a Nigéria se iniciar. Porém, diferentemente de seus companheiros, elas estavam à procura de uma nova forma de praticar a religião yoruba, menos influenciada pelo machismo dos cubanos e dos militantes do nacionalismo negro norte-americano. A maioria delas encontrava sua inspiração nos escritos feministas de Luisah Teish (1985 e 1994), que enfatizam o poder feminino, questionando as relações de gênero no seio da hierarquia religiosa.

---

[33] Estimativa tirada de Halifu Osumare, "Sacred Dance/Drumming: African Belief Systems in Oakland", in Willie R. Collins (ed.), *African-American Traditional Arts and Folklife in Oakland and the East Bay* (Oakland, Sagittarian Press, 1992: 17-20), citado por Daniels, 1997: 34.

Um *babalawo* afro-americano, Baba Ifá Karade (1996), contou sua experiência na Nigéria, para onde foi em 1991 para se iniciar nos cultos de Obatalá e de Ifá. O caso de Karade é um bom exemplo da busca espiritual de um grande número de afro-americanos que, como Adefunmi e Medahochi, participou de outras experiências políticas e/ou religiosas antes de se iniciar na religião yoruba. Baba Ifá Karade se interessou, num primeiro momento, pelas disciplinas orientais, como a ioga, a meditação e o *tai-chi-chuan*. Em seguida, graças às "artes afrocêntricas" como o teatro, a dança e as percussões, descobriu "a estética da cultura tradicional [africana]" (Karade, 1996: xiii). Começou a se interessar pela religião em 1985, frequentando uma casa de culto de Nova York, dirigida por um *babalawo* nigeriano que se tornou seu padrinho "na religião yoruba conhecida pelo nome de Ifá" (*ibid.*: 6). Passou quase sete anos estudando os rituais antes de receber os colares sagrados e os *ajagun*. Ora, esse termo yoruba significa "guerreiro" e faz referência à cerimônia, muito comum entre os cubanos, que visa estabelecer uma primeira proteção para o indivíduo no início de seu percurso religioso, uma cerimônia que não existe entre os yoruba. Numa casa de culto dirigida por um *babalawo* nigeriano, os *ajagun* se tornam, assim, os substitutos dos *guerreros* afro-cubanos. Em 1991, Karade decidiu viajar para a Nigéria para se iniciar no sacerdócio dos *orisha* antes de se consagrar ao culto de Ifá. Essa progressão no percurso espiritual era indispensável para poder iniciar outras pessoas, uma vez que, segundo ele, "os convertidos do Novo Mundo não reconhecem o status de *babalawo* se este não tiver sido previamente iniciado no culto dos *orisha*" (*ibid.*: 7). Sua escolha não era partilhada por seus colegas *santeros*:

> Alguns expressaram até hostilidade. Sou, contudo, um descendente de africanos e o tambor ancestral bate forte — muito forte [em mim]. Enquanto africano, sou solidamente enraizado em minha realidade e na realidade de meu povo. Fiz minha escolha (*ibid.*).

Antes de sua partida para a África, ele preparou uma lista que continha os nomes dos seus ancestrais, dos membros de sua família e das pessoas de quem gostava, lista que foi enviada a seus futuros iniciadores na Nigéria. Em 7 de julho de 1991, Karade conheceu, no avião que o levava a Lagos, um grupo de mulheres afro-americanas do Midwest que também estavam indo para a Nigéria aprimorar seus conhecimentos sobre a cultura e a religião africanas. De Lagos, foi a Ejigbo, uma cidade no estado de Oyo, onde foi iniciado, no *Ilé Iyá Olorisha*, pelo Arabá de Ejigbo, Malamo Agbede, que se encarregou da iniciação no culto de Ifá, e pela mãe deste, Iyá Keye, hoje falecida, que o iniciou no culto de Obatalá. Essa iniciação durou sete dias, seguidos pelos três dias da iniciação no culto de Ifá. Para facilitar sua aprendizagem, foi permitido que trouxesse um gravador, uma máquina fotográfica e um bloco para notas (*ibid.*: 9). Karade passou os dias anteriores à iniciação mergulhado na leitura da obra de Bolaji Idowu sobre a religião yoruba, tentando se concentrar e aperfeiçoar seus conhecimentos. Na noite que antecedeu o início das cerimônias, ouviu cantos e orações. As palavras escolhidas para dar conta do impacto desses cantos sobre seu corpo expressam, de forma exemplar, o peso do imaginário protestante entre a maioria dos afro-americanos que adota a religião yoruba:

> Meu corpo se encheu das vibrações energéticas que emanavam dos cantos. Comecei a me contorcer de dor [...]. Era como se forças demoníacas estivessem sendo arrancadas de meu interior. Sofria intensamente, mas suportava em silêncio meu sofrimento, pois acredito sinceramente que estava nascendo de novo (*ibid.*: 21).

Na sessão de adivinhação, no dia de sua iniciação, Karade, que não compreendia a língua yoruba, tomou conhecimento, pela voz de um tradutor, que grandes coisas o esperavam em seu retorno aos Estados Unidos, que devia fundar um templo e que seria homenageado e respeitado como *babalawo*. O período de aprendizagem duraria um ano e sete dias e, em sua qualidade de novo iniciado no culto de Ifá, permaneceria um *kekere-awo* (do yoruba *kékeré*, "pequeno", e *awo*, "primeiro nível do sacerdócio de Ifá") por um período que podia durar até sete anos. Durante sua reclusão, Baba Karade se descontraía praticando *tai-chi-chuan* e meditação (*ibid.*: 33). Em seu livro, ele reinterpreta o que estava vivendo à luz das filosofias orientais e da *New Age*, especialmente no que tange à circulação dos fluxos de energia. Assim, considera que, quando se pinta o corpo do futuro iniciado com o *efun*[34] e o *irosun*,[35] "a pressão constante dos dedos tem como finalidade sensibilizar o sistema nervoso inteiro" (*ibid.*: 33). Descobre então que a iniciação no culto dos *orisha* visa o re-equilíbrio energético e que, para realizar seu destino, é preciso exercer sua *aba*, "ou seja, a prática espiritual da correta canalização do *ashé* (energia)" *(ibid.*: 44).

---

[34] O *efun,* do yoruba *ẹfun,* designa o caolim, associado a Obatalá e utilizado em rituais de iniciação.

[35] O *irosun,* do yoruba *ìròsùn,* é um pó azul extraído da árvore *Baphia Nitida* também utilizado nos rituais de iniciação.

No final da iniciação, recebeu o nome de Karade, que simbolizava sua missão: "devolver a seu povo suas tradições" (*to return the people to tradition*) (*ibid.*: 143). De volta aos Estados Unidos, fundou uma casa de culto, chamada *Ilé Tawo Lona*, o "Templo do Caminho Místico", em East Orange (Nova Jersey). Esse templo, consagrado a Orunmilá, deus da adivinhação, pregava a "filosofia e a religiosidade inspiradas por Ifá" e seus membros tinham como missão "estudar e interiorizar os mistérios dos *orisha* e dos *odù*" (*ibid.*: 46). O *Ilé Tawo Lona* queria ser uma "instituição para a elevação da tradição yoruba e da religião de Ifá" (*ibid.*: 143). Um ano mais tarde, Karade retornou à Nigéria para realizar o *ebo*, o sacrifício que marca o fim do primeiro ano de iniciação, e para realizar sua peregrinação em Ilé-Ifé. Sentiu-se então "como um guerreiro iniciado que está acabando sua busca espiritual (*vision quest*)" (*ibid.*: 51). Em Ilé-Ifé, o Arabá lhe disse que ele descendia de uma linhagem do Benin e, quando Karade expressou o desejo de ir até seus iniciadores em Ejigbo, seu anfitrião declarou: "O que ainda há para se aprender lá? Quando você sabe o que deve fazer, a única coisa a fazer é se deixar guiar por Deus e por seu espírito" (*ibid.*: 57). Ele compreendeu então que, se os ensinamentos dos iniciadores são importantes, a inspiração divina e espiritual é ainda mais. A intervenção do Arabá de Ilé-Ifé legitimou, assim, o desapego do novo iniciado em relação a seus iniciadores e a substituição destes pela "inspiração divina", ou seja, pelo contato direto com as entidades espirituais.

A influência das filosofias orientais é onipresente em sua narrativa: Karade medita os ensinamentos de Ifá sentado na posição de lótus e fala dos quatro níveis de desenvolvimento espiritual que antecedem a "iluminação interior" (*ibid.*: 116). Ora, essas influências orientais ou esotéricas também estão presentes em outros praticantes da religião dos *orisha* nos Estados Unidos. Assim, no site da Oyotuniji Village, pode-se ler que "a religião yoruba é quase idêntica em sua estrutura e em suas cerimônias àquela dos hindus ou dos budistas Mahāyāna do Tibete, do Nepal e de outras culturas do Sudeste da Ásia". Em Oyotunji, os *orisha* são considerados a encarnação das energias eletromagnéticas encontradas na natureza e são associados à astrologia e à numerologia. As datas das celebrações anuais para os *orisha* são escolhidas em função do alinhamento da Terra com outros "corpos astrais":

> Por exemplo, se o planeta Olokun (Netuno) governa o signo Irosun (Peixes), o fluxo energético de Irosun chegará à terra na entrada do sol nesse signo. Consequentemente, o Olokun Festival será celebrado em fins de fevereiro.
>
> Adefunmi, 1982: 23.

Além disso, Orunmilá é associado ao Sol, Obatalá ao planeta Júpiter, Oyá a Plutão e ao signo de Escorpião, Eshu/Elegbá a Mercúrio e aos signos zodiacais de Virgem e Gêmeos, Ogún ao planeta Marte e Oshosi à constelação de Sagitário, enquanto Shangó é governado por Urano e associado a Aquário (*ibid.*). Da mesma maneira, o número associado à Yemonjá seria, entre os membros da Oyotunji Village, o 4, enquanto o de Ogún é o 3, e o de Oshún o 5 (Omari, 1996: 70). Esse constante ato de relacionar tradições filosóficas e religiosas pretensamente "ancestrais, autênticas e imutáveis" é uma das características principais da busca espiritual dos negros norte-americanos, o que os aproxima do percurso religioso de vários outros fiéis, como os praticantes da religião *wicca* (neopagãos), que buscam aperfeiçoar seus conhecimentos esotéricos iniciando-se na "religião yoruba" (*cf.* Capone,1999*b*). Assim, após longos anos de estudo, Baba Ifá Karade descobriu que os *chakras*, "as rodas de energia interior existentes no corpo físico e espiritual", não são nada mais que os *orisha* e que cada *chakra* corresponde à energia de uma divindade (Karade, 1994: 38).

Em 1993, Karade é nomeado Chief Lowo Osi Oba por Adefunmi I, o Oba da Oyotunji Village, e adquire o direito de falar em nome desse "reino yoruba". Em seu templo, todos os sacerdotes e sacerdotisas devem estudar os textos sagrados de Ifá, que se tornou o livro sagrado da religião yoruba, da mesma maneira que "o Bhagavad-gītā para os hindus, a Torá para os judeus, a Bíblia para os cristãos e o Corão para os muçulmanos" (Karade, 1996: 100). Em função da importância atribuída ao estudo de Ifá, a variante religiosa praticada pelos membros do *Ilé Tawo Lona* é chamada de *the Ifá Religion*. Ora, como Baba Karade explica em sua comunicação apresentada na 6ª COMTOC, a adivinhação tem como principal objetivo "dar força aos pensamentos e às emoções, aumentar o amor-próprio e aperfeiçoar seu caráter".[36] O trabalho religioso deve então servir para "elevar e 'curar' (*heal*) a comunidade afro-americana". É a razão pela qual os membros do templo estão presentes nas prisões americanas, onde propõem uma assistência espiritual aos prisioneiros sob a forma de sessões de adivinhação e de livros e panfletos sobre Ifá, tomando o lugar da *Nation of Islam*, que realizava um trabalho semelhante nos anos 1960 e 1970.

Todos os sacerdotes e sacerdotisas do *Ilé Tawo Lona* adquiriram, no momento da iniciação, o nome de seu iniciador e, consequentemente, a missão de trazer o povo afro-americano de volta à "verdadeira tradição". Assim, todos mudaram seus "nomes de escravos" para nomes yoruba, como Adesanya,

---

[36] "A Therapeutic View of the Ifá Religion", 6ª COMTOC, Trinidad, agosto de 1999.

Oyesina, Sijuwola ou Ifasina, aos quais se acrescenta invariavelmente o nome Karade. Ora, para os yoruba, o nome, chamado geralmente de *orúkọ*, afeta o comportamento daquele que o recebe. Ele é dado ao menino nove dias após seu nascimento, à menina, no sétimo dia, e aos gêmeos, no oitavo. Cada criança recebe vários nomes. O primeiro se chama *àmuntọ̀runwá,* o nome revelado pela adivinhação que cada criança traz consigo do mundo espiritual no momento de seu nascimento. O *àbisọ* é o nome que "faz referência às circunstâncias que prevaleciam no momento de seu nascimento" (Abraham, 1958: 487). A criança pode receber vários nomes *àbisọ*, frequentemente associados a uma divindade. O último nome é o *oríkì*, que expressa o que a criança é ou o que é desejável que ela se torne um dia. Para um homem, o *oríkì* evocará seu heroísmo e sua força; para uma mulher, ele celebrará seus encantos e realçará seu apego à família (*ibid.*).

Vários centros propõem, nos Estados Unidos, a realização da cerimônia yoruba do nome, como a *International House of Prayer for All People*, igreja fundada em Washington (D.C.) por imigrantes nigerianos. Os rituais, geralmente realizados na Nigéria no nascimento de uma criança, são também realizados nas casas de culto afro-americanas para os novos iniciados e para sua progenitura. A cerimônia do nome começa com um sacrifício aos *Egun*, os ancestrais, pelo qual se anuncia o nascimento de um novo membro da linhagem. Segue-se a esse primeiro ritual uma sessão de adivinhação cuja finalidade é revelar o *odù* que orienta a vida da pessoa.

Depois disso, o recém-nascido deve experimentar todo tipo de alimento, todos símbolos positivos para sua nova vida: a água, que representa "a flexibilidade, a abundância e a fertilidade"; o mel, para "o amor e a unidade"; o sal, que simboliza "a civilização e a estabilidade"; a pimenta-de-caiena, que o ajudará a vencer seus inimigos; o açúcar, "que evoca a história da escravidão"; a pimenta-de-Guiné "que dá poder à fala"; a noz de coco, "que representa a sabedoria"; e o gim, que substitui a noz-de-cola, ambos "símbolos de longevidade" (Curry, 1997: 84).[37] Ora, no caso do *Ilé Tawo Lona* de Baba Ifá Karade, a obtenção do nome Karade por todos os seus membros acarretou a criação de uma linhagem "yoruba-americana", cuja origem e legitimidade residem na viagem de retorno às raízes realizada no país yoruba pelo fundador do templo.

Essa prática afro-americana corresponde à "adoção" dos iniciados estrangeiros pelas linhagens yoruba, como foi o caso, já mencionado, da *iyalorisha* brasileira Sandra Medeiros Epega, que se tornou um membro do clã dos

---

[37] Para uma descrição de uma cerimônia do nome numa casa de culto afro-americana, ver Curry, 1997: 76-84.

Epega. Assim, Baba Onifade, do *Ilé Anago Ifá Orisha* de Phoenix (Arizona), após ter sido iniciado no culto de Ifá em Ode Remo, em 1999, recebeu a confirmação de seu status de *babalawo*, em 2001, das mãos de Baba Fatunmise, fundador do *Fatunmise Compound* de Atlanta (Geórgia). Baba Fatunmise é o chefe nigeriano Adebolu Fatunmise, originário de Ilé-Ifé, cuja missão é "difundir Ifá na terra dos homens brancos". Emigrado nos Estados Unidos, onde tocava música tradicional com seu grupo paralelamente à realização de sessões de adivinhação, foi contatado, em 1995, pelo Ooni de Ilé-Ifé, que tomara conhecimento de suas atividades na América e que lhe concedeu um título de chefe tradicional. Tornou-se, assim, Gbawoniyi Aye, o que significa em yoruba "aquele que eleva o status dos *babalawo* no mundo inteiro". Adotando esse título, Chief Bolu, como é conhecido nos Estados Unidos, ficou sob a proteção do rei da cidade sagrada dos yoruba. Fundou um templo em Atlanta, onde em 2001 planejava realizar um festival de Ifá, como aquele organizado, em 1988, no *Paul Robertson Theater* do Brooklyn por outro nigeriano, Chief Adedayo Ologundudu, mais conhecido pelo nome de Chief Dayo. Esse *babalawo*, iniciado no sacerdócio de Ogún em Ilé-Ifé, é o fundador e diretor do *Institute of Yoruba Cultural Studies* do Brooklyn; também músico, ele já foi líder de um grupo musical chamado *Children of Oduduwa*. Além disso, Chief Dayo organiza viagens a Ilé-Ifé para os americanos, que podem visitar os templos yoruba e participar das festividades tradicionais para as divindades.[38]

O caso de Chief Dayo e de Chief Bolu ressalta a habilidade com a qual as elites tradicionais yoruba tecem laços transcontinentais entre a África e a América, assegurando, assim, a manutenção de seu poder religioso sobre novas gerações de iniciados norte-americanos. Assim, quando Baba Onifade foi confirmado *babalawo* por Baba Fatunmise, adquiriu também o nome de seu mentor yoruba nos Estados Unidos. Tornou-se, consequentemente, membro da linhagem Fatunmise de Ilé-Ifé, bem como da linhagem do Arabá Adesanya Awoyade de Ode Remo, no seio do qual fora iniciado no culto de Ifá em 1999. A inclusão nas linhagens yoruba e a dependência ritual que liga os *babalawo* nigerianos residentes nos Estados Unidos aos representantes das elites tradicionais nigerianas, como o Ooni de Ilé-Ifé, contribuem assim para o estabelecimento de linhagens transnacionais, cujos laços de pertencimento se fundam no poder de transformação das iniciações religiosas. Hoje, para um número considerável de afro-americanos, se iniciar na religião yoruba significa também "se tornar" yoruba.

---

[38] Chief Dayo em geral realiza as iniciações de seus afilhados (*godsons and goddaugthers*) na Nigéria, sobretudo em Ilé-Ifé.

Quadro 7 — Iniciações na Nigéria e estabelecimento de linhagens transnacionais entre Estados Unidos e Nigéria

---

Linhagem de Ode Remo (estado de Ogun)[39]

Adesanya Awoyade, Arabá de Ode Remo

Awo Fagbemi
(primeiro a ir a Ode Remo no começo dos anos 1980)
|
Renaud Simmons (Shangó Deí)
(iniciado no culto de Ifá em 1988)
|
Fa'lokun Fatunmbi
(iniciado no *Egbé Ifá Ogunti Ode Remo*)
|
Philip Neimark
(iniciado por Afolabi Epega)
|
Baba Ifatunji
(iniciado por Adesanya Awoyade em 1990)
|
Fa'lofin (Elton Fonville)
(iniciado por Adesanya Awoyade em 1993)
|
Baba Onifade
(iniciado por Adesanya Awoyade em 1999)

Outras linhagens do estado de Ogun

Fagbemi Ojo Alabi, oluwo do estado de Ogun
|
Chief Farounbi Aina Mosunmola Adewale-Somadhi, Chief Fama
(iniciada no culto de Ifá, como *Iyanifá*)

---

[39] O estado de Ogun, cuja capital é Abeokutá, se situa ao norte de Lagos e é uma região habitada pelos grupos étnicos dos egba, ijebu, remo, egbado, awori e egun.

Quadro 7 — Iniciações na Nigéria e estabelecimento de linhagens transnacionais entre Estados Unidos e Nigéria (continuação)

LINHAGEM DE ILÉ-IFÉ (ESTADO DE OYO)[40]

Atual Arabá de Ilé-Ifé = Arabá Adisa Awoyemi Aworeni
|
Edward James
(iniciado no culto de Ifá em 1964)
|
Fasina Falade
(iniciado pelo Arabá Fasuyi Omopirola, hoje falecido, em meados dos anos 1980)
|
Adedoja E. Aluko
(iniciado no culto de Obatalá por Omotoso Eluyemi, Apena de Ifé)

LINHAGEM DE EJIGBO (ESTADO DE OYO)

Arabá Malomo Agbede, Arabá e chefe da linhagem Agbede de Ejigbo
|
Baba Ifá Karade
(iniciado nos cultos dos *orisha* e de Ifá)

LINHAGEM DE OSHOGBÒ (ESTADO DE OSHUN)[41]

Baba Ifayemi Elebuibon
|
D'Haifa Odufora Ifatogun
(iniciada no culto de Ifá em 1985 em Nova York)
|
Olapetun Orisatolu
(iniciada no culto de Obatalá en 1999)

---

[40] O estado de Oyo, cuja capital é Ibadan, se encontra ao norte do estado de Ogun e compreende cinco grupos étnicos: os oyo, os osun, os oke ogun, os ifé/ijesha e os igbonna.

[41] O estado de Oshun, cuja capital é Oshogbò, tornou-se independente do estado de Oyo em agosto de 1991. Seus habitantes se dizem originários de Ilé-Ifé.

CAPÍTULO VIII

Entre unificação e estandardização dos cultos: as redes transnacionais da religião dos orisha

A identidade yoruba tornou-se, atualmente, o denominador comum de inúmeras modalidades de culto que nem sempre se reconhecem nas práticas yoruba contemporâneas. Em nível internacional, se a religião dos *orisha* hoje aspira ao status de *World Religion*, ela o faz pregando uma identidade étnica produto de uma elaboração coletiva. Nos Estados Unidos, é crescente a tensão entre uma religião universal, acessível a todos, independentemente da cor da pele ou da origem dos iniciados, e uma religião "re-etnicizada", patrimônio exclusivo dos descendentes de africanos, como é o caso do círculo de iniciados da Oyotunji Village. Assim, mesmo os cubanos, que em seu país defendem uma prática religiosa aberta a todos — brancos, negros, mulatos ou descendentes de asiáticos —, tiveram que redefinir sua posição nos Estados Unidos. A *Church of the Lukumí Babalú Ayé* de Miami, por exemplo, desenvolve, em suas publicações, uma noção de identidade religiosa certamente aberta a todos, mas que se transforma numa espécie de identidade "étnica": graças à iniciação, o indivíduo se torna membro de uma "ordem tribal", uma ordem que se quer exclusivamente yoruba. Todo iniciado, qualquer que seja sua origem e cor da pele, poderá, portanto, se reconhecer como membro da grande família yoruba no mundo. Entretanto, no caso em questão, não se trata mais da atual identidade yoruba, mas de uma identidade muito mais antiga e, consequentemente, mais "autêntica" e mais "tradicional". Assim, Ernesto Pichardo, fundador dessa igreja e um dos protagonistas do processo de unificação das diferentes modalidades de culto que formam a religião dos *orisha*, defende a ideia de que as práticas lucumís seriam, na realidade, práticas *ayoba*, termo que faria referência ao antigo império de Oyo.[1] À "religião yoruba", valorizada pelos afro-americanos e que encontra sua legitimidade nos laços rituais estabelecidos com os nigerianos, opõe-se uma "religião *ayoba*", muito mais antiga, desprovida das influências ocidentais, tão fortes hoje na Nigéria.

Porém, apesar dessas desavenças a respeito da tradição reativada nas práticas religiosas, todos se reconhecem como praticantes de uma religião de origem yoruba. Assim, nos últimos anos, nos fóruns internacionais que reúnem os iniciados nas diferentes modalidades da religião dos *orisha*, elabora-se um patrimônio comum ao conjunto dos cultos afro-americanos. A língua yoruba ajuda a delimitar esse território "africano" que se estende de um lado a outro do Atlântico, independentemente da real origem cultural de cada culto, e a "nação da diáspora" se constrói em torno de uma linguagem transnacional, na qual as origens yoruba, reais ou imaginárias, legitimam as reivindicações de uma identidade africana. Em 21 de maio de 1999, o *Caribbean Cultural Center* organizou em Nova York o I Fórum Internacional sobre a Tradição e a Cultura dos *Orisha* no Terceiro Milênio. Esse colóquio se apresentava como herdeiro direto das Conferências sobre a Tradição dos *Orisha* e Cultura (COMTOC), de que o *Caribbean Cultural Center* era um dos organizadores desde 1981. Assim, frente às manobras de alguns segmentos do movimento, que teriam excluído o *Caribbean Cultural Center* da organização das últimas COMTOC, o centro cultural de Nova York tornou-se o porta-voz das reivindicações das comunidades de descendentes de africanos nas Américas, expressando a necessidade de um real engajamento dos líderes espirituais da religião dos *orisha* na política comunitária. O tema central dessa reunião era "o papel da tradição dos *orisha* e de seus praticantes na melhoria das condições de vida de suas comunidades no terceiro milênio". Os chefes de culto tinham também a obrigação moral de se tornarem chefes comunitários.

Entre os participantes, havia pesquisadores de renome internacional, como Robert Farris Thompson, mas também, e sobretudo, líderes religiosos, como as brasileiras Mãe Coleta de Omolu, da Irmandade da Boa Morte de Cachoeira, e Zezé de Nanã, do Gantois, prestigiosa casa de candomblé de Salvador, Bahia. Na esteira das conferências passadas, esse colóquio se propunha a ser uma contribuição para a elaboração de um patrimônio comum ao conjunto dos cultos afro-americanos, a chamada religião dos *orisha*, caracte-

---

[1] Entrevista com Ernesto Pichardo, Miami, abril de 2000.

rizada, segundo os organizadores, por "valores, éticas e visões estéticas" partilhadas. O primeiro desses valores era a resistência: o sistema de crenças, na base das diferentes adaptações regionais da religião dos *orisha*, constituiria o fundamento de todo movimento de resistência cultural no seio das comunidades de descendentes de africanos nas Américas. Segundo os organizadores, os praticantes dos sistemas de crenças de origem africana teriam sempre estado na "vanguarda das lutas pela libertação e dado origem à criação dos movimentos independentistas". Resistência política e engajamento comunitário estariam entre os elementos fundadores de uma ética própria à religião dos *orisha*.

Nos Estados Unidos, a história dos escravos negros nas Américas é assim reinterpretada, em termos de resistência. Essa resistência é encarnada pelos yoruba, que se tornaram, no imaginário afro-americano, "heróis da grande luta pela liberdade", sucedendo os akan, que encarnavam até então, no imaginário anglo-saxônico, o estereótipo do negro que resistia à dominação branca (*cf.* Capone, 2007).[2] Porém, essa resistência não pode ser mobilizada sem uma adaptação paralela: foi a "flexibilidade" dos yoruba, sua capacidade de se adaptar a novos contextos, que permitiu a sobrevivência e a preservação dos valores culturais africanos. Esse imaginário de "resistência-adaptação" é uma noção familiar aos pesquisadores que estudam os cultos afro-americanos e uma noção comum aos movimentos de reafricanização norte-americano e brasileiro. Ela constitui, sem dúvida, uma das características fundamentais desse *éthos* africano ou, mais precisamente, yoruba, reivindicado pelos membros da religião dos *orisha*. Porém, ao lado desse ideal de resistência cultural e política, há também a redescoberta de uma ética própria à religião africana. Ser um iniciado na religião dos *orisha* implica, ao menos nos Estados Unidos, propagar um ideal: o desenvolvimento do *iwà pèlé*, ou seja, de um bom caráter. Ter um *iwà pèlé* significa respeitar seus ancestrais, não buscar o enriquecimento pessoal e esquecer os interesses pessoais para se dedicar ao bem da comunidade. Significa igualmente reatar os laços com suas origens, redescobrir um passado glorioso, instaurar um culto dos ancestrais, pois sem ancestrais não é possível construir uma comunidade de descendentes de africanos.

Os ancestrais são, portanto, os guardiões do *iwà pèlé*, e, como guardiões da comunidade, ditam o comportamento de todo bom iniciado. Ernesto Pichardo explica o que significa ter um bom caráter: "Exercer seu bom caráter

---

[2] Atualmente, vários iniciados na religião akan parecem ter adotado também práticas rituais yoruba, uma vez que frequentemente cultuam, ao mesmo tempo, divindades akan e yoruba.

quer dizer desenvolver a ajuda mútua e ser responsável pelo bem-estar de sua comunidade".³ Ora, a importância atribuída aos aspectos éticos dessa religião tornou-se ainda mais clara com a criação de um *Ethic Committee*, nas últimas COMTOC. O debate no seio desse comitê concentrou-se na maneira de "corrigir" os sacerdotes e sacerdotisas cujo comportamento "incorreto", notadamente sua sede de riqueza e a exploração dos fiéis, trazem graves problemas à comunidade religiosa. Para que isso seja possível, é preciso criar instituições centralizadas e federadoras, a fim de impor uma ortodoxia a um universo fragmentado. Na realidade, a oposição entre a organização estritamente hierárquica em nível local (o de um *ilê* ou casa de culto) e a rede de relações acéfala em um nível mais amplo (no seio de uma mesma família religiosa ou *rama*, ou entre famílias religiosas distintas), presente nas organizações social e ritual da santería nos Estados Unidos, constitui uma espécie de paradoxo fundador para o conjunto das religiões afro-americanas. Esse paradoxo se expressa numa tensão constante entre os particularismos de cada grupo de culto e a aspiração a uma estrutura que ultrapasse as diferenças para impor regras e instituir uma "ortodoxia" válida para o conjunto dos praticantes, apagando o estigma de "selvageria" associado a essas práticas. O caso do candomblé brasileiro é um bom exemplo desse fato, pois, desde ao menos os anos 1930, seus iniciados tentam responder às acusações de degeneração das práticas religiosas com a criação de federações dos cultos. As federações visam a fazer respeitar as regras e corrigir os erros rituais, definindo uma verdadeira "ortodoxia" para diferentes grupos de culto num campo religioso extremamente fragmentado. Historicamente, essas tentativas de unificação sempre tiveram um alcance limitado, estando muitas vezes fadadas ao fracasso. A situação atual nos Estados Unidos não é, portanto, de forma alguma, uma especificidade norte-americana, mas uma característica intrínseca do campo religioso afro-americano em nível continental e até do conjunto dos praticantes da "religião tradicional yoruba" na Nigéria. Essa tensão criada pela defesa dos particularismos oposta à aspiração a uma unidade entre "irmãos de religião" se torna um elemento característico desses sistemas religiosos.

O jogo de escalas entre o *ilê* e a igreja, como a *Church of the Lukumí Babalú Ayé*, coloca essa tensão em cena. Determinar regras comuns ao conjunto dos praticantes e impor um código de conduta único e uma ortodoxia parecem ser o único caminho possível para se adquirir um estatuto integral de religião, comparável ao das religiões monoteístas. A resistência às tentativas

---

³ Entrevista realizada em Miami em abril de 2000.

de criação de uma estrutura comum com uma liderança bem definida não evita a eterna queixa contra a fragmentação de uma religião em que cada casa de culto parece poder ditar suas próprias regras. Trata-se da luta entre particularismo e universalização na religião dos *orisha*: um universo segmentado, mas que sonha com a união, igualitário, mas com muitos candidatos ao lugar de unificador da religião.

As COMTOC ou o sonho de uma unidade das práticas religiosas de origem africana

Nos Estados Unidos, mantém-se a oposição, já presente no Brasil (*cf.* Capone, 2004*a*), entre uma valorização da identidade religiosa yoruba, eleita como modelo da tradição, e a perpetuação da tradição religiosa ligada à "diáspora americana". Vimos como se articula o confronto entre os "novos convertidos", ou seja, os negros americanos que buscam construir para si uma nova identidade africana, e os iniciados dos cultos afro-cubanos, que defendem sua própria ideia de tradição — uma oposição que não é desprovida de desafios políticos e tensões étnicas em torno do monopólio da "verdadeira" tradição. Ora, os fóruns internacionais e, particularmente, as Conferências Mundiais sobre a Tradição dos *Orisha* e Cultura (COMTOC), que reúnem os iniciados brasileiros, cubanos, norte-americanos e nigerianos, são lugares privilegiados para a elaboração dessa "tradição africana".

A primeira dessas conferências se realizou de 1 a 7 de junho de 1981 na cidade de Ilé-Ifé, na Nigéria. Reuniu os chefes religiosos africanos (limitados ao país yoruba, considerado o principal "berço da tradição") e os da "diáspora" americana com a finalidade de unificar a tradição dos *orisha* e lutar, segundo os termos dos organizadores, "contra a fragmentação da religião africana no mundo". Entre os organizadores, havia iniciados depositários de altos cargos em terreiros de candomblé e considerados os guardiões das tradições yoruba no Brasil, como Deoscóredes M. dos Santos, filho de Mãe Senhora, antiga *iyalorisha* do Axé Opô Afonjá de Salvador; estudiosos dos cultos afro-americanos iniciados na religião, como Juana Elbein dos Santos[4] e Marta Moreno Vega; bem como intelectuais yoruba iniciados no culto de Ifá e muito ativos na cena internacional, como Wande Abimbola e Omotoso Eluyemi.

---

[4] Sobre o papel desempenhado no Brasil por Deoscóredes M. dos Santos e sua mulher Juana Elbein dos Santos e a fundação do Instituto Nacional da Tradição e Cultura Afro-Brasileira (INTECAB), ver Capone (2004*a*: 309-322).

Foi nessa Conferência que Adefunmi foi consagrado *Balé* dos Estados Unidos da América pelo Arabá de Ilé-Ifé. Essa primeira reunião internacional permitiu que os praticantes da religião yoruba nos Estados Unidos se apresentassem como defensores das práticas tradicionais com a mesma legitimidade dos representantes das elites religiosas do candomblé brasileiro.

Uma das organizadoras, Marta Moreno Vega, foi também a fundadora, em 1976, do *Caribbean Cultural Center*, herdeiro do *Caribbean Visual Arts and Research Center* (VARC), criado em 1967. O VARC propunha conferências sobre a religião yoruba com a finalidade de "recriar laços entre os iniciados nas Américas e os sacerdotes yoruba" (Guzmán, 1984). Em 1981, Marta Moreno Vega, uma porto-riquenha que reside nos Estados Unidos, fora iniciada no culto de Obatalá em Havana (Vega, 2000), participando em seguida, com Wande Abimbola, da organização da 1ª Conferência sobre a Tradição dos *Orisha* e Cultura, que iria ocorrer na Universidade de Ilé-Ifé, onde Abimbola trabalhava. A ideia dessa Conferência teria surgido por ocasião do *International Expressions Annual African Diaspora Festival*, organizado, em 1980, pelo *Caribbean Cultural Center* (Vega, 1995: 15). Segundo Wande Abimbola (1997: 31), nesse momento, ele teria encontrado Deoscóredes M. dos Santos, mais conhecido pelo nome de Mestre Didi, e teriam decidido se lançar juntos nessa aventura. Na Conferência em Ilé-Ifé, as COMTOC foram colocadas sob a patronagem do Ooni, e Abimbola foi eleito presidente e chefe do comitê diretivo internacional (*ibid.*).

No entanto, apesar dos esforços empreendidos dos dois lados do oceano, essas conferências rapidamente se transformaram em fóruns políticos, onde diferentes autores tentavam afirmar sua autoridade e sua tutela sobre o movimento. A 2ª Conferência Mundial foi realizada em 1983, na cidade de Salvador, "berço da tradição" em terra brasileira. A delegação nigeriana reunia 89 membros, entre os quais o Ogiyan, rei de Ejigbo, que representava o Ooni, vários *babalawo* e o Arabá de Ilé-Ifé, Chief Awosopé, hoje falecido (*ibid.*: 32). Essa Conferência recebeu apoio do Ministério das Relações Exteriores brasileiro, bem como das embaixadas africanas no país, e o prefeito de Salvador organizou um almoço em homenagem aos ilustres convidados. Durante essa reunião, Mãe Stella, mãe de santo do Axé Opô Afonjá, um terreiro nagô[5] considerado um dos mais tradicionais de Salvador, empreendeu uma verdadeira cruzada contra o sincretismo, questionando certas práticas ligadas à tradição

---

[5] O termo *nagô*, como seu correspondente cubano *lucumí*, faz referência a uma origem étnica yoruba.

brasileira, como o culto aos santos católicos e o culto aos caboclos.[6] No final dessa 2ª COMTOC, os desacordos frente às diferentes tentativas hegemônicas levaram a uma cisão do movimento, que determinou o afastamento das casas de culto, consideradas as guardiãs da tradição africana no Brasil. A revista do Instituto Nacional da Tradição e Cultura Afro-Brasileira (INTECAB), fundado por Deoscóredes M. Dos Santos e Juana Elbein dos Santos em 1987, em Salvador, e que se apresenta como a expressão "das diferentes tradições que perpetuam a herança dos ancestrais africanos no Novo Mundo", explica essa cisão da seguinte forma:[7]

> Durante a 1ª COMTOC foi eleito um Comitê Organizador, composto por delegados de distintos paises como a Nigéria, o Brasil, Cuba, o Haiti, a Venezuela, Trinidad Tobago, os Estados Unidos. [...] Na 2ª COMTOC, em Salvador, foi escolhido Trinidad Tobago para sediar a 3ª COMTOC. Mas o comitê organizador internacional encontrou diversas dificuldades para concretizar a 3ª COMTOC naquele país. Reunido em Nova York, o Comitê resolveu por bem realizá-la naquela cidade, não participando desta reunião, todavia, representantes da Nigéria, que não concordaram com a decisão da maioria absoluta. No ano de 1986, foi realizada a 3ª COMTOC em Nova York com muito sucesso. [...] Em Nova York foi proposta a criação de um Instituto Internacional, proposta que deverá ser concretizada na 4ª COMTOC. Também no mesmo ano, a Universidade de Ilé-Ifé fez uma reunião em separado, mas que teve pouquíssimos delegados, e do Brasil só foram sete pessoas, do estado de São Paulo, sem nenhum vínculo com o histórico das COMTOC.
>
> *Siwaju*, 12, 1988: 7.

A 3ª COMTOC foi, portanto, organizada pelo *Caribbean Cultural Center* em Nova York, de 6 a 10 de outubro de 1986. Vimos que a diretora desse centro, Marta Moreno Vega, participara, em 1981, da coordenação da primeira Conferência Mundial dos *Orisha* em Ilé-Ifé. Ora, no comitê organizador dessa terceira conferência não havia nenhum africano. Os únicos nigerianos que participaram da primeira sessão, "África, a fonte", foram os *babalawo* Kola Abiola e Afolabi Epega, que já era muito ativo nessa época nos Estados Unidos. Na sessão intitulada "Nigéria/USA", contribuiu também um outro nigeriano,

---

[6] Os *caboclos* são, em sua maioria, espíritos de índios, que não são considerados "ortodoxos" por Mãe Stella por não serem africanos. Eles são, contudo, extremamente difundidos no candomblé, mesmo nos terreiros mais tradicionais. O Manifesto de Ialorixás Baianas contra o Sincretismo foi também assinado por Mãe Menininha do Gantois, Tetê de Iansã, Olga de Alaketo e Nicinha do Bogum.

[7] Agradeço a Alejandro Frigerio ter disponibilizado seus dados sobre a 3ª e 4ª COMTOC.

Babatunde Olatunji, célebre percussionista que, nos anos 1960, introduziu a dança e as percussões africanas nas universidades americanas, tornando-se o embaixador da cultura yoruba nos Estados Unidos. Wande Abimbola, que já era presidente das COMTOC, não participou. No final da reunião, Marta Moreno Vega enviou uma carta aos participantes declarando que

> essa reunião levara à criação de uma organização internacional sem fins lucrativos que iria se dedicar à organização das COMTOC, bem como à manutenção de uma rede [tendo como finalidade] a troca de informações entre líderes tradicionais e pesquisadores.[8]

Entre os membros fundadores, havia Deoscóredes M. dos Santos e Mãe Stella pelo Brasil; Max Beauvoir pelo Haiti; Mervyn C. Alleyne pela Jamaica; Molly Ahye por Trinidad; Margo Torres por Cuba e Marta Moreno Vega e Michael Turner pelos Estados Unidos. Wande Abimbola e os outros nigerianos reagiram organizando outra Conferência na cidade sagrada de Ilé-Ifé, que, pelo fato de ter sido apresentada como sendo a 3ª COMTOC, questionou a legitimidade daquela de Nova York.

A 4ª COMTOC foi realizada em São Paulo, de 24 a 29 de setembro de 1990. O controle das COMTOC já passara, nessa época, das elites tradicionais da "diáspora" e, particularmente, dos líderes dos terreiros tradicionais da Bahia às novas elites que lutavam para assentar sua legitimidade baseando-se nos laços rituais estabelecidos com os nigerianos. Na origem desse evento estavam o Afoxé Ile Omo Dada, fundado por um *ogã*[9] de candomblé, Gilberto de Exu, e a Obafemi Awolowo University de Ilé-Ifé. O presidente do comitê organizador era Wande Abimbola e o secretário-geral Omotoso Eluyemi, arqueólogo que dirigiu a Comissão Nacional para os Museus e os Monumentos da Nigéria. Wande Abimbola é um professor universitário nigeriano, iniciado como *babalawo* na Nigéria. Ele recebeu, em 1987, o título de *Awise Ni Agbaye*, "porta-voz de Ifá no mundo" em yoruba (Abimbola, 1997). Autor de várias publicações sobre a adivinhação e o sistema de Ifá, foi presidente da Universidade de Ilé-Ifé e líder do senado nigeriano, até sua dissolução em novembro de 1993. Em sua qualidade de homem político e intelectual, em meados dos anos 1970 veio para o Brasil promover um programa de intercâmbio universitário que

---

[8] Comunicação pessoal de Alejandro Frigerio.

[9] O *ogã* é um cargo ritual atribuído a homens que não entram em transe.

visava ao ensino da língua yoruba.¹⁰ Em 1987, ele foi para Cuba preparar a primeira visita oficial do Ooni de Ilé-Ifé.¹¹ Entre os organizadores brasileiros da 4ª COMTOC, havia Gilberto Ferreira (Gilberto de Exu), vice-presidente, bem como a *iyalorisha* Wanda Ferreira, sua mulher, coordenadora nacional.¹² Os chefes das "tradicionais" casas nagô da Bahia brilhavam por sua ausência. No final dessa conferência, os membros do comitê organizador internacional eram: Wande Abimbola (presidente), João Carlos Peracchini (vice-presidente pelo Brasil), a antropóloga norte-americana Mikelle Omari (vice-presidente pelos Estados Unidos), Patrick Edwards (vice-presidente por Trinidad e Tobago), Omotoso Eluyemi (secretário geral) e a *iyalorisha* argentina Carmen (Peggie) Poggi (tesoureira).¹³ Entre os representantes das COMTOC, havia o Oba Adefunmi da Oyotunji Village e o *babalawo* Philip Neimark, pelos Estados Unidos, bem como Afolabi Epega e Ifayemi Elebuibon, pela Nigéria.

A 5ª COMTOC deveria ter ocorrido na Argentina, em 1992, após uma Conferência sobre as Culturas Afro-Americanas organizada por uma outra *iyalorisha* de Buenos Aires, Gladys de Oshún. Mas essa nova COMTOC jamais foi realizada nesse país. Em seu lugar, um pai de santo de omolocô organizou, em 1992, o 1º Simpósio Argentino sobre a Cultura Africana, convidando para ir a Buenos Aires representantes do INTECAB e, particularmente, Juana Elbein dos Santos e seu marido, Deoscóredes M. dos Santos. Nessa reunião, Juana E. dos Santos explicou a razão do desentendimento com os nigerianos. Após a 2ª COMTOC e com o intuito de preparar a terceira, o comitê brasileiro preparara um congresso nacional para eleger os representantes de cada estado e das

---

¹⁰ A respeito desse programa e de seu impacto no movimento de reafricanização no Brasil, ver Abimbola, 1976b; Capone, 2004a: 296-298. Sobre as tentativas de estabelecimento desse mesmo programa de ensino da língua yoruba em Cuba, ver Abimbola, 1997: 112.

¹¹ Sobre o impacto dessa visita sobre a comunidade local dos praticantes da religião lucumí, ver Argyriadis e Capone, 2004.

¹² O papel desempenhado nesses fóruns internacionais e a notoriedade adquirida por Gilberto de Exu, que já realizou rituais nos Estados Unidos, permitiram o estabelecimento de laços rituais com praticantes oriundos de outros países. Eu mesma conheci em Miami um jovem porto-riquenho, Wilfrido "Willie" Velázquez, que lá encontrou Gilberto de Exu e Maria de Oxalá (Maria Junqueira). Psicóloga e antropóloga, Maria foi iniciada no candomblé efon em São Paulo e há muito tempo desempenha um papel importante no estabelecimento de redes entre os praticantes da religião dos *orisha* nos Estados Unidos e no Brasil. Em 2002, Willie decidiu se iniciar no candomblé com Maria de Oxalá, que vivia nessa época em Miami. A iniciação ocorreu na casa de culto de Gilberto de Exu, em São Paulo, e Willie foi consagrado ao culto de Omolu. Ao retornar a Miami, Willie se iniciou de novo, desta vez segundo o ritual lucumí, consagrando-se no culto de Obatalá. Segundo Maria de Oxalá, ele teria "lucumizado" os altares do candomblé, adaptando-os aos rituais realizados na santería cubana (entrevista com Maria Junqueira, Rio de Janeiro, agosto de 2005).

¹³ Sobre a introdução das religiões afro-brasileiras e o processo de reafricanização na Argentina, ver Frigerio, 1993, 1998 e 1999; Oro 1999.

diferentes modalidades de culto. Segundo ela, as casas de candomblé nagô de Salvador não teriam aceitado de bom grado a presença de outras casas, consideradas "menos tradicionais". Dessa primeira cisão interna, teria nascido o INTECAB, tendo como divisa "Unidade na diversidade". Segundo ela, Abimbola e os outros nigerianos não estavam dispostos a aceitar a diversidade das práticas da "diáspora" e tentavam impor a tutela do Ooni de Ilé-Ifé. Isso acarretou a cisão definitiva entre, de um lado, o casal Santos e Marta Moreno Vega e, do outro, o grupo de Abimbola e Eluyemi, dando lugar à realização de duas versões da 3ª COMTOC, uma na "diáspora" e outra na "terra das origens".[14]

Ora, apesar do distanciamento das casas "tradicionais" nagô do INTECAB, não houve aproximação estratégica entre seus líderes e os representantes das elites nigerianas, uma vez que, segundo informações publicadas na revista do INTECAB, nenhum baiano participou da 3ª COMTOC, realizada em Ilé-Ifé. A cisão entre as casas "tradicionais" baianas e os nigerianos anunciava as futuras alianças destes com os membros dos terreiros "reafricanizados" do sul do Brasil.[15] Os brasileiros não aceitavam contudo a estrutura hierárquica que os nigerianos queriam impor às COMTOC, em que Abimbola ocupava o lugar de presidente, e defendiam a organização de comitês de direção (*steering committees*), como na 3ª COMTOC de Nova York, compostos por representantes de cada país. O INTECAB solicitou um *expanded steering committee*, para reunir os dois grupos dissidentes, reivindicando a mesma posição de destaque, normalmente acupada pelo rei de Ilé-Ifé, para outros reis africanos, como o Alaketu (o rei de Ketu) ou os reis daomeanos. Isso parecia inaceitável aos olhos de Wande Abimbola e de Omotoso Eluyemi, ambos ligados ao Ooni de Ilé-Ifé. Este devia permanecer a única instância superior para o conjunto dos praticantes da religião dos *orisha*.[16]

Hoje, o movimento das Conferências Mundiais sobre a Tradição dos *Orisha* e Cultura se divide em duas correntes: uma que procura se legitimar em relação à terra das origens (isto é, o país yoruba e, sobretudo, Ilé-Ifé, berço mítico de todos os yoruba), outra que visa perpetuar uma supremacia, já historicamente instaurada no Brasil (*cf.* Capone, 2004a). No Brasil, essas duas correntes se cristalizam em torno de um polo "africano" (yoruba), ligado a

---

[14] Comunicação pessoal de Alejandro Frigerio.

[15] Sobre esse processo e o movimento de reafricanização, ver, entre outros, Capone, 2004a. Para uma análise crítica da literatura sobre os processos de reafricanização, ver Frigerio, 2004.

[16] Comunicação pessoal de Alejandro Frigerio. Entretanto, é preciso acrescentar que, apesar das tentativas de reunir a comunidade internacional dos iniciados na religião dos *orisha* em torno da figura do Ooni de Ilé-Ifé, Abimbola não defende, pelo menos não oficialmente, a atribuição de um papel específico a esse chefe tradicional yoruba, uma vez que, como afirma, "não há Papa nessa religião" (Abimbola, 1997: 71).

algumas casas de candomblé no Sudeste, e um outro polo ligado à tradição da "diáspora", ou seja, ao candomblé baiano. Assim, a 4ª Conferência Mundial foi organizada pelos representantes dos terreiros mais "reafricanizados" de São Paulo, onde o mal-estar frente à preeminência das casas de culto da Bahia parece ser mais forte. O movimento de reafricanização, que se apoia na aliança religiosa e "política" com os yoruba, esconde, assim, o desejo de legitimação de alguns grupos de culto considerados novos convertidos no universo da "tradição afro-brasileira". Essa mesma afirmação é igualmente válida para as relações que unem os "novos convertidos" norte-americanos a seus mentores yoruba.

A 5ª Conferência Mundial, de que tive oportunidade de participar, foi organizada em agosto de 1997, em São Francisco, por instituições afro-americanas como a *Wajumbe Cultural Institution*, o *Center for African & African American Art and Culture* e a *School of Black Study* da San Francisco State University. No convite do congresso havia uma curta apresentação das COMTOC, da qual a 3ª Conferência, realizada em Nova York, desaparecera. Essa reunião tinha como tema "Um renascimento cultural mundial: a tradição dos *orisha* no século XXI", e como objetivos declarados "celebrar os *orisha*, bem como as tradições e as artes que lhes são associadas", "demonstrar a unidade, a coerência e a interconexão das diferentes tradições dos *orisha* pelo mundo", e "se preparar para os desafios do século XXI". Na apresentação, os organizadores recorreram a uma formulação — "*Òrìsà and Òrìsà-related traditions*" — que permitia incluir práticas religiosas como o vodou, que não cultuam diretamente as divindades yoruba. Da mesma forma, no panfleto de apresentação da 5ª COMTOC, o logo do congresso mostrava uma bandeja de adivinhação (*opón ifá*), simbolizando "o lugar central ocupado pela adivinhação de Ifá na religião yoruba": "a cabaça sagrada (*igbá ìwà*) não representa apenas o universo e seus segredos, mas também o florescimento mundial da religião yoruba". A importância atribuída à adivinhação não era surpreendente, uma vez que os organizadores nigerianos eram todos *babalawo*.

A abertura da Conferência foi no dia 3 de agosto, com uma sessão de adivinhação de que participaram oito *babalawo* yoruba. Enquanto preparavam os rituais propiciatórios numa sala ao lado, os organizadores apresentavam os principais objetivos dessa Conferência Mundial, a que se acrescentavam a "reconstrução dos templos de Ilé-Ifé" e o "financiamento da *Asociación Cultural Yoruba de Havana*", associação de *babalawo* cubanos ligados ao governo castrista. Após uma longa espera, os *babalawo* voltaram à sala de reunião para revelar a mensagem de Ifá. O *odù* resultante da adivinhação era

Ireté-Okanran, signo que anunciava, segundo os *babalawo* presentes, uma "morte inesperada". Era preciso, portanto, "muito dinheiro" para realizar os sacrifícios necessários à conjuração de uma catástrofe que pesava sobre todas as pessoas presentes. Os *babalawo* nigerianos pediram para que passassem uma caixa ao público recolhendo doações dos participantes. Ao meu lado, os iniciados afro-americanos não regateavam suas contribuições, enquanto os *babalawo* insistiam declarando que era preciso "muito, muito dinheiro". Conseguiram recolher 780 dólares. Ora, essa adivinhação e o *ebo* (sacrifício) que devia ser realizado se tornaram rapidamente o pomo da discórdia do Congresso. Alguns dias mais tarde, em 6 de agosto, houve uma reunião do "comitê de ética", criado com o intuito de estabelecer regras de comportamento para o conjunto dos iniciados na religião dos *orisha*. Entretanto, a primeira questão submetida ao comitê disse respeito aos sacrifícios, que, três dias após a sessão de adivinhação, ainda não haviam sido efetuados. Diante dos representantes das casas de culto afro-americanas, o rei de Oyotunji e sua corte, os representantes de Trinidad e o *ogã* Gilberto Ferreira, vice-presidente do congresso pelo Brasil, a quem eu servia como intérprete, os *babalawo* nigerianos começaram a negar a responsabilidade por essa situação, alegando que não sabiam onde comprar os animais — três galos e dois pombos — necessários aos ditos sacrifícios. Depois, chegaram a dizer que haviam decidido realizar os rituais, exigidos com tanta urgência por Ifá, ao retornarem à Nigéria. Frente às reações ultrajadas da parte dos afro-americanos, os nigerianos declararam, num tom bastante agressivo, que "aqueles que não eram consagrados no culto de Ifá não podiam criticar a ação dos *babalawo*".

Essa atitude dos *babalawo* nigerianos foi muito mal recebida pelo público e, especialmente, pelos raros iniciados argentinos ou brasileiros.[17] Ao cabo de uma semana de reuniões, o comitê de ética solicitou aos representantes de cada país uma lista de todos os *ilés* (casas de culto), para registrar cada sacerdote e sacerdotisa da religião dos *orisha* e certificar sua iniciação e seu status religioso. Isso deveria ajudar a lutar contra "os maus sacerdotes que exploram a religião". Apesar disso, o cadastro nunca foi realizado e os iniciados afro-americanos se mostraram desconfiados em relação aos nigerianos,

---

[17] É preciso lembrar que a adivinhação pelo sistema de Ifá é uma técnica que se perdeu no Brasil, com o falecimento dos últimos *babalawo* nos anos 1940. A técnica divinatória normalmente utilizada é o *dilogun*, a mesma que a utilizada pelos *oriatés* em Cuba. Desde os anos 1980, com a difusão dos cursos de língua yoruba no Brasil, assiste-se a uma proliferação de cursos de adivinhação por *odù*, ou seja, pelo sistema de Ifá (*cf.* Capone, 2004a: 296-309). A implantação do culto de Ifá no Brasil é algo bastante recente, graças também à chegada ao país de *babalaos* cubanos a partir dos anos 1990. As pretensões dos *babalawo* nigerianos não encontram, portanto, a mesma receptividade entre os iniciados norte-americanos e brasileiros.

insistindo muito para que a tesouraria das COMTOC fosse atribuída aos norte-americanos. A presidência permaneceu nas mãos de Wande Abimbola (cf. Fotos 36 e 37).

Na 5ª COMTOC, vimos como, foram tratadas questões que estão no cerne da implantação da religião dos *orisha* nos Estados Unidos, como a ancestralidade e o lugar dos brancos nessa religião. Ora, as posições defendidas pelos afro-americanos não eram sempre aceitas pelos nigerianos. Para Wande Abimbola, preservar essa religião da influência dos brancos constitui um falso problema, uma vez que, no Brasil e em Cuba, estes já são, há muito, membros integrantes da religião dos *orisha*:

> As pessoas dizem: "Não se devem iniciar os brancos". O problema é que se você não iniciá-los, outro irá fazê-lo. Não partilho uma doutrina que perpetue o ódio e a vingança. A religião yoruba não é certamente um bom instrumento para isso. Ifá nos ensina que a cidade de Ilé-Ifé é o berço da humanidade. É o lugar em que todos os homens, negros ou brancos, foram criados e de onde se dispersaram pelo mundo. Quando uma pessoa chega a Ilé-Ifé, independentemente de sua cor da pele ou de sua nacionalidade, dizemos: "Bem-vindo de novo à casa".
>
> Abimbola, 1997: 29.

Entretanto, essa abertura ao conjunto dos praticantes da religião dos *orisha* é rapidamente questionada quando as relações de submissão ritual estão em jogo, como no caso da *Iyanifá* D'Haifa, culpada por querer se elevar ao mesmo nível dos *babalawo* nigerianos. Assim, a exaltação do culto de Ifá, considerado na 5ª COMTOC a variante da religião "mais adaptada às características afro-americanas", permite assentar o prestígio e a legitimidade dos *babalawo* da Nigéria, que ocupam, dessa forma, um lugar predominante no seio de um mercado religioso fragmentado em inúmeras denominações distintas.[18] As alianças estabelecidas com os nigerianos permitem também que representantes do candomblé, numa cidade como São Paulo, vista como a pátria da umbanda e desprovida de qualquer atestado de autenticidade e de tradicionalismo, reivindiquem o papel de defensores da tradição africana no Brasil, em clara oposição às casas de culto de Salvador. Foi assim que Gilberto de Exu se apresentou, na 5ª COMTOC, como o representante das casas "tradicionais" de candomblé, que atualmente não estariam mais em Salvador, mas

---

[18] A noção de mercado religioso, elaborada por Pierre Bourdieu, faz referência a um espaço definido pela oferta e procura, onde há uma rivalidade pelo monopólio da gestão dos bens da salvação.

em São Paulo. Essa cidade teria se tornado "o novo berço da tradição", graças às relações estabelecidas com a terra africana das origens, ou seja, com o país yoruba.

A 6ª COMTOC, que foi realizada em Port of Spain (Trinidad), de 15 a 22 de agosto de 1999, confirmou essa tendência. Apresentada como a primeira conferência a ser realizada no Caribe, era intitulada "Os *orisha*, os ancestrais, a família e a comunidade no novo milênio: estratégia para a sobrevivência" e, entre outros objetivos, pedia a reconstrução dos templos de Ilé-Ifé, terra sagrada para todos os praticantes da religião. A preeminência de Ilé-Ifé foi reafirmada na 7ª COMTOC, realizada nessa cidade, de 5 a 12 de agosto de 2001. Pela primeira vez, Ilé-Ifé era apresentada, no planfeto de apresentação, como o "berço da raça humana", único lugar capaz de promover a "paz e a harmonia sonhadas pela humanidade nesse novo milênio", uma vez que, "desde o tempo da criação, a tradição dos *orisha* trouxe o equilíbrio que rege as forças do mundo". Tendo como tema central "O tempo é maduro: a tradição dos *orisha* no século XXI", os organizadores se propunham discutir a reorientação das noções associadas às práticas religiosas com o intuito de adaptá-las aos novos tempos. Baba Ifayemi Elebuibon, iniciador de D'Haifa no culto de Ifá, era o presidente do comitê organizador dessa COMTOC, que enfatizou as relações entre organizadores e chefes tradicionais: com efeito, o programa do congresso promovia a visita a lugares tradicionais, como New Oyo e o palácio do Alaafin, o Festival de Oshún, em Oshogbò, com recepção oficial no palácio do Ataoja, rei dessa cidade, e festa de encerramento no palácio do Ooni de Ilé-Ifé.

A 8ª COMTOC, que se realizou em Havana de 7 a 13 de julho de 2003, foi organizada pela *Asociación Cultural Yoruba* (ACY) de Cuba. Vimos que suas relações com os organizadores das COMTOC já eram fortes na 5ª Conferência, durante a qual fora decidido reunir fundos para essa associação. Seu presidente, Antonio Castañeda Marquez, declarou, na abertura do congresso, que era preciso reafirmar os fundamentos ancestrais das práticas religiosas africanas, que incluem "o respeito aos mais velhos, o respeito às leis morais e a vontade de afastar os praticantes de todo tipo de vício ou delito". Essa visão "positiva" do papel da religião contrastava nitidamente com a percepção que os iniciados têm na santería ou em outras modalidades de culto em Cuba. Na realidade, a escolha de Havana ganha todo sentido, uma vez recolocada em seu contexto político. O Estado cubano incentiva, há mais de dez anos, um processo de ortodoxização da santería na ilha, numa perspectiva explicitamente moralista. Ora, esse processo, marcado pela introdução de noções como o *iwà pèlé*, que inclui respeito à hierarquia e submissão aos preceitos da religião, parece se adaptar muito bem à ideologia revolucionária do "homem novo" (*cf.* Argyriadis e Capone, 2004). O governo castrista tem assim sustentado ativamente, nos planos logístico e financeiro, a única associação *santera* reconhecida oficialmente, a *Asociación Cultural Yoruba*. Para a associação, o objetivo é consolidar sua hegemonia frente a outros movimentos locais emergentes, mas não oficiais, ao passo que, para o Estado, trata-se de marcar um grande golpe frente aos exilados de Miami, que afirmam ser os únicos detentores da tradição afro-cubana (*ibid.*). A ACY se apresenta como uma associação cultural que visa a difusão da cultura yoruba, concebida como um aporte fundamental à cubanidade, dirigindo-se, consequentemente, não apenas aos iniciados, mas a todos aqueles que se interessem por esse tema.

A 8ª COMTOC teve como tema principal a análise do "papel da religião yoruba na preservação das sociedades africanas no mundo moderno". O congresso foi posto, como de hábito, sob a tutela do Ooni de Ilé-Ifé, ao passo que a presidência permaneceu nas mãos de Wande Abimbola e o secretariado geral, nas de Omotoso Eluyemi. Entre os vice-presidentes, havia Ifayemi Elebuibon pela África, Antonio Castañeda Marquez pelo Caribe, um nigeriano residente na Inglaterra, Chief Adeyela Adelekan, pela Europa, John Watson pelos Estados Unidos e o *ogã* Gilberto Ferreira pelo Brasil. Segundo os organizadores, havia no congresso aproximadamente 700 pessoas inscritas, provenientes de vários países: Cuba, Nigéria, Brasil, Estados Unidos, Colômbia, Porto Rico, México, Trinidad e Tobago, Venezuela, Austrália, Equador, França, Canadá, Guiana, Bahamas e Alemanha.[19] As intervenções tratavam da influência da tradição dos *orisha* sobre a cultura e as artes nas perspectivas tanto éticas quanto filosóficas e psicológicas. Porém, um interesse especial foi dado à questão da adaptação ("continuidade e mudança") das práticas religiosas "nos diferentes contextos da diáspora". No congresso, Baba Ifatunji, representando a comunidade da Oyotunji Village, salientou o papel central desempenhado pela ancestralidade na reorganização das práticas *santeras* segundo uma lógica afro-americana, citando os *ese* (versos) de Ifá do *odù* Oturopon Meji. Da mesma forma, um outro *babalawo* norte-americano, Fa'lokun Fatunmbi, defendeu a necessidade de modificar Ifá e criar novos *odù*, mais aptos a responder aos problemas contemporâneos, como aqueles ligados à poluição e ao meio ambiente ou às doenças sexualmente transmissíveis. Ora, essas reivindicações não vão de encontro à ideia de uma tradição yoruba ancestral,

---

[19] Agradeço a Kali Argyriadis e Nahayelli Huet Juarez pelas informações fornecidas.

se é verdade, como afirmavam os organizadores das COMTOC, que "os yoruba são os campeões do rejuvenescimento cultural [*cultural rejuvenation*]".[20]

As COMTOC são também um formidável meio de difusão e legitimação das religiões de origem africana. Assim, como lembrava Joan Cyrus, ex-vice-presidente pelo Caribe, após a 6ª COMTOC, o governo de Trinidad e Tobago reconheceu os casamentos celebrados pelos sacerdotes do shangó, a religião de origem yoruba praticada nesse país e atualmente rebatizada *Orisha Religion*. Antes, só os sacerdotes cristãos, hindus e muçulmanos tinham esse direito. Além disso, em outubro de 2000, promulgou-se uma lei que condenava todo tipo de discriminação religiosa. A fim de dar visibilidade a essa religião, os praticantes começaram a organizar festas anuais públicas em homenagem a Oshún, Oyá ou Shangó, bem como um "dia da família", presidido pelo conselho dos mais velhos na religião. Deve-se também aos laços rituais estabelecidos entre o *Egbé Orisha Ilé Wa*, um grupo de culto de shangó, e o Ooni de Ilé-Ifé o reconhecimento público de um culto que foi por muito tempo marginalizado. O Ooni nomeara a sacerdotisa chefe dessa comunidade de culto "Iyá l'Orisha de Trinidad" (Scher, 1997: 326). De uma cisão interna nesse grupo, nasceu o Opa Orisha Shangó, reconhecido oficialmente pelo Parlamento de Trinidad e Tobago em 1991. Após a morte, em 1993, de sua primeira *iyalorisha*, Gretel Prime, o Opa Orisha Shangó escolheu Molly Ahye, uma dançarina muito popular na ilha que representara Trinidad na 3ª COMTOC de Nova York. Essa escolha foi comentada em toda a mídia. O *Egbé Orisha Ilé Wa* criticou-a, tomando partido de um outro candidato à sucessão, Jeffrey Biddeau, "um sacerdote da religião dos *orisha* muito respeitado e célebre que fora iniciado na Nigéria" (*ibid.*: 327). O peso das alianças com os chefes tradicionais da Nigéria se fazia sentir, portanto, em contextos tão afastados quanto Trinidad e Tobago.

A 8ª COMTOC decidiu, entre outras coisas, duplicar os esforços para atingir "a unidade dos adeptos da religião dos *orisha*", com todas as suas variantes, e o pleno respeito da heterogeneidade de suas manifestações religiosas; continuar "o diálogo construtivo" entre os praticantes dessa religião e os pesquisadores e, especialmente, estabelecer intercâmbios científicos entre Nigéria e Cuba, tendo como objeto a utilização das plantas na religião dos *orisha* que, segundo os organizadores, deviam ser cultivadas em jardins botânicos cubanos para serem, em seguida, distribuídas aos iniciados. A 8ª COMTOC tomou

---

[20] "Global Yoruba Congress begins July 7 in Cuba", *Vanguard* de 5 junho de 2003, disponível na Internet (http://www.yorubanation.org/Newslink/Newslink24.htm).

também a resolução de dar corpo ao velho sonho de Wande Abimbola de promover um programa de ensino da língua yoruba em Cuba, tentativa que, na visita do Ooni de Ilé-Ifé, em 1987, resultou num fracasso. Esses cursos de língua deveriam ser ministrados por professores nigerianos e iniciados cubanos, paralelamente a um estudo linguístico da utilização religiosa do yoruba feito por especialistas dos dois países. Porém, esse projeto suscitou violentas polêmicas entre os praticantes cubanos que defendiam a "forma tradicional" de falar yoruba em Cuba. Apesar dessas tensões, nas conclusões do congresso, reiterou-se o papel central desempenhado por Ilé-Ifé e pelo Ooni nesse movimento de unificação, e foi anunciada a realização da 9ª COMTOC, dois anos mais tarde, no Rio de Janeiro.

Nessa nova reunião, que se realizou de 1º a 6 de agosto de 2005 na Universidade do Estado do Rio de Janeiro, os debates reafirmaram a necessidade de repensar a tradição para adaptar as antigas práticas às novas necessidades (*cf.* Fotos 38 e 39). Da mesma forma, a questão da ortodoxização das práticas religiosas e da implantação de cursos e seminários para os iniciados foi longamente discutida. Diferentemente do que fora proposto na 5ª COMTOC, em São Francisco, o comitê de "ética e ideologia" declarou sua oposição a toda forma de discriminação no interior da religião: a iniciação não pode em caso algum ser recusada por razões de pertencimento racial, étnico ou de orientação sexual. Essa moção foi, aliás, aprovada por unanimidade pela assembleia que encerrou os trabalhos da 9ª COMTOC (*cf.* Fotos 40 e 41). O lugar da 10ª Conferência não foi definido, pois três países apresentaram sua candidatura: os Estados Unidos, que propuseram a cidade de Atlanta (Geórgia), a Venezuela e o México. Isso constitui uma verdadeira inovação, pois ambos são países da "diáspora religiosa secundária" (Frigerio, 2004), não gozando do mesmo poder — demográfico e econômico — dos Estados Unidos.[21]

O México pareceu ser o país com mais chances de organizar o novo congresso, dada sua crescente influência na cena latino-americana. Na Argentina, por exemplo, os grupos de discussão consagrados aos *orisha* na Internet põem em contato os praticantes locais com cubanos residentes nos Estados Unidos e com um grande número de mexicanos iniciados na religião lucumí. A influência ritual desses especialistas religiosos, que substituem os inicia-

---

[21] Frigerio (2004) propõe uma distinção, no seio da "diáspora religiosa afro-americana", entre "diáspora primária" e "diáspora secundária". A "diáspora primária" é formada pelos locais de nascimento das diversas modalidades de culto no Novo Mundo: Bahia para o candomblé, Recife para o xangô, São Luiz para o tambor de mina, Porto Alegre para o batuque, Havana para a santería e Porto Príncipe para o vodu. A migração dessas religiões para outras cidades ou países constituiria a "diáspora secundária". México, Venezuela e Estados Unidos fariam, assim, parte da "diáspora secundária" da santería cubana.

dos no batuque do Sul do Brasil, responsáveis pela introdução da religião dos *orisha* na Argentina e no Uruguai, é facilitada pela utilização comum da língua espanhola. A influência ritual dos brasileiros e nigerianos na Argentina hoje cede lugar à dos cubanos e mexicanos.[22]

Apesar disso, até o final de 2009, o lugar da 10ª Conferência ainda não tinha sido definido. A realização da nova COMTOC no México teria sido um marco na história das Conferências Mundiais sobre a Tradição dos *Orisha* e Cultura, colocando em evidência um país que ocupava até então um lugar marginal, atribuindo-lhe legitimidade e uma nova visibilidade na cena internacional. Isso teria reproduzido uma tendência, que já se afirmara na 4ª COMTOC, quando o controle das Conferências Mundiais passara das mãos das elites tradicionais baianas às dos "novos convertidos" do Sudeste do Brasil. O engajamento na organização desses fóruns internacionais e o reconhecimento que daí decorre parece ser, assim, um poderoso elemento legitimador no seio da comunidade dos praticantes da religião dos *orisha*.

O National African Religion Congress

As COMTOC não são as únicas instituições que tentam impor uma unificação das práticas e um controle sobre os iniciados na religião dos *orisha*. Na 5ª Conferência Mundial, realizada em São Francisco, novos protagonistas desse movimento de unificação tomaram a frente da cena. Assim, a Gro Mambo Angélá Nováynón Idizol, da Filadélfia, mostrou que o vodou haitiano era uma das facetas da religião dos *orisha*, podendo desempenhar um papel de primeiro plano no processo de estandardização dos cultos de origem africana. A Gro Mambo (Jocelya Smith Lewis) é uma afro-americana, nascida em 1953, na Filadélfia. Dançarina e coreógrafa, participou por vários anos do *Arthur Hall Dance Ensemble*, antes de fundar, em 1975, sua própria companhia, o *Spirit Cultural Dance Ensemble*. Ela se iniciou no vodou no Haiti e fundou um templo, *LePeristyle Haitian Sanctuary*, em 1981, de que se tornou sacerdotisa-chefe. Em 1992, Angélá Nováynón organizou a primeira cerimônia pública de vodou nos Estados Unidos, no *Afro-American Historical and Cultural Museum* da Filadélfia, rebatizado atualmente como *African-American Museum in Philadelphia*. Essa cerimônia, que durou um final de semana inteiro, era

---

[22] Comunicação pessoal de Alejandro Frigerio, Rio de Janeiro, na 9ª COMTOC, agosto de 2005. Sobre a implantação da santería no México, ver Huet, 2004.

dedicada a Papa Ogu, "a força espiritual que governa o fogo na terra", e Mali Louise, "o *loa* que preside o destino".[23] Nesse evento, a Gro Mambo declarou que as divindades utilizavam os corpos de seus "cavalos" para enviar mensagens aos homens e ajudá-los a resolver seus problemas. Porém, a intervenção das divindades podia também ajudar a fundar a legitimidade de novos líderes religiosos, num campo particularmente minado como era a religião dos *orisha*. Assim, no panfleto distribuído pela Gro Mambo durante a 5ª COMTOC, podia-se ler que os praticantes precisavam da "intervenção divina e de uma real liderança para colocar as religiões [de origem africana] no mesmo plano que as outras". Ora, essa liderança tinha que permanecer dentro das fronteiras nacionais e as relações com os nigerianos não deviam levar a uma submissão ritual:

> A Mãe África deve se ocupar com os problemas que ela mesma criou na África. Aqui, devemos nos ocupar com os problemas desta terra. Não podemos correr para a África para resolver nossas dificuldades aqui na América, porque não vivemos na África. [...] A adivinhação, com o intuito de encontrar uma solução para nossos problemas, não pode ser realizada pelos africanos, uma vez que o caminho africano é diferente do caminho americano. A adivinhação para esta terra deve ser realizada por nós, aqui, na América.
>
> Gro Mambo, São Francisco, agosto de 1997.

Esse grito de independência em relação aos nigerianos tomou uma outra envergadura quando, em 7 de agosto de 1997, a Gro Mambo foi possuída em público pelo deus Ogu, durante uma demonstração de rituais vodou na 5ª COMTOC. O *loa* Papa Ogu Felite alertou o público sobre os perigos acarretados pela perda das tradições, fenômeno incontrolável provocado pela proliferação das casas de culto e pela "corrupção" dos conhecimentos rituais, que não são transmitidos integralmente de uma geração de iniciados à outra. Os sacerdotes não sabem mais o que fazem, consagrando frequentemente pessoas às divindades erradas. Porém, a ajuda para retornar a uma prática correta não deve vir de fora: "De qualquer maneira, a terra dita a norma (*land rules*). É a terra em que se vive que deve decidir o que deve ser feito". Esses primeiros ataques dirigidos contra a hegemonia nigeriana foram seguidos por uma mensagem enviada aos fiéis em 7 de setembro do mesmo ano. O Baron Criminel, outra divindade do vodou haitiano, declarou que era necessário alçar

---

[23] O termo *loa* ou *lwa* designa as divindades do vodou haitiano.

as religiões de origem africana ao mesmo nível das grandes religiões monoteístas e que, "se a pureza estava se perdendo, isso não era irreparável".

Em 3 de outubro de 1997, a Gro Mambo e seu grupo de culto organizaram uma visita oficial à Oyotunji Village, "para apresentar o Baron Criminel e seus *guedés* diante da corte real".[24] Essa visita demonstrava claramente "a amizade entre *LePeristyle Haitian Sanctuary* e o *African Village*". A Gro Mambo foi possuída por Mali Louise, que invocou os *guedés*. Estes foram representados por seu chefe, o Baron Criminel, que se apossou do corpo da sacerdotisa. O *loa* anunciou, então, ao rei o objetivo dessa viagem: legitimar a autoridade da sacerdotisa vodou, que fora questionada por uma rival, a *mambo* Racine Sans Bout. Segundo o relato no site do templo da Filadélfia,[25] o rei Adefunmi I teria apreciado tanto a performance ritual da Gro Mambo que lhe teria concedido o título de Chief Iyá Alada Dahomenu ("chefe das sacerdotisas do Daomé") e lhe teria pedido para voltar todos os anos para efetuar uma cerimônia vodou na aldeia. A colaboração com os membros da Oyotunji Village prosseguiu em junho de 1998, quando a Gro Mambo Angélá Nováyón Idizol encontrou o rei Adefunmi I durante o *Voodoo Festival* de Nova Orleans. Em 6 de junho, ela dirigiu uma cerimônia vodou na Congo Square dessa cidade, lugar célebre pelos rituais ali praticados antes da abolição da escravatura. Assim, os *loas* voltavam à cidade que fora, durante muito tempo, o centro das sobrevivências africanas nos Estados Unidos.

No início do ano de 1999, Angélá Nováyón decidiu que já era tempo de mostrar à sociedade americana que as religiões de origem africana e, sobretudo, o vodou não eram "coisa de selvagem e feiticeiro". Para isso, organizou o primeiro fim de semana ecumênico da "religião africana", cuja divisa era: *Stand up and be counted!*[26] O panfleto distribuído na chegada dizia que essa cerimônia visava a "unificação e a reconciliação das religiões da diáspora africana". A cerimônia começou com uma série de conferências, proferidas por especialistas norte-americanos, seguidas de um debate entre iniciados "sobre as crenças, os valores e a ética de cada religião de origem africana". Como era previsível, houve várias intervenções muito críticas em relação aos antropólogos *outsiders*, que pensam poder falar de uma religião que não praticam; os únicos pesquisadores habilitados a tomar a palavra eram aqueles

---

[24] Os *guedés* são espíritos de mortos sobre os quais o Baron Criminel reina.

[25] http://mh102.infi.net/~loa/#Baron (versão de 26 de março de 1999).

[26] Essa cerimônia, de que tive a oportunidade de participar, se realizou de 2 a 4 de abril de 1999, no Holiday Inn da Filadélfia.

que assumiam abertamente seu compromisso religioso. As intervenções dos sacerdotes e sacerdotisas se abriram com a comunicação de Nana Okomfo Korantemaa Ayeboafo, sacerdotisa-chefe do *Asona Aberade Shrine*, "o terceiro templo akan fundado na América do Norte". Essa ex-dançarina da companhia de Arthur Hall foi, em 1974, a Gana, onde encontrou Nana Okomfohene Akua Oparebea, do *Akonedi Shrine*, que está na origem da introdução da religião akan nos Estados Unidos. A partir de 1976, viveu nesse templo "durante sete anos", estudando a língua e as tradições religiosas akan. Atualmente, ela é também o membro mais jovem da confraria negra da Boa Morte, em Cachoeira, na Bahia. Essa primeira intervenção sacerdotal foi seguida pela de Baba Juan Nuñez, um *santero* cubano que chegou aos Estados Unidos com o êxodo do Mariel, em 1980, e que fundara, dois anos mais tarde, a casa de culto *Life, Power, and Progress* em Hammonton (Nova Jersey). Nuñez teve uma conversa particularmente animada com o Chief Adenibi Ajamú, o Ministro das Relações Exteriores da Oyotunji Village e porta-voz do rei Adefunmi, que assistia com sua corte a essa reunião histórica. Segundo o *santero*, para que a sociedade americana reconhecesse as religiões de origem africana, não se devia falar em cultura. Chief Ajamú respondeu que "não havia religião africana sem cultura africana". A tensão cresceu entre o cubano "branco" e o americano "negro":[27] para o primeiro, iniciar-se era resultado de um compromisso espiritual, ao passo que, para o segundo, tratava-se primeiramente de um engajamento cultural e político. Iniciar-se na religião dos *orisha* só tinha sentido se a pessoa se "tornasse yoruba", aceitando plenamente a cultura africana.

Esse impasse foi resolvido pela intervenção de uma outra iniciada na religião akan, Nana Yaa Nkromah Densua, *Akomfo Panyin* (sacerdotisa-chefe) do *Bosum Dzemawodzi* de Maryland, Washington (D.C.). Esse centro foi fundado em 1968 por Nana Yao Opare Dinizulu I, velho companheiro de Adefunmi e fundador da religião akan nos Estados Unidos. Dinizulu I iniciou Nana Densua em 1981. Ora, apesar da diferença entre as religiões yoruba e akan, Nana Densua tomou partido nesse debate, reconhecendo publicamente a primazia da Oyotunji Village e de Adefunmi, "o chefe de todos os yoruba da América". Para ela, como para todos os afro-americanos iniciados nas religiões de origem africana, não se podia praticar uma religião sem assumir

---

[27] A classificação racial norte-americana considera que "uma simples gota de sangue negro" é suficiente para fazer de alguém um "afro-americano". Ora, nos países da América Latina, acontece exatamente o contrário. Assim, o cubano "branco" não era muito diferente, quanto à cor de pele, do yoruba-americano "negro". O que os distinguia era, sobretudo, a percepção do papel da religião africana em sua vida cotidiana.

sua cultura na vida cotidiana. A tensão, que não parou de crescer após a intervenção de um membro da *Nation of Islam*, foi apaziguada pela possessão providencial da Gro Mambo pelo *loa* Mali Louise, que lançou um novo apelo à unidade. Miriam Chamani, sacerdotisa-chefe do *Voodoo Spiritual Temple* de Nova Orleans, propôs então, num espírito de unidade e harmonia entre as diferentes modalidades de culto, criar um "seminário" ou uma "escola teológica" de todas as religiões de origem africana, proposta que foi recebida com muito entusiasmo pelos presentes. Mas a finalidade principal do Congresso era apresentar o novo projeto de criação do *National African Religion Congress* (NARC), que tinha como objetivos: representar as religiões africanas em nível nacional e internacional; afirmar a liberdade religiosa; garantir o direito de realizar cerimônias e rituais, incluindo o sacrifício de animais; assegurar o direito de efetuar cerimônias públicas; lutar contra qualquer discriminação vinda de outras religiões.[28]

O *National African Religion Congress* visa igualmente a certificação dos sacerdotes e sacerdotisas das religiões de origem africana que foram devidamente iniciados em suas respectivas tradições. O NARC se apresenta, portanto, como uma instância superior capaz de garantir as competências de cada iniciado pela emissão de uma espécie de carteira profissional que facilitaria a celebração de casamentos, batismos e serviços funerários como qualquer outra religião nos Estados Unidos. A finalidade última é o reconhecimento legal dos diferentes cultos de origem africana como religiões. Os sacerdotes e sacerdotisas, devidamente registrados e certificados, seriam então "fornecedores de serviços" junto às administrações públicas. Os planos de saúde privados americanos, por exemplo, tomariam automaticamente a seu encargo os "serviços terapêuticos" oferecidos pelos membros do NARC, e o custo individual de cada consulta poderia ser predefinido.[29] A carteira de inscrição no NARC também daria direito a entrada aos hospitais para rezar pelos doentes, direito já adquirido pelas outras religiões, a efetuar rituais nos estabelecimentos funerários e seria também reconhecida como um meio de identificação legal para abrir, por exemplo, uma conta bancária com o nome de iniciado (*The National African Religion Congress Newsletter*, I -1, 1999: 5).

---

[28] Esses objetivos já haviam sido anunciados quando da participação da Gro Mambo Angélá Nوván yón Idizol na 5ª COMTOC, em 1997. Pela boca da *mambo* em transe, o deus Ogu clamara os iniciados nas religiões de origem africana a se unirem e a lutarem pela liberdade de culto. Esse apelo à unidade fora reiterado nas manifestações de outros *loas*, como Mali Louise. O NARC também foi apresentado como o resultado da vontade divina: "*The Loa Mali Louise puts the call out for unity and is the author of NARC*" (*The National African Religion Congress Newsletter*, vol. 1, nº 1, outubro de 1999, p. 2).

[29] *The National African Religion Congress Newsletter*, ibid., p. 3.

Desde 1999, o NARC se projeta, assim, em níveis nacional e internacional, como a organização que pode reunir todas as diferentes modalidades de culto de origem africana nos Estados Unidos. Reúne atualmente um número considerável de praticantes: *santeros*, praticantes do vodou e da religião akan, iniciados no orisha-voodoo e alguns iniciados no candomblé. Porém, os esforços de unificação e certificação dos sacerdotes e sacerdotisas da religião yoruba também possuem o objetivo de fazer com que a religião yoruba seja reconhecida pelas grandes religiões monoteístas. Consequentemente, o clero cristão deve respeitar "a religião africana", pois ela também acredita "num Deus único" e que "a origem de todas as religiões ocidentais está na África".[30] Da mesma forma, a comunidade médica deve reconhecer que "a utilização das ervas num contexto ritual constitui um tratamento eficaz da doença", o que já é admitido em algumas cidades americanas, como Miami, onde os *santeros* colaboram ativamente com os médicos no tratamento de certas patologias. Mas, para isso, era necessária uma legitimidade de que a *mambo* não dispunha. Ao ir à Oyotunji Village, ela se colocou sob a proteção de Adefunmi I, que participara do primeiro fim de semana ecumênico, apoiando claramente essa iniciativa.[31] A "cerimônia das cerimônias" deu o tom a essa reunião, com o grande salão do Holiday Inn repleto de iniciados em todas as modalidades de culto, cada um com seus tambores e ritmos sagrados, os *abosom*[32] akan dançando ao lado dos *orisha* yoruba e dos *loas* haitianos (*cf.* Fotos 43, 44, 45). Essa cerimônia "pan-africana" se realizou na Páscoa, uma vez que, como explicaram os organizadores, "o tema da redenção [na base dessa festa cristã] é um tema comum ao conjunto das religiões de origem africana".

Outras cerimônias ecumênicas realizaram-se posteriormente. Em junho de 1999, o *babalorisha* José Mendes organizou uma em sua casa de culto em São Paulo, que viu a consagração do "primeiro altar de vodou haitiano no Brasil", preparado pela Gro Mambo Angélá Nоványón Idizol. Oba José Mendes, que recebera o título de "rei dos yoruba do Brasil" das mãos de um chefe tradicional yoruba sem jamais ser reconhecido enquanto tal em seu país, tentava

---

[30] Isso demonstra muito bem a influência nos Estados Unidos das reinterpretações nigerianas em torno da "religião tradicional yoruba", na qual os múltiplos deuses se tornam simples intermediários entre um deus supremo e os homens.

[31] Durante esse encontro, uma das mulheres de Adefunmi foi uma das primeiras pessoas a preencher o formulário para obter a carteira de sacerdotisa da "religião africana".

[32] Em Gana, o termo *abosom* designa o plural de *obosom* (divindade).

com essa nova aliança ocupar um lugar privilegiado na cena internacional.[33] Em setembro de 1999, foi a vez de Baba Juan Nuñez programar um "final de semana espiritual" em sua casa de culto em Nova Jersey. Em 10 de outubro desse mesmo ano, o NARC organizou a 2ª *African Religion Unity Ceremony*, no centro de convenções da Pensilvânia, na Filadélfia, com a realização de uma nova *Ceremony of Ceremonies* que, segundo os organizadores, teria reunido mais de 600 pessoas (*cf.* Foto 42). Houve também, nessa ocasião, a criação de um catálogo internacional de sacerdotes e sacerdotisas devidamente registrados e certificados pelo NARC. Ele tinha o objetivo de ser um instrumento eficaz para ajudar a identificar guias espirituais, corretamente iniciados em suas respectivas tradições religiosas. O catálogo listava mais de 300 iniciados, cada um com uma curta nota biográfica, representando 13 religiões e 14 países diferentes. Havia entre os membros do comitê de direção do NARC iniciados no candomblé, como José Mendes, iniciados de Trinidad e Tobago, bem como *babalawo* de Cuba, da Venezuela e mesmo da Espanha, mas, com o tempo, o NARC tentou ampliar seu campo de ação, incluindo os nigerianos. De 27 a 30 de abril de 2000 ocorreu na Filadélfia a 2ª Conferência Anual sobre a Religião Africana, que culminou com a *World Ceremony of Ceremonies*. Pela primeira vez, participaram iniciados nigerianos e, entre eles, o Chief Adeleya Adelekan, falecido em 2008, um yoruba que residia em Londres e que, em 2003, na 8ª COMTOC, em Havana, se tornou vice-presidente pela Europa. Porém, as tentativas de unificação das diferentes modalidades de culto se chocavam com a desconfiança de alguns praticantes que viam com maus olhos essa política de estandardização de religiões que jamais conheceram instância superior.

Na realidade, os membros do NARC tentavam encontrar uma solução de compromisso em relação à sociedade americana para serem plenamente reconhecidos como "ministros religiosos" e gozarem dos mesmos direitos que qualquer outra religião nos Estados Unidos. Isso exigia também abandonar a visão da religião africana como uma arma potente contra o *establishment*:

> Os sacerdotes e as sacerdotisas permitiram que o nacionalismo negro, sua consciência negra, invadisse sua prática religiosa. Eles dizem: "O que a sociedade diz não nos interessa, faremos o que queremos"; outros dizem: "Não precisamos que

---

[33] Sua participação na 5ª COMTOC fora fortemente criticada por outros representantes brasileiros. Apesar disso, o Arabá de Ilé-Ifé convidou José Mendes para se sentar a seu lado, reconhecendo assim a legitimidade de seu título. Mendes recorrera a todos os sinais exteriores de "africanidade", com a utilização, entre outros, de um capacete yoruba em couro e de um espanta-moscas (*irukerè*), normalmente utilizado pelos chefes tradicionais (*cf.* Foto 37).

a sociedade legitime nossa religião". Porém, ninguém pode mudar as leis de um país. Elas exigem complacência. Não podemos praticar às escondidas e separados [uns dos outros], e esperar respeito da parte das outras religiões desse país.

Gro Mambo, in *National African Religion Congress*.[34]

Frente às críticas, os responsáveis pelo NARC salientavam também que não procuravam controlar as casas de culto nem impor qualquer hierarquia, mas que seus membros deviam "aderir às crenças e aos dogmas tais como formulados pelo NARC" e que os praticantes deviam "separar as influências internas das externas" em suas práticas religiosas (*ibid.*: 2A). Entre os sacerdotes e sacerdotisas, cuja iniciação fora reconhecida e certificada pelo NARC, havia um grande número de praticantes norte-americanos da religião akan e do vodou haitiano, bem como alguns praticantes da religião yoruba, como o Oba Adefunmi I, Chief Adebini Ajamú, Chief Adebolu Fatunmise, Baba Ifatunji e Medahochi K. O. Zannu (*ibid.*: D1-D4).

As conferências anuais do NARC prosseguiram e, em fevereiro de 2001, foi anunciada a certificação de mais de 600 sacerdotes e sacerdotisas de Estados Unidos, Canadá, Nigéria, Gana, Cuba, Trinidad, Brasil, Haiti, Porto Rico, Venezuela, Argentina, África do Sul, Reino Unido e Espanha.[35] O NARC organizou "seminários de certificação" em Washington, Nova York, Filadélfia, Atlanta, Houston, Hammonton (Nova Jersey), Port of Spain (Trinidad) e São Paulo (*ibid.*). Conseguiu também o reconhecimento dos casamentos celebrados por sacerdotes das religiões de origem africana em 11 estados americanos: Mississippi, Nevada, Nova Jersey, Ohio, Oklahoma, Virginia, Kansas, Louisiana, Missouri, Carolina do Norte e Washington (*ibid.*: 2). Tentou estabelecer acordos com as companhias americanas de seguro saúde, como a Blue Cross ou a Blue Shield, para que reconhecessem os sacerdotes e sacerdotisas das religiões de origem africana como clínicos da mesma forma que os médicos. Diante de sua reticência, o NARC pediu a todos os praticantes que declarassem formalmente, num internamento hospitalar, sua profissão de fé e que provassem, quando possível, a eficácia dos tratamentos prescritos por seus sacerdotes e sacerdotisas (*ibid.*: 3). Porém, o NARC lutava também para obter vistos "de caráter religioso" para os iniciados cubanos e nigerianos, que encontravam grandes dificuldades para ir aos Estados Unidos. Da mesma forma, propunha que fossem redigidas cartas oficiais, que podiam ajudar os

---

[34] Panfleto da 2ª *African Religion Unity "Ceremony of Ceremonies"*, outubro de 1999, p. 1.

[35] *The National African Religion Congress Newsletter*, vol. 1, nº 1, fevereiro de 2001, p. 1.

empregados a obter licenças remuneradas para poder realizar seus rituais de iniciação.

Fortalecida pelo sucesso obtido com essas iniciativas, a 3ª Conferência Anual do *National African Religion Congress*, realizada de 19 a 22 de julho de 2001, na Filadélfia, anunciou a participação de um convidado especial: o Arabá de Ilé-Ifé, Adisa Awoyemi Aworeni.[36] Nessa reunião, a Gro Mambo distribuiu diplomas de honra aos membros que haviam dedicado muito esforço para divulgar a ação do NARC, entre eles dois dos protagonistas das COMTOC: Omotoso Eluyemi, secretário-geral, e Adeyela Adelekan, vice-presidente pela Europa. Este solicitara oficialmente ao comitê executivo das COMTOC em Ilé-Ifé autorização para o NARC comprar um terreno para implantar uma filial nigeriana nessa cidade. A solicitação foi aceita e o NARC recebeu quatro pedaços de terra. Paralelamente, um outro membro do comitê de direção do NARC, a nigeriana Yeye Oshún, criou uma sucursal em Lagos com a finalidade de multiplicar as adesões na Nigéria. Este país tornou-se então "uma das regiões onde as adesões e as certificações das iniciações são mais numerosas".[37] O proselitismo do NARC nos Estados Unidos se traduziu por uma proliferação de seminários, cuja finalidade era a adesão dos iniciados na "religião africana", e por um programa intitulado *Understanding African Spirituality*, elaborado especificamente para os oficiais de polícia. Segundo as informações dadas pelos organizadores do Congresso, as adesões teriam aumentado 28%, em 2001, em nível nacional, e 60%, em nível internacional. A 4ª e a 5ª Conferências anuais se realizaram na Filadélfia, a primeira, de 1º a 4 de agosto de 2002, tendo como título *Surviving through Unity*; e a segunda, de 7 a 10 de agosto de 2003.[38] Na 4ª Conferência, os participantes receberam com entusiasmo a proposta feita pelo *National African Religion Congress* às Nações Unidas para figurar entre os grupos religiosos como "conselheiro/assessor sobre questões globais (*global issues*)".[39] O objetivo do NARC era "exercer uma pressão (*to lo-*

---

[36] Apesar desse efeito de anúncio e da importância que isso tinha para o NARC, parece que o Arabá de Ilé-Ifé nunca foi à Filadélfia.

[37] *The National African Religion Congress Newsletter*, vol. 3, nº 2, setembro de 2001, p. 1. Atualmente, Yeye Oshún não faz mais parte do comitê de direção do NARC (http://www.narcworld.com/board.html, consultada em 20 de abril de 2009).

[38] A 6ª Conferência anual do NARC foi realizada de 26 a 29 de agosto de 2004 no Orange County Convention Center de Orlando (Flórida), tendo como tema *Keeping African Religion Alive in the Diaspora and in Africa*. A 7ª se realizou em 2005, de 25 a 28 de agosto, no Pennsylvania Convention Center da Filadélfia. Essas duas reuniões teriam sido marcadas, segundo os organizadores, por um aumento considerável das certificações de sacerdotes e sacerdotisas da "religião africana".

[39] *The National African Religion Congress Newsletter*, vol. 4, nº 3, outubro de 2002, p. 1.

bby) sobre qualquer decisão concernente aos praticantes da religião tradicional africana" (*ibid.*).

Esses esforços foram coroados pelo sucesso, pois no dia 14 de fevereiro de 2007 um tribunal da Filadélfia reconheceu, numa decisão histórica, a autoridade do NARC em assuntos espirituais ligados à prática do vodou, apoiando abertamente as decisões tomadas pelos chefes do *LePeristyle Haitian Sanctuary* contra uma iniciativa que queria retirar seus altares desse templo. A sentença fazia referência à decisão da Suprema Corte americana de 1871, chamada *Deference Rule*, relativa a um caso jurídico que opôs duas igrejas presbiterianas. Essa decisão afirmava a autoridade absoluta dos chefes religiosos em matéria de "propriedade espiritual" e "direito eclesiástico". Os tribunais deviam assim acatar as decisões tomadas pelos líderes religiosos em suas próprias instituições. Vários dos representantes do NARC depuseram diante da corte para defender o direito a decidir segundo "os protocolos" da igreja vodou. O NARC foi então reconhecido como uma instância superior, capaz de defender, diante da sociedade americana, a legitimidade das práticas de origem africana, cujo status religioso foi, enfim, certificado pela comparação com uma das denominações históricas da igreja protestante nos Estados Unidos.[40]

A Church of the Lukumí Babalú Ayé

O projeto do NARC parece ter se inspirado em uma outra tentativa de unificação e certificação dos sacerdotes e sacerdotisas da religião dos *orisha*, liderada por um *oriaté* cubano, o Oba Ernesto Pichardo e sua Igreja de Miami, a *Church of the Lukumí Babalú Ayé* (CLBA). Essa igreja foi criada em 1974 pela família Pichardo: era então dirigida por um conselho de dez pessoas; a mãe de Ernesto Pichardo, Carmen Pla, era a vice-presidente, e seu irmão, Fernando, o secretário.[41] Durante os primeiros anos de existência, as atividades públicas da igreja se limitaram à realização de consultorias para filmes ou documentários sobre a santería e ao apoio dado aos pesquisadores que estudavam essa religião. Em 1985, a CLBA concebeu o primeiro ensino sobre as religiões afro-caribenhas no *Miami Dade Community College*; Pichardo publicou sua

---

[40] Para mais detalhes, ver http://www.narcworld.com/deference.html.

[41] Entrevista com Ernesto Pichardo, Miami, abril de 2000.

primeira obra, *Oduduwa*, com sua mulher, Lourdes Pichardo,[42] e produziu um vídeo intitulado, *Lukumí Divination*. No ano seguinte, a CLBA organizou cursos de percussão com os tambores *batá*, bem como cursos sobre a adivinhação e a história yoruba. Ernesto Pichardo propunha também um ensino sobre a santería aos policiais, trabalhadores sociais e a qualquer outra pessoa interessada, para mostrar como "o que pareciam ser rituais grotescos" constituíam, na realidade, "um meio de compensação frente à instabilidade acarretada pelo exílio e pelo encontro com uma cultura diferente". Cursos eram também ministrados no *Miami Mental Health Center*, onde o casal Pichardo explicava as relações entre religiões afro-caribenhas e saúde mental a um público formado por psicólogos e enfermeiros. Neste mesmo ano, viu-se a criação do primeiro comitê organizador da CLBA, composto por 16 membros que se propunham a fundar uma igreja comunitária e um centro educativo. Ao mesmo tempo, foi lançada uma campanha de recrutamento entre os sacerdotes e sacerdotisas da santería no condado de Dade, a fim de incorporá-los à igreja. O renome da CLBA não cessou de crescer, a tal ponto que, em 1987, por ocasião da visita do Papa a Miami, a cadeia de televisão ABC apresentou a CLBA como a única real concorrente da igreja católica entre os hispano-americanos da cidade.

Em 1987, Ernesto Pichardo lecionava no *Miami Dade Community College*, dirigia seminários e participava de programas de televisão, defendendo a santería contra preconceitos ainda muito fortes no seio da comunidade cubana de Miami. Em 18 de maio de 1987, a *Church of the Lukumí Babalú Ayé* abria suas portas no cruzamento da Okeechobee Road com a Fifth Street da cidade de Hialeah, na Grande Miami; era apresentada pela mídia como "a primeira igreja pública da santería na Flórida". Rapidamente, a hostilidade dos vizinhos e das autoridades municipais impediu seu funcionamento. A câmara de vereadores de Hialeah adotou resoluções proibindo qualquer prática religiosa contrária "à moral pública, à paz e à segurança" dos habitantes da cidade e aprovou um decreto proibindo qualquer sacrifício de animais "realizado com crueldade". Essas decisões se dirigiam à igreja *santera* que queria tornar públicas as práticas rituais da santería, dentre as quais uma das mais importantes era o sacrifício de animais para as divindades.

A opinião pública se mostrou imediatamente hostil à implantação dessa igreja na cidade. Os vereadores receberam 5 mil petições nesse sentido.

---

[42] Ela encontrou Ernesto Pichardo quando preparava sua dissertação de mestrado em antropologia. Iniciou-se na santería e, depois, casou-se com ele em 1981.

O exame do desenrolar das hostilidades é particularmente interessante por evidenciar os preconceitos contra essa religião no seio da comunidade cubana da Flórida, sobretudo numa cidade como Hialeah, cuja população é majoritariamente cubana. A obstinação contra a igreja *santera* foi rapidamente interpretada por alguns segmentos da mídia como a consequência de uma crença partilhada pelo conjunto da população cubana na Flórida, a saber, a crença no poder da feitiçaria.[43] Cinco dos sete vereadores de Hialeah eram cubanos, bem como os pastores e párocos que haviam protestado contra a implantação da CLBA. Por outro lado, os mesmos homens políticos que tomavam publicamente posição contra esse culto "bárbaro" não hesitavam em recorrer, na proximidade das eleições, aos serviços de um *babalawo* para conhecer seu futuro. As críticas dirigidas contra a santería eram, na realidade, críticas indiretas, dirigidas ao conjunto da comunidade cubana. Se a santería era uma religião primitiva, os cubanos que a praticavam também eram "primitivos", logo, não eram dignos de pertencer à grande nação americana. Alguns meses mais tarde, a câmara dos vereadores de Hialeah aprovou três outras resoluções que proibiam o sacrifício de animais, sempre com o intuito de defender "o interesse público". Essas resoluções se fundavam na declaração do procurador-geral do estado da Flórida, Bob Butterworth, que tornava esse tipo de sacrifício totalmente ilegal, mesmo quando este era parte integrante de uma cerimônia religiosa. A única exceção era o sacrifício de animal destinado ao consumo. Segundo o procurador, era esse objetivo final que diferenciava as práticas da santería dos rituais ligados à preparação dos alimentos *kosher* pelos judeus, que eram perfeitamente legais nos Estados Unidos. Segundo o procurador-geral, "o sacrifício ritual de animais com finalidades não alimentares" não constituía um sacrifício "necessário", por isso, devia ser proibido. O termo *unnecessary* utilizado era definido assim: "feito sem nenhuma razão útil, num espírito de crueldade sádica ou pelo simples prazer de destruição, sem ser de modo algum benéfico ou útil à pessoa que mata o animal".[44] Em 11 de agosto, a câmara municipal da cidade de Hialeah aprovou outras resoluções em apoio ao parecer dado pelo procurador-geral do estado da Flórida, declarando que o sacrifício de animais só era aceitável com fins

---

[43] *Cf.* "Como dice... Popeye", *El Nuevo Herald* de 21 de junho de 1987. Ver também o artigo de Stephan Palmié (2001) para uma análise das diferentes narrativas em torno do caso *Church of Lukumí Babalú Ayé vs.* Cidade de Hialeah.

[44] Texto de deliberação da Suprema Corte dos Estados Unidos, concernente ao caso da *Church of the Lukumí Babalú Ayé* e Ernesto Pichardo contra a cidade de Hialeah, publicado pelo *Journal of Church & State*, verão de 1993, vol. 35, nº 3, p. 668-695.

alimentares e a manutenção de animais numa casa para sacrificá-los estava terminantemente proibida. Além disso, um animal só podia ser morto nos abatedouros que possuíam uma licença específica. O sacrifício era definido da seguinte forma: "Matar sem necessidade, atormentar, torturar ou mutilar um animal durante um ritual público ou privado, ou numa cerimônia que não tem como função principal o consumo de alimento" (*ibid.*). Os contraventores estavam sujeitos a uma pena máxima de 60 dias de prisão e/ou uma multa de 500 dólares.

Essa decisão visava claramente a impedir as atividades da *Church of the Lukumí Babalú Ayé*, pois a maioria dos rituais de santería requer, para "alimentar" as divindades, sacrifícios de animais, cujo sangue veicula o *ashé*, a energia vital.[45] Os *orisha* precisam ser alimentados pelos homens, que, por sua vez, precisam dos *orisha* para resolver seus problemas cotidianos. Na maioria das vezes, a carne é consumida pelos membros do grupo de culto em festas públicas. Entretanto, em certos casos, como nos rituais de descarrego, considera-se que os animais sacrificados atraíram para si as influências negativas, doença ou infortúnio, e seus restos são abandonados num cemitério ou numa encruzilhada. Por vezes, as divindades designam outros lugares onde se devem deixar as oferendas: à beira-mar, num rio ou no mato. Sem as oferendas, o laço entre iniciado e divindade não poderia subsistir. Apesar disso, os membros da câmara municipal declararam que o sacrifício de animais representava um verdadeiro "perigo sanitário e moral" para o conjunto da comunidade de Hialeah.

Não foi o primeiro caso de repressão das práticas religiosas *santeras* no estado da Flórida. No início de 1983, sociedades protetoras dos animais haviam lançado uma campanha contra os sacrifícios. A equipe nacional de proteção da fauna selvagem oferecera 2 mil dólares por qualquer informação que pudesse conduzir à prisão de pessoas que sacrificavam animais em rituais de santería. Em setembro de 1983, a polícia irrompeu na casa de culto de uma sacerdotisa *santera*, impedindo a realização dos sacrifícios para as divindades. Assim, 52 animais foram resgatados das "garras" dos santeros: 30 frangos, 4 galos, 11 pombos, 4 cabras, 2 ovelhas e 1 pato. A santera foi acusada de ter infringido os códigos sanitários e a lei sobre a agricultura (*agricultural marketing law*). O sacrifício de animais é, de fato, o aspecto das práticas de origem africana que mais choca a sociedade americana. Os restos dos animais sacri-

---

[45] O *ashé* (axé em português) é frequentemente pensado como uma energia ou força que está em estado latente em tudo o que existe e que pode ser ativada por rituais específicos. O termo yoruba *àṣẹ* significa "o poder do comando" (*the power of command*) (*cf.* Abraham, 1958).

ficados são frequentemente abandonados nos arredores das grandes cidades e, por vezes, nos parques no centro das aglomerações urbanas. Na ausência de predadores que possam consumir os restos, estes acabam nas mãos de empregados do departamento sanitário da cidade e estão frequentemente na origem das queixas feitas pelos membros da ASPCA, a Sociedade Americana para a Prevenção da Crueldade contra os Animais. A repressão da polícia, ligada às intervenções das sociedades protetoras dos animais, tornou-se ainda mais forte a partir dos anos 1980.

Essa política de repressão não era limitada ao estado da Flórida. As sociedades de proteção dos animais eram muito ativas em todo o território americano. Assim, na primavera de 1980, as casas de duas *santeras* de Nova York foram invadidas por agentes da ASPCA. As duas sacerdotisas estavam realizando os sacrifícios para os *orisha*, quando os policiais irromperam e confiscaram os animais. O processo durou um ano e meio aproximadamente. As sacerdotisas aceitaram as acusações e começaram uma negociação com a cidade de Nova York, apoiadas por uma organização de sacerdotes e sacerdotisas da santería, com vistas a obter licenças que lhes permitissem sacrificar animais em suas próprias casas (Brandon, 1990: 136-137). Porém, as incursões da polícia e dos representantes das sociedades protetoras dos animais continuaram. Em 1983, o presidente da *Rutgers Animal Rights Law Center*, Gary Francione, representou a ASPCA diante da corte de Nova York, num processo contra a *Church of Changó*, uma igreja que se consagrava ao culto dos *orisha*. O direito de sacrificar animais, como prática religiosa protegida pela primeira emenda da constituição americana, era mais uma vez colocado em questão. A corte declarou que o sacrifício de animais não estava relacionado nesta emenda e podia ser proibido pelas "leis contra a crueldade" do estado de Nova York.

Frente a essa onda repressiva, a *American Civil Liberties Union* (ACLU) decidiu, em outubro de 1987, apoiar a *Church of the Lukumí Babalú Ayé* em sua luta contra os decretos emitidos pela cidade de Hialeah, recorrendo mais uma vez à primeira emenda da Constituição americana, que garante a plena liberdade religiosa. Uma longa batalha judicial acabava de começar e duraria até 1993. O primeiro processo contra a cidade de Hialeah resultou num fracasso para a CLBA. O juiz da corte federal para o distrito do sul da Flórida, Eugene Spellman, confirmou o fundamento das decisões da câmara municipal de Hialeah, negando as alegações de perseguição feitas pela CLBA. A corte declarou que o sacrifício de animais apresentava um risco real para a saúde pública, tanto para os participantes dos rituais quanto para o público. Porém, mais perigoso ainda para o conjunto da comunidade era "o dano emocional" causado às crianças que assistiam a essas cerimônias. Mesmo quando as regras eram as mesmas que as prescritas para o ritual *kosher*, a saber, "o seccionamento instantâneo da carótida com um instrumento afiado", a prática *santera* não era aceitável por ser "desumana". Era preciso impedir a todo preço o sacrifício ritual de animais, mesmo com uma finalidade alimentar (*Journal of Church & State*, 1993).

A primeira consequência desse julgamento foi o fechamento da CLBA em Hialeah. Em 4 de fevereiro de 1988, o grupo *santero* abandonou o local por não poder pagar o aluguel que ficou caro demais. Três meses mais tarde, em 16 de maio, a igreja foi reaberta na esquina da Palm Avenue com a 7th Street. Ernesto Pichardo estava animado com novos projetos: certificar oficialmente os iniciados da santería, lançar programas de cooperação cultural com organizações religiosas nigerianas, publicar um boletim de informação para 500 assinantes, mas também instaurar "um museu afro-cubano, uma área para as festas religiosas e um local para os sacrifícios de animais", este construído conforme o *building code*, com equipamentos de aço inoxidável e "incineradores para os despojos" (*El Miami Herald* de 15 de maio de 1988). Porém, a *Church of the Lukumí Babalú Ayé* não chegara ao final de suas penas. A batalha legal com a cidade de Hialeah continuava. Um ano mais tarde, em junho de 1989, a cidade já gastara 105 mil dólares em custos jurídicos e honorários advocatícios. As acusações contra os *santeros* se repetiam: os sacrifícios constituíam um risco de infecção para a comunidade e um perigo psicológico para as crianças, o debate se estendendo agora aos próprios filhos dos *santeros*. Especialistas, intercedendo em favor da igreja *santera*, diferenciavam as práticas, mais aceitáveis, da santería e aquelas, muito mais "selvagens" e "perigosas", de um outro culto afro-cubano, o palo monte ou palo mayombe (*El Miami Herald* de 14 de agosto de 1989).

Ainda em 1989, Ernesto Pichardo se apresentou diante do juiz Spellman, da corte federal do distrito do sul da Flórida, para lhe explicar que todos os animais sacrificados nos rituais *santeros* possuíam um certificado USDA concedido pelo Departamento de Agricultura, o que atestava sua aptidão para o consumo. Mas não obteve sucesso, uma vez que, em outubro de 1989, a corte se pronunciou de novo em favor da cidade de Hialeah, argumentando que o estresse a que eram submetidos os animais antes de serem mortos os tornava inaptos ao consumo. O fato de mantê-los no mesmo espaço que os animais já sacrificados afetava, segundo os especialistas, "o sistema imunológico das vítimas, aumentando consideravelmente os riscos de infecção bacteriológica"

(*El Miami Herald* de 6 de outubro de 1989). Para eles, um animal sacrificado num ritual de santería representava, sem a menor dúvida, um perigo para a saúde pública.

O caso de Hialeah começou a repercutir no conjunto do território americano. Em 1991, a cidade de Los Angeles aprovou um decreto que declarava ilegais os sacrifícios de animais e condenava os transgressores a uma pena máxima de seis meses de prisão e a uma multa de mil dólares. Apesar dos primeiros veredictos favoráveis à cidade de Hialeah, a CLBA e a ACLU da Flórida, que a assistia gratuitamente, não desistiram. Seu caso se tornou o símbolo da luta pela liberdade religiosa na América. Inúmeras outras congregações religiosas tomaram posição em favor da igreja *santera*, como a Liga Católica pelos Direitos Religiosos e Civis, a Igreja Presbiteriana dos Estados Unidos e a Sociedade Legal Cristã. Todos defendiam os fundamentos do sacrifício animal, que, segundo eles, tinha sua origem na história antiga do judaísmo, do cristianismo e do islã e era recomendado na Bíblia como um meio privilegiado de entrar em contato com Deus. Era uma batalha de peso, pois, um ano antes, em 1990, a Corte Suprema de Oregon condenara a utilização do peiote com fins religiosos (*Employment Division vs. Smith*). Alfred L. Smith, membro da *Native American Church*, fora despedido após ter consumido esse cacto alucinógeno numa cerimônia. A *Employment Division* recusara-lhe o pagamento de uma indenização com base no fato de que a ingestão do peiote era crime perante as leis antidrogas do estado de Oregon. A corte ratificou a decisão da *Employment Division* e declarou que as práticas religiosas não podiam absolutamente transgredir as leis de interesse geral promulgadas pelos estados federais. As reações foram imediatas. O veredicto parecia questionar o princípio, sagrado nos Estados Unidos, da liberdade religiosa. Se um estado atacava as práticas religiosas dos índios americanos e dos *santeros*, o que aconteceria com as outras religiões? Em setembro de 1992, em Washington, os senadores Edward Kennedy e Orrin Hatch apresentaram um projeto de lei intitulado "Lei de Restauração da Liberdade Religiosa de 1992", que visava anular a decisão da Suprema Corte.

Dois meses mais tarde, em 4 de novembro de 1992, o caso da *Church of the Lukumí Babalú Ayé* contra a cidade de Hialeah foi apresentado diante da Suprema Corte dos Estados Unidos. A imprensa nacional correu para Washington para cobrir o processo. Do lado da igreja *santera*, havia mais de 16 congregações religiosas, dos mórmons aos evangélicos, passando pelos judeus, todos preocupados com o questionamento do direito à plena liberdade de culto. Era preciso mostrar que esta estava acima das leis dos estados.

O processo se prolongou até junho de 1993. Os nove juízes da Suprema Corte decidiram por unanimidade que o governo não podia promulgar leis que impedissem práticas religiosas, devendo respeitar a primeira emenda à Constituição. Consequentemente, os decretos votados pela cidade de Hialeah violavam a Constituição americana e eram ainda mais inaceitáveis por atingirem uma religião em particular. Além disso, o termo "sacrifício" fora tomado em sua acepção profana: sacrificar equivalia simplesmente a matar, eliminar uma vida. Ora, a eutanásia de animais abandonados, a vivissecção com fins científicos ou a utilização de venenos em jardins para exterminar ratos e outros animais nocivos eram práticas inteiramente legais. Por essa razão, os decretos da cidade de Hialeah transgrediam a *Free Exercise Clause*, segundo a qual toda lei que limitasse as práticas religiosas devia ser de aplicação geral. Mas este não era o caso aqui, pois a "crueldade contra os animais" só era combatida quando se tratava de sacrifícios "supérfluos" destinados às divindades da santería. O veredito da Suprema Corte demonstrou, ao contrário, a importância dessas práticas no sistema de crença da santería, baseando-se em pareceres e nos escritos de antropólogos e pesquisadores especialistas dessa religião. Os juízes reconheceram que as decisões tomadas pela cidade de Hialeah não eram "neutras" e haviam sido inspiradas por preconceitos. Concluíram que a finalidade última da cidade de Hialeah era erradicar a santería, considerada indesejável pelos administradores da cidade. Ora, o veredito dizia que, mesmo que o sacrifício de animais pudesse parecer uma aberração a alguns, "nenhuma crença religiosa precisa ser aceitável, lógica ou compreensível por todos para merecer a proteção da primeira emenda à Constituição" (*Journal of Church & State*, 1993).

A vitória da *Church of the Lukumí Babalú Ayé* teve uma grande repercussão nacional. Os *santeros* começaram a festejar, em vários lugares do território americano, a decisão da Suprema Corte. Porém, o veredito não se aplicava necessariamente a outras cidades, podendo, no máximo, fazer jurisprudência. Entretanto, os *santeros* — e todos os praticantes das religiões de origem africana — viam no combate de Pichardo um primeiro passo para o reconhecimento de suas práticas como uma verdadeira religião. Fortalecido por essa vitória e pela legitimação que daí decorria, Ernesto Pichardo decidiu lançar seu projeto de unificação das diferentes modalidades de culto da religião dos *orisha* por meio de uma campanha de certificação do status religioso dos iniciados. Foi a primeira tentativa, em solo americano, de unificar e estandardizar essas práticas religiosas.

Ora, a realização da 5ª COMTOC em São Francisco evidenciara que a comunidade dos praticantes da religião dos *orisha* — ao menos em seu componente afro-americano — não estava disposta a aceitar a liderança de um cubano, além de tudo, "branco". A exclusão dos *santeros* norte-americanos da organização da primeira Conferência Mundial organizada nos Estados Unidos mostrava claramente que os afro-americanos não queriam "brancos" numa religião "africana". Além disso, os cubanos-americanos, que são em grande maioria anticastristas, estavam particularmente indignados pela aliança das casas afro-americanas e dos organizadores nigerianos das COMTOC com a *Asociación Cultural Yoruba*, ligada ao governo cubano. A reação dos cubanos-americanos foi imediata, com a criação de um movimento de unificação *lukumí*, que projetava a organização de outros congressos internacionais dos praticantes da religião dos *orisha*. Esse novo programa, que se apresentava como internacional e exaustivo, queria recolher, junto aos mais velhos na religião em Cuba e nos Estados Unidos, os conhecimentos religiosos que estavam se perdendo para sempre. Seriam então criados uma organização, o *Egbé Lukumí*, e um conselho sacerdotal composto por 12 *obás* (*oriatés*) e 16 *babalawo*. Esses projetos jamais foram postos em prática.

Se essas tentativas de unificação estavam fadadas ao fracasso, nem por isso seus instigadores se juntaram às iniciativas encabeçadas por outros líderes da religião dos *orisha*, como a da Gro Mambo da Filadélfia e seu *National African Religion Congress*. Assim, numa entrevista realizada em abril de 2000, Ernesto Pichardo acusava abertamente o projeto do NARC de ser uma mera cópia do projeto da *Church of the Lukumí Babalú Ayé* e reivindicava sua paternidade, utilizando a vitória junto à Suprema Corte como um fator que legitimava sua iniciativa federadora.[46] Vê-se com clareza que o projeto do NARC entra em concorrência direta com o de Ernesto Pichardo e sua igreja e, além disso, leva a lógica da afirmação de uma diferença "africana" bem mais longe. Ora, as relações entre a comunidade *santera* norte-americana e os *babalawo* nigerianos não eram fáceis, dadas as tensões que opõem os *oriatés* aos *babalawo* no próprio interior da santería. Ademais, vimos como Pichardo questionava a autoridade do Ooni de Ilé-Ifé sobre o conjunto dos praticantes da religião dos *orisha*, uma vez que a tradição *santera* não tinha suas origens na tradição de Ilé-Ifé, mas naquela do antigo império de Oyo:[47]

---

[46] Entretanto, as informações obtidas em Miami, em março de 2004, mostram que a CLBA e seu projeto de federação não tiveram o êxito previsto por Pichardo, ficando bem abaixo de suas expectativas.

[47] Ver capítulo VII.

Os *babalawo* de Ilé-Ifé, ou linhagens descendentes de Ilé-Ifé, que vão à Cuba dizem: "Vocês fazem as coisas de uma forma diferente, não é assim..." Eles não gostam disso... mas por que não trazem um *babalawo* de Oyo para ver que, sim, é exatamente assim que fazemos?

Ernesto Pichardo, Miami, abril de 2000.

Essa rivalidade entre yoruba da Nigéria e "yoruba da diáspora" se reflete na tentativa de Pichardo de retirar a prática religiosa lucumí da tutela dos nigerianos. Assim, a tradição religiosa preservada em Cuba não seria yoruba, mas *ayoba*: "*Lucumí* é o termo utilizado em Cuba, mas *ayoba* é o antigo termo yoruba. Foi o que aprendi com meus ancestrais na religião. É um termo que remete aos descendentes de Oyo" (*ibid.*). Miguel "Willie" Ramos, fazendo referência a um artigo de um autor nigeriano (Awoniyi, 1981), fala de um antigo termo, *yooba*, que fazia referência aos yoruba e do qual viria *ayoba*. Essa diferença terminológica esconde uma discrepância de fundo que torna impossível o retorno a uma prática original para sempre desaparecida. Como voltar a uma prática ritual "purificada" se os reinos de que eram originários os escravos que introduziram a religião lucumí em Cuba foram destruídos há quase dois séculos? Não se pode voltar atrás, pois os yoruba de hoje são muito diferentes daqueles que chegaram outrora em Cuba ou no Brasil. Consequentemente, os praticantes da religião de origem yoruba nas Américas não podem se curvar à vontade dos yoruba da Nigéria, uma vez que não pertencem a um "mesmo povo" e não têm a mesma origem:

> Não somos yoruba, somos cubanos que praticam uma religião lucumí, não uma religião yoruba. Nossa origem é Oyo, mas para nós o *Alaafin* é Shangó, e não um ser humano. Porque quando fomos separados [pela escravidão], também nos separamos politicamente. O *Alaafin* de Oyo não é nada para nós, não mais que o Ooni de Ifé. [...] Para nós, todos esses títulos africanos não têm nenhum sentido, é assim em Cuba e também no Brasil. Partilhamos uma religião, não uma cultura. Partilhamos um aspecto da cultura yoruba, não sua totalidade.
>
> Miguel "Willie" Ramos, Miami, março de 2004.

Essa oposição entre religião e cultura está no cerne das tensões entre a comunidade dos praticantes da religião lucumí e aqueles da religião yoruba, para quem as práticas religiosas não podem ser separadas da revitalização de uma cultura africana. Porém, essa reivindicação de uma origem preexistente à criação do povo yoruba, na qual as referências aos antigos reinos de Oyo, de Egbado ou de Ketu servem para questionar as tentativas hegemônicas dos *babalawo* yoruba e do Ooni de Ilé-Ifé, permite também que se considere uma futura unidade das "religiões irmãs da diáspora": o candomblé brasileiro e a religião lucumí cubana. A CLBA sugeriu, assim, a fundação de uma "ordem fraterna" que reunisse, num plano estritamente igualitário, as três religiões de origem yoruba: a lucumí, o candomblé e a religião tradicional yoruba. No Fórum Internacional sobre a Tradição e a Cultura dos *Orisha* no Terceiro Milênio, organizado pelo *Caribbean Cultural Center* de Nova York, em 21 de maio de 1999, Pichardo propôs a criação de uma "organização multinacional dos *orisha*", tendo como objetivo estabelecer um fórum permanente no qual seriam expressas as necessidades da comunidade nos planos social, econômico, educativo, religioso e humanitário, a necessidade de engajamento "em questões de globalização e de cooperação regional" e de implementação de políticas que assegurariam o bem-estar e a integração social da comunidade. Essa organização devia ser composta por linhagens pertencentes a essas três religiões, que constituem, segundo Pichardo, um sistema "ecumênico" (*inter-faith*). A estrutura tinha o objetivo de ser democrática, baseando-se num conjunto de regras bem definido e em líderes eleitos por cada comunidade religiosa. O modelo escolhido era o das Nações Unidas e a sede, Nova York, em função de sua proximidade com os centros de poder internacionais. Em 2000, Pichardo manifestava da seguinte forma seu aborrecimento frente a um processo que não avançava:

> Temos o modelo das Nações Unidas, onde todas as nações são representadas e onde ninguém se engalfinha. Todos colaboram com objetivos comuns, universais. [...] Talvez seja um modelo um pouco difícil de compreender, mas já existe um exemplo que funciona, o da Igreja Lukumí [a CLBA]. De nossas reuniões participam *oriatés, babalawo, abakuás, paleros* e todos se entendem. Porque os interesses são comuns! Percebi mais resistência dos afro-americanos, mas os brasileiros, cubanos ou porto-riquenhos não viam nesse modelo nenhuma dificuldade. Mesmo os yoruba presentes estavam de acordo. Foram os primeiros a dizer que se trata de uma religião universal. Mas os afro-americanos não aceitam!
>
> Ernesto Pichardo, Miami, abril de 2000.

E se o processo não avança, isso se deve ao fato de que o universo da religião dos *orisha* é extremamente fragmentado. Assim, os líderes do candomblé que haviam aceitado colaborar jamais enviaram as informações que a CLBA pedia para proceder à certificação de seus iniciados. Isso não interrompeu as tentativas de unificação dos praticantes da religião lucumí. No final de 2001, um grupo de *oriatés* de Miami tentou realizar o velho sonho de se fazer um conselho com os mais velhos na religião, inspirado pelos *obás oriatés* Miguel "Willie" Ramos, Ernesto Pichardo e Roque "El Jimagua" Duarte.[48] Após o ataque de 11 de setembro de 2001, Ramos promoveu uma reunião de iniciados na religião lucumí em Miami com a finalidade de organizar cerimônias funerárias para as vítimas dos atentados. Em novembro, uma sessão de adivinhação foi realizada, bem como um tambor para os Egun. Miguel "Willie" Ramos aproveitou esse evento para lançar a ideia de um conselho de *oriatés* que determinaria parâmetros comuns a todos os praticantes da religião lucumí. Essa ideia teve grande sucesso. Porém, as divisões internas logo triunfariam, impedindo qualquer tipo de estandardização das práticas rituais. Segundo Willie Ramos, os *oriatés* da nova geração teriam reagido de forma muito negativa às credenciais exigidas pelos *oriatés* mais velhos. Os conhecimentos rituais indispensáveis à obtenção desse título ritual foram considerados excessivamente impositivos pelos mais jovens, que se recusaram a continuar nesse caminho.[49] O Conselho de Miami, que conseguira reunir 25 *oriatés*, ficou no papel, vítima das divisões internas nesse universo religioso.

Os egbé *ou as redes entre as casas de culto*

Os *egbé*, ou sociedades dos *orisha*, constituem uma outra iniciativa que visa reunir os iniciados e definir a ortodoxia das práticas religiosas. O primeiro *egbé* surgiu em 1987, após a intervenção divina de Obatalá, que, encarnado no corpo de um iniciado numa cerimônia no Brooklyn, clamou à unidade dos praticantes da religião dos *orisha*. De 1987 a 1991, sete *egbé* foram formados, reunindo os iniciados nos cultos de Oshún, Obatalá, Yemonjá, Aganjú, Oyá, Shangó e dos "Guerreiros" (Elegbá, Ogún e Oshosi). Como no caso do NARC, essa nova forma de organização no seio da comunidade dos adeptos da religião dos *orisha* não deriva de uma iniciativa humana, mas da intervenção direta dos deuses, que vêm mostrar aos homens o caminho a seguir. Como as COMTOC, o NARC ou a CLBA, os *egbé* lutam para que as práticas de origem

---

[48] El Jimagua foi iniciado em Cuba, em 1944, com a idade de 7 anos. Mora em Miami e, atualmente, é o *oba oriaté* mais idoso dos Estados Unidos (Ramos, 2003: 49).

[49] Segundo Ramos, entre os 30 ou 40 *oriatés* em atividade em Miami, apenas uns 20 seriam realmente reconhecidos como tais (entrevista com Miguel "Willie" Ramos, Miami, março de 2004).

africana sejam reconhecidas como verdadeiras religiões, com sua própria estandardização e sua própria ortodoxia.

As atividades desses *egbé* não se limitam ao território americano. Vimos como, graças a Lloyd Weaver, o *Egbé Yemonjá* teceu relações com os iniciados nigerianos, que ajudaram a afirmar o caráter tradicional e legítimo das práticas religiosas norte-americanas. Da mesma forma, algumas sacerdotisas afro-americanas que não conseguem suportar o peso do machismo na religião dos *orisha*, sobretudo em sua versão afro-cubana, estabelecem laços com as religiões "irmãs" do Brasil, capazes de oferecer novos modelos a serem reproduzidos nos Estados Unidos. Desde sua fundação, as três casas de candomblé consideradas as mais tradicionais de Salvador são tradicionalmente dirigidas por mulheres. Essa particularidade ritual levou uma antropóloga norte-americana, Ruth Landes (1947), a estabelecer uma relação direta entre a manutenção da "tradição africana" no candomblé e a construção de um espaço de poder feminino, no qual os homens ocupam apenas posições específicas, como a de *ogã*. Esse predomínio feminino, que está na origem do "mito do matriarcado" no candomblé, não é muito fácil de provar, mesmo em Salvador, onde inúmeras casas de culto sempre foram dirigidas por homens. Porém, o fato de que as casas mais prestigiosas tenham sido dirigidas por mulheres tão célebres como Mãe Menininha do Gantois ou Mãe Aninha do Axé Opô Afonjá não podia deixar de atrair a atenção das sacerdotisas afro-americanas.

Assim, em 30 de agosto de 1987, representantes do *Egbé Omó Obatalá* foram à Casa Branca, primeira casa de candomblé fundada em Salvador, no Engenho Velho. Os iniciados norte-americanos participaram das cerimônias que marcam a abertura do ano litúrgico nessa casa de culto e que são dedicadas a Oxalá, cujo correspondente na santería cubana é Obatalá. No final dessas cerimônias, Osaye Mchawi, uma afro-americana que fora iniciada por Lloyd Weaver, apresentou uma proposta de "geminação religiosa" entre o *Ilé Funfun* (tradução yoruba do nome brasileiro Casa Branca) e a *Yoruba Society* do Brooklyn. O texto propunha uma "aliança entre casas irmãs" com o intuito "de consolidar as relações entre os fiéis afro-americanos e afro-brasileiros" (Curry, 1997: 178). Essa aliança devia permitir também "a partilha da herança religiosa legada pelos ancestrais que chegaram à Bahia", bem como "a troca de ideias e de experiências para preservar as tradições da religião yoruba" (*ibid.*). A *Yoruba Society* do Brooklyn propunha ações de apoio financeiro e logístico, comprometendo-se a enviar cem dólares por trimestre, bem como roupas e material escolar duas vezes por ano, que deviam ser distribuídos entre os membros da comunidade baiana. Decidiu também receber e alojar, quando possível, os iniciados da Casa Branca em visita aos Estados Unidos, permitindo que participassem das cerimônias religiosas nos templos norte-americanos. Essa proposta foi aceita e devidamente registrada no livro de ouro da casa baiana (*ibid.*).

As relações entre os praticantes norte-americanos e brasileiros não se limitam unicamente a esta aliança. Atualmente, cada vez mais afro-americanos redescobrem suas raízes africanas no Brasil pelo viés de uma nova forma de "turismo cultural e religioso". As viagens repetidas entre os Estados Unidos e o Brasil criaram, assim, verdadeiras redes transnacionais que permitem o apoio a certos grupos religiosos afro-brasileiros, como no caso anteriormente descrito. Mas essas viagens também visam aperfeiçoar os conhecimentos a respeito da "cultura afro-baiana", com um interesse muito especial atribuído às atividades artísticas, como os cursos de dança de candomblé, os estágios de capoeira ou as percussões afro. O impacto desse "turismo cultural" nas práticas religiosas dos afro-americanos é particularmente importante.[50] Os contatos reiterados com as casas de culto "tradicionais" do candomblé baiano contribuem, de forma substancial, para o processo de reafricanização nos Estados Unidos e no Brasil, desenvolvendo lógicas e estratégias parecidas: por um lado, a condenação das práticas sincréticas que juntam "variantes exógenas", como o sincretismo afro-católico; por outro, a valorização de uma origem "étnica" considerada mais "pura" e mais "tradicional", a saber, a origem yoruba.

Salvador, com suas casas de candomblé nagô, é considerada um dos principais centros de preservação das tradições africanas "na diáspora" e uma possível fonte de legitimação para os afro-americanos que se iniciam na religião dos *orisha*. Porém, essa cidade é também o *locus* de uma redescoberta de práticas rituais caídas no esquecimento. Assim, um *oriaté* cubano-americano, José Manuel Ginart (Oyá Dina), que chegou a Nova York em 1959 e conheceu Asunta Serrano e Mercedes Noble no *Yoruba Temple* de Adefunmi, em 1961, também teceu relações com as casas "tradicionais" de Salvador. Após ter participado, em 1972, do *Oshún Festival* na Nigéria, assistiu, em 1986, à 3ª COMTOC, organizada em Nova York pelo *Caribbean Cultural Center*. Na conferência, encontrou iniciadas brasileiras e, em 1988, foi à Bahia com o

---

[50] Vimos que uma das sacerdotisas mais conhecidas da religião akan nos Estados Unidos, Nana Koramentaa, também pertence à confraria católica da Nossa Senhora da Boa Morte em Cachoeira, cujos membros são mulheres também iniciadas no candomblé. Ora, paradoxalmente, é nessa festa católica que um grande número de afro-americanos vem ao Brasil para "uma imersão total" na cultura afro-brasileira.

objetivo declarado "de estabelecer uma comunicação entre os dois sistemas da religião yoruba" (Vega, 1995a: 191).

Nesse mesmo ano, o *oriaté* cubano-americano Miguel "Willie" Ramos foi a Salvador para redescobrir os rituais para Oxumaré, o deus-serpente dono do arco-íris. Durante anos, procurou informações a respeito desse *orisha* em Cuba, onde seu culto parece ter desaparecido na primeira metade do século XX. Segundo seus informantes, a última *iyalorisha* cubana a ter um altar desse *orisha* foi Nicolasa Domenech, falecida há décadas. Graças à mediação de Pierre Verger, Ramos fez contato com Mãe Nilzete de Yemanjá da Casa de Oxumaré, no Bairro da Federação. Nesse terreiro de candomblé da nação ketu, Ramos assentou Oxumaré e Logunedé, outro *orisha* desaparecido em Cuba, e levou os dois altares aos Estados Unidos. Em 1999, voltou ao Brasil e realizou outra cerimônia no candomblé: um *borí* com a consagração do *ibá orí*, a representação material da cabeça (*orí*). Essa cerimônia foi realizada em São Paulo, no *Ilé Ashé Iyamí Oxúm Muyiwá*, casa de culto de Gilberto de Exu, também um dos organizadores das COMTOC.

Isso deu origem a diferentes consagrações no culto de *orí* que Ramos dirigiu em seguida em Cuba e nos Estados Unidos. Em 2004, declarava ter celebrado em torno de 500 *borí* apenas nos Estados Unidos, reintroduzindo uma prática que desaparecera completamente em Cuba.[51] Ramos, que é muito crítico em relação ao que chama de *diplo-orisha*, *orisha* que seriam meros "produtos destinados ao mercado da *diplo-santería*",[52] reservado aos estrangeiros que vão à Cuba em busca de uma "Meca religiosa",[53] está, assim, na origem da difusão de práticas rituais importadas de uma "religião irmã": o candomblé. Porém, para que outras pessoas possam "receber" esses *orisha*, é preciso adaptar a forma brasileira de assentar as divindades nos altares individuais à sensibilidade e às práticas dos iniciados na religião lucumí. Para isso, Ramos, que já "deu"[54] nos Estados Unidos vários Logunedé e Oxumaré,

---

[51] Entrevista com Miguel "Willie" Ramos, Miami, março de 2004. A primeira cerimônia do *borí*, contudo, teria sido realizada nos Estados Unidos por Maria de Oxalá (Maria Junqueira), mãe de santo brasileira que viveu muitos anos neste país. Em 1993, ela consagrou o primeiro *ibá orí* para um iniciado na religião lucumí, Michael Bajarano, "filho" de Obatalá residente em Los Angeles. Desde então, Maria de Oxalá realizou essa cerimônia para vários praticantes da religião dos *orisha* em São Francisco, Oakland e Miami (entrevista com Maria Junqueira, Rio de Janeiro, agosto de 2005).

[52] O termo *diplo* faz referência às lojas chamadas em Cuba *diplo-tiendas*, reservadas ao pessoal das embaixadas, aos estrangeiros e aos cubanos que podem pagar em dólares.

[53] *Cf.* "Diplo Santería and Pseudo-Orisha", disponível em: www.eleda.org.

[54] Na *santería*, os *orisha* que não "nascem" durante os rituais de iniciação podem ser "recebidos" das mãos de um *padrino* ou de uma *madrina*, cujo altar individual "dará à luz" o novo *orisha*. Diz-se, então,

acrescenta aos rituais do candomblé aqueles da santería, notadamente os rituais do *lavatorio* e do *paritorio*,[55] bem como a cerimônia da preparação do *dilogun* (os búzios para a adivinhação presentes em cada altar individual). Essas mudanças são indispensáveis, segundo ele, porque sem elas "um cubano não acreditará que o *orisha* foi corretamente consagrado".[56]

Nessa busca pelos "fundamentos perdidos", reaparece uma visão do sincretismo que não é necessariamente negativa. Como nas teorias de Roger Bastide, trata-se aqui de um "bom" e de um "mau" sincretismo: o primeiro permite recriar uma unidade ritual e filosófica que foi perdida na travessia do Atlântico nos navios negreiros; o segundo abala para sempre as bases da "cultura africana".[57] Para retomar a formulação de Bastide, toda mutação religiosa se faz dentro de uma *Gestalt* (forma ou configuração) pré-determinada, segundo sua lógica interna e suas próprias regras de transformação. Onde existe uma tradição, não se falará de mutação, mas de emergência, como se cada mutação já estivesse presente de uma forma latente, no que Bastide (1969: 9) chama de "núcleo arcaico do sagrado". Essa noção permite dissimular as descontinuidades sob uma continuidade, real ou simbólica, entre a África e as Américas. Se há "vácuos [*trous*] da memória coletiva" (Bastide, 1970), há também a possibilidade de preenchê-los, buscando os materiais perdidos diretamente nas fontes da tradição africana. Esses "vácuos" seriam, para Bastide, formas a um só tempo "vazias e cheias". "Vazias" porque elas não podem ser mais preenchidas pela memória coletiva, e "cheias" por não serem verdadeiramente ausência, mas "sentimento de uma falta" [*sentiment d'un manque*]

---

que o *padrino* ou a *madrina* "deu" o *orisha* para seu afilhado. Esses *orisha* são chamados *orisha* "recebidos" ou *orisha de addimú*.

[55] Esses dois rituais visam a "dar à luz" as divindades. Para o *lavatorio* (lavagem), prepara-se o *omiero* (ervas maceradas na água, às quais se acrescentam certos elementos específicos a cada divindade), no qual são lavadas as diferentes partes do altar individual. O ritual do *paritorio* (parto) marca o laço de filiação entre o *orisha* que "vai nascer" e aquele que "o engendra".

[56] Entrevista com Miguel "Willie" Ramos, Miami, março de 2004. Os contatos entre praticantes das religiões afro-brasileiras e praticantes das religiões afro-cubanas continuaram, desde então, graças à chegada na cidade do Rio de Janeiro de *babalawo* cubanos, a partir do começo dos anos 1990. Com frequência, sucediam aos nigerianos que ali efetuavam iniciações no culto de Ifá (Capone, 2004*a*). Em 2003, assisti aos rituais realizados por cubanos residentes em Miami, que foram ao Rio de Janeiro para assentar vários *orisha* que haviam caído no esquecimento em Cuba. Da mesma maneira, já há nessa cidade vários terreiros de candomblé que são influenciados pelas práticas religiosas afro-cubanas e/ou nigerianas.

[57] Para Bastide, o princípio do corte, na base do "sincretismo em mosaico", está presente nos terreiros de candomblé ditos "tradicionais", os únicos que souberam preservar a herança cultural africana no Brasil. No sincretismo em mosaico, não há fusão, mas separação dos diferentes rituais; trata-se aí de um "falso" sincretismo, também chamado "sincretismo da máscara". Para uma análise crítica dessa noção, ver Peixoto (2000) e Capone (2001 e 2007*b*).

(1970: 95). Recriando os laços rompidos com a cultura de origem, torna-se, então, possível reconstituir o passado. Trata-se de preencher os vazios deixados pelo desenraizamento provocado pela escravidão e pela "estrutura do segredo" no próprio fundamento das religiões afro-americanas, lutando contra o desaparecimento progressivo da memória coletiva africana.

Esse movimento de retorno às raízes, que caracteriza tanto o candomblé quanto o orisha-voodoo norte-americano, é, assim, uma reativação, simbólica mais do que real, de uma tradição "pura", que deve ser reconstruída na "diáspora". O discurso dos membros do candomblé e da santería sempre enfatizou a preservação de um patrimônio cultural e ritual ancestral. Mas esse discurso não consegue ocultar a busca por tudo o que fora perdido, uma prática que engendra inevitavelmente a mutação daquilo que se queria imutável. Esse movimento de retenção de um saber ancestral e de compensação das perdas rituais constitui o verdadeiro motor das religiões afro-americanas (*cf.* Capone, 2007*b*). Todo deslocamento geográfico, toda viagem para os centros detentores das tradições africanas, é então percebido como uma regressão temporal para o que foi perdido, para a "verdadeira" tradição africana. Fragmentos desta foram preservados em Cuba, no Brasil, na Nigéria, ali onde persistem "ilhas de resistência cultural". A reconstituição dessa unidade perdida, como no que chamei de "pan-africanismo ritual", não constitui uma degenerescência das práticas tradicionais, mas um esforço para recobrar um passado e uma tradição comuns, indispensáveis à edificação de uma comunidade dos praticantes da religião dos *orisha*.

O exemplo norte-americano nos mostra bem como, no interior do universo afro-americano, estão presentes dois tipos de sincretismo de conotações diferentes: um sincretismo "negro-africano", cuja variante "intra-africana" é anterior à escravidão e está na origem da crença numa unidade de fundo da cultura africana, e um sincretismo afro-ocidental, que hoje deve ser combatido.[58] Esses dois tipos de sincretismo mobilizam duas visões do passado e da memória coletiva africana, uma que remete à continuidade entre culturas africanas e culturas afro-americanas, outra que marca a descontinuidade produzida pela escravidão e pela perda dos laços, reais ou simbólicos, com a terra das origens. O sincretismo "negro-africano" encarna então um processo

---

[58] Melville Herskovits (1941) foi um dos primeiros a afirmar a existência de uma "gramática cultural" que seria partilhada pelos diferentes povos da África Ocidental. Essa "gramática cultural" teria permitido a formação de uma cultura afro-americana, cujas referências principais deviam ser buscadas nas culturas yoruba e fon. Essa ideia de uma persistência de um substrato africano, em que a religião desempenharia um papel central, está também presente no modelo da "criulização", proposto por Mintz e Price (1976).

"positivo", que articula variantes endógenas em oposição a um sincretismo "negativo", o afro-católico, constituído por variantes exógenas. O sincretismo "negro-africano" e a sobreposição das iniciações, que é uma característica do conjunto das religiões afro-cubanas, tornam-se então o símbolo da unidade de fundo do mundo africano e da possível união entre "religiões irmãs".[59]

Nesses últimos anos, os *egbé* criaram comitês de adesão que certificam o status religioso dos sacerdotes e sacerdotisas da religião dos *orisha*, confirmando sua iniciação e a linhagem a que pertencem. Reproduzem, assim, o modelo proposto pela CLBA e pelo NARC, promovendo uma nova organização federadora, que ilustra uma vez mais a tendência à "eclesificação" no seio das religiões afro-americanas: a *Ijo Orisha Yoruba Church*. Situada no Brooklyn (Nova York), essa igreja reúne representantes de cada *egbé* norte-americano. Permanece, contudo, aberta a qualquer praticante da religião dos *orisha* que possa provar sua iniciação e trazer uma autorização "escrita" de seu iniciador. A finalidade declarada dessa nova organização é trabalhar para o progresso, o desenvolvimento e a consolidação de uma comunidade espiritual, que reúne sob a mesma bandeira os praticantes das "religiões tradicionais" africanas, bem como qualquer variante religiosa da "diáspora africana" no Novo Mundo. A *Ijo Orisha Yoruba Church* tem reuniões bimensais em torno dos rituais para os *orisha* e dos ritos de passagem para os adolescentes. Pelo menos uma vez por ano essa igreja se dirige ao conjunto da comunidade dos praticantes da religião dos *orisha*. O tema da reunião de outubro de 2004, que se desenrolou na *Harriet Tubman School* de Nova York, era "Evolução e Unidade para a Comunidade dos *Orisha* no Novo Milênio".

Porém, essas múltiplas tentativas de unificação dos cultos de origem africana não teriam sido possíveis sem o exemplo fundador de Adefunmi e sua aldeia africana. Foi ele quem, pela primeira vez, exaltou a herança comum ao conjunto das modalidades de culto da "religião africana". Uma vez estabelecido o laço que sustenta religiões tão diferentes como o vodou haitiano, o candomblé brasileiro, a santería cubana ou o shangó de Trinidad, simbolizado por seu componente yoruba, torna-se possível trabalhar por sua unificação. As origens africanas comuns permitiram reinterpretar cultos, produto da escravidão nas sociedades coloniais, segundo os princípios do nacionalismo negro. Pouco importando suas reais origens, todas essas religiões se tornam facetas da "religião yoruba", e é em virtude de sua primazia que o papel de

---

[59] É interessante observar que a noção de "pan-africanismo ritual", que proponho para dar conta desse sincretismo "positivo", reatualiza o sonho afro-brasileiro da "unidade na diversidade" (Capone, 2004a).

Adefunmi, no seio da comunidade dos praticantes da religião yoruba, geralmente é reconhecido nos Estados Unidos. Adefunmi foi o primeiro afro-americano a propor um "retorno" à cultura e à religião africanas, o primeiro a criar um centro de culto — o *Yoruba Temple* — aberto ao público, o primeiro a fundar um território negro posto sob a proteção dos deuses africanos. Foi também o primeiro a receber "a espada do comando" das mãos do Ooni de Ilé-Ifé e a estreitar laços com os chefes tradicionais nigerianos. Sem seu pan-africanismo ritual e sua utilização dos símbolos e da identidade yoruba como sinais de uma "africanidade" reconquistada, a religião dos *orisha* não teria conhecido o florescimento que conhece atualmente entre os afro-americanos. É o que permite que os membros do orisha-voodoo reivindiquem um papel predominante no seio das "religiões da diáspora", uma vez que, como afirma Medahochi, um dos fundadores da Oyotunji Village, essa religião é "a única manifestação cultural que pôde perfazer o círculo", voltando ao ponto de partida, à sua pureza original, libertando-se das influências do catolicismo e da escravidão (*in* Eason, 1997: 113). "Perfazer o círculo" significa, no presente caso, chegar ao cabo da viagem de retorno às origens e reencontrar sua verdadeira identidade. Se os membros de Oyotunji são, como afirma Mikelle S. Omari (1996: 96), "atores conscientemente engajados num processo de criação cultural", é também graças a eles que "o círculo cognitivo e cultural africano na diáspora" pode se fechar de novo (*ibid.*). E, como lembrou na 8ª COMTOC, em Havana, Baba Ifatunji, um outro membro de Oyotunji, o "círculo cultural" não pode ser completado sem que se reconheça a importância primordial da família. O culto dos ancestrais se torna, assim, o verdadeiro centro do processo de reconstrução das identidades afro-americanas nos Estados Unidos.

Conclusão

Vimos como o desejo de retornar a uma prática religiosa mais "pura" não é apanágio exclusivo dos afro-americanos. A maioria dos praticantes da religião lucumí e de suas numerosas variantes nos Estados Unidos têm um mesmo objetivo: reconduzir suas práticas ao estado original, erradicando as influências católicas e ocidentais. Porém, os esforços para preservar a "tradição africana" também determinam retificações que introduzem exatamente o que se queria apagar: a mudança e a inovação. "Reafricanizar" significa, antes de tudo, reinterpretar a tradição religiosa, um processo que visa a sua compreensão, mas também a sua racionalização a fim de adaptar seus preceitos ao mundo atual. A tradição torna-se, assim, uma reinterpretação constante de um patrimônio cultural que gostaria de se apresentar como imutável e imemorial. As Conferências Mundiais sobre a Tradição dos *Orisha* e Cultura representam o *locus* por excelência onde essa negociação das significações rituais vem à tona, tornando evidentes as difíceis relações entre "tradição" e "modernidade". O desejo de adaptar um antigo saber à realidade contemporânea está presente na maioria dos iniciados, independentemente da cor da pele e do engajamento político. Como no Brasil, o processo de reafricanização nos Estados Unidos implica explorar toda uma literatura especializada que fala das religiões de origem africana para ali encontrar os elementos perdidos, que podem ajudar na reconstituição de uma prática "mais pura" e "mais autêntica". A reafricanização aparece então como um exercício de *bricolage*, em que cada elemento é cuidadosamente pesquisado e certificado na literatura científica ou nas trocas com as religiões "irmãs". "Reafricanizar" significa também adotar um discurso culto, estudar o passado, a história africana para resgatar sua própria origem. Assim, os afro-americanos diplomados dos departamentos de *African* ou de *African-American Studies* terão uma "predisposição" toda especial ao sacerdócio em razão de seu conhecimento da história e da cultura dos povos africanos e de seus descendentes "na diáspora" (Ifatunji, 2003). Como os militantes do *Black Power*, os sacerdotes e as sacerdotisas da religião yoruba devem se tornar *culturally conscious* ("culturalmente conscientes").

É pela redescoberta dessa história e cultura que a unidade de fundo da experiência "africana" é exaltada. O movimento yoruba nos Estados Unidos expressa, de novas formas, o que sempre esteve presente ao longo da história afro-americana: uma busca identitária que visa reatar com suas origens, na qual a religião constitui um caminho privilegiado para reafirmar seu lugar no mundo e seu destino enquanto povo. Os "yoruba-americanos" se inscrevem, assim, na linhagem dos diferentes movimentos religiosos que formaram a *Black Church* americana. Em suas práticas, encontra-se a importância atribuída à reestruturação do vivido individual por meio de rituais mágico-religiosos e de um saber esotérico, que estava no cerne das igrejas espiritualistas, bem como a sutil combinação de crenças religiosas e de lutas por uma autonomia política, social, cultural e econômica que estava na base das igrejas "messiânico-nacionalistas" (*cf*. Baer e Singer, 1992). Como os *Black Jews*, o *Moorish Science Temple* ou a *Nation of Islam*, os "yoruba" da América conjugaram engajamento religioso e político numa mesma busca pela "verdadeira" identidade do negro norte-americano. Só o que muda é a origem dessa identidade, que não é mais médio-oriental ou afro-asiática, mas africana. Para uns como para outros, não se trata ali de uma identidade novamente inventada, mas de um retorno a uma identidade que a dominação dos brancos sobre os negros apagou. As cerimônias do nome, realizadas pelos "yoruba-americanos", não fazem mais que reproduzir um ritual que já estava presente nesses outros movimentos religiosos e nacionalistas, para os quais o nome — "cristão e eurocêntrico" — também constituía o principal símbolo da escravidão e da submissão ao homem branco. Assim, quando os líderes da *Nation of Islam* procedem à mudança do nome de seus adeptos, não lhes atribuem uma identidade arbitrariamente escolhida, mas se propõem reencontrar seu "nome real", ou seja, o de antes da escravidão, como fazem os "yoruba" dos Estados Unidos com seus nomes africanos. Nos dois casos, a oposição ao mundo branco passa pela revolta dos negros contra a experiência da escravidão, interpretada como a ruptura fundamental na história dos "afro-asiáticos" (pela *Nation of Islam*) e dos "africanos da diáspora" (pelos "yoruba-americanos"). Essa ideia de uma identidade ancestral que deve ser hoje redescoberta constitui o laço fundamental entre as experiências do nacionalismo negro norte-americano e os novos movimentos religiosos afro-americanos.

Da mesma maneira, o imaginário da nobreza e da realeza africanas, reativado nos rituais yoruba na Oyotunji Village, não é apenas o fruto de uma reinterpretação dos rituais da santería, mas o produto de uma longa história, que fez dos negros os representantes de um passado glorioso, descendentes de príncipes e nobres africanos, reduzidos à escravidão pela avidez dos europeus.[1] Em sua qualidade de povo "eleito", pois é portador de uma missão que visa a redenção do conjunto dos descendentes de africanos "na diáspora", os "yoruba-americanos" resgatam uma ética que já estava presente nos movimentos como a *Nation of Islam* e nas tradições afro-americanas como o ritual do Kwanzaa, cujo elemento principal é a unidade da família afro-americana em sua profundidade genealógica, uma vez que "um povo que não tem laços com seus ancestrais não pode construir seu futuro". Aqui também o movimento yoruba-americano se inscreve na longa duração, na história da luta do povo afro-americano, pois a revitalização do culto permite instaurar uma continuidade entre um passado africano e um presente americano. Redescobrir a ancestralidade permite, assim, apagar a ruptura fundadora da história afro-americana, isto é, o tráfico de escravos e a escravidão, justificando a interpretação racializada da religião dos *orisha* que, de religião aberta a todos, como em Cuba ou no Brasil, se transforma pouco a pouco em patrimônio exclusivo dos africanos "da diáspora". Mais uma vez, o discurso dos membros da Oyotunji Village retoma a bandeira do nacionalismo negro, pois, para se reconectar com os "*Egungun* culturais", encarnações da alma ancestral africana, deve-se conhecer sua própria cultura.

Além disso, a redescoberta de uma ancestralidade africana está intimamente ligada à atribuição de um caráter ético à religião dos *orisha*, uma vez que a revitalização do culto dos ancestrais tem como objetivo "moralizar" a comunidade dos descendentes de africanos na América. Uma das principais finalidades da elaboração de uma "religião yoruba" pelos negros norte-americanos é a "cura" (*healing*) da sociedade afro-americana, ou seja, a solução

---

[1] Encontra-se esse mesmo fascínio pela nobreza na relação entre o índio atual, "arcaico, ignorante e até bestial", e o índio imperial, "o homem novo dos próximos séculos", celebrado nos rituais "neo-índios" no México e na criação de uma cultura "neo-inca" no Peru, estudados por Jacques Galinier e Antoinette Molinié (1998: 100).

dos males que a afligem, como a violência, a ignorância, o esquecimento de sua própria história. O sacerdote deve ser um chefe comunitário, porque sem religião, sem ética, não há "comunidade". O papel do sacerdote "yoruba" na reestruturação de sua comunidade se torna então primordial: ele deve exercer um papel de líder para ajudar a reconstruir a cultura e a sociedade africanas nas Américas. O sujeito não é mais o indivíduo, como nas religiões afro-cubanas, mas a comunidade como um todo. Da mesma maneira, o político e o religioso estão fortemente imbricados, pois, como afirmava Adefunmi em 1993, "a política é a forma mais elevada de religião". A comunidade afro-americana precisa ser "curada" e a religião é o instrumento dessa cura espiritual e social. Mas a religião é, antes de tudo, um ato político. Entre as motivações dadas pelos iniciados para explicar suas escolhas religiosas, figura o desejo de encontrar seu próprio equilíbrio, pessoal e coletivo, ao se forjar uma nova família, uma nova comunidade de culto. A família representa, assim, uma das preocupações principais dos praticantes do orisha-voodoo, pois, através dela, torna-se possível reorganizar a "Nação Negra" e dar um sentido ao sonho de uma "comunidade afro-americana".

O denominador comum das diferentes igrejas negras sempre foi uma mescla de protesto e acomodação em relação à sociedade branca. Esse duplo movimento se articula em torno da reprodução do que é considerado a reminiscência de um passado africano: a experiência religiosa afro-americana, caracterizada pela dança, pela música e pelo êxtase. Isso levou certos autores norte-americanos a ver uma relação de continuidade entre a *Black Church* e as religiões afro-americanas, como a santería ou o candomblé:

> A *Black Church* é, a um só tempo, 'negra' em seu saber independente, nascido de sua exclusão da América branca, e 'afro-americana' em seu desenvolvimento de uma espiritualidade nascida na África. Pregar os laços de continuidade com o vodou, o candomblé, a santería e o rastafarismo [nos] pede um certo nível de generalização e de a-historicismo.
>
> Murphy, 1994: 146.

Ora, o ponto comum entre essas diferentes experiências religiosas é, para Murphy, o *spirit*, ou seja, uma "espiritualidade distintiva" que encontra suas origens na África (*ibid.*: 2). Essa espiritualidade é encarnada pelo *ring shout*,[2] que se tornou o símbolo da unidade africana e do pan-africanismo, na base da

---

[2] Sobre o *ring shout*, ver Cap. I.

criação de uma cultura afro-americana. O estabelecimento de uma comunhão com o *spirit*, por meio da rítmica das palavras e dos gestos, torna-se, assim, "uma característica distintiva" da experiência religiosa afro-americana (*ibid.*: 154). É também pelo exemplo do *ring shout* que Stuckey (1978) procurou demonstrar a existência de "um elã pan-africanista" no processo de formação da cultura afro-americana nas plantações norte-americanas. Os movimentos em círculo efetuados durante essa cerimônia constituíam um verdadeiro elemento unificador das diferentes etnias levadas para os Estados Unidos, todas reunidas na experiência do êxtase que remetia à possessão pelos espíritos, tão difundida na África. Essa seria a base comum que teria permitido apagar os particularismos e elaborar uma cultura partilhada por todos.

A redescoberta de uma cultura e de um passado africanos coincidiu com a elaboração de uma estética afro-americana, na qual a música e a dança, entre outras manifestações artísticas, desempenharam um papel fundamental. Graças à celebração da criatividade e da beleza da "raça" negra, o *Harlem Renaissance* influenciou de maneira decisiva os militantes do nacionalismo cultural dos anos 1960 e 1970, entre os quais Walter King, futuro "rei dos yoruba da América", que foi também, como vários outros protagonistas do "renascimento yoruba", um dos membros da companhia de Katherine Dunham. Ora, a história dessa dançarina e coreógrafa está estreitamente ligada à da implantação da santería nos Estados Unidos e à revitalização de uma cultura e religião yoruba. Música e dança parecem, assim, funcionar como pontes para as práticas religiosas afro-americanas. Com efeito, inúmeros porto-riquenhos tiveram seu primeiro contato com a religião lucumí pelo viés da cultura popular cubana, especialmente de sua música, antes da iniciação em casas de culto (Pérez y Mena, 1998). Da mesma forma, inúmeros afro-americanos chegaram à religião yoruba passando pelos cursos de percussão e dança africanas ou afro-americanas. Se é possível falar da "conversão intelectual" (Curry, 1997: 129) como uma especificidade afro-americana, onde os futuros iniciados descobrem a religião por meio de livros, conferências ou programas de televisão, seria preciso acrescentar um outro tipo de "conversão", que conjuga a descoberta "intelectual" da cultura africana com uma descoberta "sensorial e estética".[3]

Quando King/Adefunmi fundou o *Yoruba Temple*, estabeleceu um programa de estudos que explorava os laços históricos e culturais entre os negros norte-americanos e os africanos para fazer com que descobrissem sua cultura

---

[3] Os brancos americanos frequentemente também entram em contato com essas religiões dessa forma, mas sem sentir o peso da busca identitária, tão forte entre os afro-americanos.

africana comum. Adefunmi incentivava os membros de seu grupo a encontrar sua verdadeira identidade, adotando os penteados afros e as roupas africanas, mas também praticando a dança e as percussões daquele continente. Ora, é exatamente nessa dimensão artística que parece se expressar, pelo menos aos olhos dos não iniciados, a essência dessa religião. Entre os sacerdotes e sacerdotisas afro-americanos, a música e a dança dos descendentes de africanos na América se tornaram símbolos da unidade cultural com a África, onde os *spirituals*, o blues e o jazz se transformam em "música ritual" e as "danças das plantações" servem para evocar "o gênio dos africanos da América do Norte" (Ifatunji, 2003). Os *spirituals*, que louvam um Deus cujas características, segundo alguns autores (*cf.* Jenkins, 1978), não deixariam de evocar as dos deuses yoruba, precisam também de um acompanhamento coreográfico para que o contato com o divino seja ativado. Eis por que o reverendo George Stallings do *Imani Temple* (*African American Catholic Congregation*) de Washington, D.C., incorporou na liturgia de sua igreja elementos "africanos", como o *ring shout* e o transe, antes de ser excomungado com todos os seus paroquianos, pela igreja católica, em fevereiro de 1990 (Davis, 1998: 102-103). A dança e a música hoje são os elementos principais que transmitem o *spirit*, verdadeiras pontes para se colocar no diapasão da espiritualidade africana.

A tensão entre a visão pan-africanista da experiência afro-americana, ilustrada pelo *ring shout* e o *spirit* africano, e a busca incessante dos negros norte-americanos por suas origens mostra a relação de continuidade entre os diferentes momentos da história afro-americana. Vimos como a ideia de um pan-africanismo ritual sustentou a criação de novas práticas religiosas entre os militantes do nacionalismo cultural. Maulana Karenga, Medahochi K. O. Zannu e Oseijeman Adefunmi, antes de se engajarem na revitalização da cultura yoruba em terra americana, foram os três principais promotores da ideologia neoafricana (*New Afrikan*) na origem do que chamei de "pan-africanismo ritual". Para que esse "pan-africanismo ritual" seja operante, os afro-americanos devem encontrar "a unidade na diversidade", ou seja, os pontos comuns que permitem reunir as práticas rituais de diferentes sistemas de crença africanos, como as religiões yoruba, kongo, ewhe/fon e akan. Os "neoafricanos" devem venerar seus ancestrais, "sua herança genética", bem como as divindades da África Ocidental, "que correm nas veias" dos afro-americanos. Um iniciado na religião akan poderá então cultuar os *orisha* sem que isso seja percebido como um ataque à sua tradição.[4] A sobreposição

---

[4] Esse laço entre "yoruba" e "akan" tornou-se particularmente claro nas cerimônias funerárias em homenagem a Adefunmi I, organizadas no domingo de 20 de fevereiro de 2005 na Oyotunji Village. Nessa ocasião, os chefes dos templos akan da costa leste, notadamente, da Filadélfia, clamaram seus

das iniciações se torna, assim, o símbolo desse pan-africanismo cultural e religioso que deu à luz a sociedade afro-americana, sinal flagrante da unidade de fundo da "religião africana".

O nascimento do orisha-voodoo ilustra bem essa ideia de um "pan-africanismo ritual". Seu próprio nome simboliza o entrecruzamento de diferentes práticas religiosas africanas, pois, para expressar as necessidades dos afro-americanos oriundos de diferentes etnias africanas, era preciso conjugar elementos próprios a essas culturas, ainda que privilegiando o modelo yoruba, considerado predominante nas religiões afro-americanas. A unidade "dos africanos da África e da diáspora" devia, assim, passar pela identificação com um modelo cultural dominante capaz de provar a grandeza perdida do "povo africano". Desde a fundação do *Yoruba Temple* no Harlem, Adefunmi (1962) reproduzia as teses de Herskovits, que postulava uma unidade de fundo das culturas yoruba e daomeana, expressa por um sincretismo religioso preexistente ao tráfico de escravos. Os membros da Oyotunji Village "revitalizaram", assim, os costumes yoruba e algumas tradições daomeanas, uma vez que o orisha-voodoo constitui, aos olhos de seus fundadores, um sistema ritualista pan-africano, no qual todas as divindades autenticamente africanas são aceitas. O que permite a passagem do pan-africanismo ritual ao particularismo étnico é a ênfase dada à ancestralidade. Essa ideia de uma religião essencialmente étnica está na base das crenças dos praticantes do orisha-voodoo, mas também de todos aqueles que, sem terem sido iniciados na Oyotunji Village, reconhecem-se nas lutas do nacionalismo negro. Essa mudança de fundo se deve ao endurecimento das relações com os cubanos e ao distanciamento deles, por meio da exaltação de uma concepção "racializada" da religião. Mas se a "negritude" (*blackness*) é suficiente para uma pessoa ser reconhecida como membro de uma mesma comunidade, esse não é mais o caso quando se trata de redescobrir os laços com um passado africano. A *blackness* é, portanto, apenas um primeiro passo para a aquisição de uma identidade "étnica" via uma identidade religiosa.

A elaboração de uma identidade "yoruba" é fruto de múltiplas negociações e põe em cena as tensões que existem no seio da comunidade dos praticantes da religião dos *orisha*. A "yorubanidade" deve ser (re)construída por rituais que reatam com o passado africano. A adivinhação das raízes se transforma, então, em *locus* principal de elaboração de uma linguagem que prega

---

membros a se unirem aos rituais, indo para a Carolina do Sul ou, se fosse o caso, participando das oferendas e orações em intenção do líder falecido, previstas na maioria das casas de culto afro-americanas (comunicação pessoal de Pauline Guedj).

não apenas o caráter "racial" dessa religião, mas também os laços com linhagens africanas bem determinadas, quase exclusivamente yoruba. A Oyotunji Village constitui, assim, uma alternativa "racializada" à santería cubana, cuja finalidade principal é a redenção da "Nação Negra". Pela redescoberta de sua ancestralidade, notadamente de seus laços com as antigas linhagens de iniciados yoruba, o indivíduo se torna o depositário de uma "herança genética" que o "predispõe" ao sacerdócio. Porém, a dependência ritual dos *babalawo* afro-americanos em relação aos representantes das elites tradicionais nigerianas também torna possível a inclusão desses iniciados nas linhagens yoruba contemporâneas, cuja pertença se funda no poder de transformação das iniciações religiosas. Atualmente, iniciar-se na religião yoruba também significa "tornar-se", de forma simbólica, yoruba. A realização dos rituais de iniciação na Nigéria constitui um formidável instrumento político para o estabelecimento de linhagens transnacionais dos dois lados do Atlântico e para a representação emblemática da unidade do mundo "africano".

Contudo, essa unidade parece constituir um sonho inatingível, uma vez que todo projeto de unificação das diferentes modalidades da religião dos *orisha* deve se confrontar com a tensão — presente também no Brasil — entre o desejo de unidade e uma fragmentação ritual que está na própria base desses fenômenos religiosos. No caso norte-americano, as múltiplas facetas da tradição africana permitem, apesar das referências constantes a um passado e a uma identidade mítica comuns, a elaboração de identidades religiosas diferenciadas. Isso acarreta uma negociação constante dos valores, práticas e símbolos associados à identidade yoruba entre os praticantes do orisha-voodoo, os tradicionalistas yoruba da Nigéria e os *santeros* cubanos residentes nos Estados Unidos. Ora, essa fragmentação do campo religioso afro-americano é bem ilustrada pela multiplicidade das identidades yoruba postas em cena. Assim, o reconhecimento da liderança do rei da Oyotunji Village sobre certos grupos que reivindicam uma identidade yoruba nos Estados Unidos autoriza o Ooni de Ilé-Ifé, de quem decorre a legitimidade de Adefunmi, a reivindicar um papel dominante na "diáspora". Desde o início dos anos 1980, o Ooni e seus representantes, como Wande Abimbola e Omotoso Eluyemi, tentam legitimar a tutela das elites tradicionais yoruba sobre as diferentes expressões religiosas "da diáspora". A solução adotada pelos praticantes da religião lucumí consistiu em reivindicar uma origem cultural distinta: eles não são descendentes de Ilé-Ifé, mas de Oyo, império destruído no século XIX. Consequentemente, não reconhecem a supremacia ritual e espiritual da cidade santa dos yoruba, nem a dos *babalawo* nigerianos. Todos reivindicam uma mesma origem yoruba, mas as práticas e os símbolos associados a essa identidade são constantemente questionados nessa micropolítica das identidades religiosas.

O campo do que hoje se chama religião dos *orisha* é, assim, estruturado por lógicas de negociação entre diferentes cultos, que provocam a redefinição dos espaços — rituais e políticos — e a produção de identidades híbridas e polissêmicas. A concorrência entre "religiões irmãs", como a religião lucumí e a religião yoruba, é expressa pela revitalização do culto dos ancestrais, promovidos a matrizes de identidade. Porém, ela pode também ser expressa por profundas mudanças rituais que visam marcar o suposto distanciamento do modelo original (a santería), considerado menos "puro" e menos "tradicional". Assim, o papel ritual do *babalawo* hoje se tornou central na comunidade dos praticantes norte-americanos da "religião yoruba": ele frequentemente lidera a casa de culto (*ilé*) afro-americana, realizando rituais para os *orisha*, além daqueles destinados a Ifá. Vimos que o iniciado Renaud Simmons (Shangó Deí), primeiro *oriaté* afro-americano, parece ter estado na origem das iniciações realizadas nos *ilés* afro-americanos sem a presença desse especialista dos rituais de iniciação. Simmons se iniciara no culto de Ifá em 1988, mas retomara rapidamente sua atividade de *oriaté*. Essa dupla especialização ritual teria aberto a porta a outros *babalawo* afro-americanos, que efetuam pessoalmente as iniciações nas casas de culto, a despeito do caráter herético de que essas práticas se revestem aos olhos dos defensores da tradição afro-cubana.

As dissensões entre praticantes afro-americanos e iniciados cubanos dizem respeito a diferentes pontos, notadamente a questão racial, a imbricação do político e do religioso, bem como as inovações rituais apresentadas como o retorno necessário à "verdadeira tradição africana". Entretanto, as práticas afro-americanas do orisha-voodoo permanecem devedoras de seu modelo principal, a santería cubana, em particular com relação àquilo que constitui a inovação capital das variantes afro-americanas da religião dos *orisha*: a redescoberta dos laços com as linhagens africanas. Aqui também a atribuição de novas significações a rituais frequentemente muito próximos do espiritismo afro-cubano não consegue apagar a continuidade com o sistema ritual de origem, a tão desacreditada santería. As críticas dirigidas aos cubanos exprimem, assim, as diferentes percepções da identidade afro-americana, que acarretam uma negociação constante dos valores e símbolos a ela ligados com a finalidade de salientar a proximidade com a África e suas características tradicionais. Ora, as relações com os africanos não são menos difíceis, como mostra a história da Oyotunji Village. A tradicionalidade dos yoruba na Nigéria é também questionada pelos "yoruba" norte-americanos, apesar do fato de estes tirarem sua legitimidade ritual justamente deles. As raízes da tradição não estão mais na África, uma vez que, aos olhos dos membros do orisha-voodoo, os males do povo afro-americano são também a consequência das "falhas" de todo um continente. Nas sessões de adivinhação das raízes, que visam identificar a linhagem africana de origem do consulente, a tragédia coletiva da escravidão é interpretada como o resultado de um mau comportamento no seio da linhagem. A recusa de se consagrar ao culto de Ifá e o ceticismo em relação aos *babalawo* teriam acarretado a redução à escravidão dos ancestrais dos afro-americanos. Consequentemente, a adivinhação das raízes tornou-se, atualmente, uma ferramenta pedagógica para educar o afro-americano e lhe proporcionar uma ética que não questiona apenas as responsabilidades históricas dos europeus, mas também aquelas dos africanos, que atraíram sobre si a maldição da escravidão "uma vez que não respeitaram suas próprias tradições". O ritual introduz dessa forma uma dupla crítica: em relação aos brancos que se aproveitaram da escravidão e em relação aos africanos que causaram essa tragédia por orgulho e menosprezo dos antigos costumes. Se há salvação, será preciso que venha dos "africanos da diáspora", os únicos capazes de assumir a direção do povo africano, por estarem mais próximos dos fundamentos da "verdadeira tradição". O *corpus* de conhecimentos de Ifá exerce então um papel fundamental nessa redenção do povo afro-americano, chamado a aperfeiçoar seu destino de povo eleito.

De todas as inovações introduzidas na prática religiosa, a principal, talvez, foi institucionalizar uma forma de funcionamento em rede que já estava presente nas religiões afro-cubanas. As diferentes tentativas de unificação e de estandardização simbolizam a passagem de um universo fragmentado, mas organizado em torno de famílias religiosas (*ramas*), a uma configuração de geometria variável que busca criar instituições centralizadas e federadoras para poder impor uma ortodoxia ao conjunto dos praticantes da religião dos *orisha*. Iniciativas como a do NARC dão novas formas ao velho sonho de uma "Nação Negra", construída dos dois lados do Atlântico, onde a abordagem pan--africanista tece relações entre as múltiplas denominações das religiões de origem africana na América. O desejo dos dirigentes do NARC de se verem reconhecidos pelas Nações Unidas como interlocutores confiáveis na luta pela liberdade religiosa e pelos direitos do homem expressa, de forma emblemática, a vontade de serem vistos enquanto representantes dessa "Nação Negra", cuja unidade é simbolizada por uma "espiritualidade africana" partilhada.

O NARC é, evidentemente, apenas uma das expressões desses projetos federadores, que, independentemente das clivagens raciais, visam todos a criação de um órgão superior dotado do poder de estatuir sobre os fundamentos da religião. Isso não é fácil, pois a oposição entre a organização hierárquica em nível local (o de um *ilé* ou casa de culto) e a rede de relações acéfala num nível mais amplo (no seio de uma mesma família religiosa ou entre várias delas) constitui uma espécie de paradoxo fundador para o conjunto das religiões afro-americanas.

O sonho de uma "unidade na diversidade" também motivou os contatos e as trocas entre as diferentes religiões "da diáspora". Os afro-americanos redescobrem suas raízes africanas na África, mas também no Brasil, por intermédio de uma nova forma de turismo, que poderia ser qualificada de "cultural e religiosa". A mesma virtude positiva associada ao turismo é exaltada pelos residentes da Oyotunji Village, onde o turismo não é apenas uma fonte de renda, mas também um meio de educar os afro-americanos e ajudá-los a redescobrir suas raízes culturais. A encenação da vida tribal africana tem, antes de tudo, finalidades educativas. Mas, se alguns membros dos *ilés* afro-americanos estabelecem "geminações" religiosas com casas de culto do candomblé brasileiro, e se outros se ligam, graças aos *egbé*, aos praticantes nigerianos iniciados no culto de um mesmo *orisha*, os praticantes da religião lucumí estão também em busca de uma unidade entre "religiões irmãs". Por meio das trocas entre casas de culto, importam para os Estados Unidos novas práticas rituais, como o *borí*, e novos *orisha*, como Oxumaré e Logunedé, que serão submetidos a processos de "lucumização" para adaptar a forma brasileira de assentar as divindades aos rituais dos iniciados na religião lucumí. A difusão nos Estados Unidos dessas novas práticas rituais e sua influência sobre outros contextos regionais, como o afro-cubano, deixam pensar que novas recomposições dos sistemas de crença poderiam surgir, às quais viriam se fundir elementos advindos de diferentes religiões de origem africana, movidas por uma mesma reivindicação de uma origem yoruba e por um mesmo desejo de reencontrar as práticas originais africanas. Seja como for, sua capacidade de integrar novas contribuições e sua plasticidade ritual asseguram a perpetuação dessas religiões, surgidas, como afirmava Bastide (1996*b*), da tensão fundadora entre continuidade e descontinuidade: continuidade nas rupturas e descontinuidade no que se pretende pura preservação de um passado africano.

Bibliografia

ABIMBOLA, Wande. Iwápèlé: The Concept of Good Character in Ifa Literary Corpus. In: *Yoruba Oral Tradition: Poetry in Music, Dance and Drama*. Ifé: Department of African Languages and Literature, University of Ifé, pp. 389-420, 1975.
_____. *Ifá: An Exposition of Ifá Literary Corpus*. Ibadan: Oxford University Press Nigeria, 1976a.
_____. Yoruba Religion in Brazil: problems and prospects. *Actes du XLII Congrès international des américanistes*, Paris, v. 6, pp. 620-639, 1976b.
_____. *Ifá Will Mend Our Broken World: Thoughts on Yoruba Religion and Culture in Africa and the Diaspora*. Roxbury, MA: Aim Books, 1997.
ABIODUN, Rowland. Understanding Yoruba Art and Aesthetics: The Concept of Ase. *African Arts*, UCLA, Los Angeles, v. 27, n. 3, pp. 68-78, 1994.
ABIODUN, Rowland; DREWAL, Henry J. e PEMBERTON III, John. *Yoruba Art and Aesthetics*. Zurich: Museum Rietberg, 1991.
ABODUNRIN, Femi; OBAFEMI, Olu e OGUNDELE, Wole (Orgs.). *Character is Beauty: Redefining Yoruba Culture and Identity. Iwalewa-Hans, 1981-1996*. Trenton, NJ: Africa World Press, 2001.
ABRAHAM, Roy Clive. *Dictionary of Modern Yoruba*. Londres: University of London Press, 1958.
ABRAHAMS, Roger D. *Singing the Master. The Emergence of African American Culture in the Plantation South*. Nova York: Random House, 1992.
ADEFUNMI, Oseijeman. *Tribal Origins of the African-Americans*. Nova York: Yoruba Temple Research Division/Great Benin Books, 1962.
_____. *African Names from the Ancient Yoruba Kingdom of Nigeria*. Nova York: Yoruba Academy, 1970.
_____. U.S.A.: Building a Community. *Caribe*, Nova York, v. 4, n. 4, pp. 10-12, 1981.
_____. *Olorisha: A Guidebook into Yoruba Religion*. Oyotunji Village, Sheldon, SC: Great Benin Books, 1982.

_____. *Keynote Address*. Columbia University, Nova York, 16 de janeiro, 1993.
AGIER, Michel. *Anthropologie du carnaval. La ville, la fête et l'Afrique à Bahia*. Marseille: Éditions Parenthèses/IRD, 2000.
AGÙN, Efundé. *Los secretos de la Santería*. Miami, FL: Ediciones Cubamérica, 1978.
AHLO, Olli. *The Religion of the Slaves: A Study of the Religious Tradition and Behavior of Plantation Slaves in the United States, 1830-1865*. Helsinki: Academia Scientiarum Fennica, 1980.
AMIRA, John e CORNELIUS, Steven. *The Music of Santeria: Traditional Rhythms of the Batá Drums*. Crown Point, IN: White Cliffs Media Co., 1992.
AMSELLE, Jean-Loup e M'BOKOLO, Elikia. *Au cœur de l'ethnie. Ethnies, tribalisme et État en Afrique*. Paris: La Découverte, 1985.
ANDERSON, Benedict. *Imagined Communities: Reflections on the Origin and Spread of Nationalism*. Nova York: Verso, 1983.
ANGARICA, Nicolas Valentín. *Manual de Orihaté: Religión Lucumí*. Havana: s/e, 1955.
ANÔNIMO. *The Gods of Africa*. Yoruba Temple, Nova York: Great Benin Books, Africa Library Series, [s.d.].
APPIAH, Anthony Kwame. *My Father's House: Africa in the Philosophy of Culture*. Nova York: Oxford University Press, 1992.
APTER, Andrew. *Black Critics and Kings: The Hermeneutics of Power in Yoruba Society*. Chicago: University of Chicago Press, 1992.
ARGYRIADIS, Kali. *La religión à La Havane: actualité des représentations et des pratiques cultuelles havanaises*. Paris: Éditions des archives contemporaines, 1999.
_____. Les Parisiens et la santería: de l'attraction esthétique à l'implication religieuse. *Psychopathologie africaine*, Dakar, v. 31, n. 1, pp. 17-44, 2001-2002.
_____. Les *batá* deux fois sacrés: la construction de la tradition musicale et chorégraphique afro-cubaine. *Civilisations*, Bruxelas, v. 53, n. 1 e 2, pp. 45-71, 2005.
ARGYRIADIS, Kali e CAPONE Stefania. Cubanía et santería: les enjeux politiques de la transnationalisation religieuse (La Havane, Miami). *Civilisations*, número especial *Religions transnationales* (), Bruxelas, v. 51, n. 1 e 2, pp.81-131, 2004.
ASANTE, Molefi Kete. *Afrocentricity: The Theory of Social Change*. Buffalo, NY: Amulefi Pub, Co., 1980.
_____. *The Afrocentric Idea*. Filadélfia, PA: Temple University, 1987.

_____. *Kemet, Afrocentricity and Knowledge*. Trenton, NJ: Africa World Press, 1990.
ASANTE, Molefi Kete e WELSH-ASANTE, Kariamu (Orgs.). *African Culture: The Rhythms of Unity*. Westport, CT: Greenwood Press, 1985.
AWO, Ifashade. Un mensaje de alerta a algunos sincretismos. *ORISA, Revista interactiva de la religión yoruba*, ano 1, n. 2, 1999.
AWONIYI, Timothy A. The Word Yoruba. *Nigeria*, n. 134-135, pp. 104-106, 1981.
BACHARAN, Nicole. *Histoire des Noirs américains au XXe siècle*. Bruxelas: Éditions Complexe, 1994.
BAER, Hans A. e SINGER, Merrill. *African-American Religion in the Twentieth Century: Varieties of Protest and Accommodation*. Knoxville: University of Tennessee Press, 1992.
BARAKA, Imamu Amiri [LeRoi Jones]. *Blues People*. Nova York: Morrow [edição francesa, *Le peuple du Blues*, Paris: Gallimard, 1968], 1963.
_____. *Kaiwada Studies: The New Nationalism*. Chicago: Third World Press, 1972.
_____. *The Autobiography of LeRoi Jones/Amiri Baraka*. Nova York: Freundlich Books, 1984.

BARNES, Sandra T. (Org.) *Africa's Ogun: Old World and New*. Bloomington, IN: Indiana University Press, 1997 [1989].
BARNET, Miguel. *Cultos Afrocubanos: La Regla de Ocha – La Regla de Palo Monte*. Havana: Ediciones Unión/Artex, 1995.
BARRETT, Leonard. *Soul-Force: African Heritage in Afro-American Religion*. Garden City, NY: Anchor Press, 1974.
BARTH, Frederik. *Ethnic Groups and Boundaries*. Londres: George Allen & Unwin, 1969.
_____. Enduring and Emerging Issues in the Analysis of Ethnicity. In: VERMEULEN, H. e GOVERS, C. (Orgs.). *The Anthropology of Ethnicity. Beyond 'Ethnic Groups and Boundaries'*. Amsterdam: Het Spinhuis, pp. 11-32, 1994.
BASCOM, William Russell. *Ifa Divination: Communication between Gods and Men in West Africa*. Bloomington, IN: Indiana University Press, 1969.
_____. *Sixteen Cowries: Yoruba Divination from Africa to the New World*. Bloomington, IN: Indiana University Press, 1980.
BASTIDE, Roger. *Le Candomblé de Bahia (rite nagô)*. Paris: Mouton & Co., 1958.
_____. *Les Religions Africaines au Brésil: vers une sociologie des interpénétrations de civilisations*. Paris: P.U.F., 1960.
_____. Les problèmes des mutations religieuses. *Cahiers internationaux de sociologie*, Paris, v. 46, pp. 5-16, 1969.
_____. Mémoire collective et sociologie du bricolage. *L'Année sociologique*, Paris, n. 21, série III, pp. 65-108, 1970.
_____. *Les Amériques noires*. Paris: L'Harmattan, 1996 [1967].
_____. Continuité et discontinuité des sociétés et des cultures afro-américaines. *Bastidiana*, Rouen, n. 13-14, pp. 77-88, 1996.
BENÍTEZ, Marimar e GONZÁLEZ, Lydia Milagros. *La tercera raíz: Presencia africana en Puerto Rico*. San Juan: Centro de estudios de la realidad puertorriqueña e Instituto de cultura puertorriqueña, 1992.
BLASSINGAME, John W. *The Slave Community: Plantation Life in the Antebellum South*. Nova York: Oxford University Press, 1979.
BLYDEN, Edward W. *Christianity, Islam and the Negro Race*. Edinburgo: Edinburgh University Press, 1967 [1887].
BOLES, John B. (Org.) *Masters and Slaves in the House of the Lord: Race and Religion in the American South 1740-1870*. Lexington, KY: University Press of Kentucky, 1988.
BOLIVAR ARÓSTEGUI, Natalia. *Los Orishas en Cuba*. Havana: Unión de Escritores y Artistas de Cuba, 1990.
BONTEMPS, Arna. *God sends Sunday*. Nova York, Harcourt, Brace & Co., 1931.
BORRELLO, Mary Ann e MATHIAS, Elizabeth. Botanicas: Puerto Rican Folk Pharmacies. *Natural History*, American Museum of Natural History, v. 86, n. 7 (ago./set.), pp. 64-73, 1977.
BOWEN, T. J. *Adventures and Missionary Labors in Several Countries in the Interior of Africa, from 1849 to 1856*. Nova York: Sheldon Blakeman, 1857.
BRACEY, John H., MEYER, August e RUDWICK, Elliott M. (Orgs.). *Black Nationalism in America*. Indianápolis: Bobbs-Merrill, 1970.
BRANDON, George. Sacrificial Practices in Santeria, an African-Cuban Religion in the United States. In: HOLLOWAY, Joseph (Org.). *Africanisms in American Culture*. Bloomington, IN: Indiana University Press, pp. 119-147, 1990.
_____. *Santeria from Africa to the New World: the Dead Sell Memories*. Bloomington, IN: Indiana University Press, 1993.

_____. Hierarchy without a Head: Observations on Changes in the Social Organization of Some Afro-American Religions in the United States, 1959-1999 with Special Reference to Santeria. *Archives de sciences socials des religions*, Paris, n. 117 (jan./mar.), pp. 151-174, 2002.

BROTZ, Howard M. *The Black Jews of Harlem: Negro Nationalism and the Dilemmas of Negro Leadership*. Nova York: Schocken Books, 1970.

BROWN, David H. *Garden in the Machine: Afro-Cuban Sacred Art and Performance in Urban New Jersey and New York*. Tese de doutorado, Yale University, 1989.

_____. Thrones of the *Orichas*: Afro-Cuban Altars in New Jersey, New York, and Havana. *African Arts*, UCLA, Los Angeles, v. 26, n. 4, pp. 44-59 e 85-87, 1993.

_____. Toward an Ethnoaesthetics of Santeria Ritual Arts: the Practice of Altar-Making and Gift Exchange. In: LINDSAY, Arturo (Org.) *Santeria Aesthetics in Contemporary Latin American Art*. Washington/Londres: Smithsonian Institution Press, pp. 77-148, 1996.

_____. Altered Spaces: Afro-Cuban Religions and the Urban Landscape in Cuba and the United States. In: ORSI, Robert A. (Org.). *Gods of the City: Religion and the American Urban Landscape*. Bloomington, IN: Indiana University Press, pp. 155-230, 1999.

BROWN, Karen McCarthy. *Mama Lola: A Vodou Priestess in Brooklyn*. Berkeley, CA: University of California Press, 1991.

BULLINS, Ed. The So-Called Western Avant-Garde Drama. *Liberator*, Nova York, v. 7, n. 12, pp. 16-17, 1967.

BURKETT, Randall K. *Garveyism as a Religious Movement: The Institutionalization of a Black Civil Religion*. Metuchen, NJ: Scarecrow Press, 1978.

CABRERA, Lydia. *Anagó. Vocabulario lucumí (El yoruba que se habla en Cuba)*. Miami, FL: Ediciones Universales, 1970.

_____. *Yemayá y Ochún*. Madrid: Colección Del Chicherukú en el Exílio, 1974.

_____. *El Monte, igbo, finda, ewe orisha, vititi nfinda. Notas sobre las religiones, la magia, las supersticiones y el folklore de los negros criollos y del pueblo de Cuba*. Miami, FL: Ediciones Universales, 1975 [1954].

_____. *La Regla Kimbisa del Santo Cristo del Buen Viaje*. Miami, FL: Colección Chicherekú en Exílio, 1977.

_____. *Reglas de Congo: Palo Monte – Mayombe*. Miami, FL: Peninsular Printing Inc., 1979.

_____. *Koeko iyawó, aprende novicia. Pequeño tratado de regla lucumí*. Miami, FL: Ultra Graphics Corp., 1980.

CAMPBELL, Mary S.; DRISKELL, David; LEWIS, David L. e WILLIS, Deborah. *Harlem Renaissance: Art of Black America*. Exhibition Catalog, Nova York, The Studio Museum in Harlem/Abradale Press, Harry N. Abrams, Inc. Publishers, 1994.

CANET, Carlos. *Lucumí: religión de los yorubas en Cuba*. Miami, FL: Editorial A.I.P., 1973.

CANIZARES, Raul. Santeria: from Afro-Caribbean Cult to World Religion. *Caribbean Quarterly*, Kingston, v. 40, n. 1, pp. 59-63, 1994.

_____. *Cuban Santeria: Walking with the Night*. Rochester, VT: Destiny Books, 1999 [1993].

CAPONE, Stefania. *La quête de l'Afrique dans le candomblé. Pouvoir et tradition au Brésil*. Paris: Karthala, 1999*a*.

_____. Les dieux sur le Net: l'essor des religions d'origine africaine aux Etats-Unis. *L'Homme*, Paris, n. 151, pp. 47-74, 1999*b*.

_____. Entre Yoruba et Bantou: l'influence des stéréotypes raciaux dans les études afro-américaines. *Cahiers d'études africaines*, Paris, n. 157, pp. 55-77, 2000.

_____. Regards croisés sur le bricolage et le syncrétisme. Le syncrétisme dans tous ses états. *Archives de sciences sociales des religions*, Paris, n. 114, pp. 42-50, 2001.

_____. La diffusion des religions afro-américaines en Europe. *Psychopathologie africaine*, número especial *Les pratiques européennes des religions afro-américaines*, sob a direção de Stefania Capone, Dakar, v. 31, n. 1, pp. 3-16, 2001-2002.

_____. *A busca da África no candomblé. Poder e tradição no Brasil*. Rio de Janeiro: Pallas/ Contracapa, 2004a.

_____. A propos des notions de globalisation et transnationalisation. *Civilisations*, número especial *Religions transnationales*, sob a direção de Stefania Capone, Bruxelas, v. 51, n. 1 e 2, pp. 9-22, 2004b.

_____. Entre Iorubás e Bantos: a influência dos estereótipos raciais nos estudos afro-americanos. *Antropolítica* n. 19 (PPGACP/UFF; EDUFF) Niterói, pp. 63-90, 2007a.

_____. Transatlantic Dialogue: Roger Bastide and the African American Religions. *Journal of Religion in Africa*, Leiden, v. 37, n. 3, pp. 1-35, 2007b.

CARMICHAEL, Stokely e Hamilton, Charles V. *Black Power: The Politics of Liberation in America*. Nova York: Random House, 1967.

CASANOVA, Juan Manuel. *Aggo orisa: con el permiso de los dioses africanos. Componentes étnicos, sociológicos e históricos de la cultura afrocubana*. s/l, s/e, 1996.

CASTELLANOS, Jorge e CASTELLANOS, Isabel. *Cultura afrocubana 1 (El Negro en Cuba, 1492-1844)*. Miami, FL: Ediciones Universal, 1988.

_____. *Cultura afrocubana 3: Las religiones y las lenguas*. Miami, FL: Ediciones Universal, 1992.

CÉSAIRE, Aimé. *Cahiers d'un retour au pays natal*. Paris: Présence Africaine, 1956 [1939].

CHAPA, Jorge. Hispanic/Latino Ethnicity and Identifiers. In: ANDERSON, Margo J. (Org.) *Encyclopedia of the U.S. Census*. Washington, D.C., pp. 243-246, 2000.

CHILDS, John Brown. *The Political Black Minister: A Study in Afro-American Politics and Religion*. Boston, MA: G. K. Hall, 1980.

CHIVALLON, Christine. *La diaspora noire des Amériques*. Paris: CNRS Éditions, 2004.

CHRISTIAN, Charles M. *Black Saga: The African American Experience*. Washington, D.C.: Civitas/Counterpoint, 1999.

CLAPP, Stephen C. *A Reporter at Large*. African Theological Arch-Ministry, New York Public Library, Collection of the Schomburg Center, 1966.

CLARKE, Kamari M. *Genealogies of Reclaimed Nobility: The Geotemporality of Yoruba Belonging*. Tese de doutorado, University of California, Santa Cruz, 1997.

_____. Governmentality, Modernity and the Historical Politics of Oyo-Hegemony in Yorùbá Transnational Revivalism. *Anthropologica*, Prince George, Canada, v. 44, pp. 271-293, 2002.

_____. *Mapping Yorùbá Networks: Power and Agency in the Making of Transnational Communities*. Durham, NC, Londres: Duke University Press, 2004.

CLIFFORD, James. *Routes: Travel and Translation in the Late 20th Century*. Cambridge: Harvard University Press, 1996.

COHEN, Abner (Org.). *Urban Ethnicity*. Londres, Nova York: Tavistock Publications, 1974.

COMAROFF, John L. e COMAROFF, Jean. *Ethnicity, Inc.*, Chicago: Chicago University Press, 2009.

CORNELIUS, Harry Steven. *The Convergence of Power: An Investigation into the Music Liturgy of Santeria in New York City*. Tese de doutorado, UCLA, Los Angeles, 1989.

CORTEZ, Enrique. *Secretos del Oriaté de la religión Yoruba*. Nova York, Vilaragut: Artículos Religiosos Corp., 1980.

CORTEZ, Julio García. *El Santo (La Ocha): Secretos de la religión lucumí*. Miami, FL: Ediciones Universal, 1983 [1976].

COSENTINO, Donald J. *Sacred Arts of Haitian Vodou*. Los Angeles: UCLA, Fowler Museum of Cultural History, 1995.

_____. Repossession: Ogun in Folklore and Literature. In: BARNES, Sandra T. (Org.). *Africa's Ogun: Old World and New*. Bloomington, IN: Indiana University Press, pp. 290-314, 1997.

COURLANDER, Harold. *A Treasury of African-American Folklore: The Oral Literature, Traditions, Recollections, Legends, Tales, Songs, Religious Beliefs, Customs, Sayings, and Humor of Peoples of African Descent in the Americas*. Nova York: Marlowe & Company, 1996 [1976].

COWING, Cedric B. *The Great Awakening and the American Revolution: Colonial Thought in the 18th Century*. Chicago: Rand McNally, 1971.

CREEL, Margaret Washington. *"A Peculiar People": Slave Religion and Community-Culture among the Gullahs*. Nova York: New York University Press, 1988.

_____. Gullah Attitudes toward Life and Death. In: HOLLOWAY, Joseph E. (Org.). *Africanisms in American Culture*. Bloomington, IN: Indiana University Press, 1990.

CRONON, E. Davis. *Black Moses: The Story of Marcus Garvey and the Universal Negro Improvement Association*. Madison: University of Wisconsin Press, 1955.

CROWTHER, Samuel A. *Vocabulary of the Yoruba Language*. Londres: Impresso para a Church Missionary Society, 1843.

_____. *A Grammar of the Yoruba Language*. Londres: Seeleys, 1852.

CRUMMEL, Alexander. *The Greatness of Christ and other sermons*. Nova York: Thomas Whittaker, 1882.

CRUSE, Harold. *The Crisis of the Negro Intellectual*. Nova York: William Morrow, 1967.

CULLEN, Countee. *Color*. Nova York/Londres: Harper & Bros, 1925.

CURTIN, Philip. *The Atlantic Slave Trade: A Census*. Madison: University of Wisconsin Press, 1969.

CURTIS, James R. Miami's Little Havana: Yard Shrines, Cult Religion and Landscape. *Journal of Cultural Geography*, Stillwater, OK., v. 1 (outono), pp. 1-15, 1980.

CURRY, Mary Cuthrell. *Making the Gods in New York: The Yoruba Religion in the African American Community*. Nova York, Londres: Garland Publishing, Inc., 1997.

DANIELS, Donna D. *When the Living is the Prayer: African-Based Religious Reverence in Everyday Life among Women of Color Devotees in the San Francisco Bay Area*. Tese de doutorado, Departamento de Antropologia, Stanford University, Califórnia, 1997.

D'AVEZAC, M. *Esquisse générale de l'Afrique et Afrique ancienne*. Paris: Firmin Didot Frères, 1844.

DAVIS, Angela. *Women, Race and Class*. Nova York: Vintage Books, 1981.

DAVIS, Rod. Children of Yoruba. *Southern Magazine*, v. 1, n. 5, pp. 35-41 e 85-95, 1987.

_____. *American Voudou: Journey into a Hidden World*. Denton, TX: University of North Texas Press, 1998.

DAVIDSON, Basil. *African Genius: An Introduction to African Cultural and Social History*. Boston: Little Brown, 1969.

DEREN, Maya. *Divine Horsemen: The Living Gods of Haiti*. Nova York: Documentext, 1991 [1946].

DIALLO, Yaya. *The Healing Drum: African Wisdom Teachings*. Rochester, VT: Destiny Books, 1989.

DIOP, Cheikh Anta. *Nations nègres et culture*. Paris: Présence Africaine, 1954.

_____. *L'unité culturelle de l'Afrique noire*. Paris: Présence Africaine, 1959.

_____. *Egypte ancienne et Afrique noire*. Dakar: IFAN, 1962.

DONNAN, Elizabeth. *Documents Illustrative of the Slave Trade to America*. *Carnegie Institution Publications*, Washington, D.C., n. 409, pp. I-IV, 1930-1935.

DOUGLASS, Frederick. *The Life and Times of Frederick Douglass: The Complete Autobiography*. Nova York: Collier Books, 1962 [1849].

DRAKE, St. Clair. *The Redemption of Africa and Black Religion*. Chicago, IL: Third World Press, 1970.

DRAKE, St. Clair e CAYTON, Horace R. *Black Metropolis: A Study of Negro Life in a Northern City*. Nova York: Harper & Row, 1962 [1945].

DREWAL, Henry John e DRISKELL, David C. *Introspectives: Contemporary Art by Americans and Brazilians of African Descent*. Los Angeles: California Afro-American Museum Foundation, 1989.

DREWAL, Henry John e MASON, John. *Beads, Body, and Soul: Art and Light in the Yorùbá Universe*. Los Angeles: UCLA Fowler Museum of Cultural History, 1998.

DREWAL, Henry John, PEMBERTON III, John e ABIODUN, Rowland. *Yoruba: Nine Centuries of African Art and Thought*. Nova York: Center for African Art and H. Abrams, 1989.

DREWAL, Margaret Thompson. *Yoruba Ritual: Performers, Play, Agency*. Bloomington, IN: Indiana University Press, 1992.

DU BOIS, W.E.B. *Some Efforts of the American Negroes for their own Betterment*. Atlanta, GA: Atlanta University Press, 1898.

_____. *The Negro Church in America*. Atlanta, GA: Atlanta University Press, 1903.

_____. *Dusk of Dawn*. Nova York: Harcourt Brace, 1940.

_____. *The World and Africa*. Nova York: International Publishers, 1946.

_____. *The Souls of Black Folk*. Nova York/Toronto/Londres/Sidney/Auckland: Bantam Books, 1989 [1903].

_____. *The Philadelphia Negro: A Social Study*. Filadélfia, PA: University of Pennsylvania Press, 1996 [1899].

DUNHAM, Katherine. *Dances of Haiti*. Los Angeles, CA: Center for Afro-American Studies, University of California, 1983.

_____. *Island Possessed*. Chicago: University of Chicago Press, 1994 [1969].

EASON, Djisovi I. *"A Time of Destiny": Ifa Culture and Festivals in Ile-Ife, Nigeria and in Oyotunji Village in Sheldon, South Carolina*. Tese de doutorado, Bowling Green State University, 1997.

EDWARDS, Gary e MASON, John. *Black Gods: Orisa Studies in the New World*. Brooklyn, NY: Yoruba Theological Archministry, 1985.

ELEBUIBON, Ifayemi. *Apetebii: The Wife of Orunmila*. Brooklyn, NY: Athelia Henrietta Press, 1994.

ELIZONDO, Carlos. *Manual del Italero de la Religión Lucumí*. Manuscrito, Havana: s/e, 1934.

ELLIS, Alfred Burdon. *The Yoruba-Speaking Peoples of the Slave Coast of the West Africa: Their Religion, Manners, Customs, Laws, Language, etc*. Londres: Chapman and Hall, 1894.

EMERY, Lynne Fauley. *Black Dance: From 1619 to Today*. Princeton, NJ: Princeton Book, 1988 [1972].

EPEGA, D. Onadele. *The Mystery of Yoruba Gods*. Ode Remo, Nigéria: Imole Oluwa Institute, 1931.

EPHIMIR-DONKOR, Anthony. *African Spirituality: On Becoming Ancestors*. Trenton, NJ: Africa World Press, 1997.

EQUIANO, Olaudah. *The Life of Olaudah Equiano or Gustavus Vassa the African*. Londres: Dawsons of Pall Mall, 1969 [1789].

ESEBEDE, P. Olisanwuche. *Pan-Africanism: The Idea and the Movement 1776-1963.* Washington, D.C.: Howard University Press, 1982.

ESSIEN-UDOM, Essien U. *Black Nationalism. A Search for an Identity in America.* Chicago: University of Chicago Press, 1962.

EVANCHUK, Roberta J. *When the Curtain Goes up, the Gods Come Down: Aspects of Performance in Public Ceremonies of Orisha Worship.* Tese de doutorado, UCLA, Los Angeles, 1996.

FADIPE, Nathaniel Akinremi. *The Sociology of Yoruba.* Ibadan: Ibadan University Press, 1970.

FALADE, Fasina. *Ijo Orunmila.* Lynwood, CA: Ara Ifa Publishing, 1998.

FAMA, Chief. *Fundamentals of the Yorùbá Religion (Òrìsà Worship).* San Bernardino, CA: Ilé Òrúnmìlà Communications, 1993.

_____. *1000+ (African) Òrìsà Yorùbá Names.* San Bernardino, CA: Ilé Òrúnmìlà Communications, 1995.

FANON, Frantz. *Peau noire, masque blanc.* Paris: Éditions du Seuil, 1952.

FATUNMBI, Awo Fa'lokun. *Iwa Pele/Ifa Quest: The Search for the Source of Santería and Lucumí.* Bronx, NY: Original Publications, 1991.

_____. *Awo: Ifá and the Theology of Orisha Divinations.* Bronx, NY: Original Publications, 1992.

_____. Ifá in the Diaspora. Comunicação apresentada na 8ª Conferência Mundial sobre a Tradição dos *Orisha* e Cultura (COMTOC). Havana (Cuba), 7-13 de julho 2003.

FAUSET, Arthur Huff. *Black Gods of the Metropolis: Negro Religious Cults in the Urban North.* Filadélfia, PA: University of Pennsylvania Press, 1971 [1944].

FAUVET-AYMAR, François-Xavier; CHRÉTIEN, Jean-Pierre e PERROT, Claude-Hélène (Orgs.). *Afrocentrismes: L'histoire des Africains entre Égypte et Amérique.* Paris: Karthala, 2000.

FEREBEE, Dorothy. Mojo Rising. *Vibe*, v. 7, n. 10. Nova York: Miller Publishing Group LLC, dez.-jan. 1999-2000.

FERNANDEZ, Vivian E. *The Effects of Belief in Spiritism and/or Santeria on Psychiatric Diagnosis of Puerto Ricans in New York City.* Tese de doutorado, Adelphi University, Nova York,1986.

FIERCE, Milfried. *The Panafrican Idea in the United States 1900-1919: African American Interest in Africa and Interaction with West Africa.* Nova York: Garland Publishing, 1993.

FLORES, Juan. *From Bomba to Hip-Hop: Puerto Rican Culture and Latino Identity.* Nova York: Columbia University Press, 2000.

FLORES-PEÑA, Ysamur. The Garments of Religious Worship. In: FLORES-PEÑA, Ysamur e EVANCHUK, Roberta J (Orgs.). *Santería Garments and Altars: Speaking without a voice.* Jackson: University Press of Mississippi, pp. 13-26, 1994.

FLORES-PEÑA, Ysamur e EVANCHUK, Roberta J. (Orgs.). *Santería Garments and Altars: Speaking without a Voice.* Jackson: University Press of Mississippi, 1994.

FORTES, Meyer. Some Reflections on Ancestor Worship in Africa. In: FORTES, Meyer e DIETERLEN, Germaine (Orgs.). *African Systems of Thought.* Londres/Nova York: Oxford University Press, pp. 122-142, 1965.

FOWLER, Robert Booth. *Religion and Politics in America.* Metuchen, NJ: Scarecrow, 1985.

FRANKLIN, John H. e MOSS JR., Alfred A. *From Slavery to Freedom.* Nova York: A. A. Knopf, 1988 [1947].

FRAZIER, Edward Franklin. Garvey: A Mass Leader. *The Nation*, Nova York,18 de agosto, pp. 147-148, 1926.

_____. The Negro in Bahia, Brazil. *American Sociological Review*, Nashville, v. 7, pp.465-475, 1942.
_____. *The Negro in United States*. Nova York: Macmillan, 1957a.
_____. *Black Bourgeoisie*. Glencoe, IL: Free Press, 1957b.
_____. *The Negro Family in the United States*. Chicago: University of Chicago Press, 1966.
_____. *The Negro Church in America*. Nova York: Schocken Books, 1974 [1963].
FREYRE, Gilberto. *Casa grande e senzala: formação da família brasileira sob o regime de economia patriarcal*. Rio de Janeiro: Livraria José Olympio, 1943 [1933].
FRIEDMAN, Robert. *Making an Abstract World Concrete: Knowledge, Competence and Structural Dimensions of Performance among Bata Drummers in Santeria*. Tese de doutorado, Indiana University, 1982.
FRIGERIO, Alejandro. De la Umbanda al Africanismo: identificación étnica y nacional en las religiones afrobrasileñas en Argentina. In: FONSECA, Claudia (Org.). *Fronteiras da cultura: horizontes e territórios da antropologia na América latina*. Porto Alegre: Editora UFRGS, pp. 92-121, 1993.
_____. El rol de la "escuela uruguaya" en la expansión de las religiones afrobrasileñas en Argentina. In: PI HUGARTE, Renzo (Org.). *Cultos de Posesión en Uruguay: Antropologia e historia*. Montevidéu: Ediciones de la Banda Oriental, pp. 79-98, 1998.
_____. Estableciendo puentes: articulación de significados y acomodación social en movimientos religiosos en el Cono Sur. *Alteridades*, Mexico, v. 9, n.18), pp. 5-18, 1999.
_____. Re-Africanization in Secondary Religious Diasporas: Constructing a World Religion. *Civilisations*, número especial *Religions transnationales*, Bruxelas v. 51, n.1 e 2, pp. 39-60, 2004.
FROBENIUS, Leo. *The Voice of Africa*. 2 vols. Londres: Hutchinson and Co, 1913.
GALINIER, Jacques e MOLINIÉ, Antoinette. Le crépuscule des lieux: mort et renaissance du Musée d'Anthropologie. *Gradhiva*, Paris, n. 24, pp. 93-102, 1998.
GARCÍA, Michael A. *The Effects of Spiritualism and Santeria as a Cultural Determinant in New York Puerto Rican Women*. Tese de doutorado, Adelphi University, Nova York, 1979.
GARDELL, Mattias. *In the Name of Elijah Muhammad: Louis Farrakhan and the Nation of Islam*. Durham, NC: Duke University Press, 1996.
GARRISON, Vivian. Doctor, Espiritista or Psychiatrist? Health-Seeking Behavior in a Puerto Rican Neighborhood of New York City. *Medical Anthropology*, v.1, n. 2 (pt. 3), pp. 65-180, 1977.
GARVEY, Amy Jacques (Org.). *Philosophy and Opinions of Marcus Garvey*. 2 vols. Nova York: Atheneum, 1969 [1923-25].
GARVEY, Amy Jacques e ESSIEN-UDOM (Orgs.). *More Philosophy and Opinions of Marcus Garvey*. Vol. 3. Londres: Frank Cass, 1977.
GATES, Henry Louis Jr. *The Signifying Monkey: A Theory of African-American Literary Criticism*. Nova York/Oxford: Oxford University Press, 1988.
GAYLE, Addison (Org.). *The Black Aesthetic*. Garden City, NY: Doubleday, 1971.
GEISS, Imanuel. *The Panafrican Movement: A History of Panafricanism in America, Europe and Africa*. Nova York: Africana Publishing, 1974.
GELLNER, Ernest. *Nations and Nationalism*. Ithaca, NY: Cornell University Press, 1983.
GENOVESE, Eugene D. *Roll, Jordan, Roll: The World the Slaves Made*. Nova York: Vintage Books, 1976 [1972].
_____. *From Rebellion to Revolution: Afro-American Slave Revolts in the Making of the Modern World*. Baton Rouge: Louisiana State University, 1980.

GEORGE, Victoria. *Santeria Cult and its Healers: Beliefs and Traditions Preserved in Los Angeles*. Dissertação de mestrado. Los Angeles: University of California, 1980.

GILROY, Paul. *There ain't no Black in the Union Jack: The Cultural Politics of Race and Nation*. Londres: Hutchinson, 1987.

_____. *The Black Atlantic: Modernity and Double Consciousness*. Cambridge, MA: Harvard University Press, 1993a.

_____. *Small Acts: Thoughts on the politics of Black Cultures*. Londres: Serpent and Tails, 1993b.

_____. *Against Race: Imagining Political Culture beyond the Color Line*. Cambridge, MA: Belknop Press of Harvard University Press, 2000.

GLASSER, Ruth. *My Music is My Flag: Puerto Rican Musicians and Their New York Communities, 1917-1940*. Berkeley: University of California Press, 1995.

GLEASON, Judith J. *Santeria, Bronx*. Nova York: Atheneum, 1975.

GONZÁLEZ-WIPPLER, Migene. *Santería: African Magic in Latin America*. Nova York: Julian Press, 1973.

_____. *The Santería Experience*. Englewood Cliffs, NJ: Prentice-Hall, 1982.

_____. Pancho Mora: Babalawo Supreme and Oracle of Orunla. *Latin New York*, Nova York, v. 6, n.9, pp. 27-28, 1983.

_____.*Rituals and Spells of Santería*. Nova York: Original Publications. 1984.

_____.*Tales of the Orishas*. Nova York: Original Publications, 1985.

_____. *Santería, the Religion: A Legacy of Faith, Rites and Magic*. Nova York: Harmony Books, 1989.

GREGORY, Steven. *Santeria in New York City: A Study in Cultural Resistance*. Nova York/Londres: Garland Publishing, Inc., 1999.

GREENBERG, Joseph H. *The Languages of Africa*. Bloomington, IN: Indiana University Press, 1966.

GROSFOGUEL, Ramón. World Cities in the Caribbean: The Rise of Miami and San Juan. *Review*, n. 17, pp. 351-381, 1994.

GROSFOGUEL, Ramón e GEORAS, Chloe S."Colonialidade de poder" e dinâmica racial: diásporas caribenhas na cidade de Nova Yorque. *Estudos Afro-Asiáticos*, Rio de Janeiro, n. 33, pp. 7-29, 1998.

GUEDJ, Pauline. Des "Afro-Asiatiques" et des "Africains": islam et afrocentrisme aux Etats-Unis. *Cahiers d'études africaines*, Paris, n. 172, pp. 739-760, 2003.

GUTHRIE, Malcolm. *The Classification of the Bantu Languages*. Oxford: Oxford University Press, 1948.

GUZMAN, Carlos. *El secreto de la Santería: La Enciclopedia Yoruba Lucumí*. Nova York: The Latin Press Publishing Co, 1984.

HALBWACHS, Maurice. *Les cadres sociaux de la mémoire*. Paris: Félix Alcan, 1925.

HALIFAX, Joan e WEIDMAN, Hazel. Religion as a Mediating Institution in Acculturation. The Case of Santeria in Greater Miami. In: R. H. COX (Org.). *Religious Systems and Psychotherapy*. Springfield, IL: Charles C. Thomas, pp. 319-331, 1973.

HALL, Arthur e WILLIAMS, Bruce. *The Yoruba Cycle: African Influence in the New World*. Ile Ife Film, Filadélfia, 1980.

HALL, Raymond L. *Black Separatism in the United States*. Hanover, NH: University Press of New England, 1978.

HALL, Robert L. African Religious Retentions in Florida. In: HOLLOWAY, Joseph E. (Org.). *Africanisms in American Culture*. Bloomington, IN: Indiana University Press, pp. 98-118, 1990.

HALL, Stuart. Old and New Identities, Old and New Ethnicities. In: KING, Anthony D. (Org.). *Culture, Globalization and the World-System: Contemporaries Conditions for the Representation of Identity*. Mineápolis: University of Minnesota Press, pp. 41-68, 1998.

HAMILTON, Charles V. *The Black Preacher in America*. Nova York: William Morrow, 1972.

HANNERZ, Ulf. What Ghetto Males are Like. In: WHITTEN, Norman E. e SZWED, John F. (Orgs.). *Afro-American Anthropology Contemporary Perspective*. Nova York: The Free Press, pp. 313-327, 1970.

_____. *Transnational Connections*. Londres: Routledge, 1996.

HARRIS, Joseph E. *Global Dimension of the African Diaspora*. Washington, D.C.: Howard University Press, 1993 [1982].

HARRISON, Ira E. The Storefront Church as a Revitalization Movement. In: NELSEN, Hart M.; YOKLE, Raytha L. e NELSEN, Anne K. (Orgs.). *The Black Church in America*. Nova York: Basic Books, pp. 240-50, 1971.

HARWOOD, Alan. *RX: Spiritist as Needed: A Study of a Puerto Rican Community Mental Health Resource*. Nova York: John Wiley & Sons, 1977a.

_____. Puerto Rican Spiritism: Description and Analysis of an Alternative Psychotherapeutic Approach. *Culture, Medicine and Psychiatry*, Boston, n. 1, pp. 69-95, 1977b.

HASLIP-VIERA, Gabriel. The Evolution of the Latino Community in the New York Metropolitan Area, 1810 to the present. In: HASLIP-VIERA, Gabriel e BAVER, Sherrie L. (Orgs.). *Latinos in New York: Communities in Transition*. Notre Dame: Notre Dame University Press, p. 3-29, 1996.

HASKINS, James. *Voodoo and Hoodoo: Their Tradition and Craft as Revealed by Actual Practitioners*. Nova York: Stein and Day, 1978.

HERSKOVITS, Melville J. The Dilemma of Social Pattern. *The Survey Graphic*, Nova York n. 6, pp. 677-678, 1925.

_____. *Dahomey: An Ancient West African Kingdom*. Nova York: J. J. Augustin, 1938.

_____. The Ancestry of the American Negro. *American Scholar*, Washington, n. 8, pp. 84-94, 1938-1939.

_____. Problem, Method and Theory in Afroamerican Studies. *Phylon*, Atlanta, n. 7, pp. 337-354, 1946.

_____. The Present Status and Needs of Afroamerican Research. *Journal of Negro History*, Riverside, n. 36, pp. 123-147, 1951.

_____. *The New World Negro: Selected Papers in Afro American Studies*. Bloomington, IN: Indiana University Press, 1966.

_____. *The Myth of the Negro Past*. Boston: Beacon Press, 1990 [1941].

HOBSBAWM, Eric J. *Nations and Nationalism since 1780: Program, Myth, Reality*. Cambridge/Nova York: Cambridge University Press, 1992.

HOBSBAWM, Eric J. e RANGER, Terence. *The Invention of Tradition*. Cambridge/Nova York: Cambridge University Press, 2003 [1983].

HOFFMANN, Odile. Renaissance des études afromexicaines et production de nouvelles identités ethniques. *Journal de la société des américanistes*, Paris, v.. 91, n.2, pp. 123-152, 2005.

HOLLOWAY, Joseph E. (Org.). *Africanisms in American Culture*. Bloomington, IN: Indiana University Press, 1990a.

_____. The Origins of African-American Culture. In: HOLLOWAY, Joseph E. (Org.). *Africanisms in American Culture*. Bloomington, IN: Indiana University Press, pp. 1-18, 1990b.

HONEBRINK, Andrea. Yoruba Renaissance: The Religious Teachings of a Great African Civilization Attract New Followers. *Utne Reader*, Mineápolis, nov.-dez., pp. 46-48, 1993.

HOUDA, Robert (Org.). *This Far by Faith: American Black Worship and Its African Roots.* Washington, D.C.: National Office for Black Catholics, 1977.

HOUK, James. Afro-Trinidadian Identity and the Africanization of the Orisha Religion. In: YELVINGTON, Kevin (Org.). *Trinidad Ethnicity.* Londres: Macmillan Caribbean, pp. 161-179, 1992.

HOUNTONDJI, Paulin I. *African Philosophy: Myth & Reality.* Bloomington, IN: Indiana University Press, 1996 [1976].

HOVELACQUE, Abel. *Les nègres de l'Afrique sus-équatoriale (Sénégambie, Guinée, Soudan, Haut-Nil).* Paris: Lecrosnier & Babé, 1889.

HUCKS, Tracey. *Approaching the African God: An Examination of African American Yoruba History from 1959 to the Present.* Tese de doutorado, Temple University, Filadélfia, 1998.

_____. African American Yorubas in Harlem and the Transition to Oyotunji Village. In: MURPHY, Larry G. (Org.) *Down by Riverside: Readings in African American Religion.* Nova York/Londres: New York University Press, pp. 256-259, 2000.

HUET, Nahayeilli B. Juárez. La santería à Mexico: ébauche ethnographique. *Civilisations,* número especial *Religions transnationales,* Bruxelas, v. 51, n. 1 e 2, pp. 61-79, 2004.

HUGHES, Langston. *The Weary Blues.* Nova York: A. A. Knopf, 1926a.

_____. The Negro Artist and the Racial Mountain. *The Nation,* Nova York, 23 de junho, 1926b.

HUGGINS, Nathan. *Harlem Renaissance.* Nova York: Oxford University Press, 1971.

HUNT, Carl. *Oyotunji Village: The Yoruba Movement in America.* Washington, D.C.: University Press of America, 1979.

HURBON, Laënnec. *Le barbare imaginaire.* Paris: Éditions du Cerf, 1988.

HURSTON, Zora Neale. Hoodoo in America. *Journal of American Folklore,* Champaign, IL., n. 44, pp. 317-417, 1931.

_____. *Mules and Men.* Filadélfia, PA: J. B. Lippincott, 1935.

_____. *Their Eyes Were Watching God.* Filadélfia, PA: J. B. Lippincott Co., 1937.

_____. *Tell My Horse.* Filadélfia, PA: J. B. Lippincott, 1938.

_____. *The Sanctified Church.* Berkeley, CA: Turtle Island, 1981

IBIE, Osamaro. *Ifism: The Complete Work of Orunmilá.* Hong Kong: Design Printing Co. Ltd., 1986.

IDOWU, E. Bolaji. *Olodumare: God in Yoruba Belief.* Londres: Longman, 1962.

IFATUNJI, Baba. Fufu and Bar-B-Que: Africans of America in Egungun. Comunicação apresentada na 8ª Conferência Mundial sobre a Tradição dos *Orisha* e Cultura (COMTOC). Havana (Cuba), 7-13 de julho, 2003.

JACOBS, Claude F. Spirit Guides and Possession in the New Orleans Black Spiritual Churches. *Journal of American Folklore,* Champaign, IL., n. 102, pp. 45-67, 1989.

JACOBS, Sylvia M. (Org.). *Black Americans and the Missionary Movements in Africa.* Westport, CT: Greenwood Press, 1982.

JAHN, Janheinz. *Muntu: African Culture and the Western World.* Nova York: Grove Weidenfeld Evergreen, 1990 [1961].

JAMES, George. *Stolen Legacy.* Nova York: Philosophical Library, 1954 .

JENKINS, Ulysses Duke. *Remnants of Yoruba Culture within the African-American Church.* Tese de doutorado, Union Graduate School, Schenectady, NY, 1976.

_____. *Ancient African Religion and the African-American Church.* Jacksonville, NC: Flame International, 1978.

JOHNSON, Clifton H (Org.). *God Struck Me Dead: Voices of Ex-Slaves.* Cleveland, OH: Pilgrim Press, 1993.

JOHNSON, James Weldon. *Along this Way.* Nova York: Penguin Books, 1990 [1933].

_____. *The Autobiography of an Ex-Colored Man*. Nova York: Hill & Wang, 1991 [1912].
JOHNSON, Samuel. *The History of Yorubas*. Lagos: CSS Bookshop, 1921.
JOHNSTON, Sir Harry H. *The Negro in the New World*. Londres: Meuthen & Co., 1910.
JONES, LeRoi. The Black Arts Repertory Theatre School. *Liberator*, Nova York, v. 5, n.4, p. 21, 1965a.
_____. The Revolutionary Theatre. *Liberator*, Nova York, v. 5, n. 7, pp. 4-6, 1965b.
JONES, LeRoi e NEAL, Larry (Orgs.). *Black Fire: An Anthology of Afro-American Writing*. Nova York: William Morrow, 1968.
JOYNER, Charles. *Down by the Riverside: A Southern Carolina Slave Community*. Urbana,IL: University of Illinois, 1984.
KAGAMÉ, Alexis. *La philosophie bantou-rwandaise de l'être*. Bruxelas : Académie royale des sciences coloniales, 1956.
KARADE, Baba Ifa. *The Handbook of Yoruba Religious Concepts*. York Beach, ME: Samuel Weiser, 1994.
_____. *Ojise: Messenger of the Yoruba Tradition*. York Beach, ME: Samuel Weiser, 1996.
_____. *Tradition and Transformation: A Philosophical Treatise Based on the Ifá Religious System*. Brooklyn, NY: Kânda Mukûtu Books, 2001.
KARENGA, Maulana R. Black Cultural Nationalism. In: GAYLE, Addison (Org.). *The Black Aesthetic*. Garden City, NY: Doubleday, pp. 32-38, 1971.
_____. *Kawaida Theory: An Introductory Outline*. Inglewood, CA: Kaiwada Publications, 1980.
_____. *The African American Holiday of Kwanzaa: A Celebration of Family, Community, and Culture*. Los Angeles, CA: University of Sankore Press, 1988.
_____. *Reconstructing Kemetic Culture: Papers, Perspectives, Projects*. Los Angeles, CA: Kawaida Publications, 1990.
_____. *Odù Ifá: The Ethical Teachings*, Los Angeles, CA: University of Sankore Press, 1999.
KASINITZ, Philip. *Caribbean New York: Black Immigrants and the Politics of Race*. Ithaca, NY: Cornell University Press, 1992.
KASLOW, Andrew J. *Oppression and Adaptation: The Social Organization and Expressive Culture of an Afro-American Community in New Orleans*. Tese de doutorado, Columbia University, Nova York, 1981.
KASLOW, Andrew J. e JACOBS, Claude. *Prophecy, Healing, and Power: The Afro-American Spiritual Churches of New Orleans: A Cultural Resources Management Study for the Jean Lafitte National Historical Park and the National Park Service*. New Orleans: Department of Anthropology and Geography, University of New Orleans, 1981.
KELLEY, Robin D.G. e LEMELLE, Sidney. *Panafricanism revisited*. Londres: Verso Press, 1992.
KING, Martin Luther Jr. *Stride toward Freedom: The Montgomery Story*. Nova York: Harper & Row, 1958.
KIRBY, Diana Gonzales e SANCHEZ, Sara Maria. Santeria from Africa to Miami via Cuba: Five Hundred Years of Worship. *Tequesta. The Journal of the Historical Association of Southern Florida*, Miami, v. 48, pp. 36-52, 1988.
_____. Cuban Santeria: A Guide to Bibliographic Sources. *Bulletin of Bibliography*, Miami, v. 47, n. 2 (junho), pp. 113-129, 1990.
KIRSHENBLATT-GIMBLETT, Barbara. *Destination Culture: Tourism, Museums, and Heritage*. Berkley, CA: University of California Press, 1988.
KNAUER, Lisa Maya. Secular and Sacred Afrocubanidad and the Diasporic Imaginary. Comunicação apresentada na *Latin American Studies Association*, Março 16-18, Miami, FL, 2000.

_____. Afrocubanidad Translocal: La rumba y la santería en Nueva York y La Habana. In: HERNÁNDEZ, Rafael e COATSWORTH, John H. (Orgs.). *Culturas encontradas: Cuba y los Estados Unidos*. La Habana: CIDCC Juan Marinello, DRCLAS University of Harvard, pp. 11-31, 2001.

KOHN, Hans. *The Idea of Nationalism*. Nova York: Macmillian, 1944.

KOLCHIN, Peter. *Une institution très particulière: l'esclavage aux États-Unis, 1619-1877*. Paris: Belin, 1998 [1993].

LACHATAÑERÉ, Rómulo. *Manual de santería. El sistema de cultos "Lucumís"*. Havana: Editorial Caribe, 1942*a*.

_____. *El sistema religioso de los afrocubanos*. Nova York: La Nueva Democracia, 1942*b*.

_____. Las creencias religiosas de los afrocubanos y la falsa aplicación del término brujería. In: LACHATAÑERÉ, R. (Org.). *El sistema religioso de los afrocubanos*. Havana: Editorial de Ciencias Sociales, pp. 192-204, 2001 [1939].

LAGUERRE, Michel S. *American Odyssey: Haitians in New York*. Ithaca, NY: Cornell University Press, 1984.

LANDES, Ruth. *The City of Women*. Nova York: The Macmillan Co., 1947.

_____. *A cidade das mulheres*. Rio de Janeiro: Editora UFRJ (1ª ed., Civilização Brasileira, 1967), 2002.

LAW, Robin. *The Oyo Empire c. 1600-1836*. Oxford: Oxford University Press, 1977.

LEFEVER, Harry G. When the Saints Go Riding In: Santeria in Cuba and in the Unites States. *The Journal for the Scientific Study of Religion*, Hoboken, NJ, v. 35, n. 3, pp. 318-331, 1996.

LE MENESTREL, Sara. *La voie des Cadiens. Tourisme et identités en Louisiane*. Paris: Belin, 1999.

LEVINE, Hal B. Reconstructing ethnicity. *Journal of the Royal Anthropological Institute*, Londres, v. 5, n. 2, pp. 165-180, 1999.

LEVINE, Lawrence W. *Black Culture and Black Consciousness: Afro American Folk Thought from Slavery to Freedom*. Nova York: Oxford University Press, 1977.

LINCOLN, C. Eric. *The Black Muslims in America*. Boston: Beacon Press, 1961.

_____. The Black Church since Frazier. In: FRAZIER, E. F. (Org.). *The Negro Church in America*. Nova York: Schocken Books, pp. 99-216, 1974.

_____. *Race, Religion and the Continuing America Dilemma*. Nova York: Hill and Wang, 1999 [1984].

LINCOLN, C. Eric e MAMIYA, Lawrence H. *The Black Church in the African American Experience*. Durham, NC: Duke University Press, 1990.

LINDSAY, Arturo. Orishas: Living Gods in Contemporary Latino Art. In: LINDSAY, Arturo (Org.). *Santería Aesthetics in Contemporary Latin American Art*. Washington, D.C.: Smithsonian Institution Press, pp. 201-223, 1996.

LITTLEFIELD, Daniel C. *Rice and Slaves: Ethnicity and the Slave Trade in Colonial South Carolina*. Baton Rouge: Louisiana State University Press, 1981.

LOCKE, Alain (Org.). *The New Negro: An Interpretation*. Nova York: Atheneum, 1970 [1925].

LOMAX, Alan. The Homogeneity of African-Afro-American Musical Style. In: WHITTEN, Norman E. Jr. e SZWED, John F. (Org.). *Afro-American Anthropology: Contemporary Perspectives*. Nova York: The Free Press, pp. 181-201, 1970.

LOMAX, John e LOMAX, Alan. *Folk Song U.S.A*. Nova York: Duell, Sloan and Pearce, 1947.

LONG, Carolyn Morrow. *Spiritual Merchants. Religion, Magic, and Commerce*. Knoxville: University of Tennessee Press, 2001.

LUCAS, J. Olumide. *The Religion of the Yorubas: Being an Account of the Religious Beliefs and Practices of the Yoruba Peoples of Southern Nigeria, Especially in Relation to the Religion of Ancient Egypt*. Brooklyn, NY: Athelia Henrietta Press, 1996 [1948].

MALDONADO, A. W. *Teodoro Moscoso and Puerto Rico's Operation Bootstrap*. Gainesville, FL: University Press of Florida, 1997.

MALINOWSKI, Bronislaw. The Pan-African Problem of Cultural Contact. *American Journal of Sociology*, Chicago, v.43, n. 6, pp. 649-666, 1943.

MARABLE, Manning. *Race, Reform and Rebellion: The Second Reconstruction in Black America, 1945-1982*. Jackson: University Press of Mississippi, 1984.

MARKS, Carole e EDKINS, Diana. *The Power of Pride: Stylemakers and Rulerbreakers of the Harlem Renaissance*. Nova York: Crown Publishers, 1999.

MARTIN, Tony. *Race First: The Ideological and Organizational Struggles of Marcus Garvey and the Universal Negro Improvement Association*. Dover, MA: The Majority Press, 1976.

_____. *The Pan-African Connection: From Slavery to Garvey and Beyond*. Dover, MA: The Majority Press, 1983.

MARTINEZ, Raymond J. *Mysterious Marie Laveau, Voodoo Queen, and Folk Tales along the Mississippi*. Nova Orleans: Harmanson, 1956.

MASON, John. *Orin Òrìsà: Songs for Selected Heads*. Brooklyn, NY: Yorùbá Theological Archministry, 1992.

_____. *Four New World Yorùbá Rituals*. Brooklyn, NY: Yorùbá Theological Archministry, 1993 [1985].

_____. *Olóòkun: Owner of Rivers and Seas*. Brooklyn, NY: Yorùbá Theological Archministry, 1996.

_____. Yorùbá Beadwork in the Americas. In: DREWAL, Henry John e MASON, John (Org.). *Beads, Body, and Soul: Art and Light in the Yorùbá Universe*. Los Angeles, CA: UCLA Fowler Museum of Cultural History, pp. 89-177, 1998.

MASON, Michael Atwood. *Living Santeria: Rituals and Experiences in Afro-Cuban Religion*. Washington, D.C.: Smithsonian Institution Press, 2002.

MATORY, J. Lorand. *Sex and the Empire that is No More: Gender and the Politics of Metaphor in Oyo Yoruba Religion*. Mineápolis: University of Minnesota Press, 1994.

_____. Jeje: repensando nações e transnacionalismo. *Mana*, Rio de Janeiro, v. 5, n. 1, pp. 57-80, 1999*a*.

_____. The English Professors of Brazil: On the Diasporic Roots of the Yoruba Nation. *Comparative Studies in Society and History*, Cambridge, v. 41, n.1, pp. 72-103, 1999*b*.

_____. El Nuevo imperio yoruba: textos, migración y el auge transatlántico de la nación lucumí. In: HERNÁNDEZ, Rafael e COATSWORTH, John H. (Orgs.). *Culturas encontradas: Cuba y los Estados Unidos*. La Habana: CIDCC Juan Marinello/DRCLAS University of Harvard, pp. 167-188, 2001.

_____. *Black Atlantic Religion. Tradition, Transnationalism and Matriarchy in the Afro-Brazilian Candomblé*. Princeton and Oxford: Princeton University Press, 2005.

MATHEWS, Donald G. *Religion in the Old South*. Chicago: University of Chicago Press, 1977.

MAUGHAM, W. Somerset. *The Razor's Edge*. Londres, Toronto: W. Heineman, 1944.

MAYS, Benjamin E. e NICHOLSON, Joseph W. *The Negro's Church*. Nova York: Russell & Russell, 1969 [1933].

MBITI, John S. *African Religions and Philosophy*. Londres: Heinemann, 1969.

_____. *Introduction to African Religion*. Portsmouth, NH: Heinemann Educational Books, 1991.

MCKAY, Claude. *Harlem Shadows*. Nova York: Harcourt, Brace and Co., 1922.

MEDAHOCHI, Koffi O. Zannu. The Destruction of the Afrikan Spiritual Civilization and Its Subsequent Reconstruction. *Osa'Gbe Sórò – The International Ifa/Ori Ori a Publications*. pp. 15-18, 1995.

_____. *New Afrikan Vodun*, consultado online: http://members.tripod.com/~Vodunsi/forstate.html

MENENDEZ, Lázara Vázquez. Un cake para Obatalá?! *Temas*, Havana, n. 4, pp. 38-51, 1995.

MILLER, Floyd J. *The Search for a Black Nationality: Black Emigration and Colonization, 1787-1863*. Urbana: University of Illinois Press, 1975.

MINTZ, Sidney W. Introduction. In: HERSKOVITS, Melville J. *The Myth of the Negro Past*. Boston: Beacon Press, pp. ix-xxi, 1990.

MINTZ, Sidney W. e PRICE, Richard. *The Birth of African-American Culture: An Anthropological Perspective*. Boston: Beacon Press, 1992 [1976].

_____. *O nascimento da cultura afro-americana: uma perspectiva antropológica*. Rio de Janeiro: Pallas/Universidade Cândido Mendes, 2003.

MONTENEGRO, Carlos Galdiano. *Palo Mayombe: Spirits, Rituals, Spells. The Dark Side of Santeria*. Nova York: Original Publications, 1994.

MORALES, Beatriz. *Afro-Cuban Religious Transformation: A Comparative Study of Lucumi Religion and the Tradition of Spirit Belief*. Tese de doutorado. City University of New York, 1990.

MORALES, Ed e MALDONADO, Sheila. Circle of Fire: Santera Comes Out. *Village Voice*, Nova York, v. 41, n. 12 (19 de março), pp. 33-40, 1996.

MORALES-DORTA, José. *Puerto Rican Espiritismo: Religion and Psychotherapy*. Nova York: Vantage Press, 1976.

MORRIS, Aldon. *The Origins of the Civil Rights Movement: Black Communities Organizing for Change*. Nova York: Free Press, 1984.

MOSES, Wilson Jeremiah. *The Golden Age of Black Nationalism, 1850-1925*. Hamden, CT: Archon, 1978.

_____. *Black Messiahs and Uncle Toms: Social and Literary Manipulations of a religious Myth*. University Park, PA: Pennsylvania State University Press, 1993 [1982].

_____. *Classical Black Nationalism: From the American Revolution to Marcus Garvey*. Nova York: New York University Press, 1996.

_____. *Afrotopia: The Roots of African American Popular History*. Cambridge, NY: Cambridge University Press, 1998.

MUDIMBE, Vumbi Yoka. *The Invention of Africa: Gnosis, Philosophy and the Order of Knowledge*. Bloomington, IN: Indiana University Press, 1988.

MULIRA, Jessie Gaston. The case of Voodoo in New Orleans. In: HOLLOWAY, J.E. (Org.). *Africanisms in American Culture*. Bloomington, IN: Indiana University Press, pp. 34-68, 1990.

MURPHY, Joseph M. *Santeria: An African Religion in America*. Boston: Beacon Press, 1988.

_____. *Santeria: African Spirits in America (with a new preface)*. Boston: Beacon Press, 1993.

_____. *Working the Spirit: Ceremonies of the African Diaspora*. Boston: Beacon Press, 1994.

MURPHY, Larry G. (Org.). *Down by the Riverside: Readings in African American Religion*. Nova York: New York University Press, 2000.

MYRDAL, Gunnar. *An American Dilemma*. 2 vols. Nova York: Harper & Brothers, 1944.

NEAL, Larry. The Cultural Front. *Liberator*, Nova York, v. 5, n. 6, pp. 26-27, 1965.

_____. The Black Arts Movement. *The Drama Review*, Nova York, v. 12, n. 4, pp. 29-39, 1968.

_____. *Visions of a Liberated Future*. St. Paul, MN: Thunder's Mouth Press, 1989.

NEIMARK, Philip John. *The Way of the Orisa: Empowering your Life through the Ancient African Religion of Ifá*. São Francisco: Harper San Francisco, 1993.

NINA RODRIGUES, Raymundo. *Os Africanos no Brasil*. São Paulo: Editora Nacional, 1988 [1932].
NUNEZ, Luis Manuel. *Santeria: A Practical Guide to Afro-Caribbean Magic*. Dallas, TX: Spring publications, 1992.
OBA Ecun. *Tratado de los orichas y entre los orichas*. Miami, FL: ObaEcun Books, 1998.
OBENGA, Théophile. *Ancient Egypt and Black Africa*. Chicago: Karnak House, 1995.
OJIKE, Mbonu. *My Africa*. Nova York: The John Day Company, 1946.
OLAITAN, Chief Alagba. *Ancestor Veneration*. Sheldon, SC: Oyotunji Village, s.d.
OMARI, Mikelle Smith. Completing the Circle: Notes on African Art, Society, and Religion in Oyotunji, South Carolina. *African Arts*, UCLA, Los Angeles, n. 24 (Julho), pp. 66-75, 1996.
ORO, Ari Pedro. *Axé Mercosul. As religiões afro-brasileiras nos países do Prata*. Petrópolis: Editora Vozes, 1999.
ORTIZ, Fernando. Los Cabildos Afro-Cubanos. *Revista Bimestre Cubana*, Havana, n. 26, pp. 5-39, 1921 [1906].
_____. La música sagrada de los negros yoruba en Cuba. *Ultra*, Havana, v. 13, n. 3 (julho), pp. 77-86, 1937.
_____. Brujos o santeros. *Estudios afrocubanos*, Havana, v. 1-4, n. 3, pp. 85-90, 1939.
_____. *Los instrumentos de la música afrocubana*. 2 vols. Havana: Ministério de Educación, 1952.
_____. *Los Negros Esclavos*. Havana: Editorial de Ciencias Sociales, 1975 [1916].
_____. *Los bailes y el teatro de los negros en el folklore de Cuba*. Havana: Editorial Letras Cubanas, 1985 [1951].
_____. *Los Negros Brujos*. Havana: Editorial de Ciencias Sociales, 1995 [1906].
OTTLEY, Roi e WEATHERBY, William J. (Orgs.). *The Negro in New York: An Informal Social History, 1626-1940*. Nova York: Praeger, 1969 [1967].
OYEILUMI, Adeyemi. Egúngún. *Erìwo Yà! Magazine of Yorùbá and Traditional African Culture*, v. 1, n. 1, Las Vegas, NV: Omowale Publications, pp. 26-28, 1999.
PALMIÉ, Stephan. Afro-Cuban Religion in Exile: Santeria in South Florida. *Journal of Caribbean Studies*, Lexington, Ky., v. 5, n. 3, pp. 171-179, 1986.
_____. Against Syncretism: "Africanizing" and "Cubanizing" Discourses in North American Òrìṣà Worship. In: FARDON, R. (Org.). *Counterworks Managing of the Diversity of Knowledge*. Londres: Routledge, pp. 73-104, 1995.
_____. Que centro, e de quem é a margem? Notas para uma arqueologia do caso 91-948, 1993 da Suprema Corte dos Estados Unidos (Igreja do Lukumí versus Município de Hialeah, Flórida do Sul). *Revista de Cultura Vozes*, Petrópolis, n. 3, pp. 33-57, 2001.
_____. *Wizards and Scientists: Exploration in Afro-Cuban Modernity and Tradition*. Durham, NC: Duke University Press, 2002.
PARK, Robert E. *Race and Culture*. Glencoe, IL: Free Press, 1950.
PARRINDER, Geoffrey. *West African Religion: A Study of the Beliefs and Practices of Akan, Ewe, Yoruba, Ibo, and Kindred Peoples*. Londres: Epworth Press, 1969.
_____. *African Traditional Religion*. Westport, CT: Greenwood, 1970.
PASQUALI, Elaine Anne. Santeria. *Journal of Holistic Nursing*, v. 12, n. 4, pp. 380-391, 1994.
PASTOR Dilu. *Santería moderna*. Nova York: P. Dilu, 1987.
PAYNE, Bishop Daniel Alexander. *Recollections of Seventy Years*. Nova York: Arno Press/New York Times, 1969 [1886].
PEDRAZA-BAILEY, Silvia. Cuba's Exiles: Portrait of a Refugee Migration. *International Migration Review*, Hoboken, NJ, n. 29, pp. 4-34, 1985a.

_____. *Political and Economic Migrants in America: Cubans and Mexicans*. Austin, TX: University of Texas Press, 1985*b*.

PEEL, J. D. Y. The Cultural Work of Yoruba Ethnogenesis. In: TONKIN, E.; MCDONALD, M. e CHAPMAN, M. (Orgs.). *History and Ethnicity*. Londres: Routledge, pp. 198-211, 1989.

_____. A Comparative Analysis of Ogun in Precolonial Yorubaland. In: BARNES, Sandra T. (Org.). *Africa's Ogun: Old World and New*. Bloomington, IN: Indiana University Press, pp. 263-289, 1997.

_____. *Religious Encounters and the making of the Yoruba*. Bloomington, IN: Indiana University Press, 2000.

PEIXOTO, Fernanda Arêas. *Diálogos brasileiros: uma análise da obra de Roger Bastide*. São Paulo: EDUSP/FAPESP, 2000.

PÉREZ Y MENA, Andrés Isidoro. Spiritualism as an Adaptive Mechanism among Puerto Ricans in the United States. *Cornell Journal of Social Relations*, Ithaca, v. 12, n. 2, pp. 125-136, 1977.

_____. *Socialization by Stages of Development into a Centro Espiritista in the South Bronx of New York City*. Dissertação de mestrado em Educação, Columbia University Teachers College, 1982.

_____. *Speaking with the Dead: Development of Afro-Latin Religion among Puerto Ricans in the United States*. Nova York: AMS Press, 1991.

_____. Cuban Santeria, Haitian Vodun, Puerto Rican Spiritualism: A Multiculturalism Inquiry into Syncretism. *Journal for the Scientific Study of Religion*, Hoboken, NJ, v. 37, n. 1, pp. 15-27, 1998.

PETONNET, Colette. La Pâleur noire: couleur et culture aux Etats-Unis. *L'Homme*, Paris, v. 25, n. 1 e 2, pp. 171-188, 1986.

PHILIPS, Ulrich B. *American Negro Slavery*. Nova York/Londres: D. Appleton & Co., 1918.

PICHARDO, Ernesto e PICHARDO, Lourdes Nieto. *Oduduwa Obatalá*. Miami, FL: St. Babalu Aye Church of the Lukumi, 1984.

PINKNEY, Alphonso. *Red, Black, and Green: Black Nationalism in the United States*. Cambridge: Cambridge University Press, 1976.

PINN, Anthony B. Orisha Worship in the United States. In: MURPHY, Larry G. (Org.). *Down by Riverside: Readings in African American Religion*. Nova York/Londres: New York University Press, pp. 243-255, 2000.

POLK, Patrick Arthur. *Botanica Los Angeles. Latino Popular Religions Art in the City of Angels*. Los Angeles, CA: UCLA Fowler Museum of Cultural History, 2004.

PORTES, Alejandro e BACH, Robert L. *Latin Journey: Cuban and Mexican Immigrants in the United States*. Berkeley, CA: University of California Press, 1985.

POYO, Gerald E. e DIAZ-MIRANDA, Mariano. Cubans in the United States. In: JIMENEZ, Alfredo (Org.). *Handbook of Hispanic Cultures in the U.S.: History*. Houston, TX: Arte Público Press, pp. 302-330, 1994.

POWDERMAKER, Hortence. *After Freedom*. Nova York: Schocken, 1967.

PRICE, Richard. *First-Time: The Historical Vision of an African American People*. Chicago/Londres: The University of Chicago Press, 2002 [1983].

RABOTEAU, Albert J. *Slave Religion: The "Invisible Institution" in the Antebellum South*. Oxford/Nova York: Oxford University Press, 1978.

RAMOS, Miguel "Willie". *Ase omo osayin : ewe aye*. Carolina, Porto Rico: M.W. Ramos, 1982.

_____. Afro-Cuban Orisha Worship. In: LINDSAY, Arturo (Org.). *Santería Aesthetics in Contemporary Latin American Art*. Washington, D.C.: Smithsonian Institution Press, pp. 51-76, 1996.

_____. La division de La Habana: Territorial Conflict and Cultural Hegemony in the Followers of Oyo Lukumi Religion, 1850s-1920s. In: PÉREZ, Lisandro e ARAGÓN, Uva de (Orgs.). *Cuban Studies*, n. 34. Pittsburgh, University of Pittsburgh Press, pp. 38-70, 2003.

RANGER, Terence. The Invention of Tradition in Colonial Africa. In: HOBSBAWN, Eric e RANGER, Terence (Orgs.). *The Invention of Tradition*. Cambridge/Nova York: Cambridge University Press, pp. 211-262, 2003 [1983].

RATH, Richard Cullen. Echo and Narcissus: The Afrocentric Pragmatism of W.E.B. Du Bois. *The Journal of American History*, Lillington, NC, , v. 84, n. 2, pp. 461-495, 1997.

RAWICK, George P. *From Sundown to Sunup: The Making of the Black Community*. Westport, CT: Greenwood, 1972.

REDKEY, Edwin S. *Black Exodus: Black Nationalist and Back-to-Africa Movements, 1890-1910*. New Haven, CT : Yale University Press, 1969.

REED, Ishmael (Orgs.). *MultiAmerica: Essays on Cultural Wars and Cultural Peace*. Nova York: Penguin Books, 1997.

Revisions to the Standards for the Classification of Federal Data on Race and Ethnicity, Federal Register, v. 62, n. 280, 10 de outubro, pp. 58.782-58.790, 1997.

RICHARDSON, Harry V. *Dark Salvation: The Story of Methodism as It Developed Among Blacks in America*. Nova York: Doubleday, 1976.

ROSE, Donna. *Santería, la magía afro-cubana*. Hialeah, FL: Mi-World, 1980.

RYAN, Pat. White Expert, Black Expert, and Black Studies. *Black Academy Review*. n. 1, pp. 57-60, 1970.

SANCHEZ KORROLL, Virginia E. *From Colonia to Community: The History of Puerto Ricans in New York City, 1917-1948*. Westport, CT: Greenwood Press, 1983.

SANDOVAL, Mercedes Cros. *La Religion Afrocubana*. Madrid: Playor, 1975.

_____. Santeria: Afrocuban Concepts of Disease and its Treatment in Miami. *Journal of Operational Psychiatry*, v. 8, n. 2, pp. 52-63, 1979.

_____. *Mariel and Cuban National Identity*. Miami, FL: Editorial SIBI, 1985.

SANGODE, Ayobunmi. *Rites of Passage: The Psychology of Female Power*. Brooklyn, NY: Athelia Henrietta Press, 1998.

SARRACINO, Rodolfo. *Los que volvieron a Africa*. Havana: Editorial de Ciencias Sociales, 1988.

SCHER, Philip. Unveiling the Orisha. In: BARNES, Sandra T. (Org.). *Africa's Ogun: Old World and New*. Bloomington, IN: Indiana University Press, pp. 315-331, 1997.

SCOTT, Clarissa. Health and Healing Practices among Five Ethnic Groups in Miami, Florida. *Public Health Reports*, n. 89, pp. 524-532, 1974.

SCOTT, Lionel F. *Odu and Elegba: Beads of Glass, Beads of Stone. An Introduction to the Orisha and Apataki of the Yoruba*. Brooklyn, NY: Athelia Henrietta Press, 1995.

SELIGMAN, C. G. *Races of Africa*. Nova York: Home University Library, 1930.

SERNETT, Milton C. (Org.). *African American Religious History: A Documentary Witness*. Durham, NC: Duke University Press, 1999.

SIMPSON, George Eaton. *Black Religions in the New World*. Nova York: Columbia University Press, 1978.

_____. *Religious Cults of the Caribbean: Trinidad, Jamaica and Haiti*. Porto Rico: Institute of Caribbean Studies, University of Puerto Rico, 1980.

SMITH, Robert Sidney. *Kingdoms of the Yoruba*. Londres: James Curry, 1988 [1969].

SOBEL, Mechal. *Travelin' On: The Slavery Journey to an Afro-Baptist Faith*. Westport, CT: Greenwood, 1978.

_____. *The World They Make Together*. Princeton, NJ: Princeton University Press, 1987.
STEARNS, Marshall. *The Story of Jazz*. Nova York: Oxford University Press, 1956.
STEIN, Judith. *The World of Marcus Garvey: Race and Class in Modern Society*. Baton Rouge: Louisiana State University Press, 1986.
STEWART, James. The Development of the Black Revolutionary Artist. In: JONES, LeRoi e NEAL, Larry (Orgs.). *Black Fire: An Anthology of Afro-American Writing*. Nova York: William Morrow, pp. 3-10, 1968.
STUCKEY, Sterling (Org.). *The Ideological Origins of Black Nationalism*. Boston: Beacon Press, 1972.
_____. *Slave Culture: Nationalist Theory and the Foundations of Black America*. Nova York/Oxford: Oxford University Press, 1987.
SUTTON, Constance. The Caribbeanization of New York City and the Emergence of a Transnational Socio-Cultural System. In: SUTTON, Constance e CHANEY, Elsa M. (Orgs.). *Caribbean Life in New York City: Sociocultural Dimensions*. Nova York: Center for Migration Studies of New York, pp. 15-30, 1987.
SZWED, John. Musical Adaptation among Afro-Americans. *Journal of American Folklore*, Champaign, IL., n. 82, pp. 112-121, 1969.
TALLANT, Robert. *Voodoo in New Orleans*. Gretna, LA: Pelican Pub. Co., 1983 [1946].
TAYLOR, Anne-Christine. Ethnie. In: BONTE, Pierre e IZARD, Michel (Orgs.). *Dictionnaire de l'ethnologie et de l'anthropologie*. Paris: Presses Universitaires de France, pp. 242-244, 1991.
TEISH, Luisah. *Jambalaya: The Natural Woman's Book of Personal Charms and Practical Rituals*. São Francisco: Harper San Francisco, 1985.
_____. *Carnival of the Spirit: Seasonal Celebrations and Rites of Passage*. São Francisco: Harper San Francisco, 1994.
TEMPELS, Placide. *Bantu Philosophy*. Paris: Présence africaine, 1969 [1959].
THOMPSON, Robert Farris. *Black Gods and Kings: Yoruba Art at UCLA*. Bloomington, IN: Indiana University Press, 1976.
_____. *The Four Moments of the Sun: Kongo Art in Two Worlds*. Washington, D.C.: National Gallery of Art, 1981.
_____. *Flash of the Spirit: African and Afro-American Art and Philosophy*. Nova York: Vintage Books, 1983.
_____. Kongo Influences on African-American Artistic Culture. In: HOLLOWAY, Joseph E. (Org.). *Africanisms in American Culture*. Bloomington, IN: Indiana University Press, pp. 148-184, 1990.
_____. *Face of the Gods: Art and Altars of Africa and the African Americas*. Nova York: The Museum for African Art, 1993.
THOMPSON, V. B. *Africa and Unity: The Evolution of Pan-Africanism*. Londres: Longmans, 1969.
THORNTON, John. *Africa and Africans in the Making of the Atlantic World (1400-1800)*. Cambridge, NY: Cambridge University Press, 1998 [1992].
TÖNNIES, Ferdinand. *Community and Association (Geimeinschaft und Gesellschaft)*. Londres: Routledge & Paul [1ª ed. alemã: 1920], 1955.
TURNER, Lorenzo D. *Africanism in the Gullah Dialect*. Chicago: University of Chicago Press, 1949.
TURNER, Richard Brent. *Islam: African-American Experience*. Bloomington, IN: Indiana University Press, 1997.
TURNER, Terence. Anthropology and Multiculturalism: What is Anthropology that Multiculturalists Should Be Mindful of it? *Cultural Anthropology*, Hoboken, NJ, n. 8, pp. 411-429, 1993.

VAN DEBURG, William L. *New Day in Babylon: The Black Power Movement and American Culture, 1965-1975*. Chicago: University of Chicago Press, 1992.

_____ (Org.). *Modern Black Nationalism: From Marcus Garvey to Louis Farrakhan*. Nova York/Londres: New York University Press, 1997.

VAN VECHTEN, Carl. *Nigger Heaven*. Nova York: A. A. Knopf, 1926.

VASS, Winifred K. *The Bantu Speaking Heritage of the United States*. Los Angeles, CA: Center for Afro-American Studies, University of California, 1979.

VEGA, Marta Moreno. *Yoruba Philosophy Multiple Levels of Transformation and Understanding*. Tese de doutorado, Temple University, Filadélfia, 1995a.

_____. The Yoruba Tradition Comes to New York City. *African American Review*, St. Louis, MO, v. 29, n. 2, pp. 201-206, 1995b.

_____. *Espiritismo* in the Puerto Rican Community: A New World Recreation with the Elements of Kongo Ancestor Worship. *Journal of Black Studies*, Thousand Oaks, CA, v. 29, n. 3, pp. 325-353, 1999.

_____. *The Altar of My Soul: The Living Traditions of Santeria*. Nova York: One World, 2000.

VÉLEZ, María Teresa. *Drumming for the Gods: The Life and Times of Felipe García Villamil (Santero, Palero, and Abakuá)*. Filadélfia, PA: Temple University Press, 2000.

VERGER, Pierre Fatumbi. *Notes sur le culte des Orisa et Vodun: à Bahia, la Baie de tous les Saints, au Brésil et à l'ancienne côte des Esclaves en Afrique*. Mémoires de l'Institut français d'Afrique noire (IFAN), Dakar, n. 51, 1957.

_____. Grandeur et décadence du culte de *Ìyámi Òsòròngà* (ma mère la sorcière) chez les yoruba. *Journal de la société des africanistes*, Paris, v. 35, n. 1, pp. 141-243, 1965.

_____. *Orixás*. Salvador: Corrupio, 1981.

_____. O deus supremo iorubá: uma revisão das fontes. *Afro-Asia*, Salvador, n. 15, pp. 18-35, 1992.

_____. *Dieux d'Afrique*. Paris: Revue Noire, 1995 [1954].

VINCENT, Theodore G. *Black Power and the Garvey Movement*. Berkeley, CA: Ramparts Press, 1971.

VOLNEY, Constantin-François. *Les ruines, ou Méditations sur les révolutions des empires*. Paris: Devenne, 1792.

WAGNER, Roy. *The Invention of Culture*. Chicago: University of Chicago Press, 1981.

WALLACE, Anthony F. C. Revitalization Movements. *American Anthropologist*, Flushing, NY, n. 58, pp. 264-281, 1956.

WARD, Martha. *Voodoo Queen: The Spirited Lives of Marie Laveau*. Jackson: University of Mississippi Press, 2004.

WASHINGTON, James M. (Org.). *A Testament of Hope: The Essential Writings and Speeches of Martin Luther King Jr*. São Francisco: Harper & Row, 1968.

WASHINGTON, Joseph R. Jr. *Black Religion*. Boston: Beacon Press, 1964.

WATKINS-OWENS, Irma. *Blood Relations: Caribbean Immigrants and the Harlem Community, 1900-1930*. Bloomington, IN: Indiana University Press, 1996.

WEAVER, Lloyd. Notes on Orisa Worship in an Urban Setting: The New York Example. Comunicação apresentada na 3ª Conferência Mundial sobre a Tradição dos *Orisha* e Cultura (COMTOC), 1º a 6 de julho, University of Ilé Ifé, Nigéria, 1986.

WEAVER, Lloyd e EGBELADE, Olorunmi. *Yemanja, Maternal Divinity: Tranquil Sea, Turbulent Tides. Eleven Yoruba Tales*. Brooklyn, NY: Athelia Henrietta Press, 1998.

WEISBORT, Robert. *Father Divine and the Struggle for Racial Equality*. Urbana, IL: University of Illinois Press, 1983.

WENIG, Adele R. *Pearl Primus: An Annotated Bibliography of Sources from 1943 to 1975*. Oakland, CA: Wenadance Unlimited, 1983.

WHITTEN, Norman E. Jr. e SZWED, John F. (Orgs.). *Afro-American Anthropology: Contemporary Perspectives*. Nova York: The Free Press, 1970.

WILMORE, Gayraud S. *African American Religious Studies: An Interdisciplinary Anthology*. Durham, NC: Duke University Press, 1989.

_____. *Black Religion and Black Radicalism: An Interpretation of the Religious History of Afro-American People*. Maryknoll, NY: Orbis Books, 1998 [1972].

WINTZ, Cary D. *Black Culture and the Harlem Renaissance*. Houston, TX: Tice University Press, 1988.

WOOD, Peter. *Black Majority: Negroes in Colonial South Carolina from 1670 through the Stono Rebellion*. Nova York: A. A. Knopf, 1974.

WOODSON, Carter G. *The History of the Negro Church*. Washington, D.C.: The Associated Publishers, 1921.

_____. *The African Background Outlined*. Washington, D.C.: The Association for the Study of Negro Life and History, 1936.

WORK, John W. *American Negro Songs*. Nova York: Howell, Soskin & Co., 1940.

X, Malcolm. *The Autobiography of Malcolm X / with the assistance of Alex Haley*. Nova York: Ballantine Books, 1992 [1965].

ZUVER, Marc. *Cuba – USA: The First Generation*. Washington, D.C.: Fondo del Sol Visual Arts Center, 1991.

Lista dos Quadros

QUADRO 1
Cronologia das igrejas negras nos Estados Unidos (1645-1930). 78

QUADRO 2
Cronologia dos movimentos religiosos e nacionalistas nos Estados Unidos (1900-1933). 79

QUADRO 3
Primeira geração de *santeros* residentes em Nova York.
Iniciações realizadas em Cuba. 117

QUADRO 4
Exemplos de filiação ritual nos ilés norte-americanos (anos 1960 e 1970).
Iniciações realizadas nos Estados Unidos. 138

QUADRO 5
Calendário das festividades em homenagem aos *orisha* na Oyotunji Village (2004). 159

QUADRO 6
Egbé (sociedades rituais) na Oyotunji Village. 161

QUADRO 7
Iniciações na Nigéria e estabelecimento de linhagens transnacionais entre Estados Unidos e Nigéria. 264

Glossário

A

abakuá, sociedade secreta, exclusivamente masculina, que seria originária do Calabar (Sudeste da Nigéria).
aberinkulá (abèrínkùlá), tambores *batá**não consagrados.
addimú (ou *adimú*), oferenda de alimentos, sem o sangue dos sacrifícios. Os *orisha* que não "nascem" no momento da iniciação podem ser "recebidos" como *orisha de addimú*.
ahijado, afilhado, ver *padrino*.
akinkonju, sociedade masculina, criada na Oyotunji Village.
alabés, tocadores dos tambores sagrados (*atabaques*) no candomblé.
Añá, entidade espiritual que reside nos *batá** consagrados. Do yoruba *àyàn*.
apetebí, assistente do *babalawo*. Os *omó añá** têm também suas *apetebí*.
Arabá, chefe dos *babalawo** na Nigéria.
Aseda, sacerdote de Ifá que ocupa a posição inferior ao Arabá*.
ashé, frequentemente pensado como uma energia ou uma força que está em estado latente em tudo o que existe e que pode ser ativada por rituais específicos. O termo yoruba *àṣẹ* significa "o poder do comando".
assentamento, cerimônia do candomblé que visa fixar as energias dos *orisha* nos altares individuais.
Awofaka ou "mão de Orula", primeiro nível de iniciação no culto de Ifá, reservado aos homens.
aworo, sacerdote consagrado no culto de um *orisha*. Do yoruba *àwòrò*.

B

babalawo, especialista da adivinhação, consagrado no culto de Ifá. Ele utiliza o *opelê**, os *ikin** e o *opo Ifá**. O termo cubano *babalao* corresponde ao yoruba *babaláwo* (*baba-ní-awo*, "o pai do segredo"), utilizado pelos iniciados afro-americanos.

babalorisha, chefe de culto, normalmente no comando de um *ilé**. Do yoruba *baba-ní-òrìṣà*, "o pai do *orisha*".
Balé, chefe de uma família extensa; pode ser também o chefe de uma cidade.
batá, três tambores bimembranofones e ambipercussivos, chamados, do menor para o maior, de *okonkolò*, *itotelé* e *iyá*.
batalero, tocador de *batá**; também chamado *omó añá**.
bembé, festa santera para os *orisha*, com tambores e danças.
borí, cerimônia de candomblé destinada a "alimentar" a cabeça (*orí**).
botánica, loja onde podem ser comprados todos os ingredientes para os rituais de *santería*.
bóveda espiritual, "abóboda espiritual", altar espírita, composto geralmente de uma mesa, onde estão dispostos copos d'água, charutos, velas, flores etc. Em torno dela são realizadas as *misas espirituales**.

C

cabildos, associações de escravos libertos, baseadas na ajuda mútua, que deram origem às primeiras casas de culto em Cuba.
cuadro espiritual, "quadro espiritual", grupo de espíritos que acompanham o indivíduo, protegendo-o, e que são identificados nas *misas espirituales**.
congo, designa uma suposta origem bantu e está associado ao culto do *palo*.
coronación espiritual, "coroamento espiritual", cerimônia realizada nas *misas espirituales** para fixar o *cuadro espiritual** antes de uma iniciação na *santería*.
coronar el santo, "coroar o santo", se iniciar no culto de um *orisha*, assentar a energia da divindade na cabeça do noviço.

D

dilogun ou *merindinlogun*, meio de adivinhação utilizado pelos *santeros*, com a ajuda de 16 búzios; as combinações obtidas remetem aos *odù**.

E

ebo, sacrifício para os *orisha*.
ebo metá, sacrifício realizado ao cabo dos três primeiros meses de iniciação na *santería*.
egbé, sociedade. Os *egbé orisha* constituem uma nova forma de associação dos iniciados afro-americanos.
egbebinrin ou *Egbé Morèmi*, sociedade feminina na Oyotunji Village que faz referência à heroína da cidade santa de Ilé-Ifé.
egun ou *muertos*, espíritos de mortos, que se manifestam com frequência nas *misas espirituales**.
Egungun, ancestrais, cujo culto foi revitalizado na Oyotunji Village.
eleda, divindade "dona da cabeça", a quem é consagrado o *iyawo**.
Eleguá, o *trickster* divino da *santería*, que retoma sua forma yoruba, *Elegbá*, na Oyotunji Village.
elekes, colares consagrados às divindades.
ese, verso de Ifá que dá a significação dos *odù**.

F

fundamento, força espiritual que é preciso "alimentar" periodicamente. Conhecimentos rituais que fundamentam a prática ritual.

G

guerreros, "guerreiros", proteção individual que consiste nos altares de Eleguá, Ogún, Oshosi e Osun.

I

ibá orí, altar para o *orí* (a cabeça) que é preparado na cerimônia do *borí** no candomblé.
igbá iwà (*igbá ìwà*) ou *igbá odù*, a cabaça da existência, associada ao culto de Ifá.
igbodù, quarto das iniciações.
ikin, 16 nozes de palma utilizadas pelos *babalawo** na adivinhação com o *opo Ifá**.
ìlà ou *àbàjà*, escarificações tribais.
ilé ou *ilê*, casa de culto.
itá, cerimônia realizada no 3º dia de iniciação, quando o *oriaté** revela ao *iyawo** seu passado, seu presente e seu futuro, bem como suas obrigações e tabus religiosos.
italero, especialista da adivinhação do *itá**; também chamado *oriaté**.
itan, história do *corpus* de conhecimentos de Ifá.
itutu, cerimônia funerária. Do yoruba *ìtútù*, "o frescor".
ìwà, o caráter, um dos três valores principais da religião yoruba, com o *àṣẹ* (o poder do comando) e o *ìtútù* (o frescor, a calma).
ìwà pèlé, "caráter doce e gentil", na base da ética yoruba.
iwofa, homem livre que aceita trabalhar em pagamento de sua dívida.
Iyá Arabá-Agbayé, "Mãe de todos os Arabá do mundo", título dado à primeira *Iyanifá** nos Estados Unidos.
iyabas, *orisha* femininos.
iyalorisha, chefe de culto, normalmente no comando de um *ilé**. Do yoruba *iya-ní-òrìṣà* ("a mãe do *orisha*").
Iyanifá, título dado às mulheres iniciadas no culto de Ifá na Nigéria e em certas casas de culto nos Estados Unidos.
iyawo, iniciado no culto dos *orisha*. Do yoruba *ìyàwó* ("esposa mais jovem").
iyaworaje, período de 12 meses posterior à iniciação na santería, durante o qual o *iyawo** deve se vestir de branco e é submetido a restrições e tabus rituais.

J

jubilación, cerimônia de iniciação no palo para uma pessoa já iniciada na santería. Os cortes rituais são então simbolizados pelo roçar do bico de uma ave ou por desenhos feitos a giz, especialmente nos braços.
jurarse, "prestar juramento" diante dos tambores sagrados *batá**, antes de se tornar *omó añá**.

K

kariocha, tipo de iniciação na santería, considerado tradicional.
Kofá, único nível de iniciação no culto de Ifá permitido às mulheres. O termo yoruba *kọ́fá* significa "estudar Ifá".

L

lavatorio, "lavagem" ritual que visa "dar à luz" as divindades. Prepara-se o *omiero**, no qual são lavadas as diferentes partes do altar individual.
lucumí ou *lukumí*, termo que designa uma suposta origem yoruba.

M

madrina, "madrinha", ver *padrino*.
mesa blanca, termo espanhol que designa o espiritismo porto-riquenho e, de forma geral, o kardecismo.
misas espirituales, "missas espirituais" durante as quais um médium é possuído por espíritos de mortos (*egun**).
mojúbà ou *moyuba*, invocação que precede todo ritual, durante a qual as divindades e a genealogia religiosa do oficiante são homenageadas, bem como os defuntos de sua família biológica.

N

ñangaré, chamada também em Cuba de *nyangareo*, essa cerimônia é realizada na manhã do 3° dia de iniciação, antes da adivinhação do *itá*, para anunciar o nascimento de um novo iniciado.
Nkisi, divindade, ancestral divinizado bantu.

O

obi, em Cuba noz de coco, cujos pedaços são utilizados na adivinhação para responder com uma afirmativa ou uma negativa a perguntas simples.
Ocha, sistema de crença afro-cubano, sinônimo de santería ou *Regla de Ocha**. Contração do termo *oricha*, correspondente cubano do yoruba *òrìṣà*.
odù, configurações ligadas à adivinhação por Ifá, num total de 256, cada uma associada a um *itan** ou *patakí**.
ojugbona, assistente do *babalorisha** ou *padrino** durante a iniciação. Esse termo significaria "os olhos que te acompanham", do yoruba *ojú* (olhos) e *ọ̀nọ̀n* (caminho).
olorisha, iniciado na religião dos *orisha*. Chamado, em yoruba, *olóòrìṣà* e em espanhol *oloricha*.
olubatá, proprietário de um jogo de *batá** consagrado. Do yoruba *oní-batá*, "o possuídor dos tambores".
oluwo ou *oluó*, designa, na Nigéria, um chefe dos *babalawo* e, em Cuba, o *babalao* previamente iniciado no culto de um *orisha*. Por essa razão, ele pode entrar no *igbodù**, cômodo onde são realizados os rituais de iniciação.
omiero, ervas maceradas na água, a que se acrescentam certos elementos específicos para cada divindade.
omó, filho, descendente. Do yoruba *ọmọn*.
omó añá, tocador dos tambores *batá**, iniciado no culto de Añá*. Somente os *omó añá* (ou *omó Ayan*) podem tocar os tambores consagrados.
ọ̀pá ikú ou *ọ̀pá Égún*, bastão consagrado aos *Egun*, os ancestrais.
opelè, chamado em Cuba *ekuelé*, corrente de adivinhação utilizada pelos *babalawo**, a que são presas oito metades de nozes de palma. As jogadas dão as diferentes combinações que remetem aos *odù** de Ifá.
opo Ifá, bandeja circular de madeira na qual são jogados os *ikin**.
orí, a cabeça, íntimamente ligada ao *orisha** uma vez realizados os rituais de iniciação.
oriaté, especialista dos rituais de iniciação na santería e da adivinhação com o *dilogun**.
orisha, divindades yoruba, veneradas na santería, no orisha-voodoo e no candomblé. Do yoruba *òrìṣà*. Em Cuba chama-se *oricha*, e no Brasil *orixá*.
osobo, configuração negativa no momento da adivinhação.

P

padrino, sacerdote que se encarrega da iniciação de um noviço e que o guia em sua vida religiosa. Ele se torna seu "padrinho" e o iniciado é seu *ahijado**, "afilhado". Ver *madriña*.
palero, praticante do palo monte, culto afro-cubano de origem bantu.
paritorio, "parto", ritual que marca o laço de filiação entre o *orisha* que "vai nascer" e aquele que o "engendra", no momento da iniciação.
patakís ou *apatakis*, história ligada ao *corpus* de conhecimento de Ifá.
pinaldo, cerimônia durante a qual se recebe a faca destinada ao sacrifício dos animais quadrúpedes.

R

rama, "ramo", sinônimo de família de religião. Também empregado para designar a linhagem religiosa.
Regla de Ocha, sinônimo de santería.
rogación de cabeza, ritual da santería para a cabeça. Pode ser realizado em vários momentos da vida do iniciado e precede geralmente os rituais de iniciação propriamente ditos.
root divination, "adivinhação das raízes", na qual os praticantes do orisha-voodoo redescobrem suas linhagens africanas e sua ancestralidade.

S

santero ou *santera*, praticante da santería.
Shangó, deus yoruba do trovão e dos raios, chamado *Changó* em Cuba. Do yoruba *Ṣòngó*.

T

tambor, cerimônia para os *orisha* com tambores e danças.
terreiro, casa de culto do candomblé. Sinônimo de *ilé**.

V

vodun, divindade de origem daomeana.

Y

Yemonjá, divindade ligada às águas, chamada *Yemayá* em Cuba. Do yoruba *Yẹmọnja*.

Índice onomástico

A

AAADT (*Alvin Ailey American Dance Theater*), 104
Aafin, 146, 151, 152
ABIMBOLA Wande, 106, 149, 175, 218, 234, 236, 239, 240, 243, 256, 271, 272, 274, 275, 276, 279, 281, 283, 320
Abyssinian Baptist Church, 34, 78
ACLU (*American Civil Liberties Union*), 297, 299
ACS (*American Colonization Society*), 70, 78
ACY (*Asociación Cultural Yoruba*), 219, 233, 236, 277, 280, 281, 301
ADEFUNMI I (Baba Oseijeman Adefunmi), 9, 98, 106, 126, 130, 145, 159, 166, 170, 181, 182, 187, 192, 261, 286, 289, 291, 318
ADELEKAN Adeyela, 281, 292
ADEYEMI Ademola, 147
ADEYEMI Ayo, 107
African Blood Brotherhood, 66
African Civilization Society, 71
African Methodist Church, 62, 78
African Methodist Episcopal Church, 34, 71, 78
African National Independence Party, 140
African Nationalist Pioneer Movement (ANPM), 72, 92
African Orthodox Church, 61, 62, 65, 79
African Theological Archministry (ATA), 126, 158
AGUABELLA Francisco, 89, 208, 212
AHAADE (*Arthur Hall Afro-American Dance Ensemble*), 105, 106
Ahmadiyya Movement in America, 64
AHYE Molly, 274, 282
AILEY Alvin, 87, 104
AJAMU Adenibi Ifamuyiwa, 129, 147, 160
Akonedi Shrine, 105, 287
Alaafin, 159, 181, 253, 280, 302
Alajo, 140
ALFARO Olympia, 209
ALI Noble Drew, 72, 79
ALLEN Richard, 34, 78
Alvin Ailey American Dance Theater (AAADT), 104
American Civil Liberties Union (ACLU), 297, 299
American Colonization Society (ACS), 70, 78
ANGARICA Nicolas Valentín, 90
anglicanos, 32, 242
Apollo Theatre, 81, 84,
ARMSTRONG Louis "Satchmo", 84
Arthur Hall Afro-American Dance Ensemble (AHAADE), 105, 106

Asociación Cultural Yoruba (ACY), 219, 233, 236, 277, 280, 281, 301
ASPCA (Sociedade Americana para a Prevenção da Crueldade contra os Animais), 297
ATA (*African Theological Archministry*) 126, 158
Ausar Auset Society, 191
Awo Ifashade, 241, 242
Awo Study Center, 230, 231, 232
AWOLOWO Akinyele (*Chief* Elemosha), 145, 148, 156
AWORENI Adisa Awoyemi, 234, 265, 292
AWOYADE Adesanya, 182, 230, 254, 256, 263, 264

B

Baba Eyiogbe, 233
Baba Ifá Karade, 258, 261, 262, 265
Baba Ifatunjí, 5, 173, 175, 176, 182, 193, 256, 264, 281, 291, 311
Bakongo, 37, 43, 44, 187, 188
BAM (*Black Arts Movement*), 99, 100, 102, 127
BARAKA Amiri (JONES LeRoi), 91, 98, 99, 100, 101, 102, 103, 113, 127, 134, 192
BARTS (*Black Arts Repertory Theatre/School*), 100, 127
BASCOM William, 149, 150, 222, 254
BASTIDE Roger, 29, 308
batistas, 25, 29, 33, 37, 38, 50, 54, 56, 57, 58, 60, 77, 158
BAUZÁ Mario, 90, 110, 210
BAUZO Louis, 108, 210
BETANCOURT René, 129
Bethel African Methodist Episcopal Church, 34, 78
Bíblia (a), 29, 36, 49, 50, 51, 58, 211, 242, 261, 299
Black Arts Movement (BAM), 99, 100, 102, 127
Black Arts Repertory Theatre/School (BARTS), 100, 127
Black Houses, 101
Black Jews, 54, 61, 62, 63, 64, 65, 72, 79, 314
Black Panther Party, 95, 98, 256
Black Power, 90, 95, 96, 99, 101, 103, 113, 125, 157, 314
Black Star Line, 66, 79
Blaxploitation, 99

BOAS Franz, 51, 85
BONTEMPS Arna, 85
Bootstrap Operation, 111
BORDE Percival, 104, 105
BRIGGS Cyril V., 66
BROWN H. Rap, 94, 97
BRUCE John E., 66, 110
BRYAN Andrew, 34
BULLINS Ed, 99, 100, 101

C

Cabildo San José, 202
CABRERA Lydia, 118, 120, 200, 202, 205, 213
Caribbean Cultural Center, 245, 268, 272, 273, 303, 306
Caribbean Visual Arts and Research Center (VARC), 245, 272
CARMICHAEL Stockely, 94
CÉSAIRE Aimé, 86
Chief BOLU (FATUNMISE Adebolu), 230, 263, 291
Chief DAYO (Adedayo Ologundudu), 263
Chief ELEMOSHA (Akinyele Awolowo), 148, 156
Chief FAMA (Aina Mosunmola Adewale-Somadhi Farounbi), 231, 232, 264
Church of the Good Shepherd, 61, 79
Church of the Lukumí Babalú Ayé (CLBA), 194, 267, 270, 293, 294, 295, 296, 297, 298, 299, 300, 301
Civil Right Act, 99
CLAUDIO Juana Manrique (Omi Yínká), 117, 136, 137
CLBA (*Church of the Lukumí Babalú Ayé*), 194, 267, 270, 293, 294, 295, 296, 297, 298, 299, 300, 301
Club Cubano Inter-Americano, 111, 114
COLLAZO Julito, 89, 115, 133, 208, 209
COMTOC (Conferência Mundial sobre a Tradição dos *Orisha* e Cultura), 10, 11, 12, 134, 170, 175, 176, 187, 193, 223, 233, 235, 236, 243, 245, 256, 257, 261, 268, 270, 271, 272, 273, 274, 275, 276, 277, 279, 280, 281, 282, 283, 284, 285, 288, 290, 292, 301, 304, 306, 307, 311
Congresso pela Igualdade Racial (CORE), 94
COOKS Carlos, 92
CORE (Congresso pela Igualdade Racial) 94

Cotton Club, 84
Crisis, 67, 69
CRUSE Harold, 99, 100, 101
CRUZ Celia, 90, 119
Cubop, 90, 110
CULLEN Countee, 85

D

DAVIS Alfred (Omí Tokí), 137
DELANY Martin, 71
DEREN Maya, 104
Direitos civis, 18, 27, 54, 56, 67, 90, 92, 93, 94, 97, 99, 123
DÍHAIFA Odufora Ifatogun, 229, 265
DINIZULU Nana Yao Opare, 149, 179, 243, 287
DOLME (*ou* DEUMET) Leonore (Omi Dúró), 117, 121, 136, 138, 202, 203
DOUGLASS Frederick, 35, 71
DU BOIS W. E. B., 26, 28, 34, 35, 37, 48, 52, 53, 56, 57, 67, 68, 69, 72, 79, 82, 86, 91, 127
DUNHAM Katherine, 87, 88, 89, 90, 103, 104, 105, 106, 115, 122, 208, 317
DUREM Ray, 99

E

EDWARDS Gary, 197
Efunché (ou *Efunshé*) Warikondó (Ña Rosalía Abreu), 202
Egbé akinkonju, 161
Egbé Egungun, 161, 175, 256
Egbé Lukumí, 301
Egbé Morèmi, 155, 161, 179
Egbé Omó Obatalá, 305
Egbé Yemonjá, 161, 305
Egito, 49, 50, 62, 74, 122, 178, 191
ELEBUIBON Baba Ifayemi, 222, 229, 257, 265, 275, 280, 281
ELLINGTON Edward "Duke", 84
ELUYEMI Omotoso, 236, 256, 265, 271, 274, 275, 276, 281, 292, 320
EPEGA Afolabi, 106, 222, 230, 231, 255, 256, 264, 273, 275
EPEGA Sandra Medeiros, 255, 262
EQUIANO Oluadah, 253
etiopianismo, 50, 59
Evangelho, 32, 33, 36, 68, 78, 102

F

FAGBEMI Ojo Alabi, 231, 264,
FALADE Fasina, 234, 239, 240, 256, 265
FAÍLOFIN, 171, 256
FANON Frantz, 102
FARD Wallace D., 73, 79
FARMER James, 94
FARRAKHAN Louis, 76
Father Divine, 58, 79
Father Divine Peace Mission Movement, 58, 79
FATUNMBI Faílokun, 201, 223, 230, 231, 232, 235, 254, 255, 256, 264, 281
FATUNMISE Adebolu, 230, 263, 291
First African Baptist Church, 34, 78
FITZGERALD Ella, 84
FOR, Sociedade para a Reconciliação, 93
FRANCO Julia, 121, 133, 138
FRAZIER Franklin, 26, 27, 28, 29, 30, 35, 41, 48, 56, 57, 58, 60, 63, 64, 66, 67, 83, 85
Free African Society, 34, 78
Free Exercise Clause, 300
FROBENIUS Leo, 86

G

GARNET Henry Highland, 54, 71
GARVEY Amy Jacques, 83
GARVEY Marcus, 61, 62, 65, 68, 69, 72, 79, 82, 83, 90, 91, 92, 95, 110, 113, 121, 122, 192
GERRARD Geraldo "Yao", 209
GILBERTO DE EXU, 274, 275, 278, 279, 281, 307
GILLESPIE John Birks "Dizzy", 85, 90, 110
GINART José Manuel (Oyá Dina), 117, 306
GIOVANNI Nikki, 99
GLEASON Judith, 107, 127, 136, 138, 140
GOBINEAU G. A. Conde de, 52, 86
GÓMEZ Ferminita (Oshabí), 123, 124, 195
GONZÁLEZ Monserrate (Oba Teró), 124, 213
Grande Depressão, 58, 91
Great Awakening (Grande Despertar), 33, 78
GRIAULE Marcel, 101
GRILLO Frank "Machito", 90, 115, 210
GRO MAMBO Angélá Nováñyón Idizol, 284, 286, 288, 289
Guerra de Secessão, 18, 33, 43, 78, 145
Gullah, 39, 40, 148, 159

H

HALEY Alex, 73, 144
HALL Arthur, 87, 105, 106, 287
HALL Prince, 34, 50, 55, 110
Ham *ou* Cham, 48, 50, 51, 52
Hamitic League of the World, 52
Harlem Peopleís Parliament, 140
Harlem Renaissance, 26, 79, 81, 82, 83, 84, 85, 86, 91
HENRY Richard (OBADELE Imari), 97
HERSKOVITS Melville J., 25, 26, 27, 28, 29, 30, 32, 37, 38, 39, 40, 44, 87, 88, 101, 127, 142, 151, 154, 156, 178, 179, 180, 244, 309, 319
Hoodoo, 59
House of Netjer, 191
HUGHES Langston, 83, 85
HURSTON Zora Neale, 47, 85

I

IDOWU E. Bolaji, 180, 242, 259
Ifá Foundation of North America, 231, 232
Ifá Oke Tase, 230, 234
Igbimolosha, 155, 161
Igreja negra, 14, 26, 27, 34, 35, 48, 49, 53, 54, 56, 57, 60, 244
Igrejas da Santidade (*Holiness Churches*), 54, 58, 60
Igrejas espiritualistas, 54, 58, 59, 60, 78, 314
Igrejas "taumatúrgicas", 58
Ilé Asuwada, 192, 221
Ilé Ifá Jalumi, 5, 173, 175, 182
Ile Ife Black Humanitarian Center, 105
Ilé Orisha Shangó, 232, 241
Ilé Orunmilá Temple, 256
Ilé Tawo Lona, 260, 261, 262
Instituto Nacional da Tradição e Cultura Afro-Brasileira (INTECAB), 11, 271, 273, 275, 276
International Council for Ifá Religion, 234, 235
IYÁ Arabá-Agbayé, 234, 257, 351
IYÁ Orité, 151, 156, 194, 254
IYÁ Shanlá, 148, 161
Iyalodé, 156, 228

J

JACKSON Jesse, 54

JAHN Janheinz, 101, 102, 249
JAMES Edward "Ed" (Shangó Ilarí), 117, 136, 256, 265
Jim Crow (leis), 78, 84
JOHNSON James Weldon, 82
JOHNSON Lyndon, 98, 99, 112
JOHNSON Samuel, 180, 237
JONES Absalom, 34, 78
JONES LeRoi, (Amiri Baraka), 91, 98, 99, 100, 101, 103, 127, 134, 192

K

Kakanfó, 181
KARDEC Allan, 118, 187
KARENGA Maulana, 96, 97, 98, 100, 135, 147, 191, 222, 227, 318
Kawaida, 219, 220, 221, 222, 223
KENNEDY Adrienne, 99
KENNEDY John F., 118
KENYATTA Jomo, 140
KING Walter (ADEFUNMI), 9, 10, 12, 20, 100, 106, 117, 121, 122, 123, 124, 125, 126, 127, 128, 129, 130, 131, 134, 136, 137, 139, 140, 141, 142, 144, 145, 146, 147, 148, 149, 150, 151, 152, 155, 156, 157, 159, 160, 162, 163, 164, 165, 166, 167, 169, 170, 171, 173, 174, 177, 178, 179, 180, 181, 182, 183, 186, 187, 191, 192, 194, 196, 197, 199, 201, 206, 226, 227, 243, 244, 245, 246, 248, 249, 253, 254, 256, 258, 260, 261, 272, 275, 286, 287, 289, 291, 310, 311, 316, 317, 318, 319, 320
Ku Klux Klan (KKK), 66, 93
Kush *ou* Coush, 50, 140, 178
Kwanzaa, 98, 220, 221, 315

L

LAMAR Aurora (Oba Tolá), 136
LATUÁN (Ajayí Lewú), 213
LEILE George, 34
LePeristyle Haitian Sanctuary, 284, 286, 293
LEYVA Elba, 116, 133
LINCOLN Abraham, 91
LOCKE Alain, 79, 82
LUTHER KING Martin Jr., 27, 54, 93, 94, 95, 97, 98, 118, 140

M

MAJILE Olafemi (Osunbunmi), 144, 147, 148, 227, 228
MALCOLM X, 64, 73, 94, 95, 131, 141, 192, 193
Mama Keke, 125, 137, 145, 146
Marielitos, 113, 209, 211, 216
MASON John, 20, 21, 114, 164, 197, 201, 208, 254
MCGUIRE George Alexander, 61, 62, 79
MCHAWI Osaye, 134, 138, 305
MCKAY Claude, 85
MEDAHOCHI K. O. Zannu, 145, 146, 147, 163, 191, 192, 200, 221, 245, 258, 291, 311, 318
MENDES José, 289, 290
metodistas, 33, 34, 54, 56, 57, 58, 60, 77
MICHAEL de Oshosi, 170
MINTZ Sidney, 27, 40, 41, 47, 309
Modákéké, 239
MONTGOMERY Isaia, 55, 93
MORA Francisco "Pancho" (Oba Ifá Morote), 114, 115, 116, 117, 133, 208, 215
MORALES Calixta (Odé Deí), 202
Moremi, 179, 180
MUHAMMAD Elijah, 54, 73, 74, 75, 76, 79, 94, 95
Muslim American Society, 76
MYRDAL Gunnar, 27, 92

N

NAACP (*National Association for the Advancement of Colored People*), 27, 67, 68, 69, 79, 93, 96, 97
Nações Unidas, 292, 303, 322
NANA Oparebea (Nana Okomfohene Akua Oparebea), 105, 287
National African Religion Congress (NARC), 284, 288, 289, 290, 291, 292, 293, 301, 304, 310, 322, 323
National Association for the Advancement of Colored People (NAACP), 27, 67, 68, 69, 79, 93, 96, 97
National Coalition of Blacks for Reparations in America (NCOBRA), 97
NEAL Larry, 99, 100, 101, 127
Negro Church, 53, 60, 64
Negro Convention Movement, 71
Negro Masonic Order, 50
Negro World, 66, 79, 83, 110, 113
NEIMARK Philip (Fagbamila), 222, 230, 231, 232, 256, 264, 275
New Deal, 91
New Negro, 26, 79, 82, 84
Niagara Movement, 67
NKRUMAH Kwame, 72
NOBLE Mercedes (Oba-n-jókó), 117, 120, 121, 133, 136, 138, 306

O

OAAU (*Organization of African-American Unity*), 95, 96
OBADELE Imari, 97
Ode Remo, 134, 135, 182, 223, 230, 235, 241, 254, 255, 256, 263, 264
Oduduwa, 124, 179, 180, 234, 237, 248, 249, 263, 294
Ogboni, 130, 141, 154, 155, 156, 160, 180, 196, 222, 240, 253, 256
OLATUNJI Babatunde, 107, 274
OLIANA Cristobal "Chris" (Oba Ilú Mí), 117, 121, 123, 124, 127, 197, 201
OLOBUNMI Adesoji, 137, 139, 144, 145, 146, 148
OLUBU E II, Okunade Sijuwade, 254
Ooni, 238, 239, 240, 243, 245, 246, 254, 263, 272, 275, 276, 280, 281, 282, 283, 301, 302, 303, 311, 320
Ordem de Damballah Hwedo, 122, 124, 137, 151
Ordo Servorum Isidis, 191
Organization of African-American Unity (OAAU), 95, 96
OrishaNet, 11, 229, 233, 238
ORTIZ Fernando, 16, 51, 88, 89, 90, 195, 209, 211
Orunmilá Youngsters International, 232

P

Palladium, 90, 110
Pan-africanismo, 14, 17, 67, 72, 91, 115, 191, 193, 201, 309, 310, 316, 318, 319
Panteras Negras, 99, 113, 143
PARK Robert E., 28

PARKS Rosa, 93
PÉREZ Jésus, 90, 210, 211
PHILIPS Ulrich B., 26, 27
PICHARDO Ernesto, 21, 194, 218, 238, 239, 240, 268, 293, 294, 295, 298, 300, 301, 302, 303, 304
PIMENTEL Marcos Teodoro, 187
PIPO Peña, 208
PLÁ Carmen, 194
POMARE Elio, 87, 104
Pozo Chano, 90
PRADO Pérez, 115
presbiterianos, 33
PRICE Richard, 40
PRIMUS Pearl, 87, 103, 104, 105
PUENTE Tito, 90, 115, 210
PUNTILLA (Orlando Ríos), 209, 211
puritanos, 32, 102

Q

quakers, 32, 33
QUINIONES (ou QUINONES) Margie Baynes (Shangó Gún Mi), 121, 134, 135, 138, 165, 203, 205

R

RABOTEAU Albert J., 29, 30, 31, 32, 33, 34, 35, 36, 37, 42, 49
RAMOS Willie, 149, 171, 304
RANDOLPH A. Philip, 91
REINOLDS Tony (Ade Líola), 206
Republic of New Afrika (RNA), 96, 140, 148
ROCHE Pablo, 89, 209, 210
RODRÍGUEZ Arsenio, 89
ROOSEVELT Franklin D., 91, 92

S

SADIQ Mufti Muhammad, 64
SAMÁ Octavio (Obadimelli), 195, 213
SANCHEZ Sonia, 99
SANTAMARÍA Mongo, 90, 115, 210, 211
SANTOS Deoscóredes M. dos, 271, 272, 273, 274, 275
SANTOS Juana Elbein dos, 271, 273, 275
Savoy Ballroom, 85
SCHOMBURG Arthur, 110, 142
SCLC (*Southern Christian Leadership Conference*), 54, 93
SCULL Onelio, 209
SENGHOR Léopold, 102
SERRANO Asunta (Osá Unkó), 117, 129, 135, 136, 138, 186, 202, 255, 306
SIMMONS Renaud (Shangó Deí), 135, 138, 255, 256, 264, 321
SINGLETON Benjamin "Pap", 55
SMITH Bessie, 85
SNCC (*Student Nonviolent Coordinating Committee*), 94, 98
Sociedade Americana para a Prevenção da Crueldade contra os Animais (ASPCA), 297
Society for the Propagation of the Gospel in Foreign Parts, 32
Sonagba, 123
Southern Christian Leadership Conference (SCLC), 54, 93
Spirithouse, 103, 113
STUCKEY Sterling, 37, 42, 43, 44, 45, 46, 47, 48, 92, 249, 317
Student Nonviolent Coordinating Committee (SNCC), 94, 98

T

TEISH Luisah (Oshun Miwa), 230, 257
Templo Bonifacio Valdés, 212, 215, 216
The East, 113, 135
The Medahochi (MEDAHOCHI K. O. Zannu), 145, 146, 147, 163, 191, 192, 200, 221, 245, 258, 291, 311, 318
The Muntu Group, 101, 103
TRUTH Sojourner, 192
TUBMAN Harriet, 192, 310
TUBMAN William, 104
TURNER Henry McNeal, 62, 78
TURNER Nat, 54

U

Universal Negro Improvement Association (UNIA), 61, 62, 65, 66, 67, 72, 73, 75, 79, 81, 83, 91, 92
US Organization, 98, 103, 135, 147, 220, 227

V

VALDÉS Mercedita, 90, 211
VARC, *Caribbean Visual Arts and Research Center*, 245, 272
VEGA Marta Moreno, 89, 90, 103, 114, 115, 121, 133, 134, 135, 187, 207, 209, 211, 271, 272, 273, 274, 276, 307
VERGER Pierre, 229, 307
VIDAUX Alfredo "Coyunde", 209
VILLAMIL Felipe García, 210, 211

W

WASHINGTON Booker T., 67, 68
WEAVER Lloyd (Olosunmi), 134, 135, 138, 166, 203, 205, 206, 207, 305
Willie "El Bolitero", 89

Y

Yakub, 73, 74
Yoruba Academy, 126, 244
Yoruba Temple, 20, 106, 125, 126, 127, 128, 129, 130, 131, 134, 136, 137, 140, 141, 142, 144, 147, 154, 155, 156, 160, 161, 165, 169, 178, 186, 201, 226, 244, 306, 311, 317, 319
Yoruba Theological Archministry (YTA), 197, 198
YOUNG Andrew, 54
Young Lords, 113, 114
YTA (*Yoruba Theological Archministry*), 197, 198

Este livro foi composto na fonte Utopia 10/14 e impresso em abril de 2011
na gráfica Armazém das Letras, no Rio de Janeiro, para a Pallas Editora.
O papel de miolo é offset 75g/m², o papel do caderno de imagens é o
couché 115g/m² e o de capa é o cartão 250g/m²